DROEMER

EVELYN
ROLL

Pericallosa

Eine deutsche Erinnerung

DROEMER

Besuchen Sie uns im Internet:
www.droemer-knaur.de

Aus Verantwortung für die Umwelt hat sich die Verlagsgruppe Droemer Knaur zu einer nachhaltigen Buchproduktion verpflichtet. Der bewusste Umgang mit unseren Ressourcen, der Schutz unseres Klimas und der Natur gehören zu unseren obersten Unternehmenszielen. Gemeinsam mit unseren Partnern und Lieferanten setzen wir uns für eine klimaneutrale Buchproduktion ein, die den Erwerb von Klimazertifikaten zur Kompensation des CO_2-Ausstoßes einschließt.
Weitere Informationen finden Sie unter: www.klimaneutralerverlag.de

FSC www.fsc.org
MIX
Papier aus verantwortungsvollen Quellen
FSC® C014496

Originalausgabe September 2023
Droemer Verlag

Ein Imprint der Verlagsgruppe
Droemer Knaur GmbH & Co. KG, München

Covergestaltung: Isabella Materne
Coverabbildung: © privat
Satz und Layout: Adobe InDesign im Verlag
Druck und Bindung: GGP Media GmbH, Pößneck
ISBN 978-3-426-27798-0

2 4 5 3 1

Für meine Schwester Christiane

Der Höllenengel

Ich wusste es schon, bevor ich es wusste. Und auch der Schmerz war wieder da, bevor ich erkannt hatte, warum. Draußen flog gelb-rot-grün-braun und blau der Herbst vorbei mit dreihundert Stundenkilometern. Drinnen am Fensterplatz im Intercity-Express-Sprinter von Nürnberg nach Berlin hatte ich gegen meine Müdigkeit und die hypnotisch einschläfernden Geräusche der Bahn einen unmöglichen ersten Satz noch einmal in den Wettbewerb geschickt mit möglichen ersten Sätzen, die auch überraschend und wahr sind, aber nicht so unsinnig spektakulär für einen Buchanfang.

Ohne Adolf Hitler wäre ich nicht auf der Welt. Mit diesem Satz also wollte ich anfangen, meine Geschichte zu erzählen; und mit dem Mordanschlag auf mich. Ich dachte an meine ersten schnell hingeschriebenen Notizen, mit denen ich versucht hatte, die Kontrolle zurückzugewinnen, das Geschehene als wissenschaftlich erklärbaren statistischen Ausreißer einzuordnen und mich so zu beruhigen. Kontraphobisches Bewältigungsgestammel war das, unbrauchbar verbotenes Zeug, dachte ich. Erzählen über sich selbst in der dritten Person reduziert die neuronale Aktivität in der Amygdala und schafft so die überlebensnotwendige psychologische Distanz zum Trauma. Taugt aber zu sonst gar nichts.

Vielleicht saß ich auch falsch für eine Entscheidung über erste Sätze. Emotionen und Denken eines Reisenden verändern sich, je nachdem, ob er in Fahrtrichtung sitzt oder andersherum. Es hat Wirkung auf ein Gehirn, ob das Ocker-Blutrot-Wechselgrün-Rostbraun-Himmelblaue auf den Gehirnbesitzer zurast mit dreihundert Stundenkilometern oder von ihm weg. Zum ersten Mal ausprobiert und verstanden habe ich das auf der Rückfahrt aus Polen am Ende der weitesten Reise, die ich in meinem Leben unternommen habe. Obwohl Szypłów, Sulęcinek und Radlin, die Dörfer meiner Vorfahren, und auch die kleine Stadt Jarocin, in der mein Vater geboren wurde, nur 350 Kilometer entfernt liegen von meinem sicheren Schreibplatz in Charlottenburg.

Train-Brain-Hack. Auf jeder Bahnreise seit Polen experimentiere ich damit herum, wenn genug freie Plätze sind im Abteil. Zurückschauen in das, was war. Umsetzen. Blick in das, was kommt. Die Sitzrichtung ändert das Fühlen und das Denken.

Bahnfahren geht voran, während der Reisende zurückschaut. Rudern auch. Denken, fühlen und erzählen sowieso. Schreiben funktioniert immer nur vorwärts, auch wenn die Geschichte, die erzählt werden soll, in der Vergangenheit liegt.

Nur noch die alten Eurocityzüge, die sie auf der Strecke Warschau–Berlin einsetzen, haben dieses Rückfenster im letzten Wagen, an das man sich stellen, auf die Zukunft zurasen und den Parallelen der Schienen dabei zusehen kann, wie sie sich im Unendlichen schneiden, im Unendlichen der Vergangenheit. Erinnern ist Rückwärtsdenken. Rückwärtsdenken, das den Menschen, der sich erinnert, voranbringt. *Das Leben wird vorwärts gelebt und rückwärts verstanden.* Kierkegaard.

Es sind dieselben Schienenwege überall in Europa, die gleichen Gleise, die alte Streckenführung, die ewig ähnlich dumpf beruhigenden Bahngeräusche. Raaktacktack. Raaktacktack. Raaktacktack. Was für ein furchtbares Transportmittel die Bahn gewesen ist, als sie Polen überfallen haben. Richtung Osten reisten Soldaten, Waffen, Fahrzeuge, Munition, Verpflegung und Verbandszeug. Ganze Sanitätswaggons bepackt mit Fliegersalz und Göring-Pillen, mit Pervitin, dem Durchhalte-Crystal-Meth für das deutsche Unbesiegbarkeitsgefühl, zur Aktivierung des

Tötungswahns, gegen die Erschöpfung, gegen die Angst und zur Senkung aller Hemmschwellen.

Zurück, Richtung Westen ins Deutsche Reich, transportieren die Züge alles, was geraubt und geplündert werden konnte in den überfallenen Städten und Dörfern. Zurück kommen zunächst noch Särge, später nur noch die Hundemarken der toten Soldaten. Oder gar nichts. Zurück reisen von falschen Versprechen gelockte oder mit Gewalt verschleppte Arbeitssklaven. Dann steht im Fahrplan »Gesellschaftssonderzug zur Beförderung von Arbeitern«. Zurück kommen Lazarettzüge. Verwundete, die Entsetzliches erlebt, getan und gesehen haben. Schwerverletzte, Amputierte, die dem Reichsbahn-Oberzugschaffner, der mein Großvater ist, Grausames erzählen in ihrem Morphiumfieber, wimmernd wie Kinder. Zurück kommen Fronturlauber, äußerlich heil gebliebene, schwer Traumatisierte, die ohne messbares Fieber Unbegreifliches berichten in kurzen, höhnischen oder langen, bitteren Sätzen. Partisanenabknallen. Massenerschießungen. Gaskammern in den Lagern. Massaker und Gewaltorgien ohne jede Soldatenehre. Einer Frau haben sie die Vulva herausgeschnitten und an ein Scheunentor genagelt, während die Frau schrie, zusah und verblutete.

Großvater weiß längst alles. Und will nichts wissen. Und darf nichts wissen. Und weiß nichts. War er verzweifelt und einsam mit seinem Wissen? Er hat ja schon lange nicht mehr an den Nationalsozialismus geglaubt, als die Großmutter noch für Adolf Hitler glühte, sagen die, die ihn gekannt haben. Seine Augen haben geleuchtet, wenn er erzählt hat vom Polackenabknallen, sagen andere, die ihn auch gekannt haben.

Großvater kennt die Fahrpläne und Papiere, auf denen »Umsiedler Sonderzug« steht. Er sieht, dass diese Umsiedler mit ihren auf die Kleidung aufgenähten gelben Sternen in Waggons reisen, die von außen zugesperrt sind. Niemand darf aussteigen. Niemand kommt zurück.

Zurück, Richtung Westen, kommen Dosen und Eimer, gefüllt mit aus den Kiefern der Ermordeten herausgebrochenem Zahngold für die Degussa. Heim ins Reich reisen Schmuck und Wertsachen. Waggons voller Säcke mit Menschenhaar. Die Reichsbahn darf die Säcke behalten zu einem günstigen Preis, eine halbe Reichsmark das Kilo Menschenhaar. Sie lassen Strümpfe daraus machen. Strümpfe für die Mitarbeiter der Bahn.

Ob Großvater Strümpfe aus Menschenhaar getragen hat? Hat er Deportationszüge nach Auschwitz begleitet? Ich weiß es nicht. Ihn kann ich nicht fragen. Großvater lebt nicht mehr. Niemand lebt mehr, der es mir erzählen kann, niemand, der es mir erzählen will. So viele Papiere und Fahrpläne sind vernichtet. Alfred Gottwaldt, der große Bahnhistoriker, ist gestorben. Die Deutsche Bahn hat seinen Nachlass erworben und erschlossen. Einsatzpläne von niedrigen Bahnbeamten haben sie auch dort nicht gefunden.

Als meine Eltern 1951 heiraten, mit Rückenwind, wie man damals sagte, weil mein Bruder schon unterwegs war, schreiben sie bei »Vater des Ehemanns« nicht »Oberzugschaffner der Deutschen Reichsbahn« in die Eheurkunde, sondern »Landwirt«. Warum?

Ich werde auch das vielleicht nicht mehr herausfinden. So vergeblich und ermüdend, es weiter zu versuchen. So trügerisch harmlos, beruhigend und einschläfernd die Geräusche der Bahn. Raaktacktack. Raaktacktack. Raaktacktack.

»Guben«, ruft Großvater über den Bahnhoflautsprecher: »Die nächsten Tausend in die Hölle, bitte …«

Sie war das allerschönste Kind, das man in Polen find … Junge Männer in ihren Konfektionsanzügen für Mörder und Todeskandidaten grölen sich Adrenalin an und Hordenmut, den sie so dringend brauchen für ihre Fahrt ins Schlachthaus.

Aber nein, aber nein, sprach sie, ich küsse nie … Ein mageres, bleiches Mädchen hat ihre Hände durch den mit Stacheldraht gesicherten Spalt eines Viehwaggons gesteckt. Großvater reicht ihr seine Henkelkanne. Das Mädchen trinkt, gierig und dankbar, mit geschlossenen Augen.

Drei Männer, die etwas weiter hinten auf dem Bahnsteig stehen in ihren schwarzen SS-Uniformen von Hugo Boss, schauen sich das an; ostentativ gelassen ziehen sie an ihren Zigaretten mit weichen Lippen. Dann treten sie die Kippen aus. Langsam, wie simultanchoreografiert und in Zeitlupe, heben sie ihre am Lederband geschulterten Maschinenpistolen mit den Mündungen Richtung Großvater und ballern in den Bahnsteigboden vor seine Füße. Steinsplitter spritzen. Großvater tanzt. Lang und hager.

Ich kauere mit angezogenen Knien in der Fensternische eines bäuerlichen Zimmers. Fremde Menschen und Kinder sitzen hungrig gut gelaunt vor Suppentellern, Brot und Butter um den Esstisch. Großvater tanzt. Großvater singt. Großvater spielt Geige, Kurzhalsgeige, die er nicht unter das Kinn geklemmt hält, sondern auf sein Herz drückt zum Tanz. Großvater schaut liebevoll-ironisch zur Fensternische, in der ich in einem hellen Licht sitze und denke: Wird der sich aber freuen, wenn er heute Abend merkt, dass ich Gitarre spielen kann.

Auf dem Sklavenmarkt vor einem kohlebrandverklinkerten, westfälischen Bahnhof prüft der andere Großvater im fichtengrün-maßgeschneiderten Smoking mit beiden Händen die Oberarme einer unterernährten jungen Frau. Sie steht vor ihm in einem zerschlissenen, absurd eleganten, taubenblauen Reisekostüm. Die Jacke mit Beffchen liegt über ihrer Schulter. Jetzt soll sie den Mund öffnen, damit Großvater Eugen ihre Zähne inspizieren kann wie ein Pferdehändler, bevor er plötzlich breitbeinig am Bug der Titanic steht, im weißen Knickerbockeranzug jetzt, mit cremefarbenem Einstecktuch, cremefarbenen Strümpfen und weißen Schuhen, die Arme weit oben über der Brust verschränkt, den Panamahut in den Nacken geschoben.

Gleich wird das Schiff mit dem Großvater in der Talsperre versinken. Aber dann steht er neben mir in Sicherheit auf der Klamer Brücke, seine warme, schwere Hand auf meiner Schulter; angenehm ist das, meine Stirn am kühlen Eisengeländer. Gemeinsam schauen wir zu, wie in der Talsperre jetzt alles sehr schnell geht. Das Heck ist schon vollgelaufen. Die Lichter an Bord gehen aus.

»Kann sein, Line«, sagt Großvater, »dass wir die Wahrheit gar nicht mehr wiederfinden, und deinen verleugneten Bruder auch nicht. Aber hast du jemals einen prächtigeren Untergang gesehen?«

Das Schiff steht jetzt senkrecht im dunklen Spiegel des Wassers; abgesoffen ist es schon zur Hälfte, nur noch die letzten vier Buchstaben des Namensschriftzugs sind zu erkennen, fette, teerschwarze Buchstaben auf dem weißen Heckrumpf: R-O-S-A. Dann saugt das Wasser den Rest des Schiffes in sich hinab mit einem mechanisch ratternden Schlürfen. Raaktacktack. Raaktacktack. Raaktacktack.

MONTEROSA heißt das Schiff, unsere Familien-Titanic, denke ich im Wachwerden, und sitze in der Bahn, die Stirn mit kühlem, hartem Druck an einer Fensterscheibe, vor der unter klarblauem Himmel Hafer, Gerste und Herbstwiesen vorbeifliegen, und bunte Wälder. Wie seltsam es ist, Großväter zu träumen, die ich nur von Fotografien kenne und von den alten 16-mm-Familienfilmen. Wie sehr seltsam. Und wie schön.

Plötzlich zappelt mein Herz ganz unschön und wild gegen zu enge Rippen. In meinem Mund panischer Eisengeschmack. Die Kopfhaut zieht sich zusammen, die Haare in meinem Nacken stellen sich auf. Dann erst erschrecke ich und höre die Stimme. Diese Stimme, die ich kenne, die ich so sehr gut kenne. Es ist die Stimme meines Engels aus der Hölle, der Kontrabass zu meinem Klammerblues mit dem Tod. Mein stolperndes Herz hat die Stimme vor mir erkannt. Ich wusste es schon, bevor ich es wusste. Und auch der Schmerz war wieder da, bevor ich erkannte, warum.

Das ist jetzt kein Traum mehr. Ich sitze vollkommen wach, gegenwärtig, real, mit anschwellenden Kopfschmerzen und in Fahrtrichtung im ICE-Großraumwagen 21, zweiter Klasse, auf der Strecke von Nürnberg nach Berlin. Und ich höre die Stimme des Engels aus meiner Unterwelt. Der Engel meiner Hölle. Er ist es. Nur eine oder zwei Reihen hinter uns muss er sitzen.

»Ja, genau, so passt es viel besser. Gut machst du das«, sagt der Engel. Besänftigend und beruhigend-freundlich spricht er in seinem fränkischen Singsang. Wie immer. Wie er zu mir gesprochen hat in der Unterwelt. Wie er gesagt hat: »Bitte, hören Sie doch damit auf, Ihren Zugang abzudrücken.« Wie er gesagt hat: »Wir beobachten Sie.«

Ich räuspere mich, schlucke und sage: »Der Engel aus meiner Hölle ist hier mit uns im Zug.«

»Wer ist mit uns im Zug?«, fragt der Mann, der neben mir sitzt und Zeitung liest.

»Doktor Wolf, mein Doktor Wolf, Stefan Wolf aus der Charité. Ich erkenne seine Stimme. Hinter uns. Und die Waschmaschine ist auch wieder da.«

Der Mann, mit dem ich verheiratet bin, nimmt die Zeitung herunter, stellt die Augen unscharf und lauscht in den Großraumwagen. Dann schaut er mich an mit diesem sanft resignierten Sie-ist-offenbar-wieder-mal-ganz-woanders-Blick: »Du glaubst, du kannst den an der Stimme erkennen?«

»Ja, rechts hinter uns. Hör doch mal. Ausgerechnet heute. Morgen will ich anfangen, es aufzuschreiben. Und jetzt sitzt der hier mit uns im Zug. Wie irre ist das denn?«

Ich stehe auf. Ich drehe mich um.

Zwei Reihen hinter uns an einem Tisch sitzt er, ein kräftiger, großer Mann in normaler Menschenkleidung, Jeans und blau-weiß-rot kariertem Hemd. Blasse Unterwelthaut, rotbraunes, dünnes Haar, freundliche, blaue Augen hinter der Brille, sanfter, leicht angestrengter Blick. Er ist es. Ein Kind sitzt ihm gegenüber am Tisch und baut Spielzeug zusammen zwischen Buntstiften und Malheften – ein Junge, sein Sohn vielleicht, drei Jahre alt, schätze ich. Der Engel spricht mit diesem Kind.

Natürlich. Deswegen habe ich seine Stimme erkannt. Er redet mit diesem Jungen so sanft, liebevoll, bestimmt und beruhigend, wie man mit kleinen Kindern auf Bahnreisen spricht. Wie er mit mir gesprochen hat in unserer Hölle. Wie der Oberarzt Stefan Wolf in der Unterwelt von Station 1i mit einer Patientin spricht, die nicht im Koma liegt und es deswegen besonders schwer hat. Wer auf einer Neurochirurgischen Intensivstation nicht bewusstlos ist wie alle anderen, macht immer nur alles falsch.

Ich gehe die drei Schritte, wünsche einen guten Tag, entschuldigen Sie bitte die Störung, Sie sind doch Doktor Wolf? Ich stelle mich vor.

»Natürlich erinnere ich mich an Sie. Manche Patienten vergisst man dann doch nicht.«

Ich rede Unzusammenhängendes. Danke, gut geht es, sehr gut sogar … Sie waren das Beste, das mir in Ihrer Intensivstation passieren konnte. Dass Sie ausgerechnet heute, wissen Sie, morgen will ich … Ist das Ihr …?

»Ja, das ist mein Sohn«, sagt er, und: »Ein Kind beschleunigt das Leben noch mal sehr.«

Ich habe vergessen, was noch gesprochen wurde. Herzklopfen. Wir verabreden uns. Im Sommer, im Café am Neuen See.

»Er ist es«, sage ich leise, während ich mich zurück in meinen Platz sinken lasse neben den Mann, der die Liebe meines Lebens ist. Ich spüre, dass der alte Schmerz mit seinem Schwindel immer näherkommt, dieser rotierende Druck in meinem Kopf, der alle Kraft aus mir schleudern wird und den wir die Waschmaschine nannten.

»Er ist es tatsächlich.«

»Was für ein Zufall.«

»Ja, was für ein Zufall.«

Glauben wir noch an Zufall nach allem, was geschehen ist?

An was sollen wir sonst glauben? An die Vorsehung? An den höheren Plan? An einen Schabernack der Götter?

Ich versuche, den Schleudergang in meinem Kopf durch Denken abzulenken und zu beruhigen. Ich wusste es schon, bevor ich es wusste? Was ist das denn für ein Gedanke? Mein Herz wusste es vor mir? Das ist Unsinn. Mein Gehirn wusste es vor mir. Etwas mir nicht Bewusstes in meinem Gehirn hat Doktor Wolfs Stimme vor mir erkannt und in derselben Nanosekunde den Hypothalamus alarmiert. Der Hypothalamus hat, noch bevor die Stimme selbst und die Erkenntnis, dass es die Stimme meines Engels ist, mein Bewusstsein erreichen konnten, die Nebenniere befeuert, jetzt aber mal schnell Adrenalin auszuschütten. Das Adrenalin setzt mein Herz in Bewegung und stellt die Blutgefäße eng, um meinen Körper auf Flucht oder Angriff vorzubereiten. Und weil meine Nozizeptoren wissen: Diese Stimme gleich Lebensgefahr, haben sie mir vorsichtshalber auch noch einmal den dazugehörigen Waschmaschinenschmerz serviert. Und dann erst habe ich, hat mein Ich, hat das, was wir Bewusstsein nennen, Doktor Wolfs Stimme erkannt.

Mein Gehirn wusste es vor mir.

Dieser einzigartige Glibberpudding in meinem Kopf wusste es vor mir. Das menschliche Gehirn besteht aus drei Pfund gallertartigem Glibberpudding, dem erstaunlichsten und anbetungswürdigsten Material, das Menschen im gesamten Universum bisher entdeckt haben. Drei Pfund platzsparend in wabbelige Falten gelegter, muschelrosafarbener Glibberpudding aus hundert Milliarden Neuronen, jede einzelne Nervenzelle so komplex wie eine Großstadt, die verbunden ist mit etwa zehntausend benachbarten Neuronengroßstädten. Tausend mal tausend Milliarden Synapsen, an denen diese Nervenzellen sich an den Händen halten und Informationen austauschen über zehnmal hundert Milliarden Gliazellen.

In einem einzigen Kubikzentimeter eines menschlichen Gehirns gibt es mehr Verbindungen, als die Milchstraße Sterne hat. Und das sind keine simplen Eins-zu-null-Verbindungen wie in einem Computer. Sie sind mehrdimensional, hochdimensional.

Unvorstellbar also.

Das ist das besondere Paradox: Dem menschlichen Gehirn gelingt es nicht, sich seine eigene Funktionsweise wirklich vorzustellen. Das Gehirn eines Quantenphysikers mit einem Intelligenzquotienten von 180 kann sich zwar Zeit, Raum, Gravitation, vierdimensionales Geschehen und schwarze Löcher im Weltall denken, aber keine fünfte Dimension und schon gar nicht die Multidimensionalität, mit der sein eigenes Superhirn arbeitet. Es ist eine Tatsache von großer Ironie und Schönheit: Das Gehirn, mit dem wir denken und verstehen, was wir denken und verstehen, ist zugleich der Ort, an dem unser Denken und Verstehen endet.

Auch mit noch so großen Computerzusammenschlüssen wird man die Komplexität eines menschlichen Gehirns nicht nachbilden können. Die Gehirnforscher, die in Amerika und Europa mit ihren konkurrierenden Versprechen, das Gehirn zu kartieren oder sogar elektronisch nachzubauen, Milliardensummen beantragt, ergattert und inzwischen auch ausgegeben haben, wussten und wissen das natürlich auch ganz genau.

Und ich? Woher ich das alles weiß?

Gute Frage.

Noch besser wäre die Frage, warum? Warum weiß ich das alles? Warum ist Gehirnforschung für mich zu einer Art Obsession geworden in den Jahren, bevor mein eigenes Gehirn explodierte? Reiner Zufall wahrscheinlich. Aber ein interessanter Zufall. Oder?

Nur die wenigsten Verbindungen und Vorgänge der unbegreiflichen Multidimensionalität eines Gehirns werden aus den tieferen Regionen zur Exekutive gemeldet, in den Frontalkortex, in dem unser Bewusstsein wohnt und organisiert wird. Dieses Bewusstsein, unser Ich, steht überhaupt nicht im Mittelpunkt der ungeheuren Gehirnaktivität und drückt selbstbestimmt auf allerlei Schaltknöpfe, wie wir uns das bisher gedacht haben. Es lungert eher am Rand herum und nimmt das gewaltige Geschehen nur als ungenaues Raunen wahr. Das Bewusstsein, unser Ich mit seinem angeblich so freien Willen, hat gar keinen Einfluss, nicht einmal Zugang zu den meisten Vorgängen, die in unserem Gehirn ablaufen.

Wäre mein Gehirn Deutschland, also wirklich alles, was in diesem Moment in einem 83-Millionen-Einwohner-Land geschieht, alles, was gesprochen, getan, geliebt, gelacht, herumgelaufen, gelitten und geweint, gelogen, an Kaffeeautomaten herumgestanden, verkauft, konstruiert und zerstört wird von allen Lebewesen, Maschinen und Rechnern in diesem Land, dann sind es nur die Boulevardschlagzeilen des nächsten Tages, die von alledem in meinem Bewusstsein ankommen. Unser Gehirn reagiert Tausende Male am Tag auf Wahrnehmungen und Reize, ohne dass sie uns bewusst werden und bevor sie uns bewusst werden.

Also trete ich auf die Bremse, dreihundert Millisekunden bevor auch mein Bewusstsein erkennt, dass ein Kind hinter einem Ball auf die Straße läuft. Also wusste ich es, bevor ich es wusste. Und deswegen war auch der Schmerz wieder da, bevor ich erkennen konnte, warum.

Ich hatte zwei Leben. Mein zweites Leben begann, als ich verstand, dass ich nur dieses eine Leben habe. Am Morgen nach der Bahnreise mit dem Engel aus meiner Hölle öffne ich die verbotene Datei. Und alles ist wieder da.

Mord in der Charité

Schmerz. Ein Stärker-als-alles-Denkbare-Schmerz. Sie wusste nicht, dass ein so großer Schmerz möglich ist. Sie schreit. Sie brüllt wie ein Vieh.

Aber das Schreien kommt nicht aus ihr heraus. Der Schmerz ist stärker als ihre Stimme.

Tonloser Schmerz wird durch das Universum gefahren, Lichtjahre, Lichtgeschwindigkeit, schnell gedreht, geschaukelt, schmerzverstärkend nach oben beschleunigt, noch schneller und in einer gefährlichen Schleuderdrehung immer höher.

Bin ich Schmerz? Ist Schmerz schwerelos? Wo bin ich? Wo ist oben? Wo ist unten? Was ist mit mir?

Das hier ist die vollkommene Verlorenheit.

Egal. Schmerz ist gut. Sehr gut sogar. Wer Schmerzen hat, ist nicht tot. Ich habe Schmerzen, also bin ich. Wo ist oben? Wo ist unten? Wo fange ich an? Warum schwebe ich hier oben direkt über ihr? Wieso sehe ich mich selbst da unten liegen? Warum liege ich da, nackt auf eine Bahre geworfen unter ekelhaften Schlangen, die sich über meinem Körper winden und kringeln? Dünne und fette, graue und weiße Schlangen sind aus den Stromkästen entkommen, die links und rechts neben meiner Bahre aufgebaut sind.

Ich bin also doch tot. Wer seinen eigenen Körper von oben liegen sieht, der ist gestorben. Das weiß man ja. Tod. Ende. Aus. Ewigkeit. Gut. Ruhe wird also sein und kein Schmerz mehr. Leider wird der Frau da unten jetzt auch noch schlecht. Sie muss sich übergeben. Ich muss mich übergeben.

Ich bin nicht tot. Ich kotze. Also bin ich.

Wenn die Frau in ihrem Schlangennest jetzt die Augen aufmachen würde, könnte ich mich überzeugen, dass ich es bin und dass ich lebe. Vielleicht könnte ich sogar sehen. Ich muss mich konzentrieren. Sie muss in diesen Schmerz hinein die Augen aufmachen. Auch wenn da draußen alles überbelichtet ist. Auch wenn das Licht die Foltergreifer in ihrem Kopf noch einmal anzieht. Es tut so sehr weh.

Ich muss mich konzentrieren.

Ich bin müde. Ich bin Schmerz. Ich kann nicht schreien. Aber ich lebe. Und ich werde jetzt gegen diesen Schmerz die Augen öffnen. Auch wenn da draußen alles überbelichtet ist. Auch wenn das Licht die Foltergreifer in meinem Kopf noch einmal anziehen wird. Ich will. Ich muss. Gegen den Schmerz die Augen. Öffnen. Jetzt.

Es ist hell. Sehr hell. Zu hell. Sie sieht.

Ich sehe. Ich sehe eine gleißend weiße Halle, einen Saal, der nach hinten immer heller wird. An seiner unerträglichsten Helligkeit krümmt der Saal sich und rutscht nach unten weg. So hell. Viel zu hell.

Ich sehe. Ich sehe einen nackten Bauch, aufgeblasen wie ein Ballon, dick und totenweiß, mit schwarzer Behaarung. Um den traurigen Bauchnabel haben sich lange Haare angeordnet wie Eisenspäne um einen Magneten. Hinter dem Bauch und vor dem Licht hängen weiße Mulltücher.

Mein Kopf ist festgenagelt. Auch die Augen, die sich nicht an das gleißende Licht gewöhnen, sind festgenagelt. Ich kann sie gegen den Folterschraubstock in meinem Kopf nicht aus dem Geradeaus bewegen, nicht nach links, nicht nach rechts, wo weit außen in meinem starren Gesichtsfeld vielleicht ein Vorhang schaukelt aus Verbandslappen und Mulltüchern, er ist nicht ganz zugezogen. Ich sehe zwei nackte, kerzenwachsweiße Beine, Füße mit blauen Adern über den Gelenken. Noch ein Toter.

Überall um mich herum liegen Tote und Verwundete. Sie liegen auf Pritschen, die durch Vorhänge aus Mulltüchern voneinander getrennt sind. Außerdem sind da Schläuche, Flaschen, Apparate, Stromkästen, Bildschirme und Licht. Dazwischen Ärzte, Metzger und Schwestern in kobaltblauen Arbeitsanzügen mit Mund-Nasen-Schutz.

Metzger und Schwestern?

Es riecht nach Urin. Es riecht nach Blut, nach Desinfektionsmittel und Erbrochenem. Es ist zu hell, es wird immer heller, das Lazarett dreht sich.

Der Schmerz. Ich muss die Augen wieder schließen. Wo bin ich? Wie bin ich hierhergekommen?

Das Lazarett?

Ein Kriegslazarett? Ist Krieg? Haben wir es doch nicht geschafft?

Ich lebe. Ich kann denken. Ich kann meine Hände bewegen, die Füße auch. Der Schraubstock in meinem Kopf lässt sich nicht lockern. Ich bin festgenagelt. Der Schmerz übergibt sich in ein apokalyptisches Maschinensausen. Eine lärmende Zentrifuge in meinem Kopf kommt immer näher an den heiligen rohen Kern des Schmerzes.

Dann wird ihr wieder schlecht. Sie muss sich übergeben. Mir wird schlecht. Ich muss mich übergeben. Ich übergebe mich. Urin, Blut, Kotze und Desinfektionsmittel.

Sie bin ich. Ich lebe. Die Schlangen, die auf mir liegen, leben nicht mehr. Sie sind jetzt alle tot. Dünne und fette, graue und weiße, tote Schlangen. Überall aus mir heraus- und in mich hereingekrochen sind sie, in meinen Hals, in beide Handrücken, in die Innenseiten der Handgelenke, in den Fußknöchel, in die Bauchseite; eine kommt aus meiner Mitte, je eine liegt in meinen Nasenlöchern, und eine Schlange ist sogar durch den Nacken in meinen Kopf gekrochen. Aber sie sind jetzt tot.

Es sind leblose Kabel und Schläuche, dicke Kabel, dünne

Schläuche, gummiweiche Leitungen, harte festgeklebte Röhrchen.

Ich bin nackt. Ich bin nackt und verkabelt. Aber ich bin nicht tot.

Mein Kopf ist von innen an der Bahre festgeschraubt, er wird explodieren vor Schmerz. Ich kann mich nicht bewegen. Ich kann nicht sprechen. Ich kann nicht um Hilfe rufen. Meine Stimme macht nicht, was ich will. Aber ich lebe. Ich sehe. Ich kann denken. Ich kann meine Hände bewegen, die Füße auch. Ich bin. Ich bin müde. Aber ich lebe.

Urin und Blut. Kotze und Desinfektionsmittel. Krankenschwestern und Metzger. Kabel und Schläuche. Das ist kein Krieg, kein Lazarett. Ich bin im Krankenhaus. Das hier ist ein Krankenhaus. Aber warum haben sie meinen Kopf festgenagelt? Wer hat ihnen erlaubt, mir diesen Folterstrang in das Gehirn zu implantieren? Wieso blenden sie mich? Was für ein Experiment ist das?

Sie muss sich wieder übergeben. Ich übergebe mich. Ich bin sie.

Ich werde wach. Ich öffne die Augen nicht. Ich beruhige mich. Ich erinnere mich: Etwas in meinem Kopf ist geplatzt, etwas, das mich töten wollte, ein Monster. Und dann? Sie wollten mir den Schädel aufsägen und in meinem Gehirn eine blutstillende Klammer auf dieses Monster setzen, bevor es mich umbringt.

Die Operation ist also vorbei. Ich habe überlebt.

Ich habe nicht gewusst, dass es so starke Schmerzen gibt. Geahnt habe ich es, befürchtet, immer wenn ich über Folter gelesen habe: Schmerz existiert jenseits aller Vorstellbarkeit.

Das Helle verstärkt den Schmerz. Aus dem Hellen kommen kobaltblaue Wesen. Ich kann sie nur unscharf erkennen, sie haben blendende Lichtränder und verwandeln sich in Menschen, grunzende und blubbernde Menschen. Es kommt keine Sprache aus ihnen, keine Wörter, keine Verständigung, keine Erklärung, kein Trost, keine Linderung, nur Lärm, Grunzen, Blubbern, Chaos und Schmerzverstärkung.

Und was tun sie?

Warum probieren sie Medikamente aus an mir? Dipi heißt das Medikament, das sie testen wollen. Über einen Tropf, den ich nur ahne, weil ich meine Augen nicht bewegen kann und sie meinen Kopf angenagelt haben, leiten sie dieses Dipi in die Arterie meines linken Handgelenks. Wenn es eine kurze Weile gelaufen ist, muss ich mich übergeben. Dann reichen sie mir mit gewaltigem Rauschen einen Eierkarton aus Recyclingpappe. Vom Übergeben wird der Schmerz so stark, dass ich ohnmächtig werde. Wenn ich wach bin, geben sie mir wieder Dipi. Dann muss ich mich übergeben und werde wieder ohnmächtig. Das ist es, was hier passiert. Sie probieren ein Medikament an mir aus. Und ich werde ohnmächtig.

Ohnmacht. Ohne Macht. Ich kann nichts tun.

Sie probieren ein Medikament an mir aus?

Dürfen die das? Warum tun sie das? Was ist hier eigentlich los?

Ich muss klar werden. Ich muss denken. Sie probieren Medikamente an mir aus. Das hier ist ein Experiment mit Medikamenten. Und es ist bestimmt nicht erlaubt.

Ich sehe, wie die hübsche Ärztin mit den dunklen Haaren im blauen Metzgerkittel und die blonde Schwester miteinander tuscheln und zu mir herüberschauen. Und leider sieht die hübsche Ärztin mit den dunklen Haaren im blauen Metzgerkittel mit erschrockenem Gesicht, dass ich sie beobachtet habe. Die blonde Schwester hat es auch gesehen. Die beiden werfen sich einen Blick zu. Die Ärztin schließt ihre Augen und nickt. Die Schwester lächelt schmal. Sie weiß, was jetzt zu tun ist.

Und ich weiß es auch: Sie werden mich umbringen. Sie müssen das tun. Weil ich sie erwischt habe. Weil ich Journalistin bin. Ich muss sterben, damit ich sie nicht verrate und ihr verbotenes Menschenexperiment öffentlich mache.

Schade. Ich habe das überlebt. Gegen alle Wahrscheinlichkeit und Statistik. Und jetzt soll ich sterben, damit ich ihre verbotenen Medikamentenexperimente nicht verrate.

Mord? In der Berliner Charité? Auf der gehirnchirurgischen Intensivstation?

Natürlich. Mir fehlt ja sonst nichts. Ich bin fast so gut wie ein frischer Motorradunfall. Außer dem Kopf ist ja alles intakt. Ich liefere gesunde Organe. Niemand wird es merken. Meine Chancen waren ja sowieso sehr schlecht. Ich werde einfach gestorben sein.

Niemand wird es merken. Sie hat es nicht geschafft, werden sie sagen. Wir haben sie verloren, werden sie sagen. Leider, werden sie sagen. Die Prognosen vor der Operation waren ja sowieso sehr schlecht, werden sie sagen. Niemand wird ihnen auf die Schliche kommen. Niemand wird es jemals aufdecken. Mord in der Charité! Journalistin nach geheimen Medikamentenexperimenten getötet!

Ich muss Hilfe rufen. Ich kann denken. Ich kann mich wehren. Ich lebe. Und ich will leben. Ich muss Hilfe rufen. Ich werde jetzt Hilfe rufen. Ich rufe: »Hilfe! Hilfe! Helft mir! Sie bringen mich um!«

Ich denke, dass ich Hilfe rufe. Aber es kommt kein Laut aus mir heraus. Ich kann nicht sprechen.

Denken und sprechen.

Ich kann denken. Ich kann auch sprechen. Aber es spricht nicht aus mir heraus. Ich denke nur, dass ich spreche. Ich denke nur, dass ich Hilfe rufe. Es ist schlimm.

Nein. Es ist gut. Es ist sogar sehr gut. Wenn ich jetzt Hilfe gerufen hätte, wüsste die hübsche Ärztin mit den dunklen Haaren im blauen Metzgerkittel, dass ich sie durchschaut habe. Die blonde Schwester wüsste es auch. Ich darf nicht dumm sein. Ich muss abwarten und aufpassen, bis Hilfe von außen kommt. Und ich muss verhindern, dass das Gift in mich hineinläuft. Ich muss diesen Schlauch an meinem Handgelenk abknicken, fest zudrücken und halten, um die Giftzufuhr zu unterbrechen. So. Jetzt kann der Tod nicht mehr in mich hineinlaufen.

Ich muss weiter beobachten. Auf keinen Fall darf ich wieder ohnmächtig werden. Ich darf nicht einschlafen. Ich muss aufpassen. Ich darf nicht loslassen. Ich kann mich nicht bewegen. Ich bin so müde.

Aber ich kann denken. Also funktioniert mein Gehirn. Woran kann ich mich erinnern? Was ist eigentlich geschehen?

Ich erinnere mich. Dieser sehr junge und gut aussehende Professor, der gesagt hat, dass er mir den Schädel aufsägen und dieses geplatzte Dingsbums in meinem Gehirn abklemmen muss. Er hatte erklärt, was bei dieser Operation alles mit welcher Wahrscheinlichkeit passieren kann. Ich erinnere mich. Wie ich dachte, der sieht aber gut aus, dieser sehr junge Herr Professor, wie McDreamy sieht der aus mit seinen netten Haarwellen, wie Patrick Dempsey in »Grey's Anatomy«. Nur besser. Nicht so nach L'Oréal-Werbung. Medizin studieren macht offenbar ein besseres Gesicht als Medizin schauspielern. Gut aussehen und sehr jung Professor sein ist natürlich auch viel beeindruckender als gut aussehen und den jungen Professor spielen. Und so jung ist der. Vielleicht muss er erst mal Abitur machen, bevor er mir ein Stück Schädeldecke aus dem Kopf sägt und eine Klammer in mein Gehirn steckt.

Der Professor macht nicht erst sein Abitur, sondern sagt: »Wenn wir es nicht tun, sterben Sie. Ich muss Ihren Schädel öffnen und das Ding in Ihrem Kopf abklemmen, damit nicht noch mehr Blut in Ihr Gehirn läuft. Es ist tief in Ihrem Gehirn. Ich muss einen Weg finden dahin und ich darf nichts kaputt machen. Es kann passieren, dass Sie sterben dabei, die Chancen stehen eins zu zehn. Es kann passieren, dass Sie behindert wieder aufwachen. Das Teil sitzt im Frontallappen an einer Stelle, an der Verletzungen bedeuten, dass Sie das Kurzzeitgedächtnis verlieren, oder Denken und Sprechen.«

Hatte er das wirklich gesagt: Sie können das Kurzzeitgedächtnis verlieren, oder Denken und Sprechen?

Was würde übrig bleiben von mir? Gemüse? Gesundes Gemüse. Ich erinnere mich: wie ich alle rausgeschickt habe bis auf meinen Mann. Sein Gesicht, als ich Pfleger und Ärzte bitte, uns einen Moment mit dem Chefarzt allein zu lassen. Meine Hand in seiner, als ich den jungen, schönen Professor bitte, mich nicht mehr aufwachen zu lassen, wenn etwas von dem eintritt, was er als möglich nannte, wenn Kurzzeitgedächtnis, Sprache oder Denken weg sind, oder alles: Bitte, versprechen Sie mir, dass Sie mich dann nicht mehr aufwachen lassen. Bitte, wenn das passiert, sorgen Sie dafür, dass ich gar nicht mehr aufwache.

Ich erinnere mich. Wie kinderernst McDreamy mich mit seinen graublauen Augen angeschaut, genickt und gesagt hat: Wir sind gewohnt, solche Dinge differenziert zu betrachten.

Was für hübsche Wimpern.

Der Mann, mit dem ich verheiratet bin, die Liebe meines Lebens, war einverstanden; erschrocken und totenbleich, aber einverstanden. Ich erinnere mich, dass seine Augen zu seinem Nicken sagten: Nein. Bitte nicht.

Damit war es eine Verabredung.

Bitte, versprechen Sie mir, dass Sie mich nicht mehr aufwachen lassen? Bitte, wenn das passiert, sorgen Sie dafür, dass ich gar nicht mehr aufwache? Das habe ich wirklich gesagt? Das habe ich gut gemacht. Sehr gut habe ich das gemacht.

Nein. Gar nicht gut. Das habe ich falsch gemacht. Mit diesen Sätzen habe ich mein Todesurteil gesprochen. Das ist jetzt ihre Lizenz zum Töten. Sie können mit mir machen, was sie wollen. Erst dieses verbotene Medikamentenexperiment. Und nun können sie mich umbringen, weil ich sie dabei erwischt habe.

Sie werden mich töten. Und McDreamy ist überhaupt gar nicht mehr da.

Aus dem hellen Rauschen ist der andere Doktor an meine Bahre gekommen. Endlich. Ihn kenne ich. Er hat schon einmal hier gestanden. Er kommt aus Bayern. Er spricht ein sanftes Fränkisch. Er beruhigt mich. Er redet mit mir wie mit einem Kind. Er hat mich mit meinem Namen angesprochen. Ich erinnere mich. Er liest die »Süddeutsche Zeitung«. Er kennt meine Artikel, den letzten über Merkel fand er toll. Ich bin in Sicherheit. Vorhin hat er genauso da gestanden und gesagt: Alles ist gut gegangen. Die Operation ist gut verlaufen. Sie dürfen jetzt nur keinen Vasospasmus bekommen, deswegen darf Ihr Blutdruck auf keinen Fall entgleisen. Wir beobachten Sie.

Wir beobachten Sie?

Wann war dieses vorhin? Eben? Gestern? Vorgestern? Vor elf Tagen? Was ist ein Vasospasmus?

Der Schmerz ist stärker als die Zeit. Wir beobachten Sie.

Ich kann nicht mehr sprechen. Und auch mein Zeitgefühl ist kaputtgegangen. Das ist schon mal sicher. Sitzt das Zeitgefühl auch im Frontalhirn? Wahrscheinlich. Vielleicht. Meine Güte, alles habe ich gelesen über Gehirnforschung in den letzten zehn Jahren. Eine ganze Neuro-Bibliothek habe ich zusammengekauft. So viele Kapitel allein bei David Eagleman handeln von Gehirn und Zeit. Und jetzt, wenn es wirklich darauf ankommt, weiß ich nicht einmal, wo genau das Zeitgefühl sitzt. Und das Wort für dieses Monster in meinem Kopf muss ich auch immer überlesen haben. Eben hat er es wieder gesagt: Aneurysma.

Aneurysma. Aneurysma. Aneurysma.

Der Doktor lächelt freundlich und sagt: »Bitte, hören Sie doch damit auf, Ihren Zugang abzudrücken.«

Das sagt er wirklich? Bitte, hören Sie doch damit auf, Ihren Zugang abzudrücken? Er ist also auf deren Seite? Er gehört zu den Mördern?

Oder begreift er nur nicht, was hier geschieht?

Begreifen Sie denn nicht, was hier geschieht? Die füllen mir etwas ein, von dem ich sterbe.

Ich habe gesprochen. Ich habe nicht nur gedacht, ich spreche. Es hat tatsächlich aus mir heraus gesprochen. Ich kann sprechen. Ich kann also doch sprechen. Sprechen und denken. Ich spüre mein Herz im Glück, es schlägt hart gegen den Schmerz. Ich kann sprechen.

Umso blöder wäre ich, wenn ich mich jetzt umbringen lasse.

Begreifen Sie denn nicht, was hier geschieht? Die füllen mir etwas ein, von dem ich sterbe.

Der Oberarzt aus Bayern nickt. Er hat mich verstanden. Er lächelt. Er lächelt freundlich. Er wird mich retten. Er sagt sanft: »Bitte hören Sie auf, da abzudrücken.«

Ich sterbe, wenn dieses Gift in mich läuft.

»Es läuft kein Gift in Sie.«

Er lächelt. Freundlich.

Sie haben gesagt, der Blutdruck darf nicht entgleisen, sonst sterbe ich. Aber die füllen mir hier etwas ein, von dem der Blutdruck immer höher wird. Schauen Sie doch mal auf den Monitor.

Die glühende Zange, der Schmerz in meinem Kopf, als ich versuche, die Augen zu diesem kleinen Monitor neben mir nach rechts zu bewegen. Nur jetzt nicht wieder ohnmächtig werden.

Ich lockere den Knick an dem Schlauch, über den sie das Gift in meine Arterie einlaufen lassen. Es kann also für einen kurzen Moment fließen. Sofort schießt die Anzeige meines Blutdrucks in lebensgefährliche Höhe. Dann klemme ich den Schlauch wieder ab. Der Blutdruck geht runter.

Sehen Sie? Wenn ich die Zuleitung abdrücke und verhindere, dass das Gift in mich läuft, wird der Blutdruck sofort besser. Wenn das Gift wieder läuft, steigt der Blutdruck. Und wenn der

Blutdruck steigt, dann sterbe ich. Das haben Sie selbst gesagt. Bitte.

Bitte helfen Sie mir.

Der Doktor Oberarzt sagt freundlich lächelnd: »Ich will Ihnen ja helfen. Aber Sie müssen aufhören, da abzudrücken.«

In Wahrheit lächelt dieser Doktor seltsam schal. Gespielt freundlich. Gar nicht echt. Es ist ein kaltes, hingeheucheltes Mörderlächeln. Er lügt. Er gehört zu ihnen. Er wird mich nicht beschützen. Sie stecken alle unter einer Decke. Sie wollen nicht, dass ich hier lebend rauskomme. Sie wissen, dass ich Journalistin bin und dass ich berichten werde, was ich gesehen und erlebt habe. Sie werden mich töten. Niemand hier wird mir helfen.

Tod. Ende. Aus. Ewigkeit. Ruhe und keine Schmerzen mehr. Auch gut. Ich habe Millionen Jahre nicht gelebt, bevor ich geboren wurde. Nun werde ich wieder Millionen Jahre nicht leben. Und keine Schmerzen haben. Ich werde gestorben sein, bevor ich 59 wurde. Schade eigentlich.

Synästhesie

Ein attraktiver Mann sitzt vor einer Bücherwand und spielt Gitarre. Ende dreißig könnte der Mann sein. Sein dunkles, kräftiges Haar hat er in Wellen zurückgekämmt. Die Konzertgitarre von Hohner liegt auf seinem linken Oberschenkel, den er über das rechte Bein geschlagen hat. Daumen, Zeigefinger und Ringfinger der rechten Hand berühren die Saiten über dem Schallloch der Gitarre. Mit den Fingern der linken Hand greift der Mann C-Dur.

Rechts in einem Ohrensessel, sehr nah vor der Gitarre und damit im Zentrum des Bildes, sieht man zwei Kinder, die den Mann anhimmeln: Der dunkelhaarige Junge mit musikalischem Hinterkopf ist vielleicht fünf Jahre alt. Lässig sitzt er auf der Lehne des Sessels in Augenhöhe mit dem Mann. Inniger Blickkontakt. Das kleine Mädchen unten im Sessel ist eineinhalb Jahre jünger. Vorne auf der Sesselkante sitzt es mit hoher Körperspannung, die Finger der rechten Hand ungeschickt in den Rocksaum über der Strumpfhose gekrallt, und schaut hinauf zu dem Gitarrenmann, den Mund weit geöffnet vor Bewunderung.

Es kann aber auch sein, dass das kleine Mädchen singt. Dichtes, dunkles Haar.

Das kleine Mädchen bin ich. Der schöne Mann ist mein Vater. Das Foto erinnert mich an meine frühe Kindheit, an die ich mich nicht erinnern kann. Vergessen und verdrängt ist diese Kindheit, amnesiert für immer und ohne jeden Zugang tief begraben. Dachte ich. Es gibt Gründe dafür. Schlechte Gründe. Gründe, die ich durchgeschmerzt habe in fast alle ihre Untergründe und Abgründe.

In der Schrankwand aus interessant gemasertem Holz stehen Bücher. Nur von einem mit Versalien bedruckten Buchrücken ist der Titel zu entziffern: OLIVIA. Auf dem ins Buchregal integrierten Büfett hockt faustklein und tropfenrund eine Vase neben einer Jugendstiltischlampe, deren Fuß vielleicht aus Messing ist. In der Vase stecken Gräser und Zweige. Links im Schatten des Gitarre spielenden Vaters sieht man das große Wirtschaftswunder-Röhrenradio von Telefunken. Operette.

Schon etwas über ein Jahr hing dieses Foto an der Wand neben meinem Schreibtisch, schwarz-weiß, sprachlos und sepiavergilbt, als es eines Morgens plötzlich farbig wurde und den Boden lockerte über den Gräbern meiner Erinnerung. Ich suchte an diesem Morgen nach einem Wort, nach einem passenden Adjektiv zu Ewigkeit. Nein, eigentlich suchte ich nach einer Begründung für meine Entscheidung, dass auch Ewigkeit zu den Substantiven gehört, die ohne Adjektiv bleiben müssen. Also sah ich auf von Tastatur und Bildschirm, drehte mich auf meinem Schreibstuhl Richtung Glastür zur Terrasse, um in die Ferne zu schauen – durch meinen Blauregen und die Trauerbirken über die Charlottenburger Dächer in den babyrosaroten Morgenhimmel über Berlin, über die Spitzen der Pappeln aus dem nächsten Innenhof vorbei an den drei Fahnen vom Kempinski-Hotel – Europa, Deutschland, Berlin – bis zum Kirchturm vom Hohenzollernplatz, wo Ingrid gewohnt hat.

Auf dem Rückweg zum Bildschirm blieben meine Augen an diesem Foto hängen, wie schon vorher so oft.

Dieses Mal war alles anders. Etwas vollkommen Unerwartetes und Spektakuläres geschah. Mein Gehirn produzierte einen Flash, einen Traum, eine synästhetische Offenbarung wie mein LSD-Trip vor vielen Jahren in Villefranche-sur-Mer. Ich sah plötzlich alles auf diesem Schwarz-Weiß-Foto in Farbe, in knallig-klarem, deutlichem Bunt, Fujicolor: die korallenroten Leinenhemden der Kinder. Das blanke Sattelbraun des Ledersessels, die goldglänzend runden Messingnieten unter dem Lehnengriff, die Nussbaummaserung des Bücherregals wie Nougat-Zupfkuchenteig, den das Licht goldglänzend reflektierenden Messingfuß der Lampe und neben ihr die Vase in ihrem seltenen Dunkelweinrot. Die getrockneten grünen und strohgelben Gräser mit bleichvioletten Blüten. Die Jacke des Vaters cognacbraun, Wildleder mit gestrickten Ärmeln in der gleichen Farbe. Das dicke Kissen, vor dem das kleine Mädchen im Ledersessel sitzt. Es ist grün. Tannengrüner Samt in Blattmusterstruktur.

Dann fühlte ich das grüne Kissen. Meine Fingerspitzen erinnern sich an die Erkundung der dunkelgrünen Stellen mit ihrem erhabenen Samt und an die in den Samt geschorenen kleinen Täler, die etwas heller grün sind und die Umrisse der Blätter darstellen. Mein kleiner Zeigefinger passte genau in diese Täler. Das war angenehm und kitzelig. Und weil meine Hände jetzt schon einmal unterwegs sind, fühle ich auch die Messingnieten des Sessels, die deutlich kühler und glatter sind als das Leder. An meinem Hals und im Nacken kratzt und stört der spröde Rand dieses Kittelhemdchens, das wir Kinder beide tragen im – wie immer ausgesucht niedlichen – Geschwister-Partnerlook.

Plötzlich kann ich Vaters Wildlederjacke sogar riechen. Genau so hat sie gerochen zum Duft seiner Haare.

Der Duft der Haare meines Vaters. Ein Wort wird wach, das ein halbes Jahrhundert geschlafen hat in den Katakomben meiner Erinnerung: Birkin. Den ganzen Vater rieche ich. Seine Hände. Die Hände duften nach Papa und nach Tabak. Das weckt mehr Wörter, mehr Erinnerung: Muratti Privat. Muratti Cabinet. Und Nil, das waren die oval gerollten Orientzigaretten in der ägyptisch-blauen Metalldose mit goldenem Deckel.

Auf einmal höre ich die Stimme meines Vaters. Es ist Papas Stimme, die Stimme, an die ich mich gleich nach seinem Herzinfarkt nicht mehr erinnern konnte, was besonders traurig und verstörend war.

Vaters Stimme. Er singt. Papa singt. Wir singen: *Kuku, kuku, acha, acha – odiridi, odiridi-dyna, odiridi-dyna ucha. – Kukułeczka kuka, chlopiec panny szuka.*

Haben wir polnisch gesungen zuhause?

Ich weiß es nicht. Ich erinnere mich nicht. Daran erinnere ich mich nicht.

Wie kann ein Schwarz-Weiß-Foto aus einer Zeit, von der ich angeblich nichts mehr weiß, farbig werden? Wieso ist die Erinnerung an einen Geruch und an eine Stimme jahrzehntelang verschwunden, vergessen, wie ausradiert scheinbar für immer, und kommt dann doch zurück beim Betrachten einer Fotografie, die ich schon so lange und so oft zuvor angeschaut habe?

Offenbar war die Erinnerung in den dafür zuständigen Stellen meines Gehirns zwar verschwunden, vergessen und amnesiert, wie ausradiert, aber nicht wirklich spurlos weg und ausgelöscht. Nichts im Gehirn ist jemals spurlos weg und ausgelöscht. Jede Erfahrung hinterlässt etwas, ein physisches Engramm, ein Zeichen, eine individuelle Repräsentation, einen Vesikelrest, der nicht vollkommen ausgetrocknet ist.

Die Buchstaben eines Palimpsests, das vor langer Zeit ausgekratzt, abgewaschen und neu überschrieben wurde, können wieder sichtbar gemacht werden, wenn das geeignete Licht auf das Pergament trifft.

Ultraviolett. Schwarzlicht.

Die Erinnerung an die Farbe und den groben Kragen eines Leinenhemdchens, die Melodie eines polnischen Kinderliedes, eine in Tee getauchte Madeleine können so eine überschriebene Spur im Gehirn neu ausleuchten, die Zeichen deuten, das Palimpsest lesbar machen, Verknüpfungen öffnen und Neurotransmitter überfließen lassen.

Ich habe so etwas schon einmal erlebt. Im Herbst nach meinem Abitur war das, in Freiburg. Eines Tages stand ich zum ersten Mal im dunklen Hausflur des Jugendstilmietshauses an der Basler Straße, in dem unten eine Polizeistation ihre Diensträume hatte und oben im fünften Stockwerk eine Etage mit Zimmern hergerichtet war für acht Studentinnen, die sich Küche und Dusche teilen mussten. Damals, zum ersten Mal in diesem dunklen Hausflur, dachte ich: Gletscher-Erna. Hier kann ich leben und glücklich werden.

Eigentlich war es gar kein Gedanke, nur ein Geruch, der mich als Gefühl traf wie ein Stromschlag: Es riecht hier wie im Treppenhaus meiner ersten Klavierlehrerin Erna Berndt, die Bergsteigerin war, Gründungsmitglied der Lüdenscheider Sektion des Deutschen Alpenvereins, und deswegen Gletscher-Erna genannt wurde, natürlich nicht von uns Klavierschülerinnen. Wir sagten Fräulein Berndt, guten Tag Fräulein Berndt, und dazu machten wir diese kleine absurd lächerliche Hüpfbewegung beim Handgeben, die heute ganz aus dem Verhaltenszwang gestrichen ist und Knicks genannt wurde. Egal, wie sehr ich mich eben noch wie Bob Dylan gefühlt hatte und auch so angezogen war, ein Knicks musste sein bei Gletscher-Erna, Mädchen aus gutem Haus machen das so.

Mädchen aus gutem Haus. Auch das war also plötzlich wieder da am ersten Tag in diesem Freiburger Treppenhaus.

Wirklich genau wissen die Gehirnforscher noch nicht, welche Rolle Düfte, Farben und Musik bei der Gedächtnisverarbeitung spielen. Sie wissen so vieles noch nicht wirklich genau: Was geschieht, wenn wir träumen? Wo ist das Ich, während wir schlafen? Warum schlafen wir? Was ist das Ich? Wo im Gehirn entsteht unser Bewusstsein? Wie funktioniert Erinnerung?

Sie sagen, ein Geruch, der vorhanden war, eine Melodie, die es zu hören gab, während sich das Engramm einer Erinnerung an etwas bildet, verzögert möglicherweise die Verlagerung des Inhalts dieser Erinnerung auf den präfrontalen Kortex. Die Verzögerung wirkt wie eine Vertiefung, weswegen längst überschriebene Zeichen einer mit Geruch oder Musik verknüpften, scheinbar verschollenen Erinnerung durch die Reaktivierung des Hippocampus mit demselben Geruch und der alten Melodie wieder auffindbar sein können.

Der Geruch im Freiburger Treppenhaus brachte die Erinnerung an einen Menschen und ein Gefühl: Hier kann ich sein. Ein aus einem alten Familienalbum gescanntes Schwarz-Weiß-Foto, das ich schon tausend Mal betrachtet habe, sprengt mit der Rückkehr der Farben, dem Geruch einer Wildlederjacke und einem polnischen Lied das verriegelte Eingangstor zum geheimen Palast meiner Kindheitserinnerung.

Die Farben kamen als Explosion, als physisches, plötzliches Erlebnis. Alles andere seither fließt sanft ineinander über in freundlichem Schwarzlicht. Eine Erinnerung füllt die nächste, wie Wasser die Kaskaden in römischen Brunnen. Die Schale aus Farben läuft über in den Geruch des Wildleders mit dem Duft des Vaters. Im Duft des Vaters steigen versunkene Begriffe auf und fließen in ein Gefühl, das sich in Tönen ergießt. Die Töne und die Rückkehr einer Stimme füllen weitere Kaskaden von Bildern, Szenen, Momenten, Wahrheiten, Gefühlen und Fragen. *Und alles strömt und alles ruht* und bringt Erinnerung ohne Heimweh.

Seit jenem Fujicolor-Morgen wandere ich durch das vergessene Haus meiner frühen Kindheit. Das synästhetische Foto ist mein Einstieg. Ich lasse die Farben kommen, die Düfte und das Lied und gleite immer weiter zurück in Räume und Erinnerungen, die nun nicht mehr amnesiert sind und freigegeben zur Besichtigung.

Tastende Kinderschritte im Schwarzlicht. Nachhausegehen. Nachhausekommen.

Jetzt kann ich sie zeichnen, die vergessenen gelb-rot-grünen Strichmännchen der Fünfzigerjahretapete in unserem ersten

Kinderzimmer, die mich so oft aus meiner Tages-End-Traurigkeit herausgeführt haben in den Schlaf.

Auf dem flachgeknüpft-rot-gemusterten Hamadān-Teppich eines dunklen Wohnzimmers sehe und fühle ich drei goldglänzende Teller unter goldenen Rädern, aus denen drei immer kühle und zum Streicheln angenehm glattgeschwungene Beine emporwachsen. Ich konnte mich an diesen schwarz spiegelnden Beinen halten, hochziehen und aufrichten. Sie gehörten einem geheimnisvollen Wunderschrank, der auf seinem Rücken ein riesiges Maul hatte und an der Seite noch eines mit schwarzen und weißen Zähnen unter einer langen, glänzend schwarzen Lippe, die man öffnen, wieder zuklappen und mit einem Schlüssel verschließen konnte.

Manchmal hat Papa mich hochgehoben und so vor das halb geöffnete Maul auf den Zauberkasten gesetzt, dass ich in den Bauch schauen konnte. Wenn mein Bruder auf die schwarzen und weißen Zähne drückte, klopften in diesem Bauch Holzhämmerchen von unten an jeweils drei Drähte und machten etwas, das die Erwachsenen Ton nannten und Töne, wenn viele Zähne auf einmal gedrückt wurden. Wenn diese Töne gut zueinander passten, nannten sie es Musik. Das konnte nur Mutti. Sie drückte die Zähne, die Tasten hießen, mit allen Fingern gleichzeitig so flink und geschickt, dass ich nicht mehr hinterhergucken konnte, ihren Fingern nicht, den Tasten nicht, und auch den fleißigen Hämmerchen nicht. Die schönste, lustigste und traurigste Musik flog dann aus dem Kasten durch das Wohnzimmer.

Es gab auch Musik, die war alles gleichzeitig: schön, lustig und traurig. Manchmal hat Mutti gesungen dazu. Dann sind alle Erwachsenen ruhig und sanft geworden in ihrer plötzlich viel engeren und klareren Lichtfarbe, so, wie man seine Erwachsenen am liebsten immer und nur hätte.

Muttis Töne waren Engel. Sie konnten fliegen wie kleine Vögel. Wenn die Etagentür nicht geschlossen war, flogen sie sogar die große Treppe hinunter bis in die Diele und in das Alltagsesszimmer. Deswegen hieß der Zauberkasten auch Flügel. Steinway mit Nachnamen. Manchmal sprachen sie so von ihm. Der Steinway. Ihr müsst wissen, die Mutti hat den Steinway von ihrem Vater zur Konfirmation bekommen.

Haben wir sie wirklich Mutti genannt?

Sie hat sich sogar selber so genannt. Auf einem Foto in einem in braunes Kalbsleder gebundenen Familienalbum lehnt sie bleich-leidend im eleganten Chanel-Kostüm an einen Tisch, sehr schön, unsicher und steif. Unter dem Foto steht in ihrer kraftvollen Handschrift, die so ganz anders und zugleich ähnlich aussieht wie das, was von meiner Handschrift übrig geblieben ist: Mutti im Gips.

Mutti im Gips. Vielleicht war es bitterer Sarkasmus. Vielleicht hat sie es ironisch gemeint. So, wie sie an anderer Stelle, in dem grünen Lederalbum, neun Jahre vor meiner Geburt unter ein Bild, das sie und ihre beste Freundin Dorle zeigt, *Wir Plutokraten Töchter* schreibt, was sich wie ein Spiel liest mit einer der Lieblingsvokabeln des hinkenden Doktor Goebbels.

Was weiß der Mensch über die Ironiefähigkeit der eigenen Mutter? Auch Marlene Dietrich hat die Briefe und Telegramme an ihren Berliner Ehemann Rudolf Sieber unterschrieben mit: Mutti. Wer kennt die Kontingenzen der Konnotationen vergangener Zeiten?

Als uns Kindern dieses »Mutti« peinlich wurde, als der Zeitgeist der Sechzigerjahre es als außerordentlich unangenehm für alle Beteiligten enttarnte, eine Mutter Mutti zu nennen, hieß sie Ilse oder Mutter Ilse bei unseren Freunden. Wir haben dann also Papa und Ilse gesagt und am liebsten überhaupt vermieden, die beiden mit Namen oder Familienrang anzusprechen.

Wenn ich heute an meine Eltern denke, denke ich »mein Vater« und »Ilse, meine Mutter«.

Ich kann das jetzt also, diese alte Schwarz-Weiß-Fotografie anschauen, die Farben kommen lassen, und die abgewehrten Erinnerungen auch. Immer tiefer geht es bis in die geheimsten Winkel des Hauses der versunkenen Kindheit. Alles ist wieder da. Fast alles.

In den Keller habe ich es noch nicht geschafft, obwohl ich mich sehr konzentriere. Und auch nicht in die Küche, durch die ich aber doch immer durchgegangen sein muss, vom Flur aus in mein späteres Kinderzimmer mit dem Blick in den Hof hinüber zu Tropen Schröder, wo sie Füllfederhalter herstellten. Pelikan Scholar hieß mein erster, der kam auch von Tropen Schröder gegenüber, schwarz mit einem durchsichtig-grünen Tankmittelstück, dessen Grün aber erst sichtbar wurde, wenn die Tinte ausging oder ich meinen Pelikan Scholar gegen die Sonne hielt. Ewig klecksend. Immer blaue Tintenflecken an Daumen, Zeige- und Mittelfinger. Ultramarinblau.

Im Erdgeschoss links muss die Tür zur Küche gewesen sein, die ich nicht wiederfinden kann, mit der auch immer noch unsichtbaren neuen Köchin, die Kinder und Goldfische nicht mochte. Die Fische hat sie vergiftet.

Gegenüber die Tür zum zweiten Esszimmer: Hier beginnt die schöne neue Welt der Sechzigerjahre, Esstisch, Stühle und Schrankwand in leichtem Teak, Tütenlampen, die heute Mid-Century heißen und Vintage. Dieses Esszimmer haben sie 1964 komplett übernommen ins neue Haus. Es steht alles bis heute noch genauso da im Don-Draper-Mausoleum meines Vaters an der Parkstraße, das mein Bruder hütet.

Das weiße Treppenhaus. Die Diele mit ihrem schwarz-weißen Steinfußboden. Der Sprung in einer der schwarzen Fliesen. Rechts an einem Ende der Diele die schwere Haustür. Und am anderen Ende die ledergepolsterte Tür ins Wunderland der Elternwelt. Die Tür zur Firma.

Der Geruch des Blaupausenkopierers. Der Duft von Taft im

Haarturm der Sekretärin. Zigarettenrauch, warmes Bakelit und Papier. Schreibmaschinen. Kurbelrechenmaschinen. Fest auf die Schreibtische montierte Bleistiftanspitzer wie Windmühlen ohne Flügel. Drehbare Silberbäume, in denen Stempel hingen. Stempelkissen. Telefonapparate mit Wählscheiben. Holzschränke mit abschließbaren Rollläden, hinter denen Regale und Fächer Papier in allen Farben präsentierten. Schreibpapier, Briefbögen, Briefkarten, ohne Aufschrift und mit Aufschrift – Fritz Lieb Lüdenscheid. Kohlepapier, Durchschlagpapier, Quittungsblöcke, rosafarbene Lieferscheine, weiße und braune Umschläge in vier Größen, mit Fenster und ohne. In Kinderkopfhöhe Schubladen mit scharfen Scheren und Holzlinealen, gelbe Kartons, in denen Uhu-Kleber wohnten, Tesafilm auf kleinen, Paketklebeband auf großen Holzspulen. Büroklammern und Heftzwecken in Pappkartons. Bleistifte, Rotstifte, Blaustifte, Kopierstifte, Kugelschreiber, Vierfarbkugelschreiber sogar. Das Wunderland war noch besser als Schokoladensuppe mit Leberwurstschwarzbrot.

Wenn die freundlichen Erwachsenen, die immerzu für die Firma arbeiteten und deswegen nur selten Zeit für Kinder hatten, abends nicht mehr da waren und wir die Eltern endlich holen durften zum Abendessen, war es am besten, wenn sie noch nicht ganz fertig waren mit ihrer Arbeit. Dann konnten wir der Köchin Bescheid geben und dem Mädchen – die Schokoladensuppe muss bitte noch etwas warten – und zurückkommen ins Reich der Eltern zum Malen und Tippen und Papierfalten und Ausschneiden und Kleben und Rechenmaschinenkurbeln.

Schreibwarengeschäfte liebe ich immer noch etwas mehr als Buchläden.

Wenn ich nachts nicht schlafen kann oder morgens schon sehr früh wach bin, betrachte ich das synästhetische Foto, lasse die Farben kommen, die Erinnerungen, die Düfte und die Lieder. Dann höre ich plötzlich das harte Blechpfeifenspiel vom Lumpensammler und Scherenschleifer, der mein Rattenfänger von Hameln war. Ich rieche Eisen, Steintreppen und Rostfett im Lager, dem Haus neben unserem Haus. Dort, in der zweiten Etage mit ihren hohen, dunkelspeckigen Wandregalen für Schrauben und Muttern, hatten die Monteure eine Tischtennisplatte aufgestellt. Einer von ihnen, Etienne, war Weltmeister oder Deutscher Meister. Vielleicht war er auch nur Stadtmeister oder Baumeister. Und er hat trotzdem mit uns Kindern Tischtennis gespielt.

Am anderen Ende des Flures im Erdgeschoss, gegenüber der Tür zum Reich der Eltern, war die Haustür zur Friedrichstraße. Das Tor in die Welt. Fünf hohe Steinstufen ging es hinab in den kleinen Vorgarten, in dem unser Sandkasten stand, hinter den Rhododendronbüschen direkt unter dem Bürofester vor dem Schreibtisch unseres Vaters.

Ich erinnere mich: Mein Bruder reitet auf dem Gartentor wie ein König auf seinem hohen Ross. Vor dem Tor stehen die Kinder der Friedrichstraße. Der König richtet seinen Zeigefinger auf die von ihnen, die heute zum Spielen in den Garten kommen dürfen. Die anderen müssen draußen bleiben. Auch Ruthchen und Anne, meine Freundinnen, kommen wieder nicht rein. Ruthchen und Anne, die wohnen ja nur zur Miete.

Es gibt Menschen, denen gehören die Häuser gar nicht, in denen sie wohnen. Michael war mein Welterklärer, mein Beschützer, mein Verbündeter.

Und er war mein Rivale. Wir kämpften hart um die seltene Aufmerksamkeit unserer Eltern, um die Momente von Licht und Wärme. Er konnte sich in Sekunden vom Verbündeten in einen Feind verwandeln. Und er war älter als ich, schlauer.

In einem der alten Familienfilme gibt es eine Szene, Kinder im Sandkasten. Ich häufele Sand auf den hölzernen Sandkastenrand und backe einen kleinen Kuchen. Er wischt diesen Kuchen einfach weg, ganz unauffällig wie nebenbei oder aus Versehen. Keine große Affäre. Aber eine Metapher.

Wenn ich Mutti nicht verraten sollte, dass ich ein Gedicht gelernt hatte, wenn ich ein Bild gemalt hatte, von dem er nicht wollte, dass die Eltern es sehen und es ihnen dann möglicherweise gefällt, wann immer er wollte, dass ich etwas tue oder nicht tue, zog Michael mich im Stehen zu sich, legte seine Arme auf meine Schultern und rieb seine Nase an meiner. Immer mit dem Kopf hin und her und her und hin. Ich musste ihm dabei fest in die Augen sehen.

Die Beschwörungsformel, die wir beide zu diesem rituellen Nasenreiben aufsagten in liebevoll-hysterischem Ton, hieß: Willst du Papa und Mutti wiedersehen?

Es sah wahrscheinlich aus wie ein inniges, rührendes Liebkosungsritual. Es funktionierte aber wie Hypnose, wie EMDR. Als hätte der Teufel dem Engel Michael bilaterale Stimulation beigebracht. Bilaterale Stimulation und EMDR, Shapiros Eye Movement Desensitization and Reprocessing, wurden aber in der Erwachsenenwelt erst dreißig Jahre später erfunden.

Willst du Papa und Mutti wiedersehen?

So hat er mir seinen Willen, seine Ängste und seine Kontrolle aufgezwungen. So hat er, ohne es zu wollen, die tödliche Auftrittsangst in mich gepflanzt. Genial eigentlich für einen Fünfjährigen.

Wochenlang war ich zornig mit dieser Erinnerung und wütend auf meinen Bruder. Willst du Papa und Mutti wiedersehen? Inzwischen habe ich Mitleid mit uns, mit ihm mehr als mit mir. Wie viel Druck, welche Angst, was für ein Mangel an Zuwendung. Kinder können grausam sein, wenn sie in Notwehr handeln, im Kampf um die kostbare und seltene Zuwendung der Mutter. Wir waren immer in Notwehr, immer im Kampf um die Zuwendung der Mutter. Wolfskinder waren wir. Wohlstandswolfskinder.

Ich erinnere mich an die Märklin-Modelleisenbahn auf der esszimmertischgroßen Spanholzplatte mit Bäumen, Wiesenhügeln, Brücken, Stellwerk mit Lokschuppen und dem Bahnhof. An eine kupferne Dampfmaschine erinnere ich mich und an meinen geliebten Kaufladen in Omelis Küche. Ich schmecke den tristen Pappgeschmack von pastellgefärbtem Puffreis aus den kleinen, kartongefalteten Persil-Schachteln, die es bei mir zu kaufen gab. Der bittersalzige Geschmack der Ziegelsteine, die aussahen wie von Lego, aber aus richtigem rostrotem Ton gebrannt waren.

Es gab ein kleines Aufstelltheater mit Vorhang. Der Kasper, die Gretel, die Hexe und ein blauer Pickelhauben-Polizist; Handpuppen waren das mit holzgeschnitzten Köpfen. Nur das Krokodil war aus Gummi und hatte Mundgeruch. Die Spielesammlung mit Spitz pass auf!, Halma, Mühle, Dame und Mensch ärgere Dich nicht, deren Spielfiguren zu Schulklassen und Straßenbandenkindern wurden in meiner Fantasie. Rollschuhe, die man mit Lederriemen unter die Straßenschuhe band. Anne, Ruthchen und ich, wir waren die drei Rollschuhmädchen vom Bambiclub auf dem Theodor-Heuss-Platz.

Ich sehe einen Teich aus Pappe, aus dem man mit Magnetangeln Papierfische fangen konnte. Das Angelspiel wird heute noch verkauft. Ich habe es als Erwachsene einmal im Garten am Chiemsee mit einem kleinen, neurodermitischen Jungen gespielt, der auf meine Frage »und was ist das, was du da jetzt gefangen hast« sagte: »Das ist ein Vollkornfisch.«

Und niemals eine Puppe? Ich kann mich an keine Puppe erinnern. Wir bekamen noch eine Schwester, als ich acht Jahre alt war.

Am zweiten Weihnachtstag hatten die Eltern uns feierlich erklärt, dass sich nun ein Baby befinde in Muttis Bauch, und das käme davon, weil Mutti und Papa sich so lieb haben, fühlt ruhig mal, hier. Aus dem Bauch aber kommt dieses Geschwisterchen erst wieder heraus, wenn es fertig ist, Mitte, Ende April. Mutti muss dann zum Babyrauskommenlassen ins Krankenhaus.

Aha.

Sie fanden, das sei Aufklärung.

Von unseren Familienerwachsenen hat mir nie jemand erklärt, wie Babys in Muttibäuche kommen. Die Frauen in der Küche wussten aber zum Glück auch Bescheid. Frau Dornbracht, die Zugehfrau, erzählte gerne ein paar grobe Feinheiten und Details von dem, was sie Sex nannte. Neulich, in der Badewanne, hat der Emil, ihr Mann, sie sogar in die Schulter gebissen aus Leidenschaft und Erregung. Wollt ihr mal sehen, Kinder?

Eines Abends in dem Winter, als das Dach des Hauses ausgebaut wurde zu einer eigenen, neuen Wohnung für unsere Omeli, ließ sich ein junger Mann vom Baugerüst hinunter in den Garten fallen. Drei Stockwerke tief. Absichtlich. Mit dem Rücken zuerst. Wegen Elke, unserem Hausmädchen. Er liebte die Elke so sehr. Sie liebte ihn nicht. Aus Kummer und zum Beweis seiner Liebe hat er sich in den Abgrund gestürzt, einer der Rhododendronbüsche neben dem Sandkasten hatte seinen Sturz abgefedert. Er überlebte, nur das Schlüsselbein war gebrochen. Die Eltern hielten den Mann für einen nichtsnutzigen Knallkopf, das sagten sie auch, was für ein nichtsnutziger Knallkopf. Ich fand, dass er ein großer Liebender und ein mutiger Held war. Ich fand, jetzt müsse die Elke ihn aber doch erhören.

Ich erinnere mich an den Räucherkasten über dem Hof vom Metzger Geier, der unser Hauptquartier war. Die Leiter konnten wir nach oben zu uns hochziehen, wenn die Feinde kamen. Den Staub vom Sägemehl spüre ich noch in der Nase. Ich erinnere mich an Klaus und Rolf, die in der Bahnhofstraße wohnten und eine Strickliesel besaßen, fast einen Meter Zopf hatten sie schon gestrickt. Ich erinnere mich an meinen ersten Freund, Stephan, dem ich die Schnürsenkel gebunden habe, weil er das noch nicht konnte.

Und einmal bin ich mit Pantoffeln losgelaufen zur Schule. Es waren ja nur die paar Schritte über den Theodor-Heuss-Platz bis zum hinteren Tor des Pausenhofs der Knapper Schule. Die Erwachsenen haben das immer wieder erzählt: Dann ist sie doch tatsächlich in Puschen losgelaufen. Wie Eugen. Dein Großvater hat sich sogar einmal in Puschen ins Auto gesetzt und ist nach Paris gefahren.

Nach Paris mit Puschen im Auto. Und wo ist dieser Großvater?

Der lebt nicht mehr, sagten sie, und die Omeli wurde traurig.

Einmal im Winter beim Schlittenfahren auf der Herderstraße haben wir mit sehr vielen anderen Kindern einen älteren, rothaarigen Jungen in den Schnee geworfen, festgehalten und gewaschen. Mit Schneebällen haben die Jungs dem Rotfuchs das Gesicht eingerieben, immer und immer wieder und immer weiter, als ich schon fand, es sei genug. Er weinte. Ich erinnere mich, wie leid er mir tat, wie Blut aus seiner Nase tropfte, wie blau seine Lippen waren, wie ich danebenstand, an einem salzigen Eisklumpen nuckelte, der an meinem Wollhandschuh hing, wie ich nichts machte und nichts sagte, weil ich die Kleinste war und mich schämte und mich falsch fühlte, fühlte, dass es falsch war, was sie taten. Dabei mochte ich den Rotfuchs auch nicht. Der Rotfuchs war ein Flüchtlingskind, ein Vertriebener. Ich wusste nicht, was das ist: ein Flüchtling oder ein Vertriebener. Nichts Gutes jedenfalls. Noch schlimmer offenbar, als zur Miete zu wohnen.

Dabei wollte der Rotfuchs immer nur dazugehören und uns gefallen. Zwei Tage bevor wir ihn gewaschen haben, hatte er noch jedem von uns große Nikolaustüten mit Süßigkeiten geschenkt. Er hatte sie geklaut beim Bäcker Dämmerling. Spiel nicht mit den Flüchtlingskindern.

In Wahrheit waren wir selber Flüchtlingskinder. Ich musste als erwachsene Frau erst beinahe sterben und dann mit meinem neuen, zweiten Leben nach Polen reisen, um nachts auf einer Brücke im Niemandsland zwischen Polen und Deutschland wirklich zu verstehen, dass der elegante, erfolgreiche, von allen bewunderte, wohlhabende Firmenchefvater ein Flüchtling war und ein Vertriebener, ein Doppeltvertriebener. Zweimal haben sie ihn entheimatet. Als er sechs war oder acht, sollte die Familie Roll aus Jarocin entweder polnisch werden oder verschwinden, 1920 oder 1922 muss das gewesen sein. Und 1945 im Februar ist Vaters Familie dann aus der neuen Heimat Guben noch einmal geflohen, dieses Mal vor der Sowjetarmee, während Vater schon sorglos im Ruhrkessel saß.

Ich wusste das, und wusste es nicht. Ein blinder Fleck. Noch ein blinder Fleck. Damals wusste ich nur: Der Rotfuchs gehört nicht zu uns. Der ist ein Flüchtlingskind. Ich kenne bis heute seinen Namen nicht.

Einmal hat Papa aus seinem Bürofenster das neueste Spiel der Friedrichstraßenkinder beobachtet: Sieger ist, wer sich traut, am spätesten, im wirklich allerallerallerletzten Moment, vor einem Auto über die Straße zu rennen. Was für einen Ärger gab es an dem Tag. Und Haue auf den Po.

Haue auf den Po? Haben die Eltern uns geschlagen? Gewalt in bildungsnahen Schichten? Eigentlich doch nicht, unsere Eltern haben uns nicht geschlagen, dachte ich immer. Offenbar stimmt auch das nicht. Manchmal haben sie uns eben doch geschlagen; was soll das sonst heißen: Haue auf den Po?

Wenn mich jemand fragen würde, sind Sie von Ihren Eltern geschlagen worden, wäre meine Antwort: Nein! Wir doch nicht. Wir sind nicht geschlagen worden. Aber es stimmt nicht. Nicht ganz. Haue auf den Po, als wir knapp vor den Autos über die Friedrichstraße gewetzt waren. Mein Bruder bekam eine Ohrfeige am Tag, als die Musik gestorben ist. Und dann war da noch der wilde Schlag meiner Mutter mit einem Schirm.

Viele Jahre später war das. Ich war siebzehn und hatte heimlich bei meinem Freund geschlafen, bei Girgl, meiner ersten großen Liebe. Zuhause hatte ich gesagt, ich übernachte bei Marlis. Leider hatte ich vergessen, Marlis darüber zu informieren, dass ich bei ihr übernachte. Als ich die Haustür aufschloss, griff Mutter Ilse einen Schirm aus dem Ständer, der, wie ich inzwischen gesehen habe, tatsächlich heute noch an der Garderobe steht, weil in der Parkstraße alles noch wie immer dasteht. Sie holte aus. Ich hob die linke Hand schützend über meinen Kopf. Der Schirmstock krachte auf die Hand und zerschlug einen Emaillering auf meinem Finger. In drei Teilen lag dieser Ring auf dem Marmorboden, blau mit grün und etwas lila war er, hässlich eigentlich. Geblutet hat es. Zwischen Mittel- und Ringfinger habe ich noch heute die kleine Narbe. Damit ich nicht vergesse.

Also doch. Manchmal haben sie uns doch geschlagen.

Wieso würde ich jederzeit sagen, unsere Eltern haben nicht geschlagen?

Weil andere Eltern schlimmer geschlagen haben?

In den Sommerferien trafen wir Jahr für Jahr diese nordseeblonde Familie: Vater, Mutter, alle vier Kinder, braungebrannt und nordseeblond. Unsere Erwachsenen hatten sich befreundet. Obwohl der Mann und auch die Frau die Holzkleiderbügel des Hotels auf den Körpern ihrer Kinder zerschlugen. Alle wussten das. Wir wussten es. Unsere Eltern redeten darüber. Sie fanden das nicht in Ordnung. Auf die Idee aber, einzugreifen oder die Polizei zu rufen, kam man damals nicht. Jeder hatte das Recht, seine Kinder zu schlagen. Das war in Deutschland bis 2003 noch so. Da mischt man sich doch nicht ein.

Einmal im Herbst stand der Älteste der nordseeblonden Kinder bei uns vor der Tür, sagte, er sei mit der Bahn gekommen, uns zu besuchen. Und er solle schön grüßen von seinen Eltern.

Unsere Eltern wussten sofort: Der ist von zuhause abgehauen.

Kein Wunder.

»Setzt ihn sofort in den nächsten Zug, bitte«, sagten seine Eltern am Telefon.

»Nein, es ist besser, ihr holt ihn ab.«

Sie glaubten, ihn so zu beschützen. Ich glaubte, sie würden diese Kleiderbügeleltern nur noch wütender machen.

Die Eltern kamen, waren supernett, besorgt, verständnisvoll und freundlich beim Abholen. Aber es war klar: Sie würden ihn umso furchtbarer schlagen zuhause, wahrscheinlich fuhren sie schon gleich hinter Brügge rechts raus in den Waldweg zum ersten Verprügeln.

Warten auf die angekündigte Gewalt. Ich erinnere mich, dass ich Bauchschmerzen hatte an jenem Abend, nachdem sie weg waren. Auch ein Zeuge von angekündigter Gewalt ist ein Opfer von Gewalt.

Wenn ich anfange zu erzählen, wenn ich sage, wir brauchen noch ein weiteres MeToo, es muss auch mal ausgesprochen und geklärt werden, wer von uns wie schwer geschlagen worden ist, wenn ich Freunde nach Gewalt in ihrer Kindheit frage, kommt nichts als Abwehr.

»Nein, nein. Verprügelt worden bin ich nicht. Eigentlich.«

Eigentlich. Was heißt eigentlich? Keine Senge also? Nie Haue? Keine Tracht Prügel? Niemals was auf die Bollen? Mal eine kleine Kopfnuss vielleicht? Ohren langziehen? Eine Watschen, die fette Ohrfeige im Affekt?

Manchmal lockern die niedlichen Tarnwörter die Blockade, springen hinter die Scham und schubsen Erinnerung und Sagbares nach vorne: »Na gut, ab und zu habe ich wohl eine getuppt bekommen von meiner Mutter, wenn ich es zu arg getrieben habe. Hat ja wohl jeder. Hat mir aber nicht geschadet.«

Würdest du deine Kinder schlagen?

»Niemals. Was glaubst du denn?«

Und dann gibt es Menschen, die an solchen Abenden ganz still werden und beim Abschied fragen: »Können wir morgen mal spazieren gehen? Kann ich mit dir noch einmal darüber reden?«

Viele sind buchstäblich ins Leben geprügelt worden, in das, was man später die Leistungsgesellschaft nennen sollte. Ein großer blinder Fleck der Boomergeneration ist das. Aber davon müssen andere erzählen. Einige haben schon angefangen damit.

Der blinde Fleck ist die Stelle auf der Netzhaut, an der der Sehnerv das Auge verlässt. Hier sitzen keine Lichtrezeptoren, und deswegen ist das Auge an dieser Stelle vollkommen blind. Wir merken das gar nicht, weil unser Gehirn ein bisschen rumtrickst und die Lücke mit dem füllt und ergänzt, was es zu sehen vermutet. Es malt die blinde Stelle mit dem Muster der Umgebung aus. Die Wissenschaft nennt dieses Phänomen »filling in«.

Das Muster der Umgebung.

Warum kann ich bei den Wanderungen durch das Haus meiner frühen Kindheit die Küche nie finden und den Keller auch nicht? Und an das Fiebermessen erinnere ich mich in Wirklichkeit gar nicht. Nur an eine Erzählung. Ich glaube, Mutter Ilse war es, die erzählt hat. Ich weiß nicht mehr, wann und wo das war. Ich bin nicht einmal sicher, dass es diese Erzählung tatsächlich gab. Es ist alles im Nebel. Im Nebel hinter der Scham. Nein, im Nichts. Hinter dem Nichts. Da gibt es keinen Nebel und keine Scham mehr. Die Scham und der Nebel bewachen das Nichts.

Es ist die abscheulichste Erzählung meiner Kindheit. Einmal sei Papa dazugekommen, als sie mir gerade Fieber gemessen haben an der falschen Stelle.

Wie an der falschen Stelle? Wer sie? Aus Versehen? Zum Vergnügen? Aus Grausamkeit?

Habe ich das gefragt? Habe ich darauf eine Antwort bekommen?

Ich weiß es nicht. Ich weiß gar nichts. Ich habe nicht mehr als diese unscharfe Erinnerung an eine Erzählung. Und Scham.

Und Zorn. Und Ekel. Wer waren diese »sie«, die mir Fieber gemessen haben an der falschen Stelle? Die Köchin? Das Hausmädchen? Die Zugehfrau? Schwester Adelheid, die als Babypflegerin bei uns war?

Babypflegerin. Was für ein Wort. Altenpflege, Tierpflege, Babypflege.

Wer war noch dabei? Wo war die Großmutter, die mich sonst immer beschützt hat? Was ist dann geschehen? Wurden Schwester Adelheid und die Fiebermessbande entlassen? Ich weiß es nicht. Ich erinnere mich nicht. So weit zurück geht meine Erinnerung nicht. Ich war ein Baby. Ich weiß nicht einmal, wer es mir wann erzählt hat. Vielleicht habe ich auch nur geträumt, dass mir jemand diese Geschichte erzählt hat. Viele Menschen können Ereignisse nicht vergessen, die niemals geschehen sind.

Die meisten Menschen wissen genau, wenn sie lügen. Den Unterschied zwischen der Wahrheit und einer falschen Erinnerung aber kann kein Gehirn erkennen. Darüber habe ich viel gelesen und geschrieben. Richtige und falsche Erinnerung fühlen sich vollkommen gleich an. Deswegen ist es erschütternd einfach, Menschen falsche, erfundene Erinnerungen einzupflanzen in ein Gehirn.

»Lost in the Mall« heißt ein berühmtes Experiment, mit dem Elizabeth Loftus, Professorin an der University of California, Irvine, die Gedächtnisforschung revolutioniert hat. Von den Eltern ihrer Versuchspersonen ließ sie sich jeweils drei echte Kindheitserlebnisse erzählen und erfand dann eines dazu: Als du fünf oder sechs Jahre alt warst, hast du dich in einem Einkaufszentrum verirrt. Deine Mutter hat dich untröstlich weinend bei einem älteren Menschen wiedergefunden.

Ein Drittel der Versuchspersonen erinnerte sich bald an dieses erfundene Erlebnis, eine Woche später waren ihnen sogar Details wieder eingefallen: welches Lieblingsspielzeug dabei war, was für einen Hut die alte Dame aufhatte, wie wütend die

Mama gewesen ist. Sie redeten und redeten und hörten gar nicht mehr auf zu reden. Lost in the Mall. So einfach ist das.

Schwierig ist nur, Experimente zum Memory-Hacken genehmigt zu bekommen von den Ethikkommissionen der Universitäten. Zwei Jahre hat es gedauert, bis die deutsch-kanadische Rechtspsychologin Julia Shaw am University College in London ihr gruseliges Experiment machen durfte, mit dem sie ihren Testpersonen sogar die Erinnerungen an eine komplett erfundene Gewalttat implantierte: In der Pubertät hast du ja dann auch deinen guten Freund schwer verprügelt und mit einer Waffe attackiert.

Die Gehirne von 70 Prozent der Testpersonen antworteten nach nur drei Sitzungen mit einer perfekten, authentischen Erinnerung an die nie begangene Tat. Sie erinnerten sich sogar an Tränen und an Reue, an Vergebung und Versöhnung und daran, wie die beiden Polizisten ausgesehen hatten, die beim Abendbrot an der Wohnungstür klingelten, um den Täter zu stellen.

Ich weiß nicht, warum diese Erkenntnisse über die Manipulierbarkeit von Erinnerung noch gar nicht in unser Menschenbild vorgedrungen sind. Offenbar sind sie so irritierend, dass wir sie viel lieber sofort wieder vergessen, anstatt die Idee zu überprüfen, die wir uns von uns selbst, unserem Ich und der Zuverlässigkeit unserer Erinnerungen haben.

Ich weiß nicht einmal, ob ich mir die Fiebermessgeschichte vielleicht sogar selber ausgedacht habe in der eigenartigen Zeit, als ich eine Erklärung für meine Nichtjungfräulichkeit gesucht habe. Ich weiß nur, dass ich bis heute glaube, mich ganz genau zu erinnern, wie überzeugt ich mit 17 Jahren war, eine Fiebermessbande in der Friedrichstraße hätte mein Jungfernhäutchen kaputt gemacht, als ich ein Baby war. Und deswegen habe ich nicht geblutet beim ersten Mal.

Wir haben ja damals noch die Ammenmärchen geglaubt, die

sie uns über das Jungfernhäutchen erzählt haben. Sogar die Ammen selber haben das Märchen geglaubt. Viele glauben daran bis heute.

Meine früheste Erinnerung ist der Rillenfresser. Das muss noch vor den Windpocken gewesen sein, vor der Erinnerung an Großmutters Hand, an diese Hand, die nach Omeli und Nivea duftete und mir sanft den Schorf aus dem Gesicht schubberte, obwohl Schubbern so streng verboten war wie Kratzen, weil es sonst Narben gibt.

In der Schrankwand aus Zupfkuchen-Nussbaumholz unter dem Wirtschaftswunderradio Operette wohnte ein Rillen fressendes, etwas unheimliches, aber eigentlich immer liebes Wesen. Der Eingang zu seiner Höhle lag in einer für Erwachsene wahrscheinlich absurd unbequemen, für Kleinkinder aber genialen Höhe hinter dem Knauf, mit dem man eine Klappe im Nussbaumschrank öffnen konnte. Nach einigem Flackern erleuchtete dann ein warmes, goldenes Licht die Zauberhöhle. Das Licht weckte den Rillenfresser. Der Rillenfresser hatte Hunger. Mein Bruder legte dem Rillenfresser eine große, lakritzschwarze Scheibe auf den Teller. Dann setzte er den Schlangenkopf des Rillenfressers vorsichtig an den Rand der Scheibe. Der Teller fing an, sich zu drehen. Der Rillenfresser fraß die Rillen der Scheibe. Und dazu machte er Töne. Überall um uns herum waren diese wundersamen Rillenfressertöne.

Der Rillenfresser war unser liebstes Spielzeug. Dem Rillenfresser beim Fressen zuhören, das war alles, was ich wollte. Mozart und Brahms, »Eine Kleine Nachtmusik« und »Ungarische Tänze«. Das müssen die beiden Scheiben gewesen sein, die mein Bruder dem Rillenfresser am häufigsten auf den Teller legte. Er konnte ja schon stehen. Er wählte die Platten aus. Michael war mein erster DJ. Alle fünf Orchesterstimmen der »Kleinen Nachtmusik« kann ich singen, konnte ich schon, bevor ich mit dem Sprechen anfing.

In einer anderen Rillenscheibe lebte ein Lied, auf dem ein Mann davon sang, dass seine Welt bunt ist. Wenn er nicht sang, lachte dieser Sänger sehr seltsam und gekünstelt. *Was ich erlebt hab', das konnt' nur ich erleben. Ich bin ein Vagabund. Selbst für die Fürsten soll's den grauen Alltag geben. Meine Welt ist bunt. Meine Welt ist bunt.*

Fürsten sind sehr mächtige und reiche Männer. Fürst kommt gleich nach König. Und ein Vagabund ist einer, der kein Zuhause hat, weswegen er in der Welt herumvagabundiert. Ziemlich weit unten ist der Vagabund auf der Karriereleiter, nur eine Stufe über dem Bettelmann. Dieser lachende Vagabund tat also nur so, als ob er was zu lachen hätte.

Mutti und Papa merkten gar nicht, wie künstlich der Vagabund lachte. Oder es war ihnen egal.

Auf einer anderen schwarzen Scheibe wurde schon etwas besser gelacht, hihihi, hahaha, hohoho. *Mausi, süß warst du heute Nacht, heute Nacht. Bis früh um acht, ha'm wir gelacht.* Die Mausi-Platte wohnte in einer Hülle aus Karton, auf die ein Mann und eine Frau gemalt waren in eleganten Kleidern. Der Mann trug einen Schornsteinfegerhut und war ganz in Schwarz und Weiß angezogen wie Peggy, mein Pinguin. Das rote Kleid der Frau raschelte bestimmt so interessant wie Muttis rotes Ausgehkleid, zu dem sie lange Handschuhe trug aus weichem Leder im gleichen Rot. Wenn die Eltern sich abends manchmal so mausihaft verkleidet hatten zum Gutenachtsagen, sind sie nach dem Müde-bin-ich-geh-zur-Ruh gar nicht bald auch ins Bett gegangen, sondern haben das Haus verlassen. Und am nächsten Tag rochen sie so angenehm unangenehm. Sie nannten das eine Fahne.

Schlaf schön, bis morgen, lieber Rillenfresser. Mein Bruder, der schon stehen konnte, wusste, dass das Licht wieder ausgeht, wenn man die Klappe zumacht.

In der Weihnachtszeit war die Tür zum Zauberreich mit seinen Musikinstrumenten, dem Flügel, dem Radio und der Rillenfresserhöhle verschlossen, bis endlich Heiligabend die Engel mit dem kleinen Messingglöckchen klingeln würden.

Wenn ich mich an der Türklinke zum Wohnzimmer festhielt, konnte ich auch schon stehen. Ich musste mich dann nur ein wenig höher ziehen, um durch das Schlüsselloch zu gucken, durch das mein Bruder die beiden Engel beobachtet hatte. Sie waren vor seinen Augen durch die Wand hereingetreten, standen am Weihnachtsbaum und beteten.

Als ich mich aufgerappelt, am Türrahmen hochgezogen, an der Klinke über meinem Kopf festgehalten und endlich ein Auge so vor das Schlüsselloch gebracht hatte, dass ich reinsehen konnte ins Weihnachtszimmer, waren die beiden Engel aber schon wieder durch das geschlossene Fenster gegangen und davongeflogen. Die Vorhänge bewegten sich noch.

Kleiner Kuckuck

Lieber Łukasz,
ich hoffe, dass Du mit Deiner Familie gesund ins neue Jahr gekommen bist und dass es Euch gut geht in diesem Winter. Es hat bei mir jetzt etwas länger gedauert, aber im Mai komme ich wieder nach Polen. Ich möchte vor allem einige Tage in Jarocin verbringen, um dort alles über das Haus zu recherchieren, in dem mein Vater geboren wurde und seine Kindheit verbracht hat. Vielleicht gibt es ja auch doch noch weitere Unterlagen in der Schule, im Rathaus oder im Kirchenarchiv. Außerdem habe ich im Netz von einem Projekt zum evangelischen Friedhof in Jarocin gelesen; das interessiert mich auch. Vielleicht können wir herausfinden, wann genau nach 1920 die Rolls die Stadt eigentlich verlassen haben. In Guben tauchen sie in den Telefonbüchern zum ersten Mal im Jahr 1923 auf, also nehme ich bisher an: 1923. Dann hätte mein Vater seine Kindheit von seiner Geburt an bis zum Alter von acht oder neun Jahren in Jarocin verbracht.
Neulich habe ich über einem Schwarz-Weiß-Foto (mein Vater spielt Gitarre, mein Bruder und ich, etwa vier und drei Jahre alt, himmeln ihn an) plötzlich wieder ein Lied gewusst, das er oft mit uns gesungen hat. Es heißt »Kukułeczka kuka«, Du kennst es vielleicht. Ich frage mich seither, ob die deutschen Kinder in Jarocin polnisch gesungen und gesprochen haben und in welchen Sprachen der Unterricht organisiert war. Solche Sachen.
Willst Du mir wieder dabei helfen, also vorab recherchieren, was man in Jarocin finden und sehen kann, und mich dann

dort begleiten? Eventuell bringe ich auch meine Schwester Christiane mit. Dann würde ich gerne außerdem zwei Tage wieder in Poznań wohnen und mit ihr auch noch einmal einen Tag die Dörfer unserer Ahnen besuchen.
Viele herzliche Grüße. Ich freue mich sehr, wenn wir uns wiedersehen. Deine Evelyn

Liebe Evelyn,
»Kukułeczka« ist eines der bekanntesten polnischen Volkslieder aus dem »klassischen Set«. Es wundert mich nicht, dass die in Posen lebenden Deutschen damals auch etwas aus der polnischen Volkskultur kannten; man lebte ja zusammen über Generationen, und im Großen und Ganzen war es eher ein friedliches Zusammenleben. Man kann ja nicht alles immer aus der Perspektive der beiden Weltkriege anschauen.
Ich stelle mir vor, wenn die Deutschen polnische Nachbarn, Arbeitskollegen, Freunde in irgendwelchen lokalen Vereinen hatten (die waren ja auch nicht alle immer getrennt), wenn die Kinder polnische Kindermädchen, die Hausfrauen polnische Dienstmädchen usw. hatten, man würde solche Sachen wie polnische Volkslieder kennen und auch singen können.
Vielleicht gibt es noch irgendwelche interessanten Dokumente zu Jarocin im Archiv Kalisch. Dort sind wir ja 2018 nicht gewesen. Ich kann auch noch zuvor da hinfahren und was recherchieren.
Schöne Grüße, Łukasz

Die Explosion

Nach einer Katastrophe glauben Menschen gerne, dass sie vorher schon etwas geahnt haben. Jeder erinnert sich im Nachhinein an allerlei Warnhinweise und Zeichen, die er nur übersehen oder nicht ernst genug genommen hat.

Ich hatte mich in den Jahren, bevor es passierte, mit Gehirnforschung und Neurowissenschaft beschäftigt, ohne allerdings in Erwägung zu ziehen, das könnte etwas mit meinem eigenen Gehirn zu tun haben. An jenem Abend, als es Boom machte, gab es keine Warnhinweise und Zeichen. Ich hatte keine Ahnung. Ich hatte weder die Idee, bald sterben zu müssen, noch den Plan, mich auf ein einjähriges Gehirnforschungsprojekt in meinem eigenen Kopf einzulassen. Ich lag nur sehr angenehm und wohlig in der Badewanne einer fremden Wohnung und dachte an den Mann, mit dem ich verheiratet bin und dessen Geburtstag wir einen Tag vorher gefeiert hatten.

Silvester waren wir noch zusammen bei Freunden in Altaussee. Dann war er in Bayern am See geblieben und ich bin zurück nach Berlin. Obwohl wir gar keine Wohnung mehr hatten in Berlin. Nicht mehr. Noch nicht wieder. Unsere Möbel – der Flügel, alle Bücher, viele Kleider und das Geschirr – warteten, in Containern gelagert, seit Monaten auf den Tag, an dem die neue Wohnung fertig sein würde. Sie wurde aber nicht fertig. Jeden Tag gab es neue Altbauüberraschungen, statische Probleme, einsturzgefährdete Decken, großspurige Ankündigungen und Vertröstungen des Bauleiters, außerdem Handwerker, die ihr Handwerk nicht verstanden, die typischen Berliner Leiharbeitsallrounder, große Klappe, kurze Fahne, lange Pausen, in keinem Gewerk wirklich ausgebildet.

»Ah, ich dachte, Sie sind Klempner. Gestern haben Sie doch noch die Rohre im Bad verlegt. Jetzt bauen Sie also den Kamin.«

»Dit is ja och'ne Art Rohr.«

Es gab immer neu versprochene und nicht eingehaltene Einzugstermine. Schließlich hatten sie uns eine kleine Ersatzwohnung im Hinterhaus angeboten, bis alles fertig sein würde. Und weil ich meinen Job als Reporterin in Berlin unmöglich noch länger von einem oberbayerischen See aus erledigen konnte, war ich schließlich in diese Ersatzwohnung im Hinterhaus gezogen, die Fenster direkt zu den Bahngleisen, notmöbliert mit einem unsinnigen Großeinkauf bei Ikea, alles in Weiß. Sogar ein weißes Mietklavier hatten sie reingestellt. Es war trotzdem wie eine Studentenbude.

Für das Geburtstagsessen hatte ich einen mehrstöckigen Dampfkochtopf von Krups gekauft, in dem man Doraden, Kartoffeln, Fenchel und Mangold gleichzeitig zubereiten kann. Dazu eine Flasche Sancerre Blanc D'Antan und Cassis-Sorbet aus dem Frischeparadies, als wäre es keine Studentenbude. Der Mann erzählte vom Schnee in Bayern, von den Kindern und den Freunden, von Schachpartien am Kamin, vom Buch, an dem er gerade arbeitete, und davon, was er gelesen und gedacht hatte. Ich erzählte von einer Recherche über den Ku'damm, von meinem Besuch bei der Bezirksbürgermeisterin, die mich im Jugendstil-Prachtrathaus der Brüder Süßenguth an der Otto-Suhr-Allee in einem turnhallengroßen Büro empfangen hatte, mitten in einer unglaublichen und kindlichen Sammlung von Puppen, Steifftieren und Plüschwesen. Auch vom Neujahrstreffen der FDP in Stuttgart, zu dem ich für ein Portrait über Guido Westerwelle gefahren war, gab es etwas zu erzählen. Wie lustig neuerdings sogenannte Hintergrundgespräche funktionieren: Etwa achtzig Journalisten stehen mit einem Parteichef an der

Bar. Er erzählt nichts wirklich Interessantes, trotzdem ist alles »unter Drei«, was in meinem Beruf in Deutschland heißt: Man darf zuhören, aber nicht schreiben, was man gehört hat.

Eine Farce.

In einer Woche wollten wir nach Paris fahren, um Stephans fünfzigsten Geburtstag zu feiern. Ein kleines Reiseschach im Holzkästchen hatten wir gekauft und so viel darüber gesprochen, wie wir einander gegenübersitzen würden im TGV-Speisewagen von Berlin nach Paris und Schach spielen, dass wir nicht mehr sicher waren, ob wir uns auf die Bahnfahrt nicht längst mehr freuten als auf Paris, auf Stephan, auf die Freunde und das Fest.

Nach dem Frühstück war der Mann zurück nach Bayern gefahren. Ich telefonierte mit dem DJ und Musikproduzenten Paul van Dyk, weil ich für meine Reportage über Berlins Kurfürstendamm wissen wollte, wieso einer wie er im Westen am Ku'damm residiert und nicht wie alle anderen Wichtigs und Bedeutis in der weltberühmten Mitte von Mitte. Am nächsten Tag wollte ich den Galeristen Dieter Brusberg, den die lokalen Zeitungen den Herold des Ostens nannten, Ähnliches fragen. Also las ich, was das Archiv über Brusberg geschickt hatte, googelte drum herum ein bisschen was, notierte ein paar Stichworte und die eine Eisbrecherfrage, die ich immer brauche, um ohne Drehbuch in ein Gespräch zu gehen: Beschreiben Sie bitte Ihre Gefühle, wenn Sie einen Abend über die Auguststraße flaniert sind und dann wieder zurückkommen nach Charlottenburg.

Dazu löffelte ich den Rest vom Cassis-Sorbet.

Als der Mann angerufen hatte und durch einen großen Wintersturm mit Schneewehen auf dem letzten Stück Autobahn am See entlang schließlich heil angekommen war, dachte ich, wunderbar, dann kann ich jetzt in die Badewanne gehen und mir die Haare waschen zum Gutaussehen morgen.

Das Mohn- und Hanfschaumbad »Glückliche Auszeit« von

Kneipp färbte das Wasser blutrot. In meinem Händi wählte ich eine Playlist, die »Chill« heißt albernerweise. Tom Waits krächzte »I'm still here«. Ich stieg in die heiße Wanne des fremden, weiß gekachelten Badezimmers, hielt mir die Nase zu und tauchte unter. Er ist in Sicherheit, das Haus ist warm, und das Garagentor wird er sich erst morgen freischaufeln. I'm still here. Alles ist gut.

Etwas sehr heiß, das Wasser, dachte ich, als ich wieder auftauchte und das Shampoo in die Haare massierte. Auch dieses ganze Badezimmer, viel zu warm eigentlich.

Und dann geschah es. Ein kleiner, scharfer Knall mitten in meinem Kopf, ein Schnalzen wie einer dieser Klicklaute aus afrikanischen Khoisansprachen. Als sei eine winzige Kaugummiblase geplatzt tief in meinem Gehirn. Dann der Vulkanausbruch. Glühende Lava lief aus dem Kern meines Gehirns über die Schädelinnenseiten und brachte Schmerz, einen Schmerz, wie ich ihn nie vorher erlebt habe und gerne auch nie wieder erleben möchte. Zwölf auf der Skala von eins bis zehn. Die Mediziner nennen das den bei einem ruptierten Aneurysma typischen Vernichtungkopfschmerz, aber das weiß ich jetzt noch nicht. Schwarze Blitze und Flimmern hinter meinen schmerzblinden Augen.

Ich muss raus aus dieser Badewanne. Ich werde wahrscheinlich gleich ohnmächtig vor Schmerz. Ich werde bald nichts mehr sehen können. Wenn ich das Bewusstsein verliere, werde ich ertrinken.

Die Reportage über Berlins Kurfürstendamm ist nie erschienen. Paul von Dyk ist einige Wochen nach unserem Telefongespräch von einer Bühne in ein sechs Meter tiefes Loch gefallen, das ohne Markierung von einem schwarzen Tuch abgedeckt war. Doppelter Wirbelsäulenbruch, Schädel-Hirn-Trauma, schwere neurologische Schäden. Er ist im Leben geblieben und kein Pflegefall geworden, wie die Ärzte seiner Mutter und seiner Frau schon angekündigt hatten. Er hat gehen und sprechen neu gelernt.

Dieter Brusberg habe ich nie kennengelernt. Er lebte nicht mehr, als ich wieder arbeiten konnte. Auch Guido Westerwelle ist tot, hat seinen harten Kampf gegen die Leukämie verloren.

Jeder Mensch stirbt.

Dass wir sterben, ist eine der wenigen sicheren Gewissheiten, die wir überhaupt haben können. Erstaunlicherweise wird diese unabänderlich sichere Wahrheit von den meisten Menschen behandelt wie Fake News. Sie glauben über lange Strecken ihres Lebens einfach nicht daran, dass die Gewissheit des Todes auch für sie gilt. Jedenfalls benehmen sie sich so.

Wenn ich gestorben wäre in dieser Badewanne, hätte ich nicht mehr verstanden, dass wir tatsächlich nur ein Leben haben. Ich hätte mein zweites Leben nicht begonnen. Ich wäre nie nach Polen gereist, um die Dörfer meiner Vorfahren zu sehen. Ich hätte meinen verleugneten Halbbruder nicht gesucht, meinem Vater keine Steine aus seiner polnischen Taufkirche auf seinen westdeutschen Grabstein gelegt. Ich hätte unsere Enkel nicht mehr kennengelernt. Das Foto wäre nicht lebendig geworden. Ich wäre ohne Erinnerung an das kleine Mädchen, das ich gewesen bin, zurückgegangen in die Ewigkeit. Ich hätte die Verdrängungen, Lebenslügen, Familiengeheimnisse und blinden Flecken meiner Familie nicht entdeckt, die die Verdrängungen, Lebenslügen, Familiengeheimnisse und blinden Flecken meiner Generation sind. Ich hätte die großen Acrylbilder nicht gemalt. Ich hätte niemals Orgel gespielt und mein feines Gehör nicht entdeckt. Ich hätte nicht mehr begriffen, dass mein Gehirn mehr von Musik versteht als ich. Und über die Funktion von Musik in dysfunktionalen Familien hätte ich nicht einmal nachgedacht.

Ich hätte mir keine Nashville Telecaster von Fender gekauft und wäre mit der Überzeugung gestorben, die sie mir mit dreizehn erfolgreich eingeredet haben: E-Gitarren sind nur für Jungs.

Ich hätte keinen Chor gegründet. Ich hätte nicht noch einmal mit Gott gesprochen. Ich wäre nicht in Chile gewesen, nicht in Mosambik, in Südafrika und in Ghana auch nicht. Ich hätte die Wehrmachtsunterlagen meines Vaters nicht bestellt und die Fähnchen nicht gesteckt auf meiner pazifikzentrierten Weltkarte in die Orte, an denen er im Zweiten Weltkrieg gewesen ist. Ich hätte nicht drei ziegelsteinschwere Bände Hoffmanns »Geschichte der Luftnachrichtentruppe« gelesen, 1620 Seiten, um zu verstehen, was genau die kleine Fernmeldeeinheit getan und erlebt hat, deren Kompaniechef er war.

Ich hätte gar nichts mehr gelesen.

Ich hätte keinen Artikel mehr geschrieben und kein Buch. Dieses hier auch nicht. Ich hätte die große Pandemie nicht erlebt und Putins Überfall auf die Ukraine auch nicht. Ich hätte Harry Belafonte nicht kennengelernt, Carolin Emcke nicht, Igor Levit, Joana Mallwitz nicht. Und Ania aus Jarocin auch nicht – ich hätte niemals eine polnische Freundin gehabt in der Geburtsstadt meines Vaters.

Ich hätte die Familie meines Vaters nicht kennengelernt, Renate nicht, Inge und Rolf nicht, Jürgen nicht, sogar Agnes nicht. Keine Susanne, keinen Alex, keine Friederike. Keinen von euch, die ihr mir in meinem Leben gefehlt habt, ohne dass ich wusste oder auch nur ahnen konnte, wie sehr. Wenn ich gestorben wäre, hätte ich nicht mehr verstanden, was Familie bedeutet. Ich war ja in meinem ersten Leben davon überzeugt, dass Familie eine Illusion ist. Kein Verstehen, kein zweites Leben, kein kierkegaardsches Rückwärts. Das Leben wird vorwärts gelebt und rückwärts verstanden.

Ich bin nicht gestorben.

Es war wie in diesem Film von Tom Tykwer: Ich renne. Überall lauern tödliche Ausgänge. Ich erwische immer den einen anderen Ausgang gegen alle Wahrscheinlichkeit, immer die eine Tür, hinter der mein zweites Leben auf mich wartet. Das zweite Leben, das anfangen konnte, als ich verstand, dass ich wirklich nur dieses eine habe.

Aber jetzt muss ich erst einmal mein iPhone erreichen. Es liegt etwa zwei Meter von mir entfernt auf der Waschmaschine. Ich kann es hören, Nina Simone, »Lilac Wine«, seltsam scheppernd mit Badezimmerhall. Ich muss raus aus dieser Badewanne. Ich werde wahrscheinlich gleich ohnmächtig vor Schmerz. Ich werde bald nichts mehr sehen können. Wenn ich das Bewusstsein verliere, werde ich ertrinken. Ich muss dieses Telefon erreichen.

Der Schmerz.

Aufstehen kann ich nicht. Die Beine rutschen unter mir weg. Mit Todesangstkraft hebe ich meinen Körper auf den Badewannenrand und falle auf der anderen Seite auf den gekachelten Boden wie eine glitschige Robbe. Das tut weh, ist aber keine Konkurrenz oder auch nur Ablenkung von dem Vernichtungsschmerz in meinem Kopf. Ich muss das iPhone erreichen. Ich muss auf Wahlwiederholung drücken. Die letzte Nummer, von der aus er mich angerufen hat, vorhin, als ich noch unsterblich war.

Es klingelt. Einmal, zweimal, dreimal …

Der Mann ist nicht zum Oberwirt gegangen zum Abendessen, weil der Schneesturm zu wild ist. Er ist da. Er nimmt den Hörer ab. Der Schneesturm hat mir das Leben gerettet.

»Es ist etwas in meinem Kopf geplatzt. Ich bin in einem sehr schlechten Zustand. Wenn ich mich in zehn Minuten nicht wieder gemeldet habe, hol bitte Hilfe.«

Als er auflegt, kann ich nicht mehr richtig sehen. Ich kann mich nicht bewegen. Das Flimmern vor den Augen wird stärker. Die weißen Kacheln des Badezimmers rutschen nach unten weg. Dann sehe ich gar nichts mehr.

Schwarz. Ich bin blind. Ich bin nicht bewusstlos. Der Schmerz bleibt bei mir.

Der Mann hat keine zehn Minuten gewartet. Er hat sofort Alarm telefoniert. Hausarzt, Notarzt, Feuerwehr, Freundin.

Es ist etwas in ihrem Kopf geplatzt, hat sie gesagt.

Sogar im Ottenthal hat er angerufen. Das ist das Restaurant in diesem Haus an der Kantstraße, in dem ich in einer fremden Wohnung nackt, nass und blind auf den Kacheln eines Badezimmers neben der Badewanne liege, lerne, wie Vernichtungskopfschmerz sich anfühlt, und nicht sterben möchte. Alle hat er angerufen. Aber daran erinnert er sich nicht. Er wird sich an fast nichts mehr von diesen ersten Stunden erinnern. Er handelt unter Schock. Und er macht alles richtig. Es ist etwas in ihrem Kopf geplatzt. Der Mann, mit dem ich verheiratet bin, hat mir das Leben gerettet.

Ich höre Stimmen, Rufe, Schritte, Gepolter. Sie rufen meinen Namen. Evelyn! Eve! Frau Roll! Dröhnende, krachende, schließlich splitternde Gewaltgeräusche. Sie brechen eine Tür auf. Sie retten mich. Sie werden mich retten.

Aber das ist die falsche Tür. Sie brechen die Tür zu einer Nachbarwohnung auf. Niemand weiß, wo ich bin. Ich habe verloren. Ich bin verloren.

Das Poltern, die schweren Schritte und die Stimmen kommen zurück. Wieder harte Stöße gegen ein Türschloss. Ja. Jetzt. Hier ist es richtig. Hier. Hier bin ich doch.

Der Raum ist voller Stimmen. Zwei Stimmen kenne ich. Der Hausarzt. Was für ein Glück. Und seine Frau, sie ist auch Ärztin. Sie spricht mit mir. Sie deckt meinen nackten, nassen Körper mit etwas zu. Das ist bestürzend angenehm, nicht nur wegen der vielen fremden Männerstimmen.

Was für ein Privileg ist es, in einem Land zu leben, in dem es das noch tatsächlich gibt: Hausärzte, die kommen, wenn sie gerufen werden in der Not.

Jemand legt eine Manschette um meinen rechten Oberarm, wahrscheinlich, um den Blutdruck zu überprüfen. Auch an den linken Mittelfinger klemmen sie etwas. Ich werde von vielen Händen angehoben und auf etwas gelegt, eine Bahre wahrscheinlich. Es tut weh. Mein Kopf. Jetzt heben sie die Bahre an. Der Schmerz wird mit mir die steile Treppe hinuntergetragen, durch den Hof offenbar und in einen Krankenwagen vielleicht. Jemand sagt, dass er mir einen Zugang legen und annähen muss. Dazu werde er mir jetzt eine Betäubungsspritze geben: »Dit piekt etwas.«

»Nein. Bitte nicht. Ich vertrage keine lokalen Anästhetika«, sage ich.

»Dit gloob ick jetzt nich«, sagt der Jemand.

»Doch, das glauben Sie jetzt besser mal«, sagt der Hausarzt.

Der Hausarzt hat mir das Leben gerettet.

Das Legen eines Venenzugangs, der auf dem Handrücken angenäht wird ohne örtliche Betäubung, ist auch keine Ablenkung von dem Schmerz in meinem Kopf. Aber plötzlich kann ich wieder sehen. Alles um mich herum ist weiß, orange und rot. Ich liege in einem Krankenwagen. Die beiden Flügel der Heckklappe sind zur Kantstraße weit geöffnet. Es ist schon dunkel. Der Hausarzt sitzt neben mir. Er sieht elend aus und bleich. Er müsste hier liegen, nicht ich.

Er sagt: »Das wird alles wieder gut.«

Seine Augen sagen, dass er nicht glaubt, was er sagt. Also übergebe ich mich. Blutrot ins Weiße. Ich würde gerne sagen: Tut mir leid. Ich würde gerne sagen: Keine Angst, bitte, allerseits. Das ist nicht, wonach es aussieht, das ist gar kein Blut, nur Cassis-Sorbet. Aber das kann ich nicht. Ich kann nicht mehr sprechen. Oder habe ich es gesagt?

»In die Schlossparkklinik, schnell«, sagt jemand.

Der Hausarzt sagt: »Nein, wir fahren nicht in die Schlossparkklinik. Wir müssen in die Charité, in die Neurochirurgie, zu Professor Vajkoczy. Sie hat gesagt, es ist etwas in ihrem Kopf geplatzt.«

Der Mann vom Rettungsdienst ist verpflichtet, mich in die nächstgelegene Klinik zu bringen in meinem lebensgefährlichen Zustand und ohne dass wir wissen, was sie hat.

»Sie hat gesagt, es ist etwas in ihrem Kopf geplatzt, also bitte jetzt, Charité, Virchow-Klinikum, und schnell. Ich übernehme die Verantwortung.«

Die beiden streiten. Der Hausarzt droht Prügel an.

Tatütata, wir fahren los. In die Charité. Der Hausarzt hat schon wieder mein Leben gerettet.

Später werden er und seine Frau und auch die Freundin Birthe erzählen, wie oft in jener Nacht der Hausarzt medizinischem Fachpersonal Gewalt androhen musste, bis ich schließlich an dem einzigen Ort in dieser Stadt angekommen war, an dem ich tatsächlich gerettet werden könnte: Charité Campus Virchow-Klinikum. Hoffentlich ist Professor Peter Vajkoczy da, der Superstar der Neurochirurgie. Sie hat gesagt, es ist etwas in ihrem Kopf geplatzt.

Unsere Hausärzte haben mir das Leben gerettet. Sie heißen Renate und Eberhardt Lott. Wir sind Freunde geworden. Wenn ich sie anderen Freunden vorstelle und sage, das sind die beiden Ärzte, die mir das Leben gerettet haben, dann strahlen Eberhardt und Renate erst sich an, dann mich, bevor sie sagen: »Und das haben wir gerne getan.«

Das böse Buch

Eine Winternacht auf Gut Brunscheid. Drei Kinder liegen unter wolkendichten Plümos im Erwachsenenehebett eines der Schlafzimmer im ersten Stock, das Mädchen zwischen den beiden Jungs. Die Jungs rullern. Sie werfen ihre Köpfe hin und her auf den geplusterten Kissen.

Vielleicht ist es das Zimmer, in dessen Kleiderschrank sich ein Mann vor den Amerikanern versteckt hat, im Frühling 1945, als der Krieg zu Ende war. Jetzt, nur zehn Jahre später, liegen rechts und links neben mir mein Bruder und unser Cousin in dem großen Bett vor diesem Kleiderschrank und werfen ihre Köpfe hin und her, rechts, links, rechts, links, hin und her, her und hin, hart, wild und regelmäßig wie das Pendel der geheimnisvollen Standuhr unten in der Diele. Tack, tack, tack, tack. Einer hat den rechten Daumen im Mund, der andere Mittel- und Ringfinger seiner linken Hand. So lutschen und nuckeln und rullern sie hin und her und her und hin, bis es gut ist, bis sie ruhig werden, bis sie eingeschlafen sind rechts und links von mir. Dann bin nur noch ich alleine wach, denke an Hänschen im Blaubeerwald und lutsche an meinem Daumen. Vielleicht war der Mann im Schrank ja mein Vater. Eisblumen am Fenster.

Vielleicht war es nicht nur eine Winternacht. Vielleicht hat sich die Erinnerung an viele tiefgefrorene Brunscheider Nächte zu der Nacht destilliert, in der die Jungs sich rechts und links von mir in den Schlaf rullern.

Rullern. Wenn wir unser eigenes Kinderwort dafür hatten, taten die Jungs das also noch, als wir schon sprechen konnten.

Auf Lateinisch und bei den Psychologen heißt rullern: Jactatio capitis nocturna. Das beschreibt es gut. Nächtliches Kopfherumwerfen. Vernachlässigte, hospitalisierte Kinder machen so etwas zur Selbstberuhigung. Man wird schwindelig und dumpf davon. Ich habe es gerade noch einmal ausprobiert. Nach wenigen Minuten fühlt es sich an wie leichtes Betrunkensein mit beginnender Übelkeit.

Waren wir vernachlässigte Kinder? Hospitalisierte Wohlstandswaisen?

Ich war das Lesekind. Meine Selbstberuhigung fand ich in Büchern. In meiner Erinnerung sehe ich mich lesend. Etwas zu dünne Oberarme, die wirren Haare von einer ungeschickt über der Stirn angebrachten Splinte daran gehindert, über die Augen zu fallen, das Bilderbuch auf den angezogenen Knien, einen Daumen im Mund. Erwachsene rennen hin und her, reden Erwachsenensachen. Gäste kommen, Gäste gehen. Ich verschwinde mit Hänschen im Blaubeerwald. Schweinschlachtenchaos und Holunderbeereneinkoch-Trubel auf dem Gut Brunscheid. Ich lese. Eltern streiten, wir Kinder werden unsichtbar, Kofferpacken, los, los, los. Ich sitze mit einem Buch in meiner Fensternische oder angelehnt an das freundliche Holzgeländer auf der zweiten Stufe im Treppenhaus der Friedrichstraße und bin weg, weit weg in der Häschenschule, beim Struwwelpeter oder unterwegs im Wald mit Pu dem Bären. Ich lese die »Fünf Freunde«-Bände von Enid Blyton und die »Geheimnis«-Reihe. Ich lese Erich Kästner, Johanna Spyri, Astrid Lindgren und Wilhelm Busch. Ich lese »Gullivers Reisen«. »Der kleine Däumling«. »Grimms Märchen«. »Hauffs Märchen«, »Oliver Twist«. »Die Schatzinsel«. »Lederstrumpf«. »Die Ponyfarm«. Das ganze Kinderprogramm.

Bücher waren meine Freunde, meine Flucht, mein Schutz, meine Selbstberuhigung, mein Einschlafprogramm.

Ein Buch, das ich besonders lange mit mir herumgetragen

habe, hieß »Die Sagen des klassischen Altertums«. Und Günther Andrians »Quappe ist nicht von Pappe«, das außer mir niemand mehr kennt, muss ich so oft gelesen haben, dass ich die wichtigen Passagen auswendig aufsagen kann.

Die alte Remington-Schreibmaschine der Schülerzeitung hat mindestens die Gicht. Der Vater von Kalla Keese behauptet sogar, auf dieser Remington hätte schon Herman der Cherusker nach der Schlacht im Teutoburger Wald seine Verlustlisten geschrieben.

Quappe ist ein Mädchen in Lederhosen. Sie spielt nur mit Jungs. Und sie hat ein geheimes U-Boot gebaut aus zwei Holzfässern und einem Ofenrohr mit eingebautem Spiegel. Außerdem ist Quappe Influencerin, auch wenn es dieses Wort Anfang der Sechzigerjahre noch gar nicht gibt. Mit einer Kettenbriefaktion über die anderen Schülerzeitungen bringt Quappe sehr viele Kinder in Deutschland dazu, am 1. September in die Buchhandlung ihres Ortes zu gehen und nach dem neuesten Kinderbuch von Leopold Bergmann zu fragen. Obwohl Leopold Bergmann gar kein Kinderbuch geschrieben hat. Noch nicht. Aber er würde gerne. Darum wollen Quappe und ihre Freunde ja mit ihrer 1.-September-Aktion den dicken Verleger Doktor Zahn davon überzeugen, seinem unglücklich-schreibblockierten Starautor Bergmann endlich zu erlauben, ein Buch für Kinder zu schreiben. Quappe war echt nicht von Pappe.

Ich lese. Ich hatte gar keine Zeit für eine Puppe. Wenn das Taschengeld ausgegeben ist und niemand Büchernachschub schenkt, lese ich sogar Bücher aus der Sammlung meines Bruders: »Der Schatz im Silbersee«, »Winnetou I«, »Winnetou II«, »Winnetou III«, »Durchs wilde Kurdistan«. Und wehe, es ist nachher auch nur ein einziger Fleck drin oder ein Eselsohr.

Eines Tages führte Mutti, wie wir sie damals noch nannten, ihr Lesekind feierlich an die Erwachsenenbibliothek im Kaminzimmer. Bevor dieses Kind weiter Karl May liest oder sich am Ende noch über Omelis Angelique-Romane hermacht, schaffe ich mir lieber eine Verbündete meiner eigenen Leseleidenschaft, hat sie gedacht – nein, stelle ich mir vor, dass sie gedacht hat.

Es wurde ja nicht nur gearbeitet, getrunken, gefeiert und gefressen in den Jahren des westdeutschen Wirtschaftswunders. Sie hatten zwar tatsächlich diesen enormen Appetit auf Toast Hawaii, Käseigel, Tessiner Fischschnitzel und andere phantastische Ferne-Länder-Spezialitäten, mit denen Clemens Wilmenrod im Fernsehen seine lieben, goldigen Menschen zu Tisch bat. Ihr Durst nach Mosel-Saar-Ruwer-Weinen, nach Dujardin, Veltins, Bommerlunder mit Pflaume, Erdbeerbowle, Kullerpfirsich und So-jung-kommen-wir-nicht-mehr-zusammen war unlöschbar. Aber sie hungerten und dürsteten auch nach Kunst und Literatur, nach Musik und Sinn, nach Sinn vor allem, nach Sinn und nach Büchern. Nur mit Arbeit, Erfolg, Geld und Kalorien, mit Alkohol, Tabak, Valium, Musik und Gelächter konnten die geheimnisvollen schwarzen Löcher in ihnen nicht gestopft werden.

Ich las also, glücklich unter den endlich auch einmal zufrieden auf mir ruhenden Augen der Mutter, ich las richtige Erwachsenenbücher. William Faulkner, Françoise Sagan und Tennessee Williams. Ich las, viel zu früh möglicherweise und wie in Trance, John Steinbeck, Thornton Wilder, Pearl S. Buck. Und Simone de Beauvoir natürlich, »Das andere Geschlecht«, ein Buch, das den Schreck, an dem unsere elegante, studierte Mutti so furchtbar erstarrt war, noch einmal anders und neu grundierte, dieser Schreck über die Rollenzuweisung als Hausfrau und Mutti im Wirtschaftswunderdeutschland.

Meine Idee vom Frauseinmüssen hat dieses Buch auch verändert. Weil ich den entscheidenden Satz bei Simone de Beauvoir genauso falsch verstanden habe wie sie, wie Mutti, die da aber vielleicht auch schon Mutter Ilse hieß. Weil dieser Satz falsch übersetzt war. Und weil Milva diesen Übersetzungsfehler dann auch noch gesungen hat: *Wer wird als Frau denn schon geboren? Man wird zur Frau doch erst gemacht.*

On ne naît pas femme: on le devient. Im Französischen ist das Verb devenir gar kein passives Werden, kein »Man wird zur Frau gemacht«. Es ist ein aktives Man-wird-Frau, die Raupe wird zum Schmetterling. Es war falsch übersetzt. Aber das wussten wir damals noch nicht, Mutter Ilse und ich. Wir dachten, ein Mann muss kommen. So wie *ein Schiff wird kommen*. Ein Mann muss kommen, der macht die Raupe zum Schmetterling und das Fräulein zur Frau, indem er mir das Jungfernhäutchen durchstößt, was bestimmt wehtut, und zur Belohnung heiratet er mich.

Als ich deswegen einen Sommer lang in den Büchern der Eltern nach Stellen suchte, die mir erklären könnten, was genau bei diesem Zur-Frau-gemacht-Werden geschieht, bei dieser offensichtlich notwendigen Ungeheuerlichkeit, die Geschlechtsverkehr heißt oder Sexualakt, als ich D. H. Lawrence und seine »Lady Chatterly« noch gar nicht gefunden hatte, weil Bücher mit Stellen in einer verschließbaren Kommode ganz hinten unter dem Fenster im Elternschlafzimmer standen, wurde »Die Frau als Hausärztin« mein ständiger, nächtlicher Begleiter.

Antworten auf meine Fragen zu Begehren, Küssen, Sex, Liebe, Orgasmus, Zur-Frau-gemacht-Werden und Kinder-Herstellen fand ich in diesem signalroten Monumentalwerk zwar auch nicht, dafür funktionierte es als perfekte Ablenkung und Grundausbildung für ein hypochondrisch begabtes Kind. Die Symptome der gruseligsten Krankheiten waren in diesem Buch so sorgfältig beschrieben und farbig detailreich bebildert, dass ich sie auf der Stelle spüren und an mir selbst diagnostizieren konnte. Alle Arten von Pustelchen, Flecken und Ausschlägen wanderten aus dem Buch auf meine Haut und Zunge. Ich konnte es an mir selbst sehen mit eigenen Augen, meinen Augen, deren Weiß mir vorm Spiegel eindeutig gelber erschien als sonst, nachdem ich das Hepatitis-Kapitel gelesen hatte. Und dieses gefährliche Kneifen im Bauch unten rechts war bestimmt mein entzündeter Blinddarm, kurz vorm tödlichen Durchbruch.

Quappe, Simone und »Die Frau als Hausärztin«, das waren die Fixsterne am Firmament des Mädchens, das ich einmal gewesen bin. Susan Sontag gab es noch nicht in Deutschland. Hannah Arendt gab es in der kleinen Stadt Lüdenscheid nicht. Die beiden hätten noch einmal alles geöffnet und verändert.

Ich war das Kind meiner Eltern. Ich las, was ich in ihren Bücherregalen fand.

So weinte ich mich in den Schlaf über die verkrüppelten, wieder und wieder gewaltsam gebrochenen und mit feuchten Windeln zum weiteren qualvollen Schrumpfen zusammengebundenen Lilienfüße der Mädchen in »Ostwind – Westwind«. Wilders »Brücke von San Luis Rey« führte mich an das unsichere Ufer des Zweifelns, hinter dem das Land des Grübelns beginnt. Ob es noch etwas anderes gibt als Zufall? Und wenn ja, wenn also vielleicht alles vorbestimmt ist, was wird dann aus meinem freien Willen? Und von wem bitte soll alles vorbestimmt sein, wenn Gott doch gar nicht existiert?

Falls aber umgekehrt unsere Entscheidungen tatsächlich rein zufällig zustande kommen, war es auch nicht das, was ich mir unter freiem Willen vorstellen wollte und will. Ein halbes Jahrhundert später sind wir immer noch nicht fertig miteinander, der Zufall und ich. Jetzt schon gar nicht mehr. Die interessantesten Gespräche zu diesem Thema erlebe ich mit einem Elfjährigen.

Ich las. Ich tauchte ab. Ich war glücklich oder unglücklich, verwundert, verwundet, verzaubert, erschüttert, entzückt. Ich kam zurück an die Familienoberfläche, ging zur Schule wie immer und konnte doch nicht mehr sein, was ich gewesen war.

Am schlimmsten aber hat mich ein Buch getroffen, das ich

gar nicht kannte. Dieses Buch hat mich geprägt, verletzt und beschädigt, tiefer geprägt, verletzt und beschädigt möglicherweise, als ich immer noch wahrhaben will. Neurologen haben nachgewiesen, dass der Oxytocinspiegel in der Hirnflüssigkeit von Menschen, deren Mütter dieses Buch gelesen haben, noch im Erwachsenenalter ungesund stark abgesenkt ist. Sie befürchten sogar, dass wir die Schäden und Verletzungen, die das böse Buch in unsere Gehirnstrukturen eingekerbt hat, auf die nächste Generation vererben: die Angst, die Haltlosigkeit und die Selbstentwertung, die Suchtgefährdung, das Borderlinern, die Bindungsstörungen und auch den verfluchten Zwang zur Hochleistung.

Seltsamerweise gibt es keine systematische Forschung darüber, wie viele Kinder das böse Buch in den Fünfziger- und Sechzigerjahren noch erwischt hat und wie sie damit in ihrem weiteren Leben klargekommen sind. Mir jedenfalls wird fast immer flau, und manchmal ernsthaft übel, wenn ich die beiden Exemplare, die ich inzwischen von diesem Buch besitze, im Regal betrachte oder eines von ihnen sogar noch einmal in die Hand nehme.

Auf dem Cover meiner Ausgabe von 1938, die ich gebraucht erworben habe, trägt eine kernseifig strahlend junge Riefenstahl-Mutter in ihren Armen ein verlorenes, kleines Kerlchen mit Lockenkopf und leerem Gesicht. Das Kind ist etwa eineinhalb Jahre alt. Niedliches Profil. Die Mutter, die das Kind mehr von sich weg als an sich geborgen hält, blickt voller Kraft und Freude nicht auf das Kind, sondern weit nach rechts aus diesem schwarz-weißen Umschlagfoto in eine große, herrliche tausendjährige Zukunft. Lockenköpfchen hat sich in die gleiche Richtung gedreht, kann dort aber gar nichts entdecken oder jedenfalls nichts Gutes, weswegen sein resignierter Blick nach innen gerichtet ist. Über dem Foto steht in fettschwarz-triumphierender Frakturschrift: »Frau Dr. Johanna Haarer«. Im Bild unten nazirote Fraktur: »Die deutsche Mutter und ihr erstes Kind«.

Liebe Mutter. Werde hart! Fange nur ja nicht an, das Kind (wenn es schreit) aus dem Bett herauszunehmen, es zu tragen, zu wiegen, zu fahren oder auf dem Schoss zu halten, es gar zu stillen – und der kleine, aber unerbittliche Haustyrann ist fertig!

In absurden Variationen geht es dieser Nazilungenfachärztin, die weder eine pädagogische noch eine pädiatrische Ausbildung hatte, in ihrem bösen Buch immer nur darum, die Bedürfnisse eines Babys gezielt zu ignorieren und sich nie ohne Anlass mit einem Neugeborenen abzugeben. Die ersten 24 Stunden nach der Geburt muss so ein Baby von der deutschen Mutter isoliert werden. Auch danach soll Mutti sich ihrem Kind niemals zuwenden oder es gar in den Arm nehmen, nur weil der kleine Haustyrann nach Zuwendung oder Nahrung ruft. Gestillt wird nach der Uhr, nicht nach Hunger. Acht Stunden Nachtruhe werden erzwungen, egal, wie sehr das Kind schreit. Ein Baby wird gefüttert, gebadet, kunstvoll trockengelegt, mit Lebertran abgefüllt und nackt vor das blaue Licht der Höhensonne gesetzt mit diesen granatapfelschwarzen, an ziependen Gummibändern befestigten Augenschutzgläsern, an deren Geruch im Ozon der harten Ultraviolettstrahlung ich mich erinnere. Im Übrigen aber wird es vollkommen allein gelassen. Und wenn es schreit, soll es schreien. Nicht aufnehmen! Nicht trösten! Das kräftigt die Lungen und härtet es ab, unser deutsches Kind.

Eine der Vorbesitzerinnen meines Buches hat ihren Namen auf die Deckblattseite geschrieben mit schwungvollem Kugelschreiber. Helga Becker. Die Kinder von Helga Becker tun mir leid. Helga Becker tut mir auch leid.

Vielleicht war sie aber auch schon die Zweit- oder Drittbesitzerin dieser Ausgabe. Kugelschreiber gibt es erst seit 1945. Und Helga ist ein Nachkriegsname. Vielleicht hat Helga Becker das Buch gar nicht erworben, um ihre Babys nach Anleitung von

Frau Doktor Johanna Haarer zu misshandeln. Vielleicht wollte sie nur eine Erklärung finden für ihre eigene Verletzung und Verwirrung. Dann tut Helga Becker mir trotzdem leid. Bestimmt wollte sie das böse Buch möglichst schnell wieder loswerden, nachdem sie die Wahrheit gefunden hatte. *Auflage 111.–130. Tausend, J.F. Lehmanns Verlag, München/Berlin 1938.*

Als Michael und ich auf die Welt kamen, hatte Johanna Haarer ihre einjährige Gefängnisstrafe längst abgesessen und ihr Ehemann sich das Leben genommen. Das böse Buch aber ging noch einmal richtig durch die Decke. Die gröbsten nationalsozialistischen Passagen hatten sie gestrichen oder ein wenig geglättet, die Nazifraktur durch moderne Antiquaschrift ersetzt. Auch fehlt der Mutter in den Fünfzigerjahren das Deutsche. Der Titel des Buches hieß jetzt nur noch »Die Mutter und ihr erstes Kind«. Inhalt und Botschaft sind geblieben. Programmierte Deprivation.

So wurde das böse Buch ein Bestseller der Nachkriegszeit, das Schicksalsbuch der Babyboomer. *Verlag Carl Gerber, München. Auflage 711.–724. Tausend.*

Auch das schreiende und widerstrebende Kind muss tun, was die Mutter für nötig hält, und wird, falls es sich weiter ungezogen aufführt, gewissermaßen kaltgestellt, in einen Raum verbracht, wo es allein sein kann und so lange nicht beachtet wird, bis es sein Verhalten ändert. Man glaubt gar nicht, wie früh und wie rasch ein Kind solches Vorgehen begreift.

Die letzte Auflage erschien 1987, da waren 1,2 Millionen Exemplare verkauft und ein bis drei Babyleben pro Buch verpfuscht in einem absurden, schlimmen Menschenexperiment. Was für ein Glück hatten die, bei deren Eltern das böse Buch nicht neben der Wickelkommode lag.

Nach wenigen Nächten, vielfach schon nach der ersten, hat das Kind begriffen, dass ihm sein Schreien nichts nützt, und es ist still.

Und es ist still.

Manchmal, wenn ich Johanna Haarer lese, muss ich Tränen schlucken. Dann weiß ich nicht, ob ich um mich weinen möchte, um das Baby, das ich gewesen bin, um die Kinder, die wir waren, oder um unsere Mutter. Ich stelle mir vor, dass sie unbedingt alles richtig machen wollte. Ich stelle mir vor, dass sie glaubte, Haarer sei nun einmal der neueste Stand der Wissenschaft und hat mit dem Nationalsozialismus nichts zu tun. Die Autobahn war schließlich auch etwas Fortschrittliches, Modernes, obwohl Hitler sie hat bauen lassen.

Ich stelle mir vor, dass sie glaubte, alles, was sie an ihrem Eliteinternat in Weimar im Fach Babypflege gelernt hatte, sei notwendig und ohne Alternative. Eine moderne, zeitgemäße Mutter müsse zum Wohl ihrer Kinder nun einmal nach Haarers neuesten wissenschaftlichen Erkenntnissen handeln. Auch wenn es schwerfällt.

Auf den Fotografien in den ledergebundenen und sorgfältig beschrifteten Alben, die unsere Familiengeschichte erzählen, erkenne ich sie wieder, diese unnatürliche Art, ein Baby so zu halten, wie Johanna Haarer es empfohlen hat: möglichst wenig Körperberührung und bitte keinen direkten Augenkontakt.

Für ein Neugeborenes bedeutet es existenzielle Unsicherheit, Qual und Angst, wenn es Hunger oder Einsamkeit spürt und dann nicht gefüttert und beruhigt wird. So ein Baby lernt, dass seine Lebensäußerungen ohne jeden Wert und vollkommen wirkungslos sind. Haarer-Babys entwickeln früh Mechanismen, die eigenen Zustände und Gefühle gar nicht mehr wahrzunehmen. Sie werden Experten für Gefühlsverleugnung und Selbstbetäubung. Sie rullern sich in den Schlaf. Als Haarer-Kind hat man lebenslänglich nicht das Urvertrauen und die Resilienz der Menschen, die als Babys einfach nur geliebt und gehalten worden sind. Wer mit dieser von Haarer empfohlenen Art nichtgehalten wird in seinen ersten Wochen und Monaten, findet auch später im Leben nur sehr schwer Halt, lebt haltlos und agiert ungehalten. Vielleicht konnten sich so viele Haarer-Kinder deswegen auch nicht vorstellen, selber Kinder zu bekommen. Vielleicht sterben sie früher, als es genetisch notwendig gewesen wäre. Vielleicht werden sie alkoholkrank, drogenabhängig, spielsüchtig, süchtig nach Sex und süchtig nach Erfolg. Vielleicht haben sie Glück, vielleicht hatten sie eine Omeli und finden gerade noch rechtzeitig im Leben eine gute Therapeutin.

Warum gibt es keine vergleichende Untersuchung zwischen den Menschen in Deutschland, deren Eltern dieses Buch gelesen haben, und den anderen? Weil es zu schmerzhaft ist? Leiden so viele Menschen an den Störungen, die das böse Buch gemacht hat, dass eine wissenschaftliche Befassung mit diesem Thema nur alles neu antriggern würde und immer noch zu viel Angst macht? Müssen auch das unsere Enkel für uns erledigen?

Vielleicht versteckt sich das Haarer-Grauen aber auch hinter den vielen Büchern und Gesprächen der deutschen Nachkriegskinder über das Schweigen der Eltern. Der Kriegskinderdiskurs wird nirgendwo in Europa so heftig geführt wie in Deutschland. Obwohl es auch in den anderen Ländern Flucht, Zerstörung, Bombenangriffe und Angst im Luftschutzkeller gegeben hat. Vielleicht tut es nicht so weh, die eigene Beschädigung auf den Krieg zu schieben und auf Adolf Hitler, auf das Leiden, die Schuld, die Flucht und das Schweigen der Eltern, als zu erkennen, dass diese Eltern außerdem auch noch das falsche Buch gelesen haben.

Meine deutsche Mutti wurde nach jeder Geburt dunkel und traurig, schwere postnatale Depressionen wurden diagnostiziert. Sie hatte deswegen die Angewohnheit, möglichst schnell nach dem Verlassen der Entbindungsklinik in einen schönen Urlaub zu verreisen. Ohne das jeweils neue Baby natürlich. Wozu hatte man die perfekt nach Haarer geschulte Schwester Adelheid, die Zugehfrau, das Hausmädchen, die Köchin, die

Omeli? Wozu gab es die schicken Autos, den gut aussehenden Ehemann, das Geld und die noblen Hotels in Bad Gastein, an der Adria und auf den Inseln der Nordsee?

Mutti konnte mit kleinen Kindern nichts anfangen. So hat sie es später erzählt: Ich konnte mit euch als Babys nichts anfangen. Kinder interessieren mich erst, wenn sie sprechen können. Das war ihre Verlängerung und Internalisierung der haarerschen Dogmen. Und ihr Ausweichmanöver.

Die vier unangenehmsten Seiten im ersten braun-ledergebundenen Familienfotoalbum, in dem endlich ich vorkomme, zeigen schicke, lässig elegante Eltern am Nordseestrand. In Schwarz-Weiß. Mutter mit zurückgeworfenen, wilden, dunklen Locken, schwarzem Bustier und schwarzer Keilhose unter dem über die nackten Schultern gelegten Fuchsmantel, den der Großvater ihr geschossen hat. Vater in weit geschnittenen Canvashosen und hellem linksgestricktem V-Pullover wie Don Draper in »Mad Men«. Zwei exquisit gekleidete Fotomodelle der gehobenen Fünfzigerjahre mit einem ausgesucht niedlichen, perfekten Strandkind, meinem Bruder.

Seine Schwester, das gerade neue Baby, das ich bin, wird auf der letzten der vier Ferienfotoseiten zuhause von Hausmädchen und Schwester Adelheid mit einer Anziehpuppe verwechselt. Eine Anziehpuppe in weißem Rüschenkleid mit hellem Spitzenhäubchen und passenden Lackschühchen auf dem Balkon zum Theodor-Heuss-Platz. Weil das Baby natürlich noch nicht stehen und auch den Kopf noch nicht selbstständig halten kann, ist es unter den Armen und im Nacken von drei Händen gegriffen und so aufgestellt für die Fotografin, dass man das nette Kleidchen und auch die Schühchen gut und die Greifhände möglichst wenig sehen kann.

Unter diese Fotografien hat meine Mutter in ihrer kraftvollen Füllfederhalterschrift geschrieben: *Evelyn wird derweil zuhause verwöhnt.*

Derweil. Zuhause. Verwöhnt. Von Schwester Adelheid und ihrer Fiebermessbande.

Schwester Adelheid war eine direkt aus dem Haarer-Buch entlaufene ausgebildete Babypflegerin in weiß gestärkter Kittelschürze und Haube, die uns, wenn wir auf dem Töpfchen saßen, mit der Windel an die Tischbeine band. Weil ein Kind auf dem Topf nicht herumzuruckeln, sondern still sitzen zu bleiben hat, bis es sein, wie sie es nannte, großes Geschäft erledigt hat.

Große Geschäfte müssen erledigt werden.

Auf einem der alten 16-mm-Filme ist sie zu sehen, Schwester Adelheid, in Schwarz-Weiß, Michael auf ihrem Schoß, zwei Jahre und vier Monate alt vielleicht. Sie füttert ihn. Sie füttert ihn mit einer Gabel. Er will nicht. Er sträubt sich. Er würgt. Panik in seinen Augen. Sie hält ihn mit einer Hand fest im Nacken. Keiner hilft ihm.

Vater filmt.

Es sieht aus wie Gänsestopfen.

Die deutsche Babypflegerin und ihre verlorenen Kinder. Wo beginnt Gewalt?

Wenn wir später, da waren wir schon Kleinkinder, aufgeregt oder zappelig und unkonzentriert waren – und ich war oft aufgeregt, zappelig oder unkonzentriert –, mussten wir bei Schwester Adelheid Tempotücher in ihre sieben Lagen auseinandernehmen. Davon wurde nichts besser, die Aufregung nicht, das Zappeln und die Konzentration auch nicht. Wer es nicht schaffte, seine Tränen zu schlucken, musste noch ein paar Tempotücher mehr auseinanderfieseln.

Der bittere Geschmack von nichtgeweinten Tränen.

Ich habe ein gutes Tränenrunterschluckgedächtnis. Daran, was sie mit mir als Baby gemacht haben, kann ich mich nicht erinnern und werde ich mich nie erinnern können. Alle Beteiligten leben nicht mehr. Außer mir, dem Opfer. Dokumente gibt es keine.

Evelyn wird derweil zuhause verwöhnt.

Seit einiger Zeit kann ich lachen, wenn ich diesen Satz anstarre. Und wenn man die Fotos ohne diesen Satz anschaut, sind sie eigentlich niedlich und beweisen überhaupt gar nichts.

Einen Beweis für die Beschädigungen durch das böse Buch habe ich geheiratet. Einen indirekten, deduktiven Familienbeweis: zwei Söhne. Der Ältere ruht in sich, ist resilient und gesund. Er strahlt Gelassenheit aus, Urvertrauen und Eigentlichkeit mit dieser geerdeten Kraft, die er wunderbarerweise auf Ehefrauen und andere Lebewesen überträgt. In seinen Armen beruhigt sich jedes Baby.

Einmal auf einem Langstreckenflug, als drei Reihen vor uns ein Kind überhaupt nicht mehr aufhören wollte zu schreien, als es immer erboster brüllte, je mehr beide Eltern sich bemühten, ist er aufgestanden und hat zu den fremden Leuten gesagt: »Bitte geben Sie mir Ihr Kind. Es wird sich beruhigen.«

Die Mutter war so verzweifelt und jetzt auch noch wütend über diesen Mann, der glaubte, sich einmischen zu dürfen, dass sie ihm ihr Baby geradezu entgegenwarf. Er nahm das brüllende Kind in seine Arme, wiegte es ein wenig und brummte. Das Baby war schon lila vor Zorn. Aber es beruhigte sich sofort. Die Menschen im Flugzeug waren begeistert.

Der Mann, mit dem ich verheiratet bin, hätte bei »Wetten, dass..?« auftreten können mit diesem Kunststück.

Sein jüngerer Bruder lebt schon lange nicht mehr. Ein unsicherer, spielsüchtiger und an vielen Krankheiten leidender Mensch ist das gewesen, einer, der andere ständig abwerten, beunruhigen und hintergehen musste.

Wir haben uns oft gefragt, wie so ein Unterschied möglich sein kann in einer äußerlich gleichbleibenden Familie und nur zwei Jahren Altersunterschied zwischen den beiden Söhnen?

Die Gene werden sich anders und in einem Fall ungünstig gemischt haben.

Das kann sein.

Es ist nur so: Zwischen den Geburten ihrer beiden Kinder hat auch diese Mutter Haarers furchtbares Buch gelesen. Vielleicht hat sie gedacht, dass sie bei ihrem ersten Sohn also leider alles falsch gemacht hat aus dummer Mutterliebe mit ihrer ständigen Präsenz und Zuneigung, die von der Wissenschaft doch offenbar längst als schädlich, falsch und überholt enttarnt war.

Beim zweiten Kind hat sie dann alles richtig gemacht.

Ich hatte Glück. Ich hatte Omeli. Mutter Ilses Mutter kannte das böse Buch nicht. Oder sie hat bewusst entschieden, immer das genaue Gegenteil von dem zu tun, was dort empfohlen wird. Johanna Haarer warnt ausdrücklich vor solchen Omas, vor den schlimmen, altmodischen Großmüttern, die ein Baby verzärteln, wie es früher üblich war, und die unsachgemäß liebevoll *stets von neuem empört sind, über die herzlose, moderne Mutter, die sich von ihrem Sprössling nicht tyrannisieren lässt.*

Ich spüre noch einmal Großmutters nach Nivea duftende Hand. Wie sie mir sanft und zärtlich den Windpockenschorf aus dem Gesicht schubbert, obwohl Schubbern streng verboten war. Omeli hat mich gerettet. Omeli hat uns alle gerettet.

Und wahrscheinlich sollte ich einmal ausprobieren, die Grunderzählung meiner Kindheit umgekehrt zu interpretieren. Bisher ging das immer so: Mutter Ilse arbeitete in der Firma mit, hatte schlimme postnatale Depressionen und musste deswegen gleich nach der Geburt verreisen und uns überhaupt so viel allein lassen.

Was wäre, wenn diese Depressionen sie angefallen haben, weil sie uns, ihre Babys, so streng nach den absurden Haarer-Vorschriften behandelt und gegen den Mutterinstinkt, gegen die Natur, gegen alle Befehle ihrer Hormone von sich ferngehalten und damit ihr eigenes Mutterherz gebrochen hat?

Auch darüber, was das böse Buch in den Müttern angerichtet hat, hat noch nie jemand geforscht oder auch nur nachgedacht.

In der Wissenschaft tauchen Haarer-Mütter immer nur als Täterinnen auf.

Ich hasse dieses Buch.

Manchmal tröstet es mich aber auch, weil es dann das böse Buch gewesen ist und nicht die böse Mutter. Es ist einfacher, eine fremde Nazilungenfachärztin zu hassen, als die eigene Mutter.

»Beschützen Sie sie? Oder beschützen Sie sich?« Das hat Doktor Kress einmal gefragt am Ende einer Therapiestunde, in der es wieder einmal um Mutter gehen sollte und wieder einmal nicht um sie ging.

Ich stelle beide Exemplare, die ich von dem bösen Buch besitze, wieder zurück, weit weg von meiner Schreibnische unter dem Dach, ein Stockwerk tiefer ganz hinten rechts unten ins Regal zur Abteilung Nationalsozialismus.

In der Nacht träume ich mich mit einer Fernsteuerung. Ich spiele mit einem fernsteuerbaren, kleinen Flugzeug. Und irgendwo, an einem ganz anderen Ort, steht in einer riesigen Industriehalle, einem Backsteinbau des 19. Jahrhunderts, ein richtiges Flugzeug, eine große, kindlich-dicke, silbergraue, dreimotorige Propellermaschine. Dieses Flugzeug tut, was ich mit meiner Fernsteuerung dem Spielzeug-Flugzeug befehle. Es startet in der Halle, hebt ab und fliegt im Aufsteigen durch die Backsteinwand ins Freie und Weite. Die Wand wird davon nicht zerstört. Das Flugzeug flutscht da einfach so durch.

Das Monster

Wussten Sie, dass ihre vorletzte Reportage in der »Süddeutschen Zeitung« ausgerechnet von den beiden Hausärzten handelte, die in jener Nacht dann wirklich noch alles versucht haben, um sie zu retten?

Zufälle gibt es.

Und seit Jahren hat sie sich intensiv mit Gehirnforschung beschäftigt, hat alles gelesen, was sie auf Deutsch und Englisch über Neuroscience in die Finger bekommen konnte. Obwohl das ja nun wirklich nicht ihr journalistisches Fachgebiet gewesen ist. In ihrem Büro haben wir eine richtige kleine Neuro-Bibliothek gefunden, und zuhause soll sie eine noch viel größere haben.

Das ist ja interessant.

Wollen Sie auch noch wissen, was dann die allerletzte Geschichte war, die wir von ihr gedruckt haben? Die handelte von diesem Krematorium, vom Berliner Krematorium Nord am Baumschulenweg. Die Seite-Drei hieß: »Was bleibt?« Wegen dieser Reportage hat ihr Mann sie dann auch hier am Baumschulenweg einäschern lassen.

So hätten sie vielleicht geredet, wenn ich gestorben wäre in jener Nacht. Und dann wäre es unter den Schleuderbeton-Säulen der großen Halle des Krematoriums, dessen Architektur so erstaunlich ans Kanzleramt erinnert, möglicherweise noch eine Weile um Fügung gegangen, um Vorsehung, Vorahnung und magisches Denken, um Stochastik, nicht berechenbare, chaotische Systeme, um Zufall, Determinismus, göttlichen Schabernack und die vielen Dinge zwischen Himmel und Erde, die wir nicht verstehen können. Immer noch nicht.

Ödön von Horváth hatte panische Angst vor Blitz und Donner. Sein Leben lang. Darüber hat er geschrieben. Davon hat er immer wieder gesprochen. Am 1. Juni 1938 bricht ein Gewittersturm ein gewaltiges Stück Baum aus einer Kastanie, die gegenüber vom Théâtre Marigny auf den Champs-Élysées steht. Der Riesenast stürzt auf Horváth, der sofort tot ist.

Alfred Kerr schrieb 1947 in seinem Londoner Exil diesen Schnoddervers: »Man stirbt einen Tod, man weiß nicht welchen; – Vielleicht ein schmuckes Schlaganfällchen«. Als er ein paar Monate später zum ersten Mal wieder in Deutschland ins Theater geht, trifft ihn tatsächlich ein Hirnschlag. Halbseitig gelähmt liegt er in einem Hamburger Krankenhaus, bis seine Frau ihm die Überdosis Veronal bringt.

Warum schreibt eine politische Reporterin, die als Expertin für Angela Merkel gilt, plötzlich eine Geschichte über Hausärzte, über die beiden Berliner Hausärzte, die ihr nur wenige Wochen später das Leben retten werden? Wieso interessiert sie sich dann auch noch für die Abläufe in einem Krematorium in ihrer letzten Lebenszeit, bevor das anonyme Aneurysma in ihrem Gehirn platzt und versucht, sie umzubringen? Weshalb hat sie sich so leidenschaftlich zur Amateurgehirnforscherin und Sammlerin von Neuro-Literatur gemacht in dem Jahrzehnt, an dessen Ende sie sich ein Jahr lang mit ihrem eigenen Gehirn beschäftigen muss?

Es gibt auf diese Fragen keine Antworten. Nur noch mehr Fragen gibt es. Wenn es so etwas wie eine geheime Verkettung der Ereignisse gäbe, einen Determinismus, einen Zusammenhang, einen Plan der Götter, warum hätte die Frau dann in ihrem Gehirnstudium ausgerechnet das Thema Aneurysma vollkommen übersehen sollen?

Das Monster war immer schon in mir. Immer schon hat

Godzilla Aneurysma Pericallosa in meinem Gehirn gelauert wie Minotaurus in seinem Labyrinth.

Pericallosa. Wie gefährlich das klingt.

Periculum. Gefahr. Perire, umkommen, untergehen, zugrunde gehen. »Peri« wäre dann die zweite Person Singular Präsens im aktiven Imperativ. Also: Komme um! Geh unter! Geh zugrunde!

Peri ist hier aber griechisch und eine Ortsbezeichnung, um herum, das Monster sitzt an der Arteria pericallosa, einer Arterie also, die sich um das Callosum herumwickelt.

Das Corpus callosum ist eine der interessantesten Stellen im menschlichen Gehirn, die Brücke zwischen linker und rechter Gehirnhälfte, die auch der Balken genannt wird, ein Querstrang aus 250 Millionen Nervenfasern, der die beiden Hirn-Hemisphären miteinander verbindet. Hier kommuniziert die linke Gehirnhälfte mit der rechten, das Sprachzentrum mit dem visuellen Zentrum, die menschliche Vernunft und Ordnung mit dem Kosmos.

Albert Einstein hatte ein besonders ausgeprägtes Corpus callosum. Musiker haben das auch. Wenn Anatomen Gehirne zerlegen, können sie nicht erkennen, ob der Gehirnbesitzer Mathematiker oder Schriftsteller war. Was sie sofort sehen, ist: Musiker. Bei Berufsmusikern ist das Corpus callosum deutlich dicker als bei anderen Menschen. Je früher einer mit dem Musizieren begonnen, je intensiver und ausdauernder er geübt hat, umso dicker. Musiker rufen über diese Brücke ständig Impulse aus beiden Hemisphären ab und koordinieren sie. Vielleicht langweilen sich intelligente Berufsmusiker deswegen so oft mit Menschen, die diese dicke Verbindung nicht haben.

Und genau hier, an dieser Brücke tief unten zwischen meinen beiden Stirnlappen in der Nähe der linken Gehirnhälfte an einer Arterie, die sich um die Brücke herumwickelt, hat das Monster also gelauert, blutgefüllt, prall und rund, geduldig und unerkannt wie ein zum Selbstmordattentat bestimmter anonymer Schläfer, der auf seinen großen, finalen Auftritt wartet.

Auf den Bildern der Angiografie, die sie vor der Operation von meinem Kopf gemacht haben, sieht man die Hauptschlagader, von der die mittlere Hirnschlagader abgeht und sich weiter verzweigt. Nach vier Astgabelungen hängt das Monster da wie eine Beere im Strauch, eine Trockenbeere, schrumpelig und unregelmäßig geformt. Godzilla Aneurysma Pericallosa. Vor dem Platzen ist Godzilla natürlich schön prall und rund gewesen, gefährlich dünnwandig und mit Blut gefüllt.

Immer schon muss es hier eine angeborene Schwachstelle gegeben haben. Am Anfang war es wahrscheinlich nur eine etwas zu dünne Arterienwand. Weil diese Wand aber so schwach und dünn war, hat sie sich im Laufe der Jahre durch den Druck des Blutes ausgebuchtet und ist davon noch dünner geworden, gefährlich dünn schließlich. Ein Sprengsatz an der Brücke.

Ich habe gelebt mit einer Zeitbombe in meinem Kopf. Sie hätte jederzeit vorher auch schon hochgehen können. Godzilla Pericallosa hätte beim Skilaufen platzen können, in der Sauna, auf dem Schiff im Atlantik bei der Überfahrt nach New York, in der Wüste, beim Sex. Oder damals in jenem Frühjahr, als Pinky und ich zwischen zwei Lawinen festsaßen auf der Pass-Straße von Bourg-Saint-Maurice zu dem Ort, den ich seither Fuck de Tignes nenne.

Eine Schneelawine war mit gewaltiger Druckwelle runtergestaubt gleich hinter uns und hatte den roten Golf, den ich schon eine Weile im Rückspiegel gesehen hatte, mit sich von der Straße gerissen. Wie ein kleiner roter Wattebausch hatte das Auto auf der Lawine getanzt, war aber immer oben geblieben. Wir fanden den Mann und die Frau, als wir sie endlich erreichten, wie eingeschäumt im mit Scheibengranulat vermischten Pulverschnee, der den Innenraum ihres Autos vollkommen ausfüllte. Sie lebten. Sie waren unverletzt. Und als wir sie ausgegraben, zurück zur Straße transportiert und schließlich in Pinkys Citroën Pallas gehievt hatten, Beine hoch gegen den Schock, ging genau vor uns das nächste fette Schneebrett runter und verschüttete die Straße auch in diese Richtung.

Wir saßen fest.

Keine Sorge, ich bin Arzt, sagte Pinky, der genau genommen gerade erst sein Examen bestanden und seine erste Stelle als Arzt nach dem Skiurlaub antreten wollte. Sein einziges Erste-Hilfe-Medikament war mein Flachmann mit Ballantines. Drei Stunden saßen wir mit den beiden Zitternden und diesem Flachmann zwischen zwei Lawinen. Im Schneegestöber. Ohne jede Idee, was wir tun könnten. Händis waren noch nicht erfunden. Die Heizung funktionierte nur bei laufendem Motor. Und dunkel wurde es langsam auch.

Es war schon Nacht, als wir die Motoren hörten und bald danach sahen, wie die Scheinwerfer von Militärfahrzeugen das Schneegestöber ausleuchteten. Soldaten räumten den Weg, befreiten uns, gaben den Geretteten Beruhigungsmittel und uns allen heißen Tee. Die Nacht verbrachten wir auf halber Passhöhe in einer Kaserne, deren Turnhalle in ein Notaufnahmelager umfunktioniert worden war. Diese Nacht in der Turnhalle war ein einziger gewaltiger Orgasmus, eine Lawine der Lust, obwohl so viele fremde Menschen mit uns in der Turnhalle auf Matratzen lagerten und Pinky und ich eigentlich nur Freunde waren. Auch da hätte Godzilla Pericallosa einen spektakulären Auftritt haben können.

Das Monster aber ist in all diesen Situationen nicht explodiert. Godzilla hat sich Zeit gelassen.

Und ich habe mich vorbereitet.

Ich wusste nicht, dass ich mich vorbereite. Aber ich war vorbereitet. Aus dem flüchtigen Flirt mit der Gehirnforschung war eine ernsthafte Affäre geworden. Einige Meter Neuro-Bücher stehen in unserer Bibliothek, inzwischen sind das mehr als die

Abteilung Goethe, den wir in zwei Gesamtausgaben und sehr viel Sekundärliteratur besitzen.

Ich habe wissenschaftliche und populärwissenschaftliche Artikel gesammelt in nach Themen sortierten PDF-Ordnern, oder ausgeschnitten und abgelegt in Hängeregistraturen, auf deren Reitern »Geist, Seele, Gehirn« steht, »Musik und Hirnforschung«, »Gehirn und Recht«, »Neuroscience und Religion«, »Bewusstsein und ich« oder »Ideen für Gehirn-Reportagen«. Seit zwei Jahren hatte ich sogar einen Google-Alert Gehirn eingerichtet. Oliver Sacks wollte ich unbedingt interviewen. David Eagleman folge ich auf Twitter wie ein Groupie. Auf Partys in Frankfurt habe ich es darauf angelegt, neben Wolf Singer zu sitzen.

Und wenn kein Experte in der Nähe war, habe ich die Vorlesung selber gehalten: Sie müssen wissen, Gehirnforschung ist nicht nur die Suche nach den Ursachen für neurologische Besonderheiten und Erkrankungen. Gehirnforschung ist die Suche nach uns selbst, danach, was den Menschen ausmacht. Fast alles von dem, was man inzwischen über das Gehirn weiß, passt überhaupt nicht in unser Menschenbild. Das Konzept vom Ich zum Beispiel ist eine Illusion. Was ist dann aber mit dem freien Willen? Und was bedeutet das für die Frage nach der Schuldfähigkeit? Das müsste mit den neuen Erkenntnissen der Gehirnforscher alles neu überdacht werden. Wird es aber nicht. Oder nur von zu wenigen.

Wenn ich noch einmal von vorn anfangen dürfte, wäre ich Gehirnforscherin geworden. Neuroscience studieren, spezialisiert auf Musik und Gehirn, das wäre es gewesen. Anstatt mir von Germanistikprofessoren, die Mitte der Siebzigerjahre nicht einmal Martin Walser kannten, die Lust zum Lesen austreiben zu lassen. Ihre literarischen Kategorisierungen und Interpretationsvorschriften sind noch einige traurige Jahre nach dem Studium vollautomatisch mitgelaufen in meinem Gehirn, bei jedem Roman, bei jedem Gedicht und jeder Erzählung.

Bis ich mich schließlich davon erholt hatte und das Lesekind wiederentdeckte.

Train-Brain-Hack. Wie genau ändern sich Prozesse und Verschaltungen in welchen Teilen des Gehirns, wenn der Mensch sich beim Nachdenken oder beim Lösen einer komplizierten Aufgabe in der Bahn umsetzt? Das wäre so viel aufregender gewesen als im Seminar für Politikwissenschaft immer wieder die Kubakrise spieltheoretisch durchrechnen zu müssen. Wenigstens sah der Professor gut aus, und man musste für die Spieltheorie einen Schein in Statistik Eins machen, was ich im Nachhinein für das Nützlichste halte an den Sujets meiner Studienjahre, an den wissenschaftlichen Sujets jedenfalls.

Sogar die Themen für mein fantasiertes spätes Zweitstudium hatte ich schon festgelegt und durchgespielt: eine Doppelblindstudie, für die ich einer Gruppe von Versuchspersonen einen Monat lang Nasenspray verschreiben wollte. Jeweils eine Prise Oxytocin für die Männer und Vasopressin für die Frauen. Mit 17 Fragen wollte ich die Veränderungen von Sozialverhalten und Empathieempfinden meiner Probanden täglich protokollieren.

Oder der Zusammenhang von Aphantasie und amnesierter Kindheit. Großes Thema. Noch ganz unerforscht.

Wahrscheinlich hat auch noch keiner herausgefunden, wo und wie genau im Gehirn der semantophysiologische Zusammenhang von Sprache und Krankheit wohnt. In einer der vielen Dateien im Großordner »Sprache und Gehirn« hatte ich Redewendungen und Sprüche gesammelt, die man Krankheiten zuordnen kann: Mir platzt der Kragen. Ich könnte in die Luft gehen. Das schlägt mir auf den Magen. Es bricht mir das Herz. Dem ist eine Laus über die Leber gelaufen.

Die Idee für das dazugehörige Forschungsprojekt war die Frage: Lenkt ein psychosomatisch begabter Mensch seine Krankheitsbereitschaft und Depression durch seinen Sprachgebrauch auf bestimmte Körperteile? Oder ist es genau umgekehrt? Lenken Körperteile, die in Zukunft krank werden und deren Schwäche den vorbewussten Regionen des Gehirns natürlich längst bekannt ist, die Sprache des zum Gehirn gehörigen Menschen? Laienhaft ausgedrückt: Kann man durch die Körper- und Funktionsteile, die Personen in ihre Sätze einbauen, Rückschlüsse ziehen auf ein lauerndes Krebsgeschwür, eine angeborene Bandscheibenschwäche, eine zu dünne Arterienwand, deren drohende Ruptur sich vielleicht schon durch einen Hörsturz angekündigt hat?

Das geht mir an die Nieren. Ich weiß nicht, ob ich das im Kreuz habe. Der quatscht mir noch das Ohr blutig.

In dieser Phase meiner Forschungsbegeisterung hatte ich Familie und Freunde dazu angehalten, Belastungen und Stress vorsichtshalber auf Körperteile abzuleiten, die es gar nicht gibt oder die nur das andere Geschlecht hat. »Das geht mir auf den Sack« zum Beispiel ist für Frauen sehr okay, oder, wie Angela Merkel gerne sagt: »Der ging mir schließlich dermaßen auf den Docht …«

Wenn Bundestagssitzungen oder das Herumlungern auf Gipfeln in Brüssel sehr lang und sehr langweilig wurden, hatte ich mir vorgestellt, Oxford würde anrufen oder – noch viel besser – die Europäische Hochschule in Fiesole und sagen: Glückwunsch! Unter dreitausend postgraduierten Erwachsenen haben wir Sie für ein vierjähriges Promotionsstipendium ausgewählt unter der Voraussetzung, dass Sie jetzt sofort das Thema für Ihre Arbeit nennen können.

Wie aus der Pistole geschossen hätte ich geantwortet: Der Einfluss von unaufgelösten Septimakkorden auf die verschiedenen Bereiche des menschlichen Gehirns und die dazugehörigen Wirkungen auf das Immunsystem. Ich stellte mir vor, dass Renaud Dehousse einen Augenblick stutzen würde, weil er naturgemäß bei mir eher an etwas Politologisches oder Medientheoretisches gedacht hatte. Dann aber würde er aus seinem Präsidentenzimmer über das Labyrinth aus geschorenem Buchsbaum in die freundlichen Hügel der Toskana hinunter nach Florenz blicken, den Brunello sanft gegen die Abendsonne im Glas kreisen lassen und sagen: Gut. Kommen Sie. Aber kommen Sie schnell.

Habe ich eigentlich oft gesagt, dass ich etwas nicht mehr hören kann, bevor ich den Hörsturz hatte, der vielleicht schon ein erster Hinweis auf Godzilla Pericallosa gewesen ist?

»Das halte ich im Kopf nicht aus« jedenfalls habe ich sehr oft gesagt. Wahrscheinlich zu oft.

Andererseits und noch einmal: Wenn ich mich schon zehn Jahre lang vorbereitet habe, warum habe ich mich nie für Aneurysmen interessiert? Ich kannte ja nicht einmal das Wort Aneurysma. Meine Gehirnforschung war weder umfassend noch gezielt, und schon gar nicht mit Vorahnung verknüpft.

Die Versuchung, im Nachhinein ein Muster zu identifizieren oder einen Zusammenhang herzustellen, ist groß. Alle Menschen, die heute leben, sind Nachkommen einer sehr langen Generationsreihe von den wenigen, die überlebt haben, weil sie Muster erkennen konnten. Wenn ich den Ruf des Löwen höre, rette ich mich auf einen Baum. Wenn eine Frucht von diesem Busch, die sonst immer so lecker und gut zu verdauen war, pelzig-grünliche Stellen hat und anders als sonst riecht, esse ich sie nicht. Weil dieses Musterkonzept so erfolgreich war beim Weiterreichen von Genen, sucht das Gehirn des modernen Menschen überall nach Mustern und neigt zur Apophänie. In allen möglichen zufälligen Ereignissen erkennen wir Regelmäßigkeiten und Baupläne, die es gar nicht gibt. Wir übersehen Bestätigungsfehler.

Das Gehirn ist ein großer Geschichtenerzähler, ein Geschichtenliebhaber. Wenn wir in zufällig miteinander verketteten Ereignissen Muster erkennen, wird Dopamin ausgeschüttet.

Menschengehirne glauben gerne an eine kohärente Welt, in der Zusammenhänge nicht zufällig auftreten, sondern Folge mechanischer Kausalität sind oder wenigstens finstere Pläne einer höheren Instanz. Verschwörungsschmieden, populistische Autokraten und andere Angstmacher nutzen diese fatale Neigung unserer Gehirne.

Ich habe mich für Gehirnforschung interessiert. Ich habe eine Geschichte über Berliner Hausärzte geschrieben und eine über das Krematorium am Baumschulenweg. Dann ist ein angeborenes, anonymes Aneurysma in meinem Kopf geplatzt. Ein Ereignis hat mit den anderen nichts zu tun. Reiner Zufall alles. Empirisch-pragmatischer Zufall.

Nach der Explosion sind etwa dreißig Milliliter Blut in mein Gehirn geflossen. Dreißig Milliliter, das sind sechs Teelöffel. Ich habe das ausgemessen mit Rote-Beete-Nektar, der noch im Kühlschrank stand. Blut ist ein verheerender Saft für ein Gehirn, wenn es nicht in den für Blut vorgesehenen Gefäßen bleibt. Blut zerstört Gehirnzellen.

Sechs Teelöffel Blut haben sich mit Nervenwasser vermischt und vom Explosionsort vorgewühlt, wahrscheinlich bis in den Scheitellappen. Der ist für die Verortung unseres Körpers im Raum zuständig und für das Gefühl, dass dieser Körper zu unserem Ich gehört und mit diesem Ich eng verbunden ist. Bei einer Irritation des Scheitellappens funktioniert die Eigenwahrnehmung nicht mehr richtig, ein Gefühl von konturenlosem Im-Raum-Schweben stellt sich ein oder das, was Neurologen und Sterbeforscher die Out-of-Body-Sensation nennen. Dann sieht man sich selber da unten liegen auf der Bahre unter einem Schlangennest.

Ein Drittel der Menschen, in deren Kopf ein Aneurysma an der Pericallosa-Arterie platzt und eine Blutung dritten Grades auslöst, sterben, bevor sie das Krankenhaus erreichen. 25 Prozent von denen, die noch leben, wenn sie im Krankenhaus ankommen, sterben während der Operation. Von denen, die auch die Operation überleben, sind 25 bis 50 Prozent behindert, die meisten schwer.

Es muss also auch Menschen geben – statistisch sieben von dreißig –, die so etwas überleben und wieder gesund werden. Wer das dann ist, entscheidet sich wieder durch eine Reihe von Zufällen. Zufällig weiß Hausarzt Doktor Lott, dass es einen Mann gibt, der mich retten kann. Zufällig arbeitet dieser Mann in Berlin an der Charité. Zufällig ist er da und nicht auf einem Neurokongress in Brasilien. Kein Zufall ist, dass die Chancen zu überleben erheblich größer sind, wenn jemand operiert, der so etwas schon einige Male gemacht hat. Peter Vajkoczy ist einer der großen Gehirnchirurgen Europas. Ihn erschreckt fast gar nicht, dass Godzilla Pericallosa zufällig an einer besonders komplizierten Stelle liegt, einer Stelle in meinem Gehirn, an die man sich von hinten und unten heranarbeiten muss.

Anästhesie

Es gibt Nächte, in denen Peter Vajkoczy träumt, dass er in einem Meer von Blut ertrinkt.

Der Raum ist hellblau gekachelt, die Kacheln sind weiß verfugt. Kein Fenster. Künstliches Licht. Sie haben die Frau auf einem mit mullfarbenem Vlies bezogenen Liegeapparat fixiert, der offenbar eine Art Operationstisch ist, eine Operationsbahre. Die Frau ist nackt. Das helle Tuch, mit dem sie von den Füßen bis zum Nabel bedeckt ist, wirkt wie für den Fotografen hindrapiert. Einen der handbreiten Gurte, mit denen die Frau festgeschnallt ist, sieht man stramm und silbergrau über ihrer Hüfte. Der Liegeapparat und damit ihr Körper ist um etwa 30 Grad in Richtung ihrer Füße geneigt. Der Kopf der Frau mit dem vollen, klebrig-wirren Haar scheint über allem zu schweben. Leicht nach links geneigt ist er etwa sieben Zentimeter über dem Körper festgeschraubt in einer groben metallisch glänzenden Halteapparatur. An sehr vielen, zum Teil unter dem Tuch verborgenen Stellen laufen pharmazeutische Flüssigkeiten in die Frau hinein über dicke Schläuche und dünne Rohrleitungen aus Flaschen und Tropfvorrichtungen an einem galgenähnlichen Gestell, das links neben ihr auf fünf Rollenfüßen steht. Aus ihr heraus fließen über andere Schläuche und viel feinere Kabel Blut und Informationen zu medizinischen Gerätschaften und Messapparaten, die an der Wand befestigt sind. An der Unterseite des Operationstisches, dessen Standfuß quaderförmig, tiefglänzend schwarz und elektrohydraulisch über einer im Boden verborgenen Konstruktion bewegbar ist, hängen kleine elektronische Kästen zwischen Schnüren, Schläuchen und Drähten in wirrem Spaghettidurcheinander. Im Vordergrund sieht man drei Fußbodenöffnungen, aus denen die Elektrizität führenden Kabel und Gerätschaften ihren Strom beziehen. An der rechten Wand vor den hellblauen Badezimmerkacheln hängt ein Monitor, der aussieht, wie Fernsehapparate ausgesehen haben in den Achtzigerjahren des letzten Jahrhunderts. Daneben eine Art Strahler, der orangefarbenes Licht erzeugt und Wärme möglicherweise. Außen links im Bild steht auf schweren Gummirädern eine halbraumhohe, kalbfleischfarbene Kastenapparatur aus aufeinandergestapelten Monitoren und elektronischen Steuergeräten.

Die Fotografie aus der Serie »Entanglement« war der die Besucher anziehende und zugleich abstoßende Magnet in Thomas Struths New Yorker MoMA-Ausstellung. Ungewöhnlich lange blieben die Menschen vor diesem Bild stehen und gruselten sich. Struth hat das Bild in der Neurochirurgischen Abteilung der Berliner Charité bei Peter Vajkoczy aufgenommen.

Man muss sich in diesem oder einem ähnlichen Raum Musik vorstellen um die nackte, festgeschnallte und tief narkotisierte Frau, die jetzt ich bin; STAR FM. Dann ist es vielleicht schon nicht mehr ganz so gruselig, obwohl STAR FM ein Berliner Rocksender ist.

Außerdem stehen da fünf Menschen, von denen man nur die Augen sehen kann, weil sie zu ihren minzgrünen oder türkisen Hosen und OP-Kitteln Mund-Nasen-Schutz tragen in den passenden Farben und sterile Kopfhauben: Der Anästhesist mit einer Anästhesieschwester, Oberärztin Wibke Jakob, eine OP-Schwester und ein Springer, der Material von außen aus dem unsterilen Bereich holt, wenn mehr benötigt wird. Nicht immer weiß man vorher bei einer Operation am offenen Gehirn, was alles gebraucht wird.

Es ist jetzt 22 Uhr. Sie haben spieltischgrüne, sterile Tücher über mich gelegt. Auch mein nach links geneigter und leicht erhöht durch meine Kopfhaut bis in den Schädelknochen festgeschraubter und vollkommen unbewegbarer Kopf ist von einem grünen Tuch bedeckt. Es wäre ungeschickt, wenn jetzt noch jemand die Operationsbahre verstellt, er würde mir das Genick brechen. Die Stirn und der Oberkopf, auf dem sie mir kurz hinter dem Haaransatz einen zwei Finger breiten Steg nackt rasiert haben, sind ohne Tücher frei und sichtbar, wie ausgestellt.

STAR FM, Maximum Rock! Hier rockt die Hauptstadt! Früher wurden große Gehirnoperationen mystifiziert. Der Operationssaal war abgedunkelt. Keiner durfte sprechen. Es war wie in der Kirche. Ein junges Team, das sich gut verstehen soll, hält so etwas nicht sehr lange aus. Gehirnoperationen können aber mehr als sehr lange dauern. Professor Vajkoczy muss dafür sorgen, dass seine Leute nicht müde werden. Und weil man so eine Operation in kritische und nichtkritische Abläufe und Sequenzen einteilen kann, ist in den unkritischen Situationen Musik ein gutes Mittel, um alle bei Laune zu halten. Deswegen gibt es in Professor Vajkoczys Operationssaal Musik, meistens STAR FM. Oder jemand hat seinen iPod dabei. Bei einer einfachen Wirbelsäulenoperation hören sie gerne AC/DC volle Pulle. Aber nicht bei so einem komplizierten Eingriff in einem geöffneten Schädel. Da ist STAR FM offenbar gerade richtig. Immer wenn der Professor in meinem Gehirn an besonders kritische Stellen kommt, werden sie die Musik etwas leiser drehen oder ganz ausschalten.

Auch ich höre, während ich schreibe, STAR FM, Enter Shikari, »No Sleep Tonight«, The Answer's »Blood Brother«. Solche Sachen. Als könnte ich über die Musik Kontakt aufnehmen mit der Frau in ihrer tiefen, kombinierten Narkose und mit dieser Situation, die ich erlebt habe und doch auch nicht erlebt habe. Heavy Metal Boom, Boom, Boom, flirrend schriller Synthesizer, Techno-Beats, gebrüllter Gesang, Teeniechor. Ich weiß nicht. Ist das noch Musik oder schon Lärm? Eigentlich mag ich alle Musikgenres, wenn sie nur ernsthaft oder ehrlich sind oder gut auf ihre Art, sogar Schlagerschnulzen und Operetten oder Country mag ich dann.

Von Enter Shikari bekomme ich Herzklopfen. Und obwohl man auch das Schreiben heutzutage nicht mehr mystifizieren sollte, drehe ich STAR FM erst leiser und schließlich aus, noch bevor ich an die kritischen Stellen komme.

Am Abend vor dem Operationstag hat Peter Vajkoczy etwas Leichtes gegessen, nur ein Glas Wein getrunken und ist früh zu Bett gegangen. Sport macht er sowieso nur am Wochenende – und niemals Krafttraining, damit seine kostbaren, ruhigen Chirurgenhände kostbare ruhige Chirurgenhände bleiben.

Mein letzter Sport am Tag vor der Operation war blindes Hochleistungsklettern über eine Badewannen-Reling. Ich habe nichts mehr gegessen oder getrunken seit dem Cassis-Sorbet vor mehr als 24 Stunden. Die Schmerzmedikamente und das Kontrastmittel für die Angiografie haben sie mir direkt in die Venen gespritzt und die Zutaten meines Narkosecocktails auch: Anästhetika, Opioide und Muskelrelaxanzien, die mein Bewusstsein, mein Schmerzempfinden, alle Reflexe, die Muskelspannung und meine Erinnerung ausschalten sollen. Was nicht ganz gelingt, wie sich später zeigen sollte.

Der Eingriff erfolgt in kombinierter Allgemeinnarkose mit endotrachealer Intubation. Lagerung der Patientin auf dem Rücken mit leichter Kopfinklination. Fixierung des Kopfes in der Mayfield-Halterung. Vor Operation Durchführung eines Konzils mit der Anästhesie hinsichtlich des intraoperativen Blutdruckmanagements und der Lagerungsfähigkeit der Patientin.

Oberärztin Doktor Wibke Jakob, eine große, schlanke, blonde 32-Jährige, hat mit grünem Filzstift die geplante Schnittführung auf dem glatt rasierten Stück Schädelhaut hinter meinem Haaransatz aufgemalt. Nun sagt sie die Uhrzeit an, 22:15 Uhr, und dann sagt sie: »Schnitt!«, so wie eine Filmregisseurin »Action« sagt. Mit dem Skalpell schneidet sie meine Kopfhaut scharf und bis hinunter zum Schädelknochen hinter dem Haaransatz von links über dem Auge etwa 15 Zentimeter bogenförmig nach rechts zur Schläfe. Der Schnitt muss so lang und so tief sein, damit sie meine Haut wie eine Raute aufspreizen, vom Schädelknochen ablösen, nach hinten abziehen und wegklappen kann. So wie die Apachen bei Karl May Menschen skalpieren, wie man einen Hasen aus der Decke schlägt, wenn man es gut kann. Doktor Jakob beginnt also, die Haut mitsamt Kopfhaar Stück für Stück nach hinten zu ziehen und von meinem Schädelknochen zu lösen. Mit einem Heißbrenner verödet sie die Blutgefäße. Der Sauger in ihrer linken Hand schlürft eine Menge Blut, das klingt wie Speichelabsaugen beim Zahnarzt. Weitere Gefäße werden verödet.

Mit einem metallglänzenden Instrument, das aussieht wie ein Taktstock oder ein großer Lötkolben, bohrt Doktor Jakob drei kleine Löcher durch meine jetzt frei liegende Schädeldecke. Einen Zentimeter dick ist so ein Schädelknochen bei Frauen. Der Bohrer macht ein hohes, sirrendes, unangenehmes Geräusch. Dann steckt Doktor Jakob die Spitze einer fein oszillierenden Säge in eines der Bohrlöcher. Und sägt zum nächsten Loch. Das sirrt jetzt noch etwas höher und schärfer. Im Operationssaal riecht es leicht verbrannt, wie beim Hufschmied.

Vor der Operation hat der Professor dem Mann, mit dem ich verheiratet bin, erklärt, dass so eine Säge sofort und vollautomatisch stillsteht, wenn sie auf Weiches trifft.

Dann haben sie ihn nachhause geschickt.

Ich rufe Sie an, wenn es vorbei ist, hat Professor Vajkoczy gesagt.

Der Mann läuft jetzt für einige Stunden durch die fremde Wohnung, in der wir in unserem ersten Leben vorgestern noch seinen Geburtstag gefeiert und vielleicht zum letzten Mal zusammen gelegen haben. Er läuft zum Fenster und zurück zur Wohnungstür. Wieder zum Fenster. Und wieder zurück. Immer und immer wieder denselben Weg. Er ist verzweifelt. Er kann nichts tun. Er schreit: Nein.

Tochter Monika hatte ihn am Morgen nach meinem Es-ist-etwas-in-meinem-Kopf-geplatzt-Anruf durch den Schneesturm zum Flughafen nach Salzburg gefahren. Die Autobahn war noch nicht geräumt. Immer wieder Schneewehen, liegen gebliebene Lastwagen, Chaos. Monika fährt einen Lada mit Vierradantrieb. Er kann sich an kein Detail dieser Fahrt erinnern. Wie sie das Ticket gekauft haben, was er gegessen, welches Gepäck er mitgenommen hat, wie der Flug war, an nichts kann er sich erinnern.

Erst als er am Berliner Flughafen zum Ausgang geht und bei den Abholern hinter der Gepäckausgabe unseren Hausarzt sieht, setzt seine Erinnerung wieder ein. Dass Doktor Lott dort am Ausgang stand, das war sein schlimmster Moment, sagt er. Sie hat es also nicht geschafft, hat er gedacht. Sie lebt nicht mehr. Wenn der extra kommt, um mich abzuholen, dann hat sie es nicht geschafft.

Der Hausarzt hat ihn in die Charité gefahren, hat ihm erklärt, was ein Aneurysma ist, sie kann das überleben, aber sie wird verändert sein, damit müssen Sie rechnen. Weil das Aneurysma so nah an der Amygdala liegt.

Habe ich mich eigentlich verändert?

Du bist egoistischer geworden. Und empathischer auch.

Beides? Gleichzeitig? Das ist doch Quatsch, oder?

Nein. Kein Quatsch. Du erkennst jetzt sehr schnell, was du brauchst, kannst dich besser um dich selber kümmern, und vielleicht deswegen auch so gut um andere.

Doktor Jakob sägt inzwischen geschickt von Loch zu Loch, bis sie ein kreditkartengroßes Oval aus meiner Schädeldecke herausheben kann. Vorsichtig. Fast jedem Gehirnchirurgen ist an dieser Stelle der Operation schon einmal passiert, dass er das Schädelstück hat fallen lassen. Meins landet sicher in einer mit Antibiotikalösung gefüllten kleinen Petrischale. Es sieht aus wie ein bleiches Stück Seifenrest.

Doktor Jakob verklebt die Knochenränder der Öffnung in meinem Schädel mit Wachs, schneidet bogenförmig die Dura mater auf, die harte Hirnhaut, die unter dem Knochen mein Gehirn noch schützt und verbirgt. Dann klappt sie diese Haut zurück und näht sie am Rand des Loches fest. Auch die weiche Hirnhaut wird so geöffnet und beiseitegeschoben.

Und da ist es nun: mein Gehirn. Alles, was ich bin, alles, was ich je war. Drei Pfund Glibberpudding, der in geheimnisvollen Schlingen schön platzsparend aufgefaltet eigentlich rosafarben und friedlich im Schutz meines Schädels liegen sollte. Jetzt aber drängt alles blutig pulsierend und gefährlich nach außen. Der Interhemisphärenspalt zwischen den beiden Gehirnhälften ist trotzdem mit bloßem Auge deutlich zu erkennen.

Ein mannshohes, eierschalenweißes Gerät wird herangerollt, ein elektronisches Mikroskop, das bis zu vierzigfach vergrößern kann. Über die Öffnung in meinem Schädel schiebt sich dabei mit wenigen Zentimetern Abstand von meinem Kopf ein feststehender Metallring von etwa 25 Zentimeter Durchmesser, auf dem Peter Vajkoczy gleich seine Hände ablegen kann, damit bloß nichts zuckt, außer meinem Gehirn. Die eigentliche Operation kann beginnen.

Peter Vajkoczy betritt den Raum und legt seine Augen auf das Okular des Mikroskops. Was er nun sieht, ist: Mein Leben. Mein Wissen. Meine Erinnerung. Alles, was ich gelernt habe, alles, was mich zu mir macht. Mein Hören, mein Sehen, mein Fühlen, Denken, Sprechen, Gehen, Rechnen, Lieben und Schreiben liegt jetzt vor ihm in vierzigfacher Vergrößerung. Jede meiner Bewegungen, jeder Gedanke, jedes Gefühl und jedes Wort seit meiner Geburt ist hier generiert worden.

Als Karl Ove Knausgård für eine »New-York-Times«-Reportage durch das Mikroskop eines Neurochirurgen direkt in das freigelegte Gehirn eines Operationskandidaten blicken durfte, musste er sich abwenden und weinen. Karl Ove Knausgård gilt eigentlich als harter Bursche. Aber das war zu viel für ihn. Er fühlte sich in eine andere Welt transportiert, in einen fremden, anbetungswürdigen Teil des Universums: »Ich habe einen Raum gesehen, wie es keinen anderen Raum gibt. Ich habe noch nie etwas so Schönes gesehen.«

Mein Gehirn ist jetzt natürlich nicht so anbetungswürdig schön, voller Blut und geschwollen, als wolle es sich aus der Öffnung in meiner Schädeldecke herausarbeiten. Peter Vajkoczy drückt die rechte Gehirnhälfte mit einem Stück Watte im Interhemisphärenspalt ein wenig zur Seite, um sich orientieren zu können in dieser blutigen Unordnung.

Andere Gehirnchirurgen benutzen eine Schere in jeder Hand, Schere rechts, Schere links, Schere spitz, Schere stumpf. Der Assistent muss saugen oder spülen. Das sind vier Hände und vier Instrumente. Riesenlöcher müssen sie dafür aus den Schädeln ihrer Patienten sägen. Vajkoczy will aber keine Riesenöffnungen in der Schädeldecke seiner Patienten. Er denkt, dass zu viele Hände in diesem engen Raum nur stören. Auch deswegen benutzt er nur eine Koagulationspinzette und den Sauger. Und er macht alles allein. Das versucht er auch seinen Schülern beizubringen: Der Operateur muss alles allein hinkriegen. Und noch eine neue Taktik: keine Haken, keine Retraktoren, mit denen früher Gehirne während der Operation weggedrückt und dabei oft unnötig verletzt wurden. Zurückgedrückt wird behutsam mit dem Sauger in der linken Hand, und immer nur da, wo gerade gearbeitet wird.

So macht er sauber mit dem kleinen Sauger in der linken und der Koagulationspinzette in der rechten Hand, räumt auf und sucht Gefäße, die er kennt und die er wie Wegmarken benutzen kann. Seine Philosophie ist, alles scharf zu präparieren. Er reißt oder zieht nichts. Er schneidet.

Da, hier, das Weiße ist der Sehnerv, der muss geschont werden natürlich. Eine frontale Brückenvene, die wirklich im Weg ist, wird sorgfältig freigelegt, mit der Pinzette sauber gemacht und dann leicht angestupst, damit sie wieder arbeitet. Funktioniert. Also weiter, tiefer.

Ziemlich sicher hat da unten in der Tiefe meines Gehirns ein kleines, angetrocknetes Blutgerinnsel inzwischen die Stelle verschlossen, an der das Aneurysma gestern aufgeplatzt ist. Eine große Gefahr ist jetzt, dass sich dieses Blutgerinnsel wieder löst und es zu einer erneuten Blutung kommt. Dann würde mein Gehirn noch mehr anschwellen, das Blut würde wichtige Gehirnzellen für immer zerstören, und Peter Vajkoczy könnte nichts mehr sehen. Er würde seine Wegmarken nicht mehr finden.

Er kennt das. Das ist der Moment bei so einer Operation, der ihm diese Albträume macht in den Nächten, in denen er immer und immer wieder ertrinkt in einem Meer von Blut.

Es ist der Moment, in dem jeder vierte Patient stirbt.

Der Absturz

Es ist der Moment, in dem ich nicht weiterschreiben kann. Viele Tage und Nächte seither habe ich meinen Schreibtisch umkreist, ohne den Rechner überhaupt einzuschalten. Muss es so genau aufgeschrieben werden? Will ich alle Details dieser Operation erzählen? Wozu? Es ist doch vorbei. Ich habe das überwunden.

Der Mann, mit dem ich verheiratet bin, sagt: Beim nächsten Mal kannst du dich selber operieren.

Ich zeichne eine Karikatur. Eine Strichmännchen-Frau, deren ovalrunder Kopf im oberen Viertel glatt abgeschnitten ist wie ein Frühstücksei. Sie hat die Arme erhoben und steckt zwei große Instrumente in ihren Kopf, Sauger in der linken, Koagulationspinzette in der rechten Hand.

Dann laufe ich wieder weg, Klavierspielen, Bach. »The Crown« Staffel vier gucken. Das geht ein paar Tage so. Und Nächte.

Sogar fliegen kann ich nicht mehr. Ich versuche es mit einem Schirm, einer Art Mary-Poppins-Schirm, fliegenpilzrot mit weißen Punkten und weiß geflochtenen Fransenvolants. Als ich den Wind schon im Schirm spüre, abhebe und loswill, zieht der Schirmverleiher mir den linken Schuh vom Fuß.

»Sie können doch hier nicht mit hohen Absätzen rumfliegen«, sagt er.

Ich gewinne auch ohne diesen Schuh schnell an Höhe und will mit dem linken Fuß nun auch den rechten Schuh abstreifen. Dabei verliere ich erst die Balance und dann auch die Kontrolle. Der Mary-Poppins-Schirm klappt nach oben zusammen. Ich versuche, im Sturz die Ränder des Schirms wieder herunterzuziehen, damit die Gelenke seines Gerüstes in die richtige Richtung einrasten können. Es gelingt mir nicht.

Ich halte den Schirm nach unten gegen den Absturzwind. Der Schirm klappt einfach nicht zurück.

Ich stürze also ab. Hohe Geschwindigkeit. Aus noch etwa 80 Metern Höhe sehe ich unten auf der Wiese neben gelangweilt kauenden Kühen meine Familie und die Freunde mit vor Entsetzen weit aufgerissenen Augen und Mündern, wie sie meinen Namen rufen und: Eve! Nein! Nicht! Bitte nicht!

Herzklopfen beim Aufprall und Wachwerden. Adrenalingeschmack im Mund. Was für ein Traum.

Eigentlich kann ich fliegen in meinen Träumen. Ich fliege, seitdem ich mich an Träume erinnere. Meistens halte ich ein einfaches Tuch in den Wind wie ein Segel. Und dann hebe ich ab. Ich kann mit diesem Tuch steuern, auch beschleunigen, wenn ich es näher an mich heranziehe und so schärfer an den Wind gehe. Sogar kreuzen kann ich gegen den Wind. Es ist nichts Besonderes. Normalerweise. Es spart mir den Weg durch die Täler, wenn ich von einer Bergspitze zur anderen will. Ich fliege durch die Zeiten. Ich fliege zu meinen Toten, die lebendig sind und jung in meinen Träumen. Ich behalte den Überblick. Es macht Spaß. Es macht fast immer Spaß.

Also schlafe ich weiter. Jetzt sitzen wir beim Frühstück. Auf einem nervösen Vollblutpferd reitet der Gastgeber und Besitzer des Schlosses die flachen Stufen der breit geschwungenen Sandsteintreppe hinauf zu dem Alkoven, in dem man das Frühstück serviert hat. Der Mann spricht mit uns, während das Pferd unter ihm trippelt und schnaubt, sich bäumt und dampft. Ich stehe auf, gehe nach links durch eine Fahrstuhltür in die Kabinenseilbahn und drücke auf den Startknopf. Dann erst fällt mir ein, dass wir gestern die Seile durchtrennt haben. Zu spät. Die Seilbahnkabine wird mit mir ins Tal fallen. Ich stehe in ihr und kann nichts tun. Und stürze wieder ab.

Als Studentin in Freiburg habe ich das Seminar für Neuere deutsche Literatur unterhalten und wahrscheinlich auch genervt mit meiner ausgefeilten Beweisführung, dass »Der Landarzt« und auch einige andere der großen Erzählungen von Kafka nichts anderes sind als Träume.

Kafka hat einfach nur seine Träume aufgeschrieben.

Aber was heißt schon »einfach« und »nur« bei Kafka?

Träume sind die schwarzen Löcher der Gehirnforschung. Alle interessieren sich dafür. Alle reden und schreiben darüber. Aber niemand bisher konnte wirklich klären, was beim Träumen geschieht. Es gibt nicht die eine von allen Gehirnforschern allgemein anerkannte Theorie oder Hypothese zur Funktion von Träumen. Ein Traum ist nichts als ein paar Fehlschaltungen, sagen die einen. Andere glauben, dass Träume Tagesreste sind, die ins Bewusstsein vordringen und dort zu Geschichten mit Sinn zusammengebastelt und auf diese Weise verarbeitet werden.

Obwohl ich es also besser weiß, frage ich mich immer wieder, was meine Träume bedeuten und was ich mir mit ihnen erzählen will. Natürlich habe ich posttraumatisch Unverarbeitetes angetriggert, als ich versucht habe, meine Operation aufzuschreiben. Vielleicht steht das Fliegen in meinen Träumen für Schreiben. Dann habe ich offenbar Angst davor, nicht weiterschreiben zu können und abzustürzen. Möglicherweise fürchte ich mich auch vor dem, was ich nach der Operation erzählen will, erzählen *muss* über meine Familie, über Mutter, Vater, über ihre seltsame Ehe, über meine Geschwister und unsere Lebenslügen. Die Großväter. Die blinden Flecken. Die Wahrheit. Polen. Die tödlichen Tabus. Der verleugnete Bruder.

Es ist, als hätte ich mir tatsächlich selber die Schädeldecke geöffnet mit einer oszillierenden Säge. Nun betrachte ich alles in vierzigfacher Vergrößerung. Ich brauche Entschiedenheit und etwas Mut, um meinen Weg zu finden in die Tiefe zur dünn verkrusteten Wunde, die jederzeit wieder aufbrechen und alles vernichten kann. Wenn ich die Wunde verschließen will, dieses Etwas, das an der Peripherie sitzt und schon einmal gefährlich geblutet hat, muss ich mich sehr vorsichtig dahinbewegen. Ich muss aufpassen. Die Wahrheit liegt tief unten so ungünstig, dass ich mich um sie herum vorarbeiten muss, um dann von hinten und unten die Kontrolle über die Informationen zu haben, die diese Wahrheit mit Blut füllen. Ich werde alles sauber wegpräparieren, was noch nicht aufgehen und auch nicht verletzt werden darf. Vielleicht muss ich vorübergehend auch etwas abklemmen, einen wichtigen Zufluss, der sonst vor meinen Augen ausbluten und alles zerstören würde. Bis ich mich endlich zu dem Monster vorarbeiten kann, das ich für immer ruhigstellen will.

Ich kann das. Schreiben ist mein Beruf. Ich habe es gelernt.

Im Operationssaal ist STAR FM inzwischen schon eine Weile sehr viel leiser gelaufen. Es muss jetzt schnell gelingen, die Zugänge zu der Stelle, an der das Aneurysma sitzt, vorübergehend und schonend abzuklemmen mit kleinen, goldenen Clips.

Peter Vajkoczy bleibt ganz ruhig. Äußerlich. Nur manchmal sagt er »Mann, ey'!« – »Mann, ey', ich sehe fast nichts mehr!« – »Mann, ey', der Sauger saugt nicht richtig!«

Alle anderen im Raum bleiben ruhig. Sie wissen: Der Vajkoczy ist brillant, blind sicher, mit bewundernswürdig exzellentem Vorstellungsvermögen. Wenn es einer schafft, dann er. Er hat komplizierte Pericallosa-Aneurysmen schon öfter operiert. Das macht ihn so gut, so schnell und so sicher, sagen sie. Und er wird, sagen sie, jedes Mal immer noch besser. Das ist der gigantische Unterschied, sagen sie, bei einem seltenen Aneurysma wie diesem besonders, weil es tief unten mitten im Gehirn so ungünstig liegt, dass der Chirurg sich um das Aneurysma herum vorarbeiten muss, um dann von unten die Kontrolle über die Gefäße zu haben, die es mit Blut füllen.

Ich bin sowieso ruhig, festgeschnallt und in kombinierter Narkose. Ich sage nichts. Ich spüre nichts.

Was genau mit meinem Ich geschieht in diesen Stunden, kann die Gehirnforschung nicht erklären. Noch nicht. Der Cocktail einer kombinierten Narkose aus Anästhetika, Opioiden und Muskelrelaxanzien hat alles ausgeschaltet, das Bewusstsein, das Schmerzempfinden, die Muskelspannung und die Erinnerung, fast alle Erinnerung, wie sich später zeigen sollte.

Ich bin da und doch nicht da.

Im OP-Bericht steht: *Das Hirn weist zu diesem Zeitpunkt eine ausgeprägte Schwellungsneigung auf. Daher werden 250 ml Mannitol gegeben. Weiterhin Durchführung einer Hyperventilation.*

Mannitol ist Zuckeralkohol. Um meine Gehirnzellen zu beschützen, wird mir Zuckeralkohol gegeben, der ein osmotisches Gefälle zwischen Blut und Hirngewebe erzeugt, wodurch dem Gewebe Flüssigkeit entzogen wird. Das senkt den intrakraniellen Druck. Außerdem wird CO_2 aus meiner Lunge abgeatmet. Hyperventilation, die Ausschleusung und der Abtransport von Kohlenstoffdioxid, ist die schnellste respiratorisch beeinflussbare Möglichkeit, den pH-Wert zu regulieren und so sowohl den Blutfluss zu verlangsamen als auch die metabolische Azidose auszugleichen, in die ich gerutscht bin.

Weil das alles noch nicht reicht und das Gehirn weiter bedrohlich anschwillt, sticht Peter Vajkoczy tief unten in meinem Gehirn beherzt in einen Ventrikel und öffnet so eine Zisterne. Da ist Flüssigkeit drin. Nervenwasser. Während er das abfließen lässt, entspannt sich der Schädelinhalt. Das Gehirn hat jetzt wieder etwas mehr Platz.

Vajkoczy schneidet, präpariert und verödet ein stecknadelkopfgroßes Stück an einer Stelle, an der man das offenbar ohne Schaden für mich machen kann. Da hängt noch ein Gefäß im Weg, das er nicht verletzen darf, für das er kämpfen muss, wie er es nennt, ein Zehntelmillimeter ist es nur groß. Das darf er auf keinen Fall zumachen, nicht draufbrennen oder es verreißen, um endlich an das Aneurysma zu gelangen. Es muss sauber abpräpariert werden, obwohl hier alles miteinander verklebt und das Gefäß so sehr dünn ist.

Gut, dass der Professor keinen Kraftsport gemacht hat am Vorabend, und gut, dass er so ruhig und cool ist. Eine falsche Bewegung jetzt, einen halben Millimeter zucken, und er würde einen Schlaganfall auslösen in diesem Gefäß, das ich für mein Gedächtnis brauche. Wenn ich beim Rosenbinden nicht aufpasse und ein Dorn in meinen Finger sticht, kommt vielleicht ein kleiner Tropfen Blut, und ich kann das sofort wieder vergessen. Wenn Professor Vajkoczy jetzt hier ein ähnlich winziges Stück Gehirn verletzt, kann ich für immer alles vergessen. Oder ich bin gelähmt, kann keine Musik mehr hören, weiß die Namen von Farben nicht, kann nicht mehr sprechen, keine Bewegungen mehr wahrnehmen und keine Risiken mehr einschätzen.

Ich bin mein Gehirn. Eine winzige Hirnverletzung, ein Tumult in meiner zerebralen Chemie, und ich bin eine andere. Wenn Peter Vajkoczy nur eine Winzigkeit in meinem neuronalen System verletzt, werde ich nicht mehr ich sein.

Oder ich werde gar nicht mehr sein.

Peter Vajkoczy verletzt nichts. Und nun, endlich, kann er die blutige Beule sehen, den Blutpfropf um den Aneurysmadom. Er sondiert den Hals des Aneurysmas. Mit einem goldenen Miniclip, der aussieht wie das obere Viertel einer Büroklammer, klemmt er diesen Hals vorübergehend ab von der Blutzirkulation.

Von jetzt an hat er nur noch genau neun Minuten Zeit. Länger darf man ein Gefäß nicht abklemmen, ohne einen großen Schlaganfall zu riskieren.

Musik aus, bitte.

Niemand spricht. Und plötzlich ist es doch wie in der Kirche. Wie früher. Still und feierlich.

Der Professor präpariert den Aneurysmadom. Stück für Stück. Kleinere, zuleitende Gefäße legt er sorgfältig frei. Sie werden scharf skelettiert, wie man in der Sprache der Gehirnchirurgen sagt, und auf diese Weise geschont. Ein Titanclip, der etwas größer ist als der goldene Clip, wird nun so auf das Gefäß gesetzt, dass das Aneurysma von der Arterie abgeklemmt ist. Peter Vajkoczy hebt den Aneurysmadom vorsichtig an und nimmt den kleinen goldenen Clip wieder heraus. Das Blut kann wieder zirkulieren. Der Titanclip auf dem Aneurysma bleibt in meinem Gehirn.

Und fertig.

Tandemclip heißt die Methode.

Die Angiografie zeigt: Das Aneurysma ist vollständig ausgeschaltet. Die Musik geht wieder an. STAR FM. Die Patientin ist gerettet. Wahrscheinlich.

Vajkoczy saugt Blut und Nervenwasser ab, spült die blutigen Stellen mit Papaverin und füllt die Zwischenräume mit etwas Kochsalzlösung. In meiner Mundhöhle schneidet er ein kleines Stück Fleisch aus meiner linken Wange für das, was sie einen autologen Muskelpatch nennen. Den näht er so in den Duraverschluss ein, dass alles vollkommen wasserdicht ist. So kann keine Infektion rein und kein Nervenwasser raus. Schicht für Schicht wird die Wunde an meinen Gehirnhäuten verschlossen. Wenn er das jetzt ordentlich macht, erspart er mir vier Wochen Qualen.

Im OP-Bericht steht: *Subcutannaht 2.0 Dexon Einzelnähte.*

Das Stück aus meinem Schädel, das sich in der Antibiotikalösung aufgehalten hat, wird jetzt aufgelegt und reimplantiert. Früher hat man das eingenäht. Heute nimmt man zwei kleine Titanplättchen, wie sie auch die Mundchirurgen benutzen, um einen Kiefer zusammenzuschrauben. Die beiden Titanplättchen sind verbunden mit zwei Stiften, von denen einer ein Gewinde hat. Der obere wird auf den unteren Stift gepresst wie ein Druckknopf. Wie vom Bauhaus. Und dann ist es fest. Fertig. Osteosynthese mit Craniofix-System nennt man das. Genial. Peter Vajkoczy ärgert sich, dass er das nicht selber erfunden hat.

Doktor Jakob erledigt den Rest. Mit einer weißen Paste, die sie Palacos-Zement nennen, schmiert sie erst die kleinen Bohrlöcher in meinem Schädelstück und dann die abgesplitterten Stellen des Knochenrandes sorgfältig zu. Sieht gut aus. Fast wie vorher. Dann legt sie meinen Skalp samt Haaren behutsam wieder zurück, zieht ihn über diese Stelle, in der eben noch ein ovales, kreditkartengroßes Loch in meiner Schädeldecke war, bis zur Stirn und tackert dort den Hautrand mit erstaunlich groben Metallklammern fest an der Schnittstelle kurz hinter meinem Haaransatz. Das sieht jetzt aus wie ein überdimensionierter Reißverschluss. Ein steriler Druckverband wird um meinen Kopf gewickelt. Darüber kommt etwas Weißes, das aussieht wie ein elastisches Apfelsinennetz und alles fest zusammenhält. Ab mit der Patientin in den Aufwachraum.

In acht Stunden müsste sie wieder wach sein. Peter Vajkoczy wird dann runter auf die Station 1i gehen und mit ersten Tests feststellen, dass er tatsächlich nichts kaputt gemacht hat, nichts Überlebenswichtiges jedenfalls. Er kann sich freuen, dass er schon wieder einem Menschen das Leben gerettet hat.

Er könnte sich freuen. Eigentlich.

Ich müsste mich auch freuen. Eigentlich. Ich sollte dankbar sein. Professor Peter Vajkoczy hat mir das Leben gerettet. Die Frau aber, zu der ich nach dieser Operation geworden bin, ist nicht dankbar. Sie beschimpft den schönen Professor, meinen Lebensretter. Sie fragt ihn, ob denn eigentlich auch er zu blöd ist, zu erkennen, dass seine Leute, die ich bei einem verbotenen Medikamentenexperiment erwischt habe, mich umbringen wollen.

Meine Güte, können Sie denn nicht kapieren, was hier in Ihrem Laden vorgeht? Die machen Experimente mit Medikamenten. Und weil ich sie dabei erwischt habe, wollen sie mich umbringen.

Der Professor denkt, schön ist das nicht. Man freut sich, dass alles gut gegangen ist. Dann kommt man runter in die Intensivstation, um zu schauen, wie es der Patientin geht, und wird erst mal angepöbelt.

Er weiß aber auch, dass solche Sachen passieren können bei einer großen Aneurysmaoperation. Das kann auch wieder weggehen.

Sie wollen das gar nicht kapieren? Ah, natürlich. Ist ja eigentlich auch klar. Das geschieht hier alles mit Ihrer Billigung und in Ihrem Auftrag. Okay, dann habe ich keine Chance. Na los, also, bringt mich endlich um, ihr elenden Verbrecher.

Das Geheimnis der Talsperre

Meine Familie hatte ein Wochenendhaus im Sauerland, an einer Talsperre vor dem Ebbegebirge. Jeden Freitag sind wir da hingefahren im jeweils neuesten Modell von Opel. Das Lüdenscheider Autohaus gehörte den drei Cousins meiner Mutter, weswegen es zum nur schlecht verborgenen Ärger meines Vaters immer nur Opel sein durfte, Kapitän, Admiral, Diplomat, und nie, nie, nie ein Mercedes. Von wegen Oberklasse. *Jeder Popel fährt 'nen Opel.*

Vierzehn Kilometer waren es vom Gartentor in der Stadt zum kleinen Holzhäuschen an der Fürwiggetalsperre. Freitagabend hin. Sonntagabend zurück. Jedes, jedes Wochenende, bis ich zwölf war, dann etwas seltener. Ich habe ein präzises Gefühl dafür, wie weit vierzehn Kilometer mit dem Auto sind. Vierzehn Kilometer, das ist meine emotionale Plan- und Maßeinheit geworden für Fahrten mit dem Auto über Landstraßen.

Ich weiß auch noch genau, wo auf dieser Strecke das Frösteln anfing, dieses eisige Unbehagen, das mich schaudern ließ, auch an den heißesten Hochsommertagen.

Wir fuhren dann an einem anderen, viel größeren Stausee entlang, der Versetalsperre. Diese andere Talsperre ist auch schön. Eingebettet liegt sie im blonden Schilf vor saftigen Feldern und zum Rheinischen Schiefergebirge sanft ansteigenden Wiesen und dunklen Wäldern. Klares, tiefes Wasser. Eine perfekte, glatte, silberschwarze Oberfläche, in der sich Bäume, Schilf und Himmel spiegeln in den Farben der Jahreszeiten.

Kurz vor der Brücke über diese Versetalsperre wurde mein Herz eng. Und dann, auf der Brücke, sie heißt Klamer Brücke, kam das Frieren. Auf dem Hinweg war das so. Und auf dem Rückweg wieder. Mit dieser Talsperre stimmte etwas nicht.

Nie haben die anderen im Auto gemerkt, wie kalt mir war. Nie hat ein Erwachsener etwas gesagt oder gefragt: Kind, was ist denn nur mit dir?

Außer mir spürte offenbar niemand die Kälte, und wenn doch, dann wollten sie es nicht zugeben. Auch die Geschwister nicht. Wahrscheinlich stimmte also irgendetwas mit mir und dieser Talsperre nicht. Wir mussten einfach nur schnell über die Brücke fahren. Gleich dahinter war es auch schon wieder vorbei. Wochenend und Sonnenschein. Kinderglück. Hänschen im Blaubeerwald.

In dem rot-weiß gestrichenen Holzhaus auf dem zur Fürwiggetalsperre abfallenden Waldgrundstück gab es drei kleine Schlafzimmer, ein rotes, ein blaues und ein grünes Schlafzimmer mit bäuerlich blumenbemalten Möbeln: Stockbett, Schrank und eine kleine Kommode in Rot, Blau oder Grün. Die rot-weiß karierte Wäsche in den Etagenbetten war immer etwas klamm und roch ungelüftet feucht nach dem Öl, mit dem der Bollerofen in der Stube betrieben wurde. In der Küche konnte man ein Stück vom Holzfußboden hochklappen und, wenn man mutig genug war, über einen fünfstufigen Tritt in ein Erdloch hinabsteigen, in dem auf hellen Holzregalen die Vorräte kühl gehalten wurden.

Das Glücksmuster meines Lebens: Korbmöbel auf einer Terrasse mit freiem Blick über die Baumwipfel eines zum Wasser abfallenden Waldgrundstücks auf ein gegenüberliegendes erst sanft, dann steiler ansteigendes Ufer. Wo immer auf der Welt ein Blick ähnlich gewesen ist, habe ich mich sofort zuhause und wohl gefühlt, glücklich und frei wie ein Kind am Beginn der großen Sommerferien. Eine Holzterrasse vor der Kneipe meines Baggersees bei Freiburg im Breisgau. Unser Badeplatz am Tüttensee in Oberbayern. Ein Waldsee in Schweden. Die Lieblingsbank vor der Rehaklinik an der Havel. Der erste Blick am Morgen aus dem Haus des Staudammarchitekten, bei dem wir auf der Durchreise in Portugal übernachtet hatten, und sofort nur ein Wunsch: Lass uns hier ein paar Tage bleiben und ausruhen, bevor wir weiterfahren.

Kindheitssehnsucht. Kindheitsmuster. Wenn es in Jagdhütten, auf Booten oder Dachböden ähnlich riecht wie im Wochenendhaus an der Fürwigge, springt diese unsinnige Glückseligkeit an. Sogar wenn in einem geruchsneutralisierten Hotel frische Bettwäsche nur kariert genug ist und rot-weiß. Gleich das Wohlgefühl. Und manchmal eine Erinnerung.

Auf der gegenüberliegenden Seite der Talsperre stand ein Haus, ein dunkles, abweisend steinernes Haus, das aus den gleichen Kalkbruchklötzen gebaut war wie die Staumauer und die beiden Schiebertürme auf der Staumauer, an deren weißen Meterstäben man den Wasserstand ablesen konnte. Das Restaurant in diesem finsteren Haus hieß Glockenbusch. Vater nannte es Klingelstrauch immer und immer wieder mit diesem seltsamen, die Redundanztoleranz erwachsener Mitmenschen strapazierenden und Kinder so enorm amüsierenden Humor, den ich von ihm geerbt habe.

Sonntags mussten wir uns fein anziehen, um nach dem nun fälligen Zwangsspaziergang um die Talsperre beim *Klingelstrauch* Mittag zu essen. Und wenn der Kellner beim Abräumen freundlich etwas murmelte wie »Hat es Ihnen geschmeckt?«, dann sagte Papa manchmal: »Fragen Sie bitte die Großmutter, die ist bei uns die Höflichste.« Und schon war der langweilige und unsere wichtigen Projekte und Spiele unterbrechende Sonntagsspaziergang in kratzend rutschender Strumpfhose verziehen und vergessen. Und das steife Bitteschön-Dankeschön-Mittagessen auch.

Blaubeeren suchen im Wald. Kindereimer voller Blaubeeren durch das Fenster hoch in die Küche reichen, in der unsere höfliche Großmutter die Blaubeerpfannekuchen mit beherzter Wurftechnik und doppeltem Omeli-Salto in der Luft wendete. Mühle, Dame, Tischtennis, Boule und Krocket spielen auf der Wiese mit dem Vater oder dem Bruder. Und immer verlieren. Mühle, Dame und Krocket spielen mit der Großmutter. Und nie verlieren. Bis dann später ich angefangen habe, sie gewinnen zu lassen. Und Boule hieß natürlich Boccia. Wozu hatten wir den lieben Herrn Adenauer?

Das Zelt im Garten aufbauen. Bluna trinken oder Sinalco aus der Flasche, mit Strohhalm. Cowboy und Indianer spielen mit den Jungs. Immer Old Shatterhand sein wollen oder Winnetou, und auf überhaupt gar keinen Fall Nscho-tschi. Durch den Wald hinunterlaufen zum Wasser. Schwimmen, obwohl das verboten war, weil die Fürwigge eine Trinkwassertalsperre ist und Schwimmen vierzig Mark pro Person kostete – gekostet hätte, wenn uns jemals jemand erwischt haben würde.

Und immer Besuch: die Tanten, die Schwester, die Vettern und die Cousinen unserer Mutter mit ihren Kindern. Billie, Claudia, Gabi, Gele, Röbbchen, Hänschen, Eugen und Peter-Moritz, den Vater Ein-Meter-Poritz nannte. Viele Kinder. Da war schwer was los. Das Leben bestand ausschließlich aus Sensationen.

Wenn die Sonne unterging und wir schließlich in unsere Zimmer geschickt wurden unter die karierten Bettdecken, saßen die Erwachsenen noch lange draußen auf der Terrasse über der Talsperre. Sie redeten, lachten, rauchten Muratti Cabinet und Nil, tranken Veltins, Erdbeerbowle, Kullerpfirsich, Jägermeister und Asbach Uralt. Alles nichts für Kinder. Prösterchen. Dann spielten sie Gitarre und Akkordeon, sangen ihre Lieder, klangen glücklich und unbeschwert, machten also genau die Geräusche, die Kinder brauchen, um selig einzuschlafen nach einem großen Sommertag.

Wenn nur der Weg über diese andere Talsperre nicht gewesen wäre.

Mutti, mir ist kalt. Mutti! Warum friere ich hier immer? Mutti, was geschieht mit mir? Was ist mit euch? Was ist mit dieser Talsperre?

Das hätte ich fragen können.

Habe ich aber nie. Wahrscheinlich stimmte mit mir etwas nicht. Das Plumpsklo nachts im Wald an der Fürwigge war auch eine Mutprobe, siebzehn Schritte weit weg vom Wochenendhäuschen. Woher sollte ich wissen, ob stimmt, dass die Fledermäuse mehr Angst vor mir haben als ich vor ihnen. Stell dich nicht so an. Die Fahrt über die Klamer Brücke ist schlimmer.

Klares, sauberes Wasser auch dort in der anderen Talsperre. Schwimmen verboten. Glatte, perfekte Oberfläche, in der die Bäume ihre Schönheit reflektieren, prachtvolle, leuchtend bunte Schönheit im Herbst, märchenhaft watteweiß im Winter, feierliches Grün im Frühling und Sommer. Anschauen erlaubt. Baden verboten. Bloß nicht eintauchen in die dunkle Tiefe der gespiegelten Schönheit. Niemals wissen wollen, was unter der perfekten, glatten Oberfläche geschehen ist. Ins Wasser gehen verboten. Tauchen verboten. In die Wahrheit gehen verboten. Fragen verboten. Kinder, die was wollen, kriegen was auf die Bollen.

Die haben alle Einschüsse von hinten im Genick gehabt, alle! Alle … Da war auch eine Frau dabei, die hatte noch ihr Baby im Arm, und das Kind lag ihr im Arm und lebte. Das Kind schrie ja und bewegte sich … Ein anderer warf die Erde drauf. Ich musste mich übergeben. Das Kind ist elendiglich in der Erde erstickt. Es war noch so klein …

Versenkt, vergessen, verdrängt und unsichtbar gemacht unter 33,6 Millionen Kubikmeter Trinkwasser liegen im Versetal die Baracken und Mordanlagen des Arbeitserziehungslagers Hunswinkel. Sklavenarbeit in den Kalksteinbrüchen der Firma Hochtief, immer im Laufschritt. Hunger, Schläge, sadistische Gewalt und Misshandlungen im sogenannten Wasserraum. Für andere Strafmaßnahmen hatten sie eine Dunkelkammer, die so klein war, dass ein Mensch darin gerade nicht stehen konnte. Gleich vom Transport-Lkw herunter mussten die Häftlinge und Arbeitssklaven Spießruten laufen und wurden so ins Lager geprügelt.

Tod durch Genickschuss. Erschießung auf der Flucht, wie am Anfang noch in die Papiere gelogen wurde. Seit Ende 1942 dann alle vierzehn Tage die sogenannten Sonderbehandlungen, Hinrichtungen an Telegrafen- oder Lichtmasten auf dem Appellplatz.

Jeden zweiten Freitag mussten alle Häftlinge antreten und zuschauen, wie sie die Todeskandidaten zwangen, auf einen Tisch zu steigen und sich den Strick selbst umzulegen. Dann haben sie den Tisch weggezogen. Und weil die Fallhöhe nicht groß genug war, sind die Erhängten nicht schnell gestorben an gebrochenem Genick, sondern langsam, zappelnd und qualvoll durch Erdrosseln.

Im Frühling 1945, als es eigentlich schon vorbei war, wurde Hunswinkel dann das Ziel der Todesmärsche aus dem Rheinland. Noch im Februar haben sie mehr als 1000 Gefangene aus den Beneluxländern und dem Rheinland durch das Bergische Land Richtung Lüdenscheid getrieben und mehr als 300 Menschen am Exekutionsort Hühnersiepen ermordet. Allein am 5. Februar 1945 wurden in einem finalen Amoklauf der Gestapo 24 Frauen und Männer erschossen.

Die haben alle Einschüsse von hinten im Genick gehabt, alle! Alle … Da war auch eine Frau dabei, die hatte noch ihr Baby im Arm, und das Kind lag ihr im Arm und lebte.

Ich war 35 Jahre alt, als ich endlich verstand, dass mit dem kleinen Mädchen im Opel alles in Ordnung gewesen ist. Weil mit der Talsperre etwas nicht stimmte. Heute glaube ich, dass meine Erwachsenen jedes Mal daran gedacht haben. Auch wenn es ihnen vielleicht nicht jedes Mal bewusst geworden ist. Etwas tief in ihnen hat jeden Freitag daran gedacht, wenn wir über die Klamer Brücke gefahren sind, und Sonntag noch einmal beim Zurückfahren. Sogar wenn sie sich für den Umweg über die Homert entschieden haben, um vielleicht einmal nicht daran denken zu müssen, hatten sie schon wieder daran gedacht. Aber nie haben sie für nötig oder möglich befunden, ihren Kindern zu erzählen, was geschehen war in dem Tal, das sich unter dem Stausee versteckt.

So etwas spürt man als Kind. Kinder erfassen jede Veränderung der Aura, der Stimmlage, der Körperhaltung und der Gefühle ihrer Erwachsenen. Kinder haben ein feines Gespür für zugenähte Lippen, für Leerstellen, für das, was nicht gesagt wird, weil es nicht gesagt werden soll, weil es nicht gesagt werden kann.

Was Kinder nicht haben, ist die Möglichkeit zur Erkenntnis: Dieser Eishauch, den ich spüre, hat mit mir gar nichts zu tun. In Wahrheit stimmt mit meinen Erwachsenen und dieser Talsperre etwas nicht. Was ich hier erlebe, sind die Reaktionen meiner Spiegelneuronen auf ihre vielleicht nicht einmal bewussten Gedanken und verdrängten Gefühle. Die Spiegelneuronen erkennen, wie dieses Nicht-daran-denken-Wollen und Nicht-darüber-sprechen-Können meine Erwachsenen quält und unter Stress setzt. Und dann setzten sie mich unter Stress. Ich will, dass das aufhört. Ich will ihnen helfen, und darum traue ich mich nie zu fragen oder auch nur etwas zu sagen. Mit mir ist eigentlich alles in Ordnung. Ich bin nur ihr Traumaerbe, auch in dieser Angelegenheit.

Es wäre für uns alle so viel einfacher und besser gewesen, sie hätten einmal etwas gesagt. Ich wünsche mir so sehr, dass sie einmal etwas gesagt hätten.

Was glaubt ihr, Kinder, was früher war, hier, wo heute diese Talsperre ist?

Ein Tal vielleicht, Mutti?

Genau. Und was noch?

Waren Häuser in dem Tal? Bauernhöfe? Ein Dorf? Kühe, Hühner, Schafe, Wiesen, Apfelbäume, Felder? Menschen?

Ja, neun Siedlungen und Höfe waren da unten, auch eine Schule, hätten sie sagen können. Das Versetal war einmal das schönste Tal im Sauerland, das hätten sie auch sagen können. Birkengesäumte Wege zu den Wiesenmulden, in die sich westfälische Bauernhäuser duckten, weißes Fachwerk unter jahrhundertealten Buchen, sogar die kleine Scheune aus Fachwerk mit Reetdach, davor sauber gestapeltes Brennholz. Und Kinder, wisst ihr was? Omelis Familie, die Schnipperings, die hatten so ein altes westfälisches Bauernhaus da unten im Tal, über dem jetzt das Wasser steht.

Und dann? Mutti? Was ist dann passiert?

Dann brauchte Lüdenscheid eine größere Trinkwassertalsperre. Die Häuser im Tal wurden aufgegeben. Alle Menschen und Tiere mussten umziehen. Die Staumauer wurde gebaut. Nein, erst kamen die Schienen, erst wurden Schienen gebaut. Fünfzehn Dampflokomotiven sind da im Tal herumgefahren und haben die großen Steinbrocken zum Staudamm gebracht.

Und deswegen muss ich frieren, Mutti?

Nein, Kind, da war noch etwas, hätten sie sagen können. Da gibt es noch eine dunkle, sehr traurige Geschichte. Unten auf dem Grund dieser Talsperre, tief unter der Wasseroberfläche in dem schönen Tal, das nun nicht mehr ist, hatten die Nazis ein Arbeitserziehungslager.

Wart ihr da schon auf der Welt? Und was ist das, ein Arbeitserziehungslager?

Wie erzählt man Kindern von Sklavenarbeitern aus Russland und Polen, von Galgen, Genickschüssen und Folterzellen, von Todesmärschen und Massenerschießungen? … Da war auch eine Frau dabei, die hatte noch ihr Baby im Arm, und das Kind lag ihr im Arm und lebte. Das Kind schrie ja und bewegte sich … Ein anderer warf die Erde drauf.

Aber später. Später, als wir schon alles wussten über die Nazizeit, den Holocaust, den Krieg, da hätten sie es uns erklären können. Da hätten sie es uns erklären müssen. Ach, übrigens, hätten sie sagen können, da war noch was, das haben wir euch nie erzählt, zu schwierig fanden wir das, als ihr noch klein wart: Den Staudamm der Versetalsperre haben Arbeiter gebaut, die nicht freiwillig da waren, sondern aus Russland und Polen verschleppte Menschen, Zwangsarbeiter, wie man heute sagt. Eigentlich waren es Sklaven. Die Menschen sind in diesem Lager im Versetal schlecht behandelt worden. Sie haben sie verprügelt und gequält. Nie gab es genug zu essen. Viele sind verhungert. Einige wurden erschossen, einfach so. Später haben sie auch politische Häftlinge dort hingebracht und Arbeitssklaven aus dem gesamten Bezirk Arnsberg. Viele von denen sind erschossen oder auf dem Hofplatz erhängt worden. Da gab es alle zwei Wochen Hinrichtungen. Die anderen Häftlinge mussten antreten zum Zuschauen. Die ganze Nazischeiße. Jeden zweiten Freitag.

Und ihr? Habt ihr etwas davon gewusst? Das hätten wir dann wahrscheinlich gefragt.

Natürlich wussten sie etwas, Mutter ist ja mit ihren Eltern schon seit 1929 jedes Wochenende an die Fürwigge gefahren. Alle in Lüdenscheid wussten davon, einige haben später erzählt, dass sie sonntags sogar manchmal Butterbrote hingelegt haben für die Häftlinge. Das zum Beispiel hätten sie uns erzählen können. Haben sie aber nicht. Konnten sie nicht. Weil da außerdem noch etwas war. Großvater. Aber darüber sprechen sie nicht. Wie erzählt man mit vernähten Lippen? Wie spricht man über etwas, das man mit aller Kraft in sich verschlossen und versiegelt hat?

Sie haben es nicht ausgehalten, Überlebtes, Überstandenes, Überwundenes wieder in die Gegenwart zu holen. Sie hätten es nicht ausgehalten. Das schwarze Loch in ihnen war zu stark und zu gefährlich. Kein Teil ihrer Persönlichkeit konnte sich der Gravitation von extrem kompakter Gewalt, Angst, Verbrechen, Verrat und Nichtbetrauertem entziehen oder nach außen dringen. Das schwarze Loch hat alles, was auch nur etwas zu nah an seinen Rand kam, angesogen und verschluckt. Das Licht unserer Fragen und unseres Verstehenwollens wurde abgebogen oder verschwand in ihrem Dunklen für immer.

Das schwarze Loch.

Unsere Erwachsenen haben Wörter wie »Hitler«, »Polen«, »Arisierung«, »Konzentrationslager« und »Zwangsarbeiter« einfach nicht mehr gesagt. Um das Wort »Jude« zu sprechen oder »jüdisch«, brauchten sie mitten im Satz immer erst diese kleine Kunstpause und ein Räuspern. Andere Wörter gab es, mit denen sie absurderweise überhaupt keine Probleme hatten. »Vergasung«. »Rassefrau«. Der Trainer hat mir wieder auf die Rückhand gespielt bis zur kalten Vergasung. Caterina Valente, was für eine Rassefrau!

Schweigen müssen, nicht sprechen können und zu tiefen, aufmerksamen Beziehungen nicht fähig sein, sind Symptome einer schweren posttraumatischen Belastungsstörung. Sie hätten professionelle Hilfe gebraucht, nicht immer nur Valium, Alkohol, Arbeitswut, fettes Essen, dicke Autos, die Ratschläge von Frau Haarer und Kinder, die nichts wollen, weil sie sonst was auf die Bollen kriegen. Prösterchen. Wohlsein.

Eigentlich war meine Kindheit eine einzige Fahrt über die Klamer Brücke. Alles immer schön spiegelsauber-idyllisch und glatt, Wohlstand, Personal, Jagd, Tennis, Skifahren, Golf, Pferde, Theater, Konzerte, Feste, Reisen, Obere-Zehntausend-Arroganz. Und darunter Verluste und Verbrechen, von denen keiner erzählt hat, Schmerz, der nicht an die Oberfläche durfte, verborgen unter Millionen Kubikmetern Angestautem aus Scham, Schuld, Verdrängung und Seelennot. Tauchen verboten. In die Tiefe gehen verboten. Fragen verboten. Frieren.

Der Versestausee ist mein Bild geworden für das Schweigen unserer Eltern. Die Parabel meines Nichtfragenkönnens. Das Gleichnis von 33,6 Millionen Kubikmeter nicht geweinter Tränen, aufgestaut über ihrer Scham und der Schuld, die wir gerade deswegen geerbt haben, weil sie nie gesprochen haben. Weil wir nie gefragt haben.

Wie fragt man nach Beschwiegenem, nach etwas, von dem man nichts weiß und nichts wissen soll?

Familiengeschichten schreiben sich in unsere Körper. Selbst wenn sie vor uns geheim gehalten worden sind. Gewalt, Misshandlung, Krieg, Flucht, Vertreibung, mörderische Schuld, Epidemien und Folter, Eingriffe unter Vollnarkose oder ohne, das alles hat epigenetische Spuren gelegt in den Körpern unserer Vorfahren, in ihren Gehirnen, Spuren, die man in unseren Körpern und Gehirnen wiederfinden kann.

Deswegen träumt jemand immer wieder seine eigene Hinrichtung, weil eine Ururgroßmutter, von der er gar nichts weiß und für die er sich auch nie interessiert hat, zusehen musste, wie sie ihren Mann unter das Fallbeil gelegt haben. Deswegen klopft mein Herz panisch schnell, wenn Sirenenprobealarm ist, obwohl ich nie einen Krieg erlebt habe.

So sind wir Schamerben geworden, Schuldabwehrerben. Das transgenerationale Traumaerbe der Babyboomer wird ja jetzt endlich erforscht und überall beschrieben. Davon handeln die meisten Psychotherapien meiner Freunde. Die Versetalsperre ist die Matratze meiner Kindheit.

Meine Matratze? Was? Nein. Falsch. Metapher. Das Wort heißt Metapher. Die Versetalsperre ist die Metapher meiner Kindheit.

In-A-Gadda-Da-Vida

Was soll das? Matratze? Metapher! Und was denke ich überhaupt? Wieso liege ich hier nackt, verkabelt und schmerzfestgetackert mit Sauerstoffröhrchen in jedem Nasenloch in einem Glassarg und denke an eine Talsperre als Metapher, die ich Matratze nenne, wenn ich nicht aufpasse?

Anstatt mich um mein Überleben zu kümmern, darum, dass ich keinen Vasospasmus bekomme. Und auch muss ich etwas unternehmen gegen diese Wortverwechselei, meine offensichtliche Wortfindungsstörung. Das heißt Aphasie, bitte sehr. Weiß ich doch. Ich muss mich nur konzentrieren. Ich darf nicht in meine Kindheit abgleiten. Ich muss wach bleiben. Ich darf nicht wegdämmern. Meine Aufgabe hier in diesem Schneewittchensarg ist, nicht zu sterben, keinen Vasospasmus zu bekommen und sprechen zu üben, damit ich aufhöre, nach Milch zu fragen, wenn ich Brot will, und auch nicht mehr Hotel sage, wenn ich Zahnbürste denke. Bitte, ich hätte wirklich so sehr gerne ein Hotel. Was soll Pfleger Robert mit so einem Satz anfangen?

Und Vasospasmus. Was ist das überhaupt? Wenn die äußeren Gefäße in meinem Gehirn mit Blut in Kontakt kommen, rollen sie sich vor Schreck zusammen, stellen sich eng und erzeugen so Schlaganfälle. Dafür bin ich eine heiße Kandidatin, weil eine Grad-3-Blutung sowieso schon eine Spasmuswahrscheinlichkeit von 20 Prozent hat und Godzilla Aneurysma, jetzt frisch abgeklemmt in meinem Schmerzkopf immer noch ausgerechnet an einer Stelle liegt, die sehr dazu neigt, Spasmus zu machen.

Kann ich irgendetwas dazu beitragen, dass das nicht passiert?

Nein. Wir brauchen ein bisschen Glück. Und wir beobachten Sie.

Sie beobachten mich. Mein Schneewittchensarg hat Glaswände, damit sie mich beobachten können. Damit sie mich besser sehen können. Damit sie mich *immer* sehen können. Ich bin ihnen und ihren Überwachungsstrategien ausgesetzt. Ohne jede Möglichkeit, mich bewegen zu können. Ich kann nichts selber entscheiden. Nichts kontrollieren. Das macht mich unruhig und nervös. Und dann diese ewigen Jingles, das Piepsen, das Klingeln, die Slotmaschine, das Rauschen des Wasserfalls.

Auch die Töne und Geräusche beobachten mich. Es sind meine Überwachungssignale. Herzschlag, Atemfrequenz, Blutsauerstoff, was weiß ich. Die Alarmsirene und der panische Fiepton zeigen wahrscheinlich an, wenn einer meiner Tröpfe leer ist, der Blutdruck zu hoch, der Puls oder die Sauerstoffsättigung zu niedrig.

Und das passiert offenbar ständig.

Beobachtet bin ich, bewacht und ausgesetzt. Ohne Halt, ohne Trost, ohne Berührung. Ohne meine üblichen Ablenkungsspielzeuge und Angstbewältigungs-Gerätschaften. Kein Händi. Kein Internet. Keine Kontrolle. Ich würde gern selber nachschauen, wie hoch das Risiko ist, an so einem Vasospasmus zu sterben, und wie hoch, zwar weiterzuleben, aber Gemüse zu sein. Wahrscheinlichkeiten und Prozentsätze brauche ich, an denen ich mich festhalten könnte. Ich will jetzt lesen: *Der Vasospasmus ist die bestimmende Einflussgröße auf das Behandlungsergebnis. Er tritt mit einer Häufigkeit von 40 bis 60 Prozent bei Subarachnoidalblutungen in der Regel innerhalb von vier bis vierzehn Tagen nach dem Initialereignis auf.*

Ich habe aber keine Prozentsätze. Nur Sätze, die beim Sprechen anders aus mir herauskommen, als ich sie sagen will. Ich kann denken und sprechen, aber ich vertausche Wörter. Ich sage Licht, obwohl ich Wasser brauche, Hotel, wenn ich Zahnbürste meine. Ich habe die Kontrolle längst abgegeben. Ich kann nichts tun.

In der großen weißen Lazaretthalle liege ich jedenfalls nicht mehr. Dieser Sarg hier ist ein gläsernes Einzelzimmer auf der Neurochirurgischen Intensivstation der Charité. Links muss die Tür sein. Wenn ich versuche, auch nur einen Millimeter anders als genau geradeaus zu blicken, reißt der Schmerz meine Augen zurück. Aber der Lärm kommt von links. Die Pfleger, Schwestern und Ärzte kommen von links, jeder, der sich an mir oder meinen Geräten zu schaffen macht, kommt von links. Von links kommt auch manchmal der Mann, mit dem ich verheiratet bin. Verstört und bleich sieht er aus. A Whiter Shade of Pale. So fremd. In seinen Augen lese ich, dass die Gefahr noch nicht vorbei ist.

Also ist da links eine Tür zum Spielcasino.

Zu was?

Im Sarg nebenan ruft der Helga-Mann nach Fanta. Fanta! Fanta! Fanta! Gestern hat er Helga gerufen. Helga. Helga. Helga. Stundenlang Helga. Helga, Helga, mehr als einen Tag lang. Ich hatte mir vorgestellt, dass die Stimme vielleicht zu dem bleichen Bauch gehört, der im Lazarett neben mir gelegen hat. Jetzt ruft er schon wieder seit Stunden. Jetzt ruft er: Fanta. Immer wieder: Fanta. Fanta. Fanta. Bringt ihm denn niemand etwas zu trinken? Beobachten sie *ihn* denn nicht?

Fanta und ich sollten besser im Koma liegen. Wer auf einer Neurochirurgischen Intensivstation nicht im Koma liegt wie alle anderen, macht nur alles falsch und nervt. Falls Fanta lebend hier wieder herauskommt, werden seine Stimmbänder kaputt sein.

Falls ich hier lebend wieder herauskomme, werde ich mich um die Talsperre kümmern.

Ich werde was?

Eine Akustik ist das hier wie im Spielcasino, wie in der goldenen Halle vom Caesars Palace in Las Vegas. Flipperautomaten und Slotmaschinen. Wie soll jemand gesund werden bei diesem Lärm? Wie kann ich mich auf Denken und Sprechen konzentrieren und keinen Vasospasmus bekommen? Immer Schmerzen und niemals Stille.

Ich tanze hier meinen Klammerblues mit dem Tod und hätte dazu gerne etwas mehr Ruhe. Bitte! Geht das?

Die Schwester lächelt. Lieb und nachsichtig, wie man ein unverständiges Kind anlächelt oder eine arme Irre nach einer missglückten Gehirnoperation. Dann zieht sie die Bettpfanne behutsam unter mir weg, und weil sie glaubt, Gedanken lesen zu können, sagt sie: »Da werden Sie sich dran gewöhnen. Alle verlieren hier ihr Schamgefühl.«

Ich nicht. Ich verliere mein Schamgefühl nicht. In Wahrheit verliert niemand, der bei Bewusstsein ist, auf einer Neurochirurgischen Intensivstation sein Schamgefühl.

Es gibt nur keinen Raum für Scham.

Konzentration, bitte. Ich habe starke Schmerzen. Aber das ist nicht wichtig. Das gehört dazu. Das ist sogar typisch, sagen sie. Also normal.

Ich kämpfe um mein Gehirn. Das ist wichtig.

Ich habe keine Angst. Das ist erstaunlich. Zwischen den Lawinen in Fuck de Tignes hatte ich auch keine Angst. Ich schmecke noch das Adrenalin, wenn ich mich daran erinnere. Bitter, metallisch. Aber ich hatte keine Angst, nur Lust auf Sex absurderweise. Wie jetzt auch wieder.

Keine Angst also. Vielleicht ist zu viel Flüssigkeit in meinen Nervenwasserkammern; davon kann man müde werden und wie betäubt.

Wo ist die Angst, wenn man sie mal wirklich braucht? Aber Lust auf Sex. Ha. Ich liege hier in diesem Glassarg, verkabelt, nackt und festgetackert. Ich überlebe vielleicht nicht. Sie beobachten mich. Und ich bekomme einen Lustanfall? Hat der Mensch Lust, wenn er Angst haben sollte? Oder ist das nur bei mir so? Habe ich mit Sex meine Angst besiegt? Oft? Immer schon? Hat Vater mit Sex seine Angst besiegt? Interessant. Auch das werde ich herausfinden, falls ich im Leben bleibe. Jedenfalls erscheint es mir seltsam und unangemessen, auf einer Intensivstation zu liegen und immer nur an die Kindheit zu denken, oder an Sex, an eine Bank an der Versetalsperre zwischen zwei verdunkelten Laternen, an einen LSD-Trip in Südfrankreich und den namenlosen Psychonautenritter, der mich beschützt und mein Jungfernhäutchen gerettet hat.

Immer Kunstlicht. Immer Nacht. Immer Lärm. Ich weiß nie, ob draußen Tag ist oder Abend. Ich weiß nicht, wie lange ich hier schon liege.

Ich war schon einmal im Krankenhaus, damals mit sechzehn, als sie mir die Mandeln herausgenommen haben. Aber ich kann mich an nichts mehr erinnern, an nichts, was mir jetzt helfen könnte. Ich weiß nur, dass ich mich noch eine Woche schonen sollte, als ich wieder nachhause durfte. Gleich am nächsten Samstag bin ich trotzdem ins Beanary, das damals aber vielleicht noch Yellow Bee hieß. Und dann habe ich getanzt. Und mich nicht geschont. Iron Butterfly, »In-A-Gadda-Da-Vida«, siebzehn Minuten lang, mit diesem grandios bekifften Schlagzeugsolo. Zu dieser Musik kann man sich nicht schonen, wenn man sechzehn ist.

Heute glaube ich, dass Iron Butterflys »In-A-Gadda-Da-Vida« der Beginn von allem war, was einmal Heavy Metal werden sollte. Heute weiß ich, dass der bizarre Titel das gewesen ist, was in zugedröhnter Schlubberkiffsprache von dem eigentlich banalen Songtitel »In A Garden of Eden« übrig geblieben war.

Und immer wenn ich »In-A-Gadda-Da-Vida« höre, denke ich: Krankenhaus. Mandeloperation. Tanzen. Umgekehrt offenbar auch. Intensivstation. Krankenhaus. »In-A-Gadda-Da-Vida«.

Mandeloperation. Nichts, was mir jetzt helfen könnte. Und das Bassriff aus dem Garten Eden hat mir in dieser Hölle gerade noch gefehlt. Endlosschleife.

Was genau ist das eigentlich, ein Ohrwurm?

Es gibt in der Unterwelt kein Fenster ins Freie. Darum gibt es auch kein natürliches Licht. Ich weiß nie, ob Nacht ist oder Tag. Aber das ist egal. Ich weiß nicht, wie lange ich hier schon liege in meinem Schneewittchensarg. Wochen? Monate? Das sollte ich aber wissen. Das ist nicht egal. Das muss ich die Schwestern fragen.

Ich muss mich um mein Gehirn kümmern. Es geht um Sprechen und Denken. Also denke ich und spreche, wann immer ich kann. Also denke ich mir Sätze zu meinen Fragen aus und probiere, ob sie auch aus mir herauskommen, wenn einer von denen meinen Sarg besucht durch einen Eingang, der links von mir sein muss. Bitte, lag mein Aneurysma im Broca-Areal? Habe ich eine Aphasie? Kann das wieder weggehen?

Von links kommt der sympathische Oberarzt. Das passt ja gut. Er ist der blaue Engel der Unterwelt. Heute hat er nicht seinen OP-Anzug an, sondern Jeans und Hemd. Feierabend wahrscheinlich. Er will noch mal nach mir sehen, bevor er nachhause geht. Wie nett.

Und dieses Mal habe ich endlich genug funktionierende Sprache zur Verfügung, um ihn zu fragen: Kann es sein, dass ich mich bei einigen Menschen hier entschuldigen muss, auch bei Ihnen?

Der Engel sagt: »Sie können sich erinnern?«

Ja. Habe ich Sie auch beschimpft?

»Sagen wir mal, wir hatten harte Diskussionen. Es ist interessant, dass Sie sich daran erinnern. Das kommt selten vor. Sehr interessant.«

Was war das? Was war da los mit mir?

»Sie hatten eine Intensivpsychose, ein Durchgangssyndrom.«

Wie lange hat das gedauert?

»Drei, vier Tage.«

Drei, vier Tage.

Der Mann im Zimmer nebenan, der Helga gerufen hat und Fanta, ist wohl gestorben. Jedenfalls ist er jetzt still. Und einen Sarg weiter muss auch einer gestorben sein, einer, von dem immer nur das Schnaufen der Beatmungspumpe zu hören war. Die ist jetzt auch still.

Als seine Familie kommt, um sich zu verabschieden, ist es plötzlich gar nicht mehr still. Großes Gerangel und Geschrei links vor meiner Tür. Offenbar haben sie eine Waffe mitgebracht, eine Pistole. Die Frauen klagen und schreien in einer Sprache, die ich nicht kenne. Dann weinen und wimmern sie. Ein Mann ruft: »Legen Sie jetzt die Pistole hin. Die Polizei ist schon unterwegs!«

Ein anderer Mann sagt mit lauter Stimme und arabischem Akzent: »Sie haben unseren Vater sterben lassen. Das durften Sie nicht. Sie haben ihn sterben lassen, weil er Muslim ist. Einen Christen hättet ihr nicht sterben lassen.«

Das Gerangel und Durcheinander hört plötzlich auf.

Die sind jetzt alle weg. Ruhe ist. Vollkommene Stille. Nur meine vertrauten Slotmaschinen, das Herzfrequenzpiepsen, die Alarmjingles und der Wasserfall.

Ich bin traurig. Ich trauere um Fanta. Ich trauere um den muslimischen Vater. Alles, was Fanta und er gelebt haben, alles, was sie wussten und dachten, alle Träume, alle Bilder, alles hat jetzt aufgehört und ist weg für immer. Die Liebe. Die Arbeit. Die Freundschaft. Ihre Familien. Erinnerungen. Träume, Melodien. Die Wörter, die ihnen Ordnung und Sinn geschaffen haben. Geliebte Wörter, auswendiggelernte, gelogene, erfundene Wörter, Wörter in der eigenen Sprache, Wörter in der dazugelernten Sprache. Alles ausradiert und verschwunden für immer, von einem Moment auf den anderen. Jedes Mal, wenn ein

Mensch stirbt, geht eine Welt unter, ein ganzer Kosmos. Adieu, Fanta. Adieu, muslimischer Vater. Inschallah. Ich will hier raus.

Und schon fahre ich wieder über die Klamer Brücke, im hellblauen Opel Kapitän dieses Mal, ich bin also noch sehr klein. Und ich friere. Ob mein Halbbruder noch lebt?

Mein Halbbruder.

Woher weiß ich, dass ich einen Halbbruder habe? Wer hat mir erzählt, dass mein Vater schon einen Sohn hatte und die Eltern Alimente bezahlten? Mutter Ilse habe sogar angeboten, dass der Junge bei uns leben kann.

Und dann? Was ist dann geschehen? Wer war seine Mutter? Wer ist er? Wo ist er? Warum weiß ich nichts über diesen Halbbruder? Wann habe ich mich damit abgefunden, dass sie auch das nie erzählt und immer beschwiegen haben? Warum habe ich ihn nie gesucht, diesen Bruder?

Wie oft in meinen Zwanzigerjahren habe ich, wenn ein Mann besonders sympathisch, attraktiv und anziehend war, gedacht, lass mal lieber, vielleicht ist das mein Bruder, besser du hast keinen Sex mit ihm? Warum habe ich nie versucht, ihn zu finden? Wann habe ich damit aufgehört, über ihn nachzudenken? Warum habe ich die Verleugnung übernommen? Und mir dann doch immer jüngere Liebhaber gesucht, sicherheitshalber, oder sehr viel ältere.

Und wieso waren da in meinem Leben immer nur Mutters Verwandte? Warum war ich noch nie in Polen, außer mit Bundespräsidenten? War der andere Opa auch kein Nazi? Und was hat Vater eigentlich genau im Krieg gemacht? Warum durften wir ihn das nicht fragen? Er hat ja erzählt. Er wollte erzählen. Er hat gerne erzählt. Vom Freund, der mit Bauchschuss neben ihm lag im Schnee und so fürchterlich schrie, bis er tot war. Dass sie polnische Juden und gefangene Partisanen vor sich ins vielleicht verminte Gelände geschickt haben. Als Minensuchgerät. Minensuchgerät 42.

Das weiß ich doch alles von ihm. Er hat ja geantwortet, wenn wir ihn gefragt haben.

Habt ihr auch Zivilisten erschossen?

Partisanen. Natürlich, Partisanen haben wir erschossen.

Fragt ihn nicht mehr, hat Ilse gebeten, als wir schon nicht mehr Mutti zu ihr sagten. Hört damit auf. Ihr fragt. Er erzählt. Und ich habe nachts dann den Mann im Bett, der schreit und weint und um sich schlägt im Traum.

Und wie war das zum Beispiel mit Bärbel? Bärbel lag auf dem Fußboden im Flur. Bärbel war nackt. Papa lag auf Bärbel. Es war mitten in der Nacht. Bärbel war das charmante Hausmädchen mit dem hochtoupierten Haarturm. Ich bin zurückgelaufen in mein Zimmer vor Schreck. Papa ist hinter mir her an mein Bett gekommen und hat erzählt, wie aufregend das für ihn gewesen ist. Er hatte die arme Bärbel ohnmächtig auf dem Fußboden gefunden und ihr mit Mund-zu-Mund-Beatmung das Leben gerettet. Jetzt geht es ihr wieder gut, und sie schläft. Und du solltest jetzt auch weiterschlafen.

Mein schöner, starker, wunderbarer Vater, mein Held - und nun auch noch Bärbels Lebensretter.

Ich habe ihm diese Geschichte geglaubt. Ich war ja noch so klein.

Aber auch das stimmt nicht. Die Szene spielt im neuen Haus. Also kann ich gar nicht mehr so sehr klein gewesen sein. Ich war zwölf, als wir in die Parkstraße gezogen sind. Ich war auch nur wach in jener Nacht, weil Schriftsteller, Musikkritiker und andere Existenzialisten nun einmal nachts schreiben müssen, selbst wenn im gleichen Zimmer die kleine Schwester schläft.

Mutti hat irgendetwas an der Mund-zu-Mund-Lebensrettungsaktion nicht gut gefallen. Bärbel musste uns zum Monatsende verlassen. Das Hausmädchenzimmer wurde ausgeräumt, neu gestrichen und eingerichtet, alle Möbel und die Vorhänge in Blau, passend zu den Nordsee-Strahleaugen meiner kleinen

Schwester. Und ich hatte endlich ein eigenes Zimmer, ein Zimmer für mich allein, »A Room of One's Own«.

Ich habe Vater geglaubt? Ich soll Vater die Mund-zu-Mund-Beatmungsnummer mit zwölf Jahren noch abgenommen haben? Während ich schon Virginia Woolf las?

Und was genau war eigentlich eine charmante Frau? Eine charmante Frau, das sagte Papa gerne, er sagte es oft und er sagte es in diesem unangenehm animierten Ton, in dem Jungs heute fuckable sagen, wenn sie sicher sind, dass keine von uns zuhört. Diese blonde Gattin des neuen Nachbarn scheint mir aber eine wirklich charmante Frau zu sein.

Er meinte damit, die kann ich kriegen, die will ich haben.

Warum verstehe ich das jetzt erst? *Denk' ich an Capri, dann denk' ich auch an Gina – Sie liebte einen Lord – Aber als sie mich sah, die schöne Signorina – Lief sie ihm gleich fort – Lief sie ihm gleich fort.*

Das Lied ist die Antwort. Mein Vater, der lachende Vagabund.

Wo in Polen ist er eigentlich geboren? Warum weiß ich das nicht? Wie weit wird der Weg sein von Berlin zu diesem Ort? Wann sind die Rolls da weg? Und warum? Wieso haben wir darüber nie gesprochen? Warum kenne ich seine Familie nicht, meine Verwandten? Was stimmt noch alles nicht in meinem Leben? Und was ist eigentlich eine Nacht-und-Nebel-Aktion?

Euer Großvater hat das Wochenendhaus an der Fürwigge im Jahr 1929 gebaut in einer Nacht-und-Nebel-Aktion. Was das bedeutet, haben sie nie dazu gesagt. Und wir haben nie gefragt. Ich habe nie gefragt.

Ich war das liebe Kind. Ich wollte, dass es ihnen gut geht, mein Leben hing davon ab. Also verstand das liebe Kind, was es alles nicht verstehen sollte und nicht verstehen wollte.

Mund-zu-Mund-Beatmung? Wie zerstört war die Ehe meiner Eltern, als er zehn Jahre später starb mit sechzig Jahren?

Wollten sie sich trennen? Hat er sich einer Entscheidung entzogen durch seinen Herzinfarkt, wie im Film? War es in Wirklichkeit ein Broken-Heart-Syndrom? Ist er an gebrochenem Herzen gestorben?

Und als wir ihn begraben haben, war das nicht Bärbel mit dem hochtoupierten Haar, die in einiger Entfernung auf dem Friedhof hinter einem Baum stand?

Wie viele blinde Flecken gibt es noch?

Ich muss das hier überleben. Ich darf nicht sterben.

Und wenn ich lebend mit Verstand und Sprache wieder aus dieser Intensivstation herauskomme, will ich es wissen. Ich will das jetzt alles wissen. Ich will wissen, was los war. Ich will wissen, wo mein Vater herkommt. Ich werde meinen verleugneten Bruder finden. Ich werde Vaters Wehrmachtsunterlagen organisieren. Das werde ich. Versprochen. Die Versetalsperre ist viel mehr als die Metapher meiner Kindheit; sie gibt mir einen Auftrag, den Auftrag, zu überleben, meinen Überlebensauftrag.

Und so spreche ich feierlich den großen Schneewittchensargschwur, im Auftrag und im Namen des Konzentrationslagers in einer Talsperre, die, wie sich herausstellen sollte, noch etwas mehr mit meiner Familie zu tun hat, als ich dachte.

Von links ist Pfleger Robert gekommen. Wie lange steht er schon da? Wie lange hat er mir zugehört? Jetzt positioniert er sich am Fußende des Bettes, damit ich ihn sehen kann. Er spricht. Er spricht schnell und sehr laut. Es scheint wichtig zu sein.

Was er sagt, verstehe ich leider nicht. Komisch, wenn das hier eine Neurochirurgische Intensivstation ist, müssten die das doch eigentlich wissen. Bitte langsam und leise sprechen. Ich bin doch nicht bescheuert oder taub. Ich kann mich nur nicht bewegen. Ich habe diesen Vernichtungskopfschmerz und ein frisch operiertes Gehirn, die Ränder der Einstiegsluke in meinen Kopf müssen erst noch wieder mit der Schädeldecke zusammenwachsen. Ja, und vielleicht habe ich auch einen neurologischen Schaden. Ich werde denken und sprechen üben. Ich werde lernen, auch schnell Gesprochenes zu verstehen. Ich muss aufhören damit, immer wieder über diese Klamer Brücke zu fahren und zu grübeln, was noch alles nicht stimmte in meinem Leben.

Ich verstehe nichts von dem, was Robert sagt.

Ganz außen in meinem linken Gesichtsfeld, eine Handbreit über Pfleger Roberts sprechendem Gesicht, an dem schmalen Stück Wand, das die Glasscheibe meines Sarges einfasst, hängt ein kleines Gemälde. Acryl möglicherweise oder sehr dick gemischte Wasserfarbe. Es ist ein grausames Bild. Ich habe es schon oft betrachtet. Man sieht einen Menschen, dessen orangeroter Kopf vom Vernichtungskopfschmerz tief in die blaue Erde gedrückt wird. Wahrscheinlich heißt das Bild: Das Ende. Schwester Inga hat gesagt, eine fünfte Schulklasse habe Bilder für die Station gemalt, dieses sei eines davon.

Dass Zehnjährige so etwas Brutales malen können.

Schwester Inga. Schwester Inga Resoluta ist die Ausnahme in meiner Hölle. Inga Ansorge heißt sie, aber das weiß ich jetzt noch nicht. Schwester Inga hält Augenkontakt. Schwester Inga redet sanft, sie redet langsam und sie redet klar. Sie sagt Sätze zweimal, wenn sie denkt, vielleicht habe ich sie nicht verstanden. Sie beschützt mich mit resoluter Fürsorge, die mir für Momente so etwas wie Geborgenheit schenkt und Raum zur Gesundung in dieser Hölle. Manchmal hält sie meine Hand.

Schwester Inga hat dem Mann, mit dem ich verheiratet bin, gesagt, bringen Sie ihr doch das Parfüm, das sie normalerweise benutzt, das wird ihr etwas Privatsphäre geben. First von Van Cleef & Arpels gelang natürlich nicht wirklich die Herstellung von so etwas wie Privatsphäre in der Hölle der Intensivstation, aber doch eine simulierte Vorstufe davon, eine kaum wahrnehmbare Ausweitung der Aura, des Schutzraumes meiner

Haut, die fein duftende Umhüllung mit Eigensein und Selbstvergewisserung, unter der ich wieder werden und heilen kann. Ein geheimer Raum für eine Nackte. A Room of One's Own.

Ich hatte zwei Engel in der Unterwelt.

Eines Tages hat Schwester Inga Resoluta mir sogar die Geräusche erklärt. Es gehörten überhaupt gar nicht alle Töne des Spielcasinos zu meinen Körperfunktionen. Was ich höre, sind nicht nur meine Vitalzeichen und Überwachungsapparate. Sie müssen auf so einer Intensivstation in jedem gläsernen Zimmer die Funktionen und Werte aller Patienten hören und überwachen können. Und ich habe all die ungezählt langen Tage und Nächte das Piepsen, Klingeln, Alarmsirenenfiepen von einundzwanzig Patienten auf mich bezogen und auf meinen armen Körper. Warum sagt einem das keiner? Und der Wasserfall? Ein schwieriges Wort zum Sprechen ist das, Wasserfall.

Und der Wasserfall?

Ihr Wasserfall ist das Rauschen der Waschanlage für die Bettpfannen. Unsere Nachttopfwaschanlage steht im Flur links neben Ihrer Tür. – Draußen in Berlin ist es schon dunkel. Es ist jetzt also Abend. Sie sollten versuchen, ein wenig zu schlafen.

In dieser Nacht stellt Schwester Inga alle Lärmquellen aus in meinem Sarg. Ich höre jetzt keine Jingles mehr, kein Piepsen, kein Alarmfiepen, keine Slotmaschinengeräusche von siebzehn Patienten, auch nicht meine eigenen. Und dann hat Schwester Inga auch noch die Tür geschlossen, damit ich sogar den Nachttopfwasserfall nicht mehr hören muss. Damit ich vielleicht endlich einmal schlafen kann.

30. Januar. Protokollkarte Station 1i, handgeschrieben von Pfleger Robert: *Patientin gibt erstmalig an, eine annähernde Nachtruhe gehabt zu haben. Blutdruck immer in der Vorgabe. Wach orientiert.*

Als Doktor Wolf mir das vorliest, sieben Monate später in seinem kargen, fensterlosen Büro von Station 1i, schlucke ich

Tränen. Es sind Tränen der Dankbarkeit. Und weil es bestimmt verboten ist, die Geräusche auszuschalten und die Tür zu schließen auf einer Neurochirurgischen Intensivstation, werde ich jederzeit bezeugen, dass die Geschichte mit Schwester Inga, die für Ruhe sorgt, damit ich einmal schlafen und vielleicht wieder gesund werden kann, nur noch eine weitere Wahnidee meiner Intensivpsychose gewesen ist, ein postoperatives Delirium und eine Halluzination.

Gegen Ende der Zeit, die Doktor Kress meine kontraphobische Phase nennt, habe ich alle, die an der Rettung meines Lebens beteiligt waren, zum Essen eingeladen. Inga Ansorge saß schon am Tisch, als ich ins Ottenthal kam. Zur Begrüßung sagte sie: »Wie schön. Ganz genau so habe ich mir Ihren Kleidungsstil vorgestellt und auch Ihre Haare.«

Sie hat mich immer nur nackt gesehen, nackt im blass-türkis-violett-geblümten Flügelhemd mit einem weißen Südfrüchtenetz über dem Kopfverband.

Über Schreiben

Eine Vokabelkladde, DIN A6, daumendick, trübroter Kartoneinband mit geklebtem, bindfadenfarbenem Leinenrücken. Mein erstes Tagebuch. Auf dem Deckblatt klebt ein briefmarkenkleines Schwarz-Weiß-Foto von John Lennon, ausgeschnitten wahrscheinlich aus der »Hörzu«. »BRAVO« gab es bei uns ja nicht. John trägt Pudelmütze, dunkle Sonnenbrille und Koteletten bis unter die Ohrläppchen.

Koteletten. Ein Wort, das ich seit einem halben Jahrhundert nicht mehr benutzt, gehört oder gelesen habe.

Leicht schräg nach rechts geneigt ist das kleine Lennon-Portrait aufgeklebt, umrahmt von drei in erkennbar bei Willi Baumeister entlehnter Kunstabsicht aus braunem D-c-fix ausgeschnittenen, monturihaften Elementen, die wie Eichenholz gemasert sind. Auch die vier Großbuchstaben, die über der Lennon-Kunst oben links auf dem Tagebuchcover kleben wie ein Buchtitel, sind aus diesem Eichenholz-d-c-fix ausgeschnitten: J O H N.

D-c-fix. Noch so ein Damalswort. D-c-fix waren Bögen aus abwaschbarer, selbstklebender und übelriechender Plastikfolie in interessanten Farben und Mustern. D-c-fix gehört in die Sechzigerjahre meiner Meinung nach. Es gibt D-c-fix aber offenbar auch heute noch zu kaufen bei OBI und im Baumarkt.

Das Tagebuch beginnt am 14. Mai des Jahres 1966 mit dem für eine Anfängerin gut und sorgfältig gewählten ersten Satz: *Heute war ein schöner Samstag.*

In unfertiger, krakeliger, aber schon erkennbar meiner königsblauen Füllfederhalterschrift geht es weiter: *Fünf Stunden in der Schule, ich hatte mein engl. Arbeitsheft vergessen. Am Nachmittag mit Gitarre bei Beate zum Geburtstag. War ganz gut. Jesus Met The Woman, This Train, Hold Tight, Hang On Sloopy. Dann noch ein paar Vokabeln gelernt. Michael war auf dem Bürger-Schützenfest. Ich habe eine gute Stimmung. Bin müde. Ich freue mich auf Wangerooge. Ah. Den letzten Schultag bekomme ich frei – Jucheeeeeeee.*

Gute Stimmung und freue mich auf Wangerooge ist mit grünem Kugelschreiber unterstrichen.

Auf der Innenseite des Kladdeneinbands gegenüber diesem ersten Eintrag kleben wieder fünf kleine Schwarz-Weiß-Bildchen: oben George Harrison, Ray Davies, Mick Jagger und Dozy – Dozy von Dave Dee, Dozy, Beaky, Mick and Tich. Unten auf der Seite noch einmal ein etwas größeres Bild von George Harrison, schwarz-weiß im Blaufilter. George mit seiner Rickenbacker 360/12, die er sich troubadourhaft lächerlich hoch vor die Brust geschnallt hat über seinem Breitcordsakko.

Troubadourhaft lächerlich hoch vor die Brust geschnallt, das ist der Blick von heute. Wahrscheinlich könnte man die Popmusikgeschichte des 20. Jahrhunderts auch einmal entlang der Positionierung der Gitarren am männlichen Körper erzählen. Alle fünf Jahre eine Handbreit tiefer.

George also zweimal. John dafür auf dem Cover. Unentschieden, würde ich sagen. War ich damals auch. Dachte ich. Aber dann steht ein paar Seiten später im Tagebuch ausdrücklich und zweimal unterstrichen *Lieblings-Beatle* unter der nächsten Briefmarke von John Lennon.

Ich habe dieses erste Tagebuch nie weggeworfen seit jenem schönen Samstag im Mai 1966. Neunmal ist es also mit mir umgezogen. Neunmal muss ich es in die Hand genommen, betrachtet und entschieden haben: Du bleibst auch bei mir.

15. Mai 1966. Sonntag. Tolles Wetter. Kostümrock, blauer Pulli, Leinenschuhe. Kirche. Zum ersten Mal mit Zettel. Taufe. Die neue

Pastorin lispelt. Buh. Kaspar und Lufti auch da. Papa hat uns abgeholt. Umgezogen. Frotteeanzug. Lat. Vokabeln. Essen. Spargel mit Schinken. Boccia gespielt, Planschbecken eingeweiht. 4. Teil Am grünen Strand der Spree. Vorher Gitarre gespielt. Dann haben Werner und Michael versucht, mich unter den Rasensprenger zu ziehen. Auf Werner habe ich ganz schön Wut. Mit dem werde ich wohl nicht mehr sprechen. Grüßen tue ich auch nicht, selbst wenn er sich entschuldigt. Haha. Mal sehen, wer dann den Kürzeren zieht! Inzwischen Jeans und Pulli an. Schwabbel Schneider wird sich schön umgucken. Dieser eingebildete Blödmann. Trottel. Ferkel.

Werner Schneider war der beste Freund meines Bruders. Und weil Menschen schon als Kinder grausam sein können, nannten wir ihn Schwabbel, Schwabbel-Schneider, wahrscheinlich nur, wenn er nicht dabei war. Er war also ein bisschen dick, aber eigentlich sehr nett und schon fünfzehn Jahre alt, manchmal hat er mir die Schultasche getragen. Außerdem und vor allem gab es bei Schneiders zuhause die »BRAVO«. Menschen können schon als Kinder korrumpierbar sein.

Werner.

Ich durfte ja mitfeiern, wenn der große Bruder zu Partys einlud: Fête in der Rolli-Bar. Die Eltern hatten sich diesen schwimmhallengroßen Raum im Keller des neuen Hauses durchdekorieren lassen wie für einen Film: Tresen aus honigfarbenem Holz und tomatenrotem Resopal mit Bierzapfanlage, Plattenspieler, Stereolautsprechern und Gläserspülbecken. Barhocker in dazu passend rotem Leder. Gut gefüllte Spirituosenregale vor einer Spiegelwand hinter der Bar. Unter der Decke hingen zwei Capri-Fischernetze, an den Rändern mit Muscheln und Kork beschwert und voller echter Seesterne. An diesem Netz über dem Resopal Tresen baumelten acht unterarmgroße, goldene Baguet-Script-Buchstaben aus schwerer Pappe: R-o-l-l-i B-a-r.

Man saß auf Kamelhockern und Lederpoufs vor alten Bierfässern, auf denen Chianti-Flaschen im Bastrock standen und Tropfkerzenhalter waren. Man saß unter Palmen: Aus absurdrealistisch-mediterranen Wandgemälden von Hafenstädten am Meer ragten echte Palmenblätter in den Raum. Sie waren angeklebt an die gemalten Palmenstämme im Vordergrund dieser Aquarell-Trompe-l'Œeil und mussten einmal im Monat abgestaubt werden von Frau Dornbracht. Im Hintergrund der Ätna.

Eine Schwarzlichtdeckenlampe über der Tanzfläche brachte weiße Hemden und die Nähte unserer Jeans zum Leuchten. Anonyme Fusseln auf den T-Shirts fluoreszierten auch. Ich tanze gern. »Get Off of My Cloud«. »I Feel Fine«. »Lazy Sunday«.

Zu den langsamen Stücken taten sie etwas, das sie Klammerbluestanzen nannten. Klammerblues war Enganeinanderstehen mit Schmiegen und etwas rhythmischer Bewegung. Das mochte ich überhaupt nicht. Die Jungs hatten immer kalte, schwitzige Hände und manchmal etwas unheimliches, hartes Weiches in der Hose, von dem ich keine Ahnung hatte und auf keinen Fall jemals eine Ahnung haben wollte, nach allem, was Frau Dornbracht erzählt hatte und was man über dieses Ding in Werners »BRAVO« lesen konnte.

»When a Man Loves a Woman«.

Mein Bruder nannte die langsamen, klammerbluesgeeigneten Musikstücke Samenzieher. Das Wort mochte ich auch nicht.

Einmal beim Klammerbluestanzen hat Werner überfallartig seine Wange an meine Wange gelegt. Ich ließ das zu in einer Art neugieriger Duldungsstarre, hatte bei den Großen ja gesehen, dass Wange an Wange tanzen offenbar auch dazugehört. Dann aber drückte Werner seine Zunge von innen sehr kräftig gegen seine Wange in seltsam kreisenden Bewegungen, die ich auf meiner an seiner liegenden Wange deutlich spüren konnte.

Ich stieß ihn weg. Pfui Teufel, was machst du denn da?

Er sagte: Das geht so. Das habe ich ganz genauso in der »BRAVO« gelesen.

16. Mai 1966. Ganz tolles Wetter. Montag. Die Lispel-Tante auch im Schulgottesdienst. Wieder die gleiche Predigt. Die macht es sich leicht. Letzte Stunde Latein bei Womelsdorf. Heute gab es Saft in der Schule zu kaufen. Lufti glaubt nicht, daß Anatomie die Lehre vom Bau der Körperteile ist. Hihi! Mir ist kotzschlecht. Wahrscheinlich von der Hitze. Sportnachmittag. Schultes hier.

19. Mai 1966. Donnerstag, Christi Himmelfahrt. Wetter doof. Wir wollten zu Scholzens fahren zum Forellenfischen, aber das Wetter war zu schlecht. Mutti hat wieder Rheuma. Hoffentlich kann sie trotzdem mit nach Wangerooge. Scholzens, Schmidts und Tante Dorle waren da. Tischtennis, Boccia, mit Gele Gitarre gespielt. Ich kann ganz toll In My Life, mit Barrégriffen. Aber ich muss üben, vor Leuten zu spielen und zu singen. Zum Mittagessen Schnitzel. Gute Nacht. Gute Besserung, Mutti. Hoffentlich ist es morgen weg.

Und so geht das immer weiter: Schule, Klamotten, Gitarrespielen und Klavierstunden. Konfirmationsunterricht, Gottesdienste und Schulgottesdienste. Klaviervorspielabende, Tischtennis, Schwimmen, Bocciaspielen, Tennisunterricht, Tennisturniere. Die Tagebuchschreiberin erzählt von Spaß mit Freundinnen und Streit mit Freundinnen, von blöden Lehrern und tollen Lehrern, und von Jungs. Es gab tolle Jungs und blöde Jungs und sehr blöde Jungs.

Um einen Jungen geht es immer wieder. Ich möchte ihn Friedrich nennen, weil Friedrich so schön zu Hilde Knefs »In dieser Stadt« passt, dieses Lied, das sich neuerdings immer als Ohrwurm einstellt, wenn ich an ihn denke.

Es kommen Onkel und Tanten zu Besuch, die alle Mutters Verwandte sind. Vater hatte ja offenbar keine Geschwister oder Cousins. Dafür kommen Freunde der Eltern, die auch Onkel und Tante genannt werden mit Handgeben und Knicks. Sie kommen zum Sechsührchen. So nannten meine Eltern ihr zunächst nur samstägliches, schließlich allabendliches Zusammensitzen und Alkoholtrinken.

Die Diminutive der gesellschaftsfähigen Sucht: Sechsührchen. Noch ein Zigarettchen? Ein Bierchen dazu? Und ein Schnäpschen geht auch noch. Prösterchen! So jung kommen wir nicht mehr zusammen.

Das Tagebuch berichtet von Mutters Rückenschmerzen, von Ferien in Arosa und Bad Gastein, Ferien auf Wangerooge, an der Adria, in Milano Marittima und Lignano Pineta. Die Tagebuchschreiberin vergisst an keinem Tag aufzuschreiben, wie das Wetter ist und was sie zu welcher Gelegenheit anzieht.

Ich habe mich offenbar viermal am Tag umgezogen mit dreizehn Jahren. Und Lothar Emmerich sieht ganz toll aus.

So steht es da am 1. August: *Eben war die deutsche Mannschaft im Fernsehen. Lothar Emmerich sieht wirklich ganz toll aus.*

Ich bin also einmal eine Person gewesen, die es sinnvoll fand, in einem Tagebucheintrag festzuhalten, wie Lothar Emmerich aussieht und wer Fußballweltmeister geworden ist.

England gewinnt 4:2 gegen Deutschland.

Ich habe mich doch noch nie in meinem Leben für Fußball interessiert.

Aber so steht es da.

In der Erinnerung bastelt das menschliche Gehirn sich gerne Kontinuitäten, die es gar nicht gab. Gehirne lieben Muster, Zusammenhänge und schlüssige Geschichten. Jedes Ich wäre deswegen am liebsten immer schon so gewesen, wie es schließlich geworden ist. Also denken die meisten Menschen von sich: Ich bin im Grunde geblieben, wer ich war. Ich bin nur älter geworden.

Bis sie in ihren Tagebüchern lesen.

Tagebuchlesen ist ein Blind Date mit sich selbst, eine Überraschungsbegegnung mit der Person, die ich offenbar einmal gewesen bin. Sie ist nicht die, die ich heute bin. Und sie ist auch nicht die, die ich von heute aus gesehen damals gerne gewesen wäre.

Eingeklebt in das Tagebuch von 1966 sind sorgfältig aquarellierte, von Toulouse-Lautrec inspirierte Bleistiftzeichnungen und zweifarbige Kugelschreiberskizzen: Jungs mit E-Gitarren, Lockenkopf und Schlaghosen in Rot und Blau, die Gitarren vor der Brust in absurder Höhe.

Dann klebt da noch: eine Autogrammkarte von den Hilltowners, bei denen mein Bruder Schlagzeug spielte. Eine goldene Zuckerstückverpackung vom Café Pudding auf Wangerooge. Handgeschriebene Zettel mit Adressen von Kindern, die wir im Hotel in Lignano Pineta kennengelernt haben: Heidi Berndl aus Waldkraiburg, Maria Clotilde Simonetti aus Turin. Und eine richtige Visitenkarte von Martin Stegu aus Wien. Unter seinem Namen, an der Stelle, an der bei Erwachsenen der Beruf aufgedruckt ist, steht: Theresianist. Martin Stegu, Theresianist.

Ein paar Seiten später, am 5. August, habe ich eine Witzzeichnung eingeklebt, auch aus der »Hörzu« ausgeschnitten wahrscheinlich: Alle Möbel in einem großbürgerlichen Wohnzimmer sind hinter Laufstallgitter gesperrt. Jedes gute Stück hat seinen eigenen Käfig: der Esstisch im Laufstall, das Sofa im Laufstall, Kamin im Laufstall, Ohrensessel, Stehlampe, Flügel, alles hinter Gittern. Zwei Windelkinder krabbeln in dem schmalen Gang zwischen Klavierlaufstall und Esstischlaufstall. In der Tür stehen zwei Frauen. Eine von ihnen sagt: Als unser Kindermädchen kündigte, mussten wir uns zu dieser Lösung entschließen.

Das fand ich lustig damals.

Das finde ich interessant heute.

Der Laufstall. Noch so eine heiße Empfehlung aus dem bösen Buch der Nazilungenfachärztin.

Was das Kind, das ich gewesen bin, gedacht hat 1966, als ich diese Witzzeichnung ausgeschnitten habe, weiß ich natürlich nicht. Aber offenbar war da Kritikfähigkeit oder wenigstens Humor genug, ausgerechnet diesen Witz einzukleben.

Freitag, 5. August: Ich sitze gerne im Zug. Wir fahren schon eine ganze Zeit am Rhein entlang. Kein Moby Dick zu sehen. Mutti, Papa und Michael spielen Skat. Die Sonne scheint. Ich lese. Morgen schreiben wir eine Lateinarbeit. Ich glaube, ich kann alles. Wenn ich sie allerdings verhaue, bleibe ich sitzen. Die Gitarre ist schon weg.

Die Gitarre ist schon weg?

Familienpsychologen sagen, dass unsere Nachkriegseltern in ihren seltsamen Ideen für Strafandrohungen und Strafmaßnahmen eigentlich immer nur ihre eigenen Traumata reinszeniert haben. Vertrieben worden sein, von einem auf den anderen Tag in die Ungewissheit gestoßen werden, das sichere Zuhause aufgeben, fliehen und die Heimat verlassen müssen, führte in diesem traurigen Nachspiel zu: Wer hier nicht spuren will oder zu wenig wiegt, muss weg, kommt weg. Weg, ins Kindererholungsheim, weg, auf ein Internat.

Aber: Die Gitarre kommt weg? Die Gitarre, mit der das Kind sein pubertierendes Gehirn so schön regulieren kann? Welches Trauma soll da inszeniert und nachgespielt worden sein?

Wann haben meine Eltern eigentlich aufgehört, Musik zu machen? Und warum?

5. September, Montag: Gestern bin ich vierzehn Jahre alt geworden. Habe eine Armbanduhr und tolle Sachen zum Anziehen bekommen, auch die Langspielplatte Revolver.

Wieder so ein Wort: Langspielplatte.

Das Kind verändert sich. Ein Mädchen wird erwachsen. An der Handschrift, die weicher, eigener, runder und flüssiger fließt über die Seiten des kleinen Tagebuchs, kann man meinem Frontalkortex dabei zuschauen, wie er sich ausbildet. Auch die Themen ändern sich.

Donnerstag, 27. Oktober: Neues aus Bonn. Die vier Minister der FDP sind zurückgetreten. Wegen einer Steuererhöhung, der sie selber zugestimmt haben. Was bedeutet das? Ich werde sehen, dass ich hierzu noch einen Zeitungsartikel finde. Ich verstehe nicht genug von Politik.

Ich verstand gar nichts von Politik.

Aber ich erinnere mich genau an die Zeit, als diese vier FDP-Minister zurückgetreten waren und wie es dann ewig lange hin und her ging, bis die neue Koalition Kurt Kiesinger zum Kanzler machte. Weil diese Zeit für immer verschmolzen ist mit Bachs c-Moll-Fuge aus dem Wohltemperierten Klavier, die ich damals üben musste.

Im Kommödchen in Düsseldorf haben sie diese c-Moll-Fuge als Koalitionsverhandlung aufgeführt. Gesungen! Vierstimmig polyphon! Das muss etwas in meinem Gehirn so beeindruckt haben, dass ich es immer noch auswendig singen kann: *Barzel, Schröder, Strauß – Gerstenmaier, Graus. – Wer wird Kanzler sein? Ja wer, das ist schwer. – Wo nimmt man einen Neuen her? – Es ist ein Graus. – Wo nimmt man einen Kanzler her?*

Und Gerstenmaier spricht, – vergiss, vergiss mein nicht, – auch ich bin auf das Amt erpicht. – Da kam Kiesinger. – Ja, ja. – Da kam Kiesinger. – Dabei war der doch so braun, so braun.

So wird es gemacht. Es ist vollbracht.

Picardische Terz in C-Dur.

Lore Lorentz und Düsseldorf. Die große Stadt und diese unglaubliche Frau. Die Stadt, in die wir dreimal im Jahr fuhren, um Markenklamotten einzukaufen. Markenklamotten hieß damals »die neueste Mode«, ein Wort, das nicht ohne den Zusatz »einkaufen auf der Kö« zu haben war. Mutter Ilse sagte »Kö« mit extra aufrechter Haltung, Kirschkernmund und ihrem Weil-wir-etwas-Besonderes-sind-Gesicht: Morgen fahren wir die neueste Mode einkaufen auf der Kö.

Und abends ins Konzert oder ins Kabarett.

Von den Konzerten der Düsseldorfer Symphoniker weiß ich nichts mehr, eigentlich nur, dass bei meiner ersten Tschaikowsky-Pathétique der erste Geiger rote Socken trug, rote Socken in schwarzen Lackschuhen.

Aber das Kommödchen! Das war etwas ganz anderes. Lore Lorentz vergesse ich nie. In ihren Chanel-Kostümen und dieser leicht auftoupierten Taft-Dauerwelle sah sie leider aus wie die Muttis in meiner Kleinstadt. Aber das spielte gar keine Rolle. Hier stand eine Frau vor Publikum auf der Bühne. Ironisch und selbstsicher sang diese Lore Lorentz freche, schlaue Texte. Wie die das »R« rollen konnte: *Wirr wollen es einmal verrsuchen, Bürrgerr.* Wie sie, als es um Wein, Entnazifizierung und Persilscheine ging, beiläufig und zynisch aus geschlossenen Zähnen rausquetschte: *Er hatte immerhin den ganzen Krieg hindurch einen Oppenheimer im Keller versteckt.*

Da hatte ich meine Quappe wieder. Quappe in erwachsen. Lore Lorentz war wirklich nicht von Pappe.

In meinem Lüdenscheid gab es so etwas wie sie nicht. Alle Frauen waren Hausfrauen und Mütter, außer der Pastorin und unseren unverheirateten Lehrerinnen, die zur Strafe Fräulein genannt wurden, auch wenn sie schon 35 waren, also alt. Weibliche Menschen hatten zu sein: Ehefrau und Mutter, oder Lehrerin, weil sie keinen abbekommen hat.

Keinen abbekommen.

Ja, natürlich gab es noch Hausmädchen, Kindermädchen, Sekretärinnen, Krankenschwestern und Zugehfrauen. Die wichtigen Menschen aber, Ärzte, Anwälte, Firmeninhaber, Tennislehrer, Polizisten, Jäger, Feuerwehrleute, Bäcker und Busfahrer, waren Männer. Alle Politiker, Journalisten und Showmeister im Fernsehen waren Männer.

Wenn wir neue Freunde hatten, fragten die Eltern, was macht denn der Vater?

Mütter machen also nichts. Ein Menschenwert hängt davon

ab, was der Vater macht. Deutsche Kleinstadt in den Sechzigerjahren bedeutete die vollkommene Abwesenheit von Rollenmodellen für ein Mädchen.

Mutter Ilse, wie sie gewesen ist, wie sie gewesen sein muss, bevor sie Mutti wurde, das hätte ein Rollenmodell sein können. Mutti in Weimar, in München, in Freiburg und in Berlin, sogar Mutti in Lüdenscheid, solange sie Geschäftsführerin der Firma war nach Großvaters Tod.

Aber diese Frau habe ich nie kennengelernt.

Die Mütter des Jahres 1966 durften keine Verträge unterschreiben. Das alleinige Entscheidungsrecht in allen Vertragsfragen und Eheangelegenheiten lag beim Ehemann. Er bestimmte darüber, ob seine Frau einem Beruf nachgehen durfte. Er verwaltete das Vermögen, auch wenn es ihr Vermögen war. Auch wenn sie, wie unsere Mutti, als junge Frau gelernt hatte, dass Frauen alles können und alles dürfen. Auch wenn sie studiert hatte und schicke Cabrios fuhr.

Erst war es Männermangel, dann Adenauer. Jetzt war Rabenmutterideologie, Versorgungsehe und Meine-Frau-hat-es-nicht-nötig-zu-arbeiten. Jetzt war Kinder, Kochen, Schuheputzen. Man kann das seelische Elend der Töchter der Zwanzigerjahre, die unsere Nachkriegsmütter wurden, man kann ihren hohen Verbrauch von Valium und Alkohol nur verstehen, wenn man die Fallhöhe, die Enttäuschung, die Zurückweisung des entsetzlichen Rückschlags nicht vergisst, mit dem das Westdeutschland der Fünfzigerjahre an die Nazimutterideologie anschloss. Als hätte es die Freiheit und den Feminismus der Zwanzigerjahre gar nicht gegeben und auch nicht die erzwungene Zusatzemanzipation der Vierzigerjahre, in der die Frauen ganz andere Rollen übernehmen durften und mussten, weil die deutschen Männer Hitlers Krieg kämpften.

Im Wirtschaftswunderdeutschland war Vater Chef der Firma. Und sie hatte Rückenschmerzen.

Ich trug die Ambivalenz und Enttäuschung meiner Mutter auf meinen schmalen Schultern. Aber ich wusste das nicht. Ich wollte einfach nur Winnetou sein oder Old Shatterhand, auf keinen Fall Nscho-tschi, Winnetous langweilige Schwester, die dumme Kuh, die sich dann auch noch zur Krankenpflegerin von Old Shatterhand machen lässt. Egal wie gut Marie Versini aussah.

In der Musik war es genauso. Beatles, Stones, Kinks, Beethoven, Bach, Mozart, alles Jungs. Joan Baez und Esther Ofarim mit ihren Feuermelderstimmen waren keine Befreiung. Außerdem soll Esther Ofarim von ihrem Abi verprügelt worden sein, so wie Tina Turner von Ike.

Also wollte ich Bob Dylan sein, sonst gar nichts. Notfalls Lore Lorentz.

An der Gitarre und mit meinen Klamotten habe ich öffentlich Bob-Dylan-Sein geübt, Lore Lorentz war ich immer nur allein vor dem Spiegel. Ihr Leben schien unerreichbar für mich. Dazu hätte ich Mut gebraucht und keine Bühnenangst. Auch war vollkommen klar, was Mutti sagen würde zu dem Satz: Ich werde Kabarettistin.

Simone de Beauvoir schien eine etwas realistischere Möglichkeit, auch wenn man dafür wahrscheinlich in Paris leben musste. Schreiben, nicht heiraten, keine Kinder bekommen und mich mit meinem Sartre siezen. Das könnte es sein, auch wenn die Beauvoir leider aussah wie meine Klavierlehrerin, das Fräulein Berndt, Gletscher-Erna.

Und kann man mit Schreiben tatsächlich Geld verdienen? Muss ich dann nicht heiraten?

Papa fand: Nur, weil du ein Mädchen bist, musst du gar nichts, außer tun und werden, was du willst.

Mutti sagte nichts, schaute nur steif-zweifelnd. Ihr Mund wurde schmal, die Augen traurig.

Und ich wollte ja ihre Zustimmung und Anerkennung. Ich

wollte ja immer nur ihr gefallen. Dass es zu den Aufgaben eines Kleinstadtmädchens in den Sechzigerjahren gehören könnte, auch einmal dringend nicht das zu tun, was die Mutti sich wünscht, wusste ich damals noch nicht.

Wahrscheinlich ist es Papa gewesen, der mir »Quappe ist nicht von Pappe« geschenkt hat.

7. November: Ich habe heute ein neues Buch angelegt, in das ich Fremdwörter und mir unbekannte Begriffe aufschreibe. Zwei Pickel in meinem Gesicht. Bäh!

Auch dieses neue Buch, das grau marmorierte Heft, mit dem ich meine Karriere als Simone begründen wollte, ist neunmal mit mir umgezogen. WÖRTER steht auf dem Cover in neonrosafarbener, grün ausgemalter Flower-Power-Schrift. Es beginnt mit dem Eintrag, den Lufti nicht glauben wollte: Anatomie ist die Lehre vom Bau der Körperteile. Dann kommt: Deflorieren, der Blüte berauben, eine Frau entjungfern, ihr die Ehre nehmen.

Anatomie. Deflorieren. Orgasmus. Existenzialismus. Koalition. Wollust. Montanunion. Faschismus. In dieser Reihenfolge. Die erstaunliche Begriffswolke des Mädchens, das ich einmal gewesen sein muss.

Dieses Heft ist nur bis zum ersten Drittel vollgeschrieben. Es steht heute zwischen dem grünen Schulheft mit den akribischen Auswertungen meines Freiburger Fisch-und-Sex-Experiments und der rosa-blau-beige marmorierten Pappkladde, die ich mit ersten Sätzen vollgeschrieben habe. Die besten ersten Sätze aus Romanen, Kurzgeschichten, Essays und Zeitungsreportagen.

… und einmal, als Mahlke schon schwimmen konnte, lagen wir neben dem Schlagballfeld im Gras.

Auf dem Deckel des grünen Schulheftes steht in meiner schönsten Zehn-Jahre-später-Tintenschrift: Männer, Fisch und Sex. Die über ein Sommersemester laufende empirische Doppelblindstudie mit der Arbeitshypothese: Daran, wie Männer sich beim Fischessen anstellen, kann man erkennen und vorhersagen, wie sie als Liebhaber sind.

Knut B., Politologe aus Hannover, athletisch, gut aussehend und lustig. Forelle blau.

I. Der Fisch: Knut isst mit dem ungeilen Appetit der Schlanken. Er filetiert die kleine Forelle mit der Souveränität, die sich aus guter, anatomischer Kenntnis und hinreichender Übung ableitet. Geschickt und flink nimmt er sich erst die eine Seite der Forelle vor, hebt dann das Grätengerippe ab und legt es behutsam zur Seite wie für Günter Grass zum Abzeichnen. Er spricht nicht mit vollem Mund, nimmt die Serviette, bevor er mir zuprostet (Britzinger Gutedel), schaut mir in die Augen, Kleines. Vielversprechend.

II. Der Sex: Genau so. Abgehakt. Besonderheit: Meine Lust ist das, was ihm Lust macht.

Oben also der Name des Jungen, dann der Name und die Zubereitungsart des Fisches, Ort und Datum des Experiments. Unter I. die Beschreibung seiner Begabung zum Fischessen. Unter II. oft nur noch ein Häkchen, ein »sic« oder ein »stimmt wieder alles«, wenn meine Ausgangsthese sich bestätigt hatte und die Art, wie dieser Mann den Fisch auf seinem Teller behandelte, schon alles offenbart hatte darüber, wie Sex mit ihm sein würde und dann auch war.

Ich schreibe eigentlich nur über Fischessen. Aber es sind kleine Sexportraits. Meine Ausgangsthese stimmte offensichtlich immer.

Da gab es einen, der *mit guter anatomischer Kenntnis und hinreichender Übung bei der Zerteilung und Filetierung einer Dorade leider so präzise und übertrieben sorgfältig vorging, daß der Fisch kalt wurde, und die Kartoffeln auch.*

Ein anderer, *Renke vom Grill im Garten in der Hallerstraße* nahm seine Finger zu Hilfe, aß und trank *hinreißend gierig, ohne Angst und hörte überhaupt nicht mehr auf zu futtern.*

Der kleine Bruder einer Kommilitonin veranstaltete mit dem Badischen Hecht ein solches Gemetzel, dass ich anscheinend noch eine Flasche Gutedel bestellt und nach dem Dessert einen Williams getrunken habe, um mich an den zweiten Teil des Experiments überhaupt zu wagen.

Wie ekelhaft abstoßend die Dreizehnjährige aus meinem ersten Tagebuch dieses Experiment gefunden hätte. Wie sie protestiert hätte, wenn jemand gewagt hätte zu behaupten, sie könne sich in nur zehn Jahren in eine derart verkommene Person verwandelt haben. Befreiung in Freiburg. Pah! Die Tagebuchschreiberin von 1966 hätte das Fisch-und-Sex-Experiment gar nicht verstanden, und wenn, nie, nie, nie und niemals würde sie jemals zu so etwas Schrecklichem im Stande sein.

Und mir geht es wie ihr. Das dreizehnjährige Kleinstadttagebuchmädchen aus dem Jahr 1966 ist mir näher, lieber und vertrauter als dieser wild gewordene Feger aus dem Jahr 1976, der mich anspringt aus dem grünen Männer-Fisch-und-Sex-Schulheft. Die Frau, die ich geworden bin, kann kaum noch Kontakt herstellen zu der Dreiundzwanzigjährigen, die ich gewesen bin in Freiburg, gewesen sein muss, als ich dieses Experiment unternahm.

Aber ich erinnere mich. Die Nicht-mehr-Jungfrau aus der Kleinstadt und ihre Befreiung in Freiburg. Das Fisch-und-Sex-Experiment. Alkoholbefeuerte One-Night-Stands. Peinlichkeit, Scham und Kater am anderen Morgen. Sex jeder mit jedem am Ende des Semesters. Dann waren ja erst mal Ferien, und man musste sich nicht wiedersehen. Sex mit zwei Männern. Sex mit einer Frau.

Es gibt Erinnerungen aus dieser Zeit, bei denen jedes Detail und jedes einzelne Accessoire ruft, das kann doch gar nicht ich gewesen sein. Im mauvefarbenen Abendkleid mit Federboa auf einem Kinderschlitten die Kellertreppe zur Bar der Studentenverbindung Corps Bavaria in Karlsruhe hinunterfahren, um mit Oscar Peterson vierhändig Klavier zu spielen. Sachen mit den ganz einfachen Bassfiguren wahrscheinlich, »C-Jam-Blues« oder »Things Ain't What They Used To Be«.

Wir dachten, keiner hat so viel Spaß wie wir.

Heute denke ich, man könnte diese Befreiung in Freiburg auch beschreiben als das verzweifelte Aufeinandertreffen von haltlosen jungen Menschen, die der Haarer-Propaganda, der Beschämungspädagogik, ihren prügelnden oder früh gestorbenen Soldatenvätern und ihren erstarrten, Valium-abhängigen Müttern knapp entkommen waren und nun versuchten, mit Sex, Alkohol und Cannabis ihren Schmerz zu betäuben, ihre Scham und ihre Angst, die in Wahrheit der Schmerz, die Scham und die Angst ihrer Eltern waren. Erstaunlicherweise haben alle überlebt, Examen gemacht und feine Karrieren dann auch.

Und ich bin Expertin geblieben für das Zubereiten von ganzen Fischen, am liebsten über Dampf gegart oder gegrillt am offenen Feuer.

Kontingenzen. Vor der Pille muss es anders gewesen sein als danach. Vor Aids war es ganz anders als mit Aids. Seit MeToo ist es anders als vorher. Sag mir die Zahl deiner Liebhaber. Und ich sage dir, aus welchem Jahrzehnt du stammst.

Das Kleinstadttagebuchmädchen serviert mir noch eine andere Erkenntnis.

8. November 1966. Morgen schreiben wir eine Lateinarbeit. Ich glaube, ich kann alles. Will ab heute neuen Tagebuchstil anfangen. Meine Gedanken zu Zeitgeschehen, Büchern und so weiter. Ich lese gerade ›Das Tagebuch der Anne Frank‹, ein gutes und wichtiges Buch. Was für ein entsetzliches Verbrechen! Ich hasse es, eine Deutsche zu sein. Ich schäme mich. Aber warum schäme ich mich? Ich war doch noch gar nicht auf der Welt. Ich wäre so gerne stolz auf mein Land. Ob nicht endlich einmal Schluss sein müsste, und man als Deutsche stolz auf sein Land sein darf? Womit ich hier schreibe, ist ein neuer Stift mit grünen Patronen. Heute hatte ich Klavierstunde und war noch in der Stadt. Friedrich war im Bus. Der Stift schreibt wirklich schick.

Das soll ich geschrieben haben als Vierzehnjährige? Das ist, was ich nach der ersten Lektüre von Anne Frank gedacht habe? Ob nicht endlich einmal Schluss sein müsste, und man als Deutsche stolz auf sein Land sein darf? Und dann hintereinanderweg und ohne Absatz: der neue Stift mit den grünen Patronen. Wirklich schick. Klavierstunde. Friedrich war im Bus?

Das Böse und das Banale. Das kurze Entsetzen. Und dann sofort genau die Verdrängungsabwehr und das Nachplappern der Schlussstrichdebatte, die ich später meinen Erwachsenen so bitter übel genommen habe?

Weil Tagebücher nicht lügen und nicht schönen, oder wenn, dann schon und nur in dem Moment, in dem ich geschrieben habe, funktionieren sie so anders als Erinnerungen und Familienerzählungen. Ein Tagebuch kann sich tatsächlich nichts mehr zurechtbiegen im Nachhinein, im Laufe der Jahre und geänderten Sichtweisen. Tagebücher-Lesen zerschlägt das Selbstbild, das man von sich gebastelt hat, in seine etwas komplizierteren, wahreren Bestandteile, und deckt so die Erinnerungsfehler auf, die Gedächtnisforscher mit Hingabe beschreiben.

Erinnerungsfehler.

Einmal, nur zwei Jahre nach 1966, bin ich fast von der Schule geflogen. Ich erinnere mich noch an jedes Detail: Im Kunstunterricht des Geschwister-Scholl-Gymnasiums sollten wir aus den Werkstoffen Streichhölzer, Uhu und Papier etwas basteln, kleine Mosaiken oder Figürchen, egal, Kunst eben. Ich hatte die Streichhölzer mit den Phosphorköpfchen nach außen so um den Rand meines Pultes eng aneinandergelegt, dass man ein Ende anzünden und eine beeindruckende Feuerkettenreaktion erzeugen konnte, die dann leider in jeder Hinsicht etwas weiterging als beabsichtigt. Also brannte plötzlich auch der Papierkorb.

Beim Anzünden hatte ich die am Tag zuvor in den Fernsehnachrichten aufgeschnappten Wörter »Happening« und »Agitprop« gerufen. Und weil die Lehrer in der Kleinstadt im wilden Jahr 1968 noch verunsicherter und aufgewühlter waren als ihre Schüler, war das Ganze plötzlich ein linker, subversiver Akt, der »Versuch, aus politischen Motiven die Schule anzuzünden«, wie es in dem Brief stand, den meine Eltern zwei Tage später erhielten.

Warum erinnert man sich an so etwas so genau? Warum verschwindet so vieles andere ganz aus dem Gedächtnis und bleibt für immer versunken? Auf einem Klassenfoto aus der Streichholz-Happening-Zeit weiß ich nicht einmal mehr alle Namen zu den Gesichtern.

Mit dem Vergessen ist es einfach: Das Gehirn arbeitet ökonomisch. Vergessen ist enorm wichtig, damit der Speicher nicht überläuft. Evolutionstechnisch muss der Mensch nicht wissen, wo er sein Fahrrad Samstag vor einer Woche abgestellt hat. Wichtig ist nur, wo es heute steht.

Damit aber etwas nicht vergessen, sondern gespeichert wird im episodischen Gedächtnis, muss es emotional wichtig gewesen und auch wichtig geblieben sein. Nichtvergessen ist die Ausnahme. Nur wenn sich ein wirklich starkes Gefühl mit einer Information verknüpft, wandert diese Information ins Langzeitgedächtnis. Darum erinnern sich so viele Menschen daran, wo sie waren und wer bei ihnen war, als am 11. September 2001 die ersten Nachrichten aus New York kamen. In ihren Gehirnen hat sich der Speicherort Hippocampus mit der für die Gefühle zuständigen Amygdala verknüpft.

Die Offenbarung Lore Lorentz, die doppelte c-Moll-Fuge und die Koalitionsverhandlungen vor Kiesinger. So entsteht episodische Erinnerung.

Ohne episodisches Gedächtnis wäre alles Gegenwart, gäbe es kein Konzept vom Ich und keine Persönlichkeit. Wir sind Erinnerung. Unsere Erinnerungen aber haben sehr viel weniger mit Wahrheit zu tun, als wir glauben. Erinnerung ist nie einfach die eine Aufzeichnung eines bestimmten Moments, die eins zu eins immer wieder abgerufen werden kann.

Erinnern ist ein empfindlicher Gehirnzustand, der sich bei jeder Wiederbelebung verändert. Das kann man inzwischen neurobiologisch nachvollziehen und sichtbar machen mit den modernen bildgebenden Verfahren: Synapsen verändern sich durch häufige Verwendung, längeren Nichtgebrauch oder Zusammenarbeit mit anderen Synapsen. Sie werden verstärkt, gelöst oder neu gebildet. Dadurch ändern sich die Erregungsleitungen. Und die verändern die Engramme.

Jedes Erinnern verändert das Engramm einer Erinnerung. Einige neuronale Gedächtnisspuren werden vertieft, andere eingeebnet oder ganz überschrieben. Das bedeutet, dass die Engramme einer Erinnerung nach wiederholtem Abrufen der Erinnerung nicht mehr identisch sind mit jenen, die das erste Erleben erzeugt hat.

Erinnerungen sind Überschreibungen.

Man kann sich das am besten als verschnürte Päckchen vorstellen: Jedes Mal, wenn ich mich wieder an etwas erinnere, packt mein Gehirn eines dieser Pakete aus. Bevor ich aber den Inhalt anschaue, hat mein Gehirn schon alles weggelegt, was zu meinem gegenwärtigen Selbstbild oder meiner aktuellen Stimmung nicht mehr richtig passt. Außerdem fügt es Neues hinzu und packt dann diese von allen kognitiven Dissonanzen befreite, frisch überschriebene Version der Erinnerung wieder zurück.

Bis ich das Päckchen das nächste Mal öffne.

Mit jeder Erinnerung baut das Gehirn sich andere Kontinuitäten, retuschiert und übermalt das Bild von der, die ich gewesen bin, um es jeweils passend zu machen für die, die ich geworden bin. Jedes Erinnern überschreibt die Erinnerung. Das biografische Gedächtnis ist ein großer Geschichtenerfinder. Es erfindet uns schließlich die Geschichte, die wir für unser Leben halten.

Es fühlt sich aber nicht so an. Das ist die Falle. Wir sind uns trotz aller Erkenntnisse der Erinnerungsforscher immer so sicher über die eigene unveränderliche und wahre Vergangenheit und Lebensgeschichte. Wir verdrängen, dass sich unsere Erinnerungen den jeweiligen Zielen oder Ängsten anpassen, die wir gerade haben, wenn wir die alten Päckchen mal wieder öffnen. Ein Mensch kann sich an immer dieselbe datengestützte Begebenheit seines Lebens einmal als autonomer, glücklicher Held und später, in einer depressiven Phase vielleicht, als armes Opfer erleben. Ich kenne Frauen, die haben seit der MeToo-Debatte angefangen, ganz neu auf die vielen tollen Eroberungen ihrer Jugend zu schauen, auf die sie früher so stolz gewesen sind.

Tagebücher tun das nicht. Tagebücher passen sich nicht an, egal wie oft man nach jedem Umzug noch einmal in ihnen geblättert hat. Tagebücher sind großartige, deduktive Beweismittel für die Erkenntnisse, die die moderne Gehirnforschung über die erstaunliche Unzuverlässigkeit menschlichen Erinnerns gewonnen hat. Das Tagebuch ist die Konfrontation mit der, die ich wirklich gewesen bin. Nein, ganz genau genommen ist so ein Tagebuch die Begegnung mit der, die ich zum Zeitpunkt des Tagebucheintrags sein wollte.

Wer aus der Gehirnforschung weiß, wie Erinnerung funktioniert, geht kritischer mit eigenen Gewissheiten um. Und nachsichtiger mit Menschen, die sich unvollkommen erinnern oder falsch – also ganz anders als wir selber.

Das biografische Gedächtnis ist nicht nur unvollständig und ungenau, es ist auch noch extrem dynamisch, anfällig für Verzerrungen und Manipulationen von außen. Erinnern ist einer der unzuverlässigsten Prozesse, die in einem Gehirn geschehen.

Neurologen wissen das schon lange. Leser von Zeitungen mit

einem guten Wissenschaftsteil auch. Und trotzdem glauben die meisten immer noch: Mit meiner konkreten Erinnerung ist das allerdings ganz anders. Ich weiß es doch noch so genau. Ich sehe das doch noch alles vor mir.

Unser Selbstbild hat sich noch nicht angepasst an den aktuellen Stand der Gehirnforschung. Wir bestaunen die Fortschritte und Erkenntnisse. Aber nur selten tritt das Publikum den einen Gedankenmoment zurück und fragt, was es für unser Leben und unser Menschenbild bedeutet, wenn das Gedächtnis gar nicht das verlässliche Archiv ist, für das wir es halten.

Fast alles, was wir heute über das Gehirn wissen, wäre vor dreißig Jahren für unvorstellbar gehalten worden. Eigentlich müssten die neuen Erkenntnisse der Gehirnforschung unser Konzept von Bewusstsein, Erinnerung, Schuld, Sühne und Rechtsprechung längst und vollkommen revolutioniert haben. Aber auch die aufgeklärte Welt reagiert, wie Menschen immer reagiert haben, mit Ignoranz und Verdrängung. Jedes einzelne menschliche Gehirn und damit schließlich die Gesellschaft wendet sich den Implikationen neuer wissenschaftlicher Ergebnisse immer erst dann zu, wenn der Rest des Gehirns es aushalten oder wenigstens einordnen kann. Daran hat sich nichts geändert seit Galileo Galilei. Nur, dass Ignorieren und Nicht-in-das-eigene-Weltbild-Aufnehmen sehr viel effektiver ist, als öffentlich Widerruf zu erzwingen.

Bisher haben wir unser altes Menschenbild nur ein bisschen überpinselt. Unser Bewusstsein kann noch nicht wirklich verstehen, was Bewusstsein ist. Unsere Erinnerungen wollen sich noch nicht stören lassen durch das Wissen darüber, wie unzuverlässig und manipulierbar sie sind. Das Ich versteht nicht, was das ist, ein Ich. Und die Menschen bekämpfen mit einer Leidenschaft, als würde es um ihr Leben gehen, Dinge, die sie nicht verstehen und sich nicht erklären können, vielleicht nur noch nicht.

Auch deswegen muss ich noch einmal auf die Geschichte mit dem Streichhölzer-Agitprop-Happening zurückkommen. Ich habe diese Geschichte oft erzählt. Vor einigen Jahren habe ich sie dann sogar aufgeschrieben für die Jubiläumsfestschrift meines alten Geschwister-Scholl-Gymnasiums in Lüdenscheid.

Susanne meldete sich einige Wochen später. Sie schrieb: Die mit den Streichhölzern und dem Happening warst aber gar nicht du. Das war doch ich.

Mein Gespräch mit Gott

Als Schwester Inga vorschlug, der Ehemann solle das Lieblingsparfüm der Patientin bringen zur Herstellung von so etwas wie Privatsphäre, da hat die Patientin sich außerdem ein Aufnahmegerät bestellt, den kleinen, schwarzen Audiorekorder, der in der Leihwohnung neben dem Laptop lag auf dem Tisch, den sie als Schreibtisch benutzt hatte, bevor sie in die Badewanne gestiegen war.

Unter der Schutzhülle von zwei Spritzern First verwandelt sich das kleine, schwarze Tascam-MP3-Digitalgerät in meinen geheimen Gefährten und Gesprächspartner der Unterwelt. Ich muss meinen Schmerzkopf keinen Millimeter bewegen, um diesen Tröster und Retter zu wecken. Die beiden Sauerstoffröhrchen können in den Nasenlöchern bleiben. Ich kann aufnehmen, was ich spreche. Ich kann Wörter ausprobieren. Ich werde später abhören und kontrollieren können, dass ich Hotel sage, wenn ich Zahnbürste sagen möchte, und Milch, wenn ich Brot denke.

Jetzt ist später.

Man hört eine Frau, die unnatürlich heftig atmet und spricht. Belanglose, wirre, sinnfreie Sätze spricht sie, aber auch Witziges, Reflektiertes und Selbstsuggestives. Dazwischen kichert sie.

Das Kichern ist ein theatralisches Ich-weiß-aber-noch-etwas-was-keiner-weiß-Lachen. Es ist das Kichern einer Irren.

Die Irre bin ich.

»Das ist doch alles gar nicht so schlimm. Reiß dich zusammen.«

Kichern.

»Reiß dich zusammen. Das ist hier doch alles eine sehr bemerkenswerte und interessante Erfahrung.«

Langes Kichern.

»Ich muss etwas machen gegen diese Wortverwechselei. Ich muss das trainieren. Ich muss Sprechen üben. Ich darf nicht immerzu Wörter vertauschen. Ich verwechsele Wörter. Das heißt Aphasie, bitte sehr. Weiß ich doch. Aphasie.«

Kichern.

»Bitte sehr. Weiß ich doch. Ich muss mich nur konzentrieren. Ich muss wach bleiben. Ich darf nicht wegdämmern. Ich darf nicht in meine Kindheit abgleiten. Ich muss wach bleiben.

Ich darf nicht in meine Kindheit abgleiten und zu Mutti auf der Brunscheider Wiese. Herrschaftszeiten. Meine Aufgabe hier in diesem Schneewittchensarg ist eindeutig. Ich soll nicht sterben. Ich soll keinen Vasospasmus bekommen. Ich muss sprechen üben, damit ich aufhöre, Milch zu sagen, wenn ich Milch will, wenn ich …, wenn ich … Was?«

Kichern.

Die Frau auf der Intensivstation kämpft um ihr Gehirn. Sie kämpft um Worte. Sie kämpft um Kontrolle. Sie spricht, um zu sprechen. Sie weiß, dass Neuronen einschlafen und sogar sterben können, wenn sie jetzt nicht stimuliert werden.

Sie hat keine Angst. Sie hat starke Schmerzen. Aber das ist nicht wichtig. Es geht ihr nur um Sprechen und Denken. Also spricht sie. Also denkt sie. Also denkt sie laut. Also probiert sie Formulierungen aus und lacht in sich hinein.

»Ich liege hier in meinem Schneewittchensarg und bin der siebte Zwerg. Und ich werde mich kümmern. Ich schwöre es im Namen der Versetalsperre, die meine Matratze ist.

Matratze?«

Kichern.

Es ist meine Stimme. Die Frau, die da redet und in sich

hineinfeixt, bin eindeutig ich. Eine interessante Variation meines Ichs. Ein Ich, das glaubt, Kontrolle und Verstand durch beständiges Sprechen behalten oder wiederherstellen zu können. Ein Ich im Laberflash.

»Das heißt nicht Matratze, das heißt … Fuck. Wie heißt das denn? Matratze.«

Wieder dieses irre Kichern.

Die Panik in meiner Stimme, wenn ich ein Wort nicht finde. Diese Panik überträgt sich beim Abhören, mein Herz klopft schnell, hart und unrhythmisch.

Atmen. Kichern. Pause. Ende.

Die nächste Aufnahme ist ein Nachlassauftrag, deklamiert mit pathetisch bedeutender Bühnenstimme, wie aufgesagt vor Publikum oder feierlich vorgelesen: »Warum also habe ich keine Angst? Das ist doch sehr bemerkenswert. Ich habe keine Angst. Ich will den Verstand nicht verlieren, die Sprache auch nicht. Und ich habe keine Angst. Ich werde den Verstand und die Sprache nicht verlieren, wenn ich keine Angst habe. Und wenn ich Verstand und Sprache doch verliere, wenn ich nicht durchkomme oder Gemüse geworden bin, dann möchte ich, dass die hier aufgesprochenen Gedanken veröffentlicht werden. Hört ihr? Ihr sollt dieses hier alles veröffentlichen. Das ist mein ausdrücklicher Wunsch.«

Falls ich nicht durchkomme oder Gemüse werde? Veröffentlichen? Und was veröffentlichen? Es ist doch alles ohne Sinn.

Zu Beginn der folgenden MP3-Datei ruft die Frau, die offensichtlich ich bin, euphorisch triumphierend und mit Begeisterung in der Stimme: »Ich kann es also! Ja! Ja! Ich kann visualisieren! Ich kann das jetzt endlich! Ich kann selber bestimmen, was ich sehe! Es ist nicht zu fassen! Ich verliere gar nichts in meinem Gehirn! Ich gewinne etwas hinzu!«

Die Stimme auf dem Aufnahmegerät ist vollkommen außer sich. Zwischen jedem Wort dieser kurzen Sätze hört man ein nun wirklich hysterisches Hecheln. Nach jedem Wort atme ich zweimal ein und aus, geräuschvoll, schnell und wie wild.

»Das.« Doppelhecheln. »Ist.« Doppelhecheln. »Ja.« Doppelhecheln. »Unfassbar. Das ist ja großartig. Hui! Wer hätte das gedacht? Es ist nicht nur nichts kaputtgegangen. Ich habe etwas dazubekommen. Ich kann visualisieren. Ich kann es endlich. Das. Ist. Ja. Vollkommen. Irre.«

Es klingt, als sei die Frau nun wirklich verrückt geworden. Sie hyperventiliert.

Es ist unangenehm, das anzuhören.

Aber ich erinnere mich. Es gab gegen Ende meiner Zeit auf der Intensivstation Tage und Nächte, in denen ich überzeugt war davon, dass ich nicht nur nichts verliere, mein Leben nicht, den Verstand nicht und die Sprache auch nicht, sondern außerdem noch etwas gewinne: die Fähigkeit zu visualisieren. Ich glaubte, das Monster in meinem Kopf habe zwar etwas zerstört, aber wunderbarerweise etwas, worauf ich gut verzichten kann, etwas, das bisher den Zugang zu Fähigkeiten und Erinnerungen versperrt oder blockiert hatte. Ich war überzeugt, dass mir ein Talent geschenkt wurde anstatt einer Behinderung.

Und, wie sich später herausstellen sollte, lag ich mit dieser Idee auch gar nicht so vollkommen daneben.

Mit dem Pelz fing es an.

Immer wenn ich die Augen schloss, sah ich ein braunes Fell, einen dichten, langhaarigen Pelz, wie von einem Bären, bärenpelzbraun. In Nahaufnahme. Und dann konnte ich plötzlich auf oder hinter diesem Fell alles sehen, was ich wollte. Wenn ich mir vorstellte, ich will meine Schwester sehen, erschien meine Schwester und lächelte mir zu, als wolle sie mich trösten und mir Mut machen. Ich konnte Christiane in Schwarz-Weiß erscheinen lassen, in Sepia oder in Farbe, so, wie ich wollte. Ich konnte sie im Original sehen, als Film oder als steinernes Denkmal. Ich konnte sie drehen und von hinten betrachten. Ich konnte sie zu Konrad Adenauer werden lassen und Adenauer zu Helmut Kohl. Schwarz-weiß, in Sepia, in Farbe, von vorne und von hinten.

Wenn ich Marilyn Monroe dachte, sah ich Marilyn lebendig vor mir, in Schwarz-Weiß, in Farbe, in Sepia, wie auf einer Fotografie, wie im Film, dann auch grob gezeichnet oder filigran schraffiert, schließlich als eine aus Stein gehauene Marilyn-Monroe-Statue. Ganz wie ich wollte. So, wie ich es mir gewünscht und entbehrt hatte in den Jahren, bevor Godzilla Aneurysma explodiert war.

Ich leide an Aphantasie. Normalerweise. Anders als fast alle anderen Menschen kann ich nicht visualisieren. Erst spät in meinem Leben hatte ich das herausgefunden. Wenn ich die Augen schließe und mir etwas oder jemanden oder eine Bewegung vorstelle, sehe ich nicht etwas oder jemanden oder eine Bewegung. Ich sehe eine marmorierte Farbfläche, feuerrot bis rötlich-schwarz. Ich kann mir etwas oder jemanden oder eine Bewegung denken. Aber ich kann nicht wirklich sehen, was ich mir vorstellen will.

Andere können das. Wenn ich nicht Golf spielen würde, hätte ich es nie gemerkt.

Aphantasie ist eine Anomalität des Gehirns, die bei etwa 3,5 Prozent aller Menschen vorkommt. Einfühlsame Neurologen vermeiden natürlich das Wort Anomalität. Sie sagen Gehirnvariante. Sie schätzen, dass möglicherweise viel mehr Menschen aphantastisch sind und die meisten ihre Gehirnvariante nie als Mangel spüren oder überhaupt entdecken. So wie ich über so viele Jahrzehnte meines Lebens.

Bis der Golflehrer sagte, mach doch einfach die Augen zu und stell dir den Ballflug genau vor. Sieh dir vor deinem inneren Auge an, wie er knapp links über dem Baum seine Kurve machen wird, ohne einen der oberen Äste zu berühren.

Der Golflehrer sprach so, als könne man tatsächlich mit geschlossenen Augen einen Ball fliegen sehen, als könne er das. Ich sah aber mit geschlossenen Augen gar nichts. Nur schwarz. Schwarz mit roten Punkten. Dann orange. Sonst nichts. Ich kann mir nur denken, wie ein Ball links um den Baum herum fliegen wird, ohne die Äste zu berühren. Ich habe nicht, was er ein inneres Auge nannte.

Darüber hatte ich nachgedacht und dann mit einer meiner kleinen, randomisierten Umfragen herausgefunden, dass alle in meiner Familie und auch die Freunde tatsächlich etwas sehen vor ihrem inneren Auge, wenn sie sich etwas vorstellen. Ich dagegen kann mir den Flug eines Balles oder das Gesicht eines Menschen zwar abstrakt denken, aber nicht sehen. Wenn ich in einer Reportage beschreiben will, wie jemand aus dem Schneidersitz vom Sofa aufsteht und Tee eingießt, spiele ich die Bewegung vor dem Spiegel nach, um die richtigen Worte zu finden.

Aphantasie. Es gibt unterschiedliche Schweregrade. Ich hatte mir eine mittelschwere Aphantasie diagnostiziert, die, wie ich glaubte, mit einer Überbetonung meiner linken Gehirnhälfte zusammenhängt. Diese immerzu laut schwätzende, alles kontrollieren wollende, vergleichende und kommentierende linke Gehirnhälfte übertönt bei den meisten Menschen der westlichen Welt in fast allen Lebenssituationen die rechte Gehirnhälfte. Damit übertönt sie unsere Möglichkeit, Kontakt aufzunehmen mit den sinnlichen, visuellen, spirituellen und magischen Welten, mit den Tieren, den Göttern, den Toten, den Kindern, mit allem, was wir jemals gesehen haben. So viele andere magische Kräfte, die uns untereinander und mit dem Kosmos verbinden, wirken in unserem Gehirn, wenn wir sie nur wirken lassen.

Also habe ich meine rechte Gehirnhälfte trainiert. Mein Lehrbuch hieß »Drawing on the Right Side of the Brain«, ein populärwissenschaftlicher Ratgeber zum Zeichnenlernen. Weil, vereinfacht geschrieben, auch die Fähigkeit, Strukturen, Licht und Formen zu erkennen, in der rechten Gehirnhälfte wohnt, handelt der praktische Teil dieses Buches davon, wie man die linke Gehirnhälfte so überfordert oder langweilt, dass sie sich freiwillig wegschaltet. Dann kann die rechte Gehirnhälfte mit ihren zauberhaften Fähigkeiten ungestört übernehmen.

Es geht in diesem Buch eigentlich ums Zeichnen, darum, dass jeder Mensch zeichnen kann, wenn er seiner rechten Gehirnhälfte nur erlaubt, ihre Arbeit zu machen. Im Mai 1920 hat Picasso seinen Freund Igor Strawinsky gemalt, Bleistift und Kohle, schnell hingeworfen auf Papier, ein feines, kompliziertes, geniales Meisterwerk. Es ist ohne Hilfsmittel eigentlich nicht möglich, dieses Bild abzuzeichnen.

Es sei denn, man dreht die Vorlage um 180 Grad. Strawinskys Kopf, die Haare, die Augen mit der Brille nach unten, seine Beine und die Beine des Stuhles, auf dem er sitzt, nach oben. So ergeben die Flächen und Linien und Leerstellen keinen Sinn mehr für die linke Gehirnhälfte. Es sind nur noch Flächen und Linien und Leerstellen, nicht mehr Brille, Augen, Falten im Anzug, Hosenbein, Tischbein. Die linke Gehirnhälfte kann damit nichts mehr anfangen oder hineininterpretieren. Also schaltet sie sich ab, gelangweilt bis überfordert. Die rechte Gehirnhälfte kann übernehmen. Der Gehirnbesitzer sieht nun nichts mehr außer Flächen, Linien und Leerstellen zwischen den Linien. Die kann er abzeichnen mit ein bisschen Konzentration und Geduld, verblüffend perfekt sogar; wie perfekt, erkennt er erst, wenn er seine Zeichnung umdreht. Jeder kann zeichnen. Das ist die Botschaft.

Malen, Zeichnen, sich in Flächen, Linien und Leerstellen vertiefen, sind gute Methoden, Kontakt aufzunehmen mit den interessanten, magischen und kreativen Möglichkeiten, die in der rechten Gehirnhälfte wohnen. An meiner Aphantasie allerdings hat diese Methode nie etwas geändert.

Jetzt aber war es dem Monster mit seiner heimtückischen Attacke auf meine linke Gehirnhälfte nicht nur nicht gelungen, mich umzubringen. Es hatte dort, ganz im Gegenteil, einen nützlichen Schaden angerichtet und den Zugang zu Begabung und Talenten geöffnet, die mir bisher versperrt geblieben waren.

Ich wusste, dass so etwas vorkommt bei linkshemisphärischen Gehirnschäden. Viele Geschichten von Oliver Sacks erzählen davon.

Und deswegen war ich ein, zwei Tage und Nächte lang außerordentlich gut gelaunt in meinem Schneewittchensarg auf der Station 1i. Immer und immer wieder habe ich die Augen geschlossen, damit dieses Fell erscheinen und ich auf das Fell alles projizieren und sehen konnte, was ich sehen wollte, selbstbestimmt und selbst steuerbar. Es war ein Vergnügen.

Aber dann, plötzlich, am dritten oder vierten Tag, war es kein Vergnügen mehr. Ich konnte die Bilder nicht mehr durch Denken und Wollen beeinflussen. Nichts mehr war selbstbestimmt oder steuerbar. Hinter meinen geschlossenen Augen erschien zwar zuverlässig und wie gewünscht das Bärenfell. Ich konnte auch die Gesichter erscheinen lassen, die ich sehen wollte. Nur machten diese Gesichter jetzt, was sie wollten, und nichts mehr von dem, was ich wollte. Vor meinen geschlossenen Augen wurden sie eins nach dem anderen alt und älter, erst meine Schwester, dann Marilyn, dann Angela Merkel. Alt. Älter. Und sehr alt schließlich, bis sie zerbröselten, einer nach dem anderen. Sie zerfielen wie ausgetrocknete Sandskulpturen. Zu Asche. Zu Staub.

Und dann sah ich, ganz ohne es bestellt zu haben oder beeinflussen zu können, Lichtspiele auf schwarzem Hintergrund. Feuerwerke aus Fraktalen. Kaleidoskope und selbst leuchtende Christbaumkugeln. Kosmische Mandelbrot-Variationen, dreidimensionale, rotierende Diamanten. Lebendig, organisch pulsierende Paisleymuster in Neonfarben. Eine faszinierend unendliche Vielfalt und Herrlichkeit war das. Eine Vielfalt und

Herrlichkeit, die ich allerdings überhaupt nicht steuern oder beeinflussen konnte. Das war zwar alles sehr schön anzusehen, aber auch beunruhigend. Sehr beunruhigend.

Es kam noch schlimmer. Die Pfleger hatten offenbar eine kleine Aufführung vorbereitet für meinen letzten Abend auf der Intensivstation. Sie spielten Rundlauftischtennis um die Bahre des Menschen, der im Sarg nebenan lag. Sie spielten übertrieben ausdrucksvoll, schnell und lebendig, wie Laien das manchmal tun. Und ich war eingeladen, das Schattenspiel dieses Spaßes zu sehen durch die Lamellen des Rollos, das Pfleger Robert zwar heruntergelassen hatte vor der gläsernen Wand zwischen mir und dem Sarg nebenan. Die Lamellen aber hatte er waagerecht eingestellt extra für mich zum Durchschauen.

Etwas später in jener letzten Nacht entdeckte ich, dass sie sogar auch noch etwas für mich an die Wand hinter meinen Füßen geschrieben hatten, gleich unter das brutale Kinderbild. Es war ein wilder Abschiedsgruß, mit dickem Pinsel und zu viel roter Farbe triefend eilig hingemalt. Ich weiß nicht mehr, was da zu lesen war. Tschüss, Frau Roll, alles Gute für Sie. Oder so etwas. Ich weiß aber, dass die frische Farbe noch aus einigen der roten Buchstaben herauslief und Richtung Fußboden floss.

Das fand ich außerordentlich liebenswürdig. Also habe ich die Klingel gedrückt, um Pfleger Robert zu bitten, das Licht anzumachen. Mein Plan war, so zu tun, als sähe ich dann im Licht erst und überhaupt zum ersten Mal die Zeichen an der Wand. So könnte ich mich vor seinen Augen freuen über den Abschiedsgruß, und Dankeschön sagen.

Ich drückte also den Notrufknauf, den sie mir neben meine rechte Hand gelegt hatten.

Von links kam Pfleger Robert und knipste das Licht an.

Dann aber stand gar nichts an der Wand. Die Wand war weiß. Wie immer. Oben links das grausame Schülergemälde, Vernichtungskopfschmerz, Das Ende. Wie immer.

Ich weiß nicht mehr, was ich gesagt oder gefragt habe. Aber als Pfleger Robert meinen Sarg wieder verlassen hatte, habe ich offenbar noch einmal das Aufnahmegerät eingeschaltet. Die Datei heißt tascam37, sie ist dreieinhalb Stunden lang.

»Es ist leider passiert. Es ist eindeutig. Ich verliere den Verstand. Es ist eben doch nicht gut gegangen. Der …«

Pause. Kichern.

»Der …«

»Der …, hossa, schon wieder ist also ein Wort weg. Ja was ist denn der, der Chef hier, der … Oberpfleger auf dieser Intensivstation ist gerade wieder rausgegangen.«

Die Panik in meiner Stimme. Das Kichern. Das Wort hossa, das ich im richtigen Leben nie benutze, oder nur, wenn die Dusche nach der Sauna wirklich sehr kalt und David in der Nähe ist.

»Ich habe es also nicht geschafft. Ich habe den Verstand verloren.«

Kichern.

»Aber ich habe es dem Oberpfleger Robert nicht gesagt. Ich werde es ihm nicht sagen. Ich werde es niemandem sagen. Sonst komme ich hier nie wieder raus. Ich sage nichts. Ich darf mich nicht verraten.«

Dann sage ich wirklich nichts mehr. Die Frau, die ich bin, atmet aufgeregt-schwer und schweigt.

Bald atmet sie regelmäßiger und ruhiger. Vielleicht schläft sie. Jedenfalls hat sie vergessen, den Audiorekorder auszuschalten. Man hört auf dem Audiofile tascam37 jetzt nur noch und immer weiter meinen Atem. Dazu das schwere Schnaufen des Beatmungsgeräts vom Nachbarsarg, die Jingles, das Piepsen, das Klingeln, die Slotmaschinen von den 21 Intensivbetten der Station 1i. Und ab und zu das Rauschen des Wasserfalls aus der Nachttopfwaschanlage links vor meiner Tür.

Ich sage in dieser Nacht nichts mehr.

Dachte ich.

Eine brauchbare Theorie über die Entstehung von Halluzinationen gibt es erst, seit Jerzy Konorski in den Sechzigerjahren des letzten Jahrhunderts so schlau war, die Frage einfach umzudrehen. Er fragte nicht: Warum kommt es zu Halluzinationen? Er fragte: Warum haben wir sie nicht ständig? Was verhindert Halluzinationen normalerweise?

Dann war alles ganz einfach: Die neuronalen Verbindungen von den Sinnesorganen zum Gehirn sind offenbar keine Einbahnstraßen. Sie funktionieren auch umgekehrt in die andere Richtung vom Kortex zurück in die Peripherie zu Augen und Ohren, zu Haut, Geschmacks- und Geruchszellen. Diese umgekehrten Bahnen sind blockiert, normalerweise, solange es hinreichend Input Richtung Gehirn gibt von Augen, Ohren, Haut und den anderen Sinnesorganen. Bleiben diese Reize aus, ist Rückfluss möglich, der sich physiologisch und auch in der Wahrnehmung des Betroffenen nicht von normalem Hören, Sehen oder Fühlen unterscheidet.

In einem Gehirn, das in dunkler Einzelhaft, im Floatingtank oder auf einer Intensivstation über einen gewissen Zeitraum seine üblichen Reize nicht bekommt, fließen also Informationen von innen nach außen. So etwa erklärt man sich das seit Konorski. Viele Tage und Nächte unbeweglich in einem Raum mit immer dem gleichen Blick auf immer die eine Wand reichen, um ein Gehirn zum Halluzinieren zu bringen.

Nun kann man beim Halluzinieren nur etwas sehen oder hören, das schon irgendwo im Gehirn gespeichert ist. Meine fraktalen Lichtspiele, die Leuchtkugeln und Kaleidoskope waren wahrscheinlich ein Mix aus allen Silvesterfeuerwerken meines Lebens und dem ersten Musikvisualisierungsprogramm von iTunes, das ich schon vergessen hatte.

Mit Haloperidol und Lorazepam war es den Ärzten zwar gelungen, die postoperative Psychose und mein Mord-in-der-

Charité-Delirium wegzudrücken. Nach einigen normalen Tagen und Nächten war das dann aber übergegangen in optisches Halluzinieren.

Das Theaterstück im Nachbarsarg und die Zeichen an der Wand würde ich schon eher wieder einer Psychose zuordnen; es gibt da keine präzise Trennschärfe.

Es gab allerdings, wie Peter Vajkoczy mir sehr viel später erzählt hat, in jener Nacht tatsächlich Theater im Nachbarsarg: »Da war was Notfallmäßiges. Ein junger Mann an der künstlichen Lunge. Die Schläuche mussten gewechselt werden. Eine Notoperation. Dazu sind fünf bis zehn Leute in einem Raum. Da wird sehr viel herumgelaufen. Das kann tatsächlich aussehen wie ein Ballett oder ein Theaterstück mit Rundlauftischtennis.«

Was ist Wahrheit? Was ist Wirklichkeit? Was ist Halluzination und Psychose?

»Der, dessen Gehirn in so einer Psychose ist, erlebt es als Wahrheit«, sagt der Mann, der mir mein Leben gerettet hat und meinen Verstand.

Und was genau ist da in meinem Gehirn geschehen? Wieso sehe ich eine Botschaft, die die Pfleger mir zum Abschied an die Wand geschrieben haben mit roten Buchstaben? Aber diese Botschaft ist gar nicht da. Was ist das? Was passiert da?

»Das weiß keiner. Ich könnte mir vorstellen, dass die Wahrnehmung mit den Buchstaben an der Wand gar keine reale Anregung hatte. Wahrnehmungen, die so einschießen, das kann schon auch mit der Lokalisation Ihres Aneurysmas zu tun haben. Da, wo es sitzt, sind wir schon im limbischen System, was entwicklungsgeschichtlich der älteste Hirnteil ist. Alles, was mit Emotionen, mit Merken und Impulsverhalten zu tun hat, geht von dort aus. Aber wo genau im Gehirn sich so etwas abspielt und welche Botenstoffe da jetzt gerade bei Ihnen verrücktgespielt haben, das weiß kein Mensch. Unser Gehirn ist zu erstaunlichen Dingen fähig. Davon würde ich mich nicht beunruhigen lassen. Nehmen Sie es einfach als Einblick in eine andere Welt.«

Dass ich in jener letzten Nacht auf der Intensivstation auch noch einen Einblick in eine noch einmal ganz andere Welt hatte, habe ich erst später erfahren, und auch nur zufällig.

Ich dachte, nach den Zeichen an der Wand kommt über zwei Stunden lang nichts mehr auf der Datei tascam37, die ich mit dem kleinen Audiorekorder aufgenommen hatte. Ich schlafe. Ich habe vergessen, das Gerät auszuschalten. Man hört mein Atmen, den Wasserfall, das Schnaufen eines Beatmungsgerätes und das Spielcasino. Da hatte ich dann eine Weile reingehört und schließlich vorgespult, bis ganz am Ende der Datei wieder etwas passiert. Man hört eine Schwester, oder vielleicht auch die Anästhesistin, die mich weckt, mich für meine letzte Angiografie vorbereitet und auch das Diktiergerät endlich ausschaltet.

Zum Schreiben wollte ich mich dem dann doch noch einmal aussetzen und in den Soundtrack der Unterwelt hineinhören. Also habe ich die MP3-Datei tascam37 einmal ganz durchlaufen lassen. Während die Frau auf der Intensivstation schläft und atmet, habe ich die vielen Papiere, die Arztberichte, Notizen, die Artikel zu Delirium und Halluzination, die CT-Bilder und Angiografien meines Gehirns sortiert, die schon lange in einer der schwarzen Pappmappen meiner Hängeregistratur auf diesen Tag gewartet haben. »Intensiv« steht auf dem Reiter dieser Mappe.

Dass Menschen diesen Lärm überhaupt aushalten, habe ich wieder gedacht. Dass Ärzte glauben, die Geräuschkulisse einer Intensivstation sei etwas, das schwer kranke Menschen nun einmal aushalten müssen. Dass ich das ausgehalten habe. So viele Tage und Nächte in dieser Hölle. Andererseits wird der Spielcasinolärm möglicherweise verhindert haben, dass mein Gehirn auch noch akustische Halluzinationen produziert.

Und dann, bei Minute 87:9 spricht die Frau plötzlich doch wieder. Ich spreche plötzlich doch wieder.

Ich spreche mit Gott.

Die Frau, die ich bin, sagt klar und deutlich, wenn auch mit weinerlicher Stimme: »Oh, Gott. Lieber Gott. Lass es aufhören. Ich bitte dich. Lieber Gott, lass es einfach aufhören.«

Es ist eindeutig meine Stimme, quengelig und kindlich. Aber es ist meine Stimme. Ich spreche mit Gott. Mit Gott, an den ich nicht glaube.

Leider ist nicht zu hören, was Gott geantwortet hat. Er muss aber auch etwas gesagt haben, weil es einige Zeit dauert, bis dann ich meinerseits wieder antworte: »Doch. Das kannst du sehr wohl, lieber Gott. Du hast es selber gesagt. Du hast es mir ja sogar vorgeschlagen.«

Wieder eine Pause.

Es ist ein Dialog. Ein Gespräch. Ein Gespräch mit Gott.

»Aber ich möchte das jetzt nicht mehr länger aushalten. Bitte, lieber Gott. Ich will das nicht mehr. Es soll aufhören. Es soll einfach aufhören. Lass mich bei dir bleiben, bitte. Bitte, lieber Gott, mach, dass es aufhört.«

Und das war es dann. Mehr passiert nicht auf dem Audiofile tascam37, den ich mit Herzklopfen anhöre bis ganz zu dem Ende, das ich schon kenne.

Es ist ein kurzes Gespräch mit Gott.

Ein Gespräch mit Gott, den es aber doch gar nicht gibt, an den ich nicht glaube.

Ich bin Atheistin. Ich bin möglicherweise zunächst aufgrund eines Missverständnisses Atheistin geworden. Ich sage deswegen auch lieber: Ich bin Agnostikerin. Oder ich sage, betrachtet mich als Possibilistin. Weil das gläubige Menschen nicht kränkt und vor allem nicht zu Diskussionen oder Bekehrungsversuchen herausfordert. Aber ich bin überzeugte Atheistin.

Es gibt keinen Gott.

Und hier, in der Hölle der Intensivstation, spreche ich mit ihm?

Denn dein ist das Reich und die Kraft und die Herrlichkeit. In Ewigkeit. Amen. Bei uns zuhause in der Friedrichstraße wurde jeden Abend gebetet. Zähne putzen. Gutnachtküsschen geben. Ab ins Bett. Dann durften wir die drei Strophen von »Müde bin ich, geh zur Ruh« singen. Und nach *Alle, die mir sind verwandt, Gott, lass ruhen in deiner Hand; Alle Menschen, groß und klein, sollen dir befohlen sein* gab es diese schöne, improvisierte, jeden Abend neu frei variierbare Litanei von: Und behüte die Mutti, den Papa, die Omeli, die Elke, die Schwester Adelheid, die Lala, Frau Dornbracht, den Etienne, die Schwester Katharina, das Ruthchen und die Anne, den Rillenfresser und auch den Goldi. Amen.

Goldi war der Goldhamster. Wir riefen ihn Goldi, obwohl Papa uns immer wieder sehr ernsthaft daran erinnerte, dass der Goldi seiner Meinung nach mit richtigem Namen Murkel heiße, Goldi könne deswegen höchstens sein Spitzname sein.

Ich habe fromm und innig geglaubt als kleines Mädchen. Ich liebte die Geschichten aus dem Alten Testament. Ich liebte noch viel mehr die Gleichnisse, Zauberkunststücke und das ganze Jesus-Brimborium aus dem Neuen Testament, an das man als Kind natürlich glühend glaubt: Lahme gehend machen. Wasser in Wein verwandeln. Gerechtigkeit herstellen. Solche Sachen. Das Christentum ist eine wunderbare Religion für Kinder.

Meine Lieblingsszene ist, wie Jesus vor dem Tempel aufräumt mit den Leuten, die nur ihre Geschäfte machen wollen. Wie er ihre Tische umwirft und sie aus dem Tempel jagt. Jesus war ein super Typ, meiner Meinung nach. Er war mein Freund und mein Held.

Vor seinem Vater, dem Gott, habe ich mich immer ein wenig gefürchtet. Der schien mir irgendwie unberechenbar und nicht ganz logisch zu sein. Einerseits war er allmächtig. Er bestimmte, sah und machte also alles. Andererseits stellte er die Menschen andauernd auf unsinnige Proben, verbot zum Beispiel Adam und Eva, den Apfel vom Baum der Erkenntnis zu essen, und schickte ihnen dann aber die Schlange, die sie doch verführte, was er aber natürlich vorher wusste und entschieden hatte, der allmächtige Gottvater.

Was sollte das?

Im evangelischen Kindergarten am Kindergässchen hinter der hohen Dornröschenhecke wurde mehr gebetet als gespielt. Sie war eine wahrhaftige Betschwester, unsere immer mit einem schwarzen Gewand verkleidete Schwester Katharina, die ihr steifes, weißes Häubchen mit den immer gleichen drei Splinten in ihrem dunklen Haar befestigt hatte, das von ersten Silberfäden durchzogen war. Und meine erste Außer-Haus-Expertin für Abwertungs- und Beschämungspädagogik war Schwester Katharina auch. Sie leitete den Kindergarten.

Wer zu viel schwatzte, musste in der Mitte des Stuhlkreises Platz nehmen – schön gerade und aufrecht, bitte, anlehnen ist verboten. Dann sollte man, sollte ich, den ausgestreckten Zeigefinger der rechten Hand so vor den Mund legen, dass er die Lippen verschloss.

Und so musste ich sehr lange da sitzen bleiben. Und mich von allen angaffen lassen. Stilles Stübchen hieß das.

Ich habe immer zu viel geschwatzt. Ich habe immer stilles Stübchen gesessen. Angegafft werden und nicht sprechen dürfen, noch eine schöne Erklärungsmöglichkeit wäre das für meine tödliche Auftrittsangst.

Wenn ich den Finger von den Lippen lösen, aufstehen und mit den anderen singen und beten und wahrscheinlich ja sogar auch spielen durfte, war alles wieder gut. Zwischen Gott und Jesus und mir war sowieso alles gut geblieben. Immer, wenn ich sicher war, es auf dem Folterstuhl gar nicht mehr aushalten zu können vor Scham, hat der Herr Jesus ganz ruhig mit mir gesprochen und gesagt, schwatzen ist gar keine so schlimme Sünde, Line. Ich habe dir längst vergeben. Halt noch aus. Du bist jetzt unsichtbar.

Ich hatte keine Glaubenszweifel als Kind. Ich sprach mit Jesus wie Fernandel mit ihm spricht in »Don Camillo und Peppone«. Aber es gab Fragen, die Jesus mir nie beantwortet hat, die niemand beantworten konnte: Schaut Gott mir immer zu? Oder nur, wenn ich bete? Auch im Dunkeln? Kann er alle Menschen auf der Welt gleichzeitig im Blick haben? Wieso geschieht dann überhaupt Böses?

Ich wurde älter. Die Fragen wurden wichtiger. Wieso hat Gott zugelassen, dass sein eigener Sohn, mein geliebter Jesus, so grausam gequält und gefoltert und an dieses Kreuz gehängt wurde, blutig festgenagelt durch die Hände und die Füße, bis er tot war? Warum lässt der allwissende, allmächtige und allgütige Herr Gott auch gute Menschen leiden? Wenn er das Böse einfach verboten hätte, dann müssten sich die Menschen nicht andauernd zwischen Gut und Böse entscheiden. Aber dann gäbe es auch keinen freien Willen. Wenn Gott aber schon im Voraus weiß, welche Menschen ihren freien Willen nutzen werden, um sich für das Böse zu entscheiden, warum hat er diese Menschen dann überhaupt erschaffen? Weshalb hat er Kain so mies behandelt, als dieser eifersüchtig auf Abel wurde? Und war Gott nicht selber schuld an dieser Eifersucht, weil er den Abel so ungerecht bevorzugt hat? Wieso hat er sowas nötig, wenn er doch der allmächtige Gott ist?

Oder ist der Herr Gott gar nicht wirklich allmächtig? Weil der Teufel, der altböse Feind, eben doch noch viel mächtiger ist?

Was man sich so zusammendenkt als monotheistisch protestantisch zweifelndes Kind.

Und dann, eines Tages, da muss ich schon sechs oder sieben Jahre alt gewesen sein, hat mein Bruder mich aufgeklärt: Das Christkind bringt gar nicht die Weihnachtsgeschenke. Die Eltern kaufen die. Weil es gar kein Christkind gibt. Es gibt auch keinen Nikolaus. Das ist immer der verkleidete Onkel Hans. Es wird Zeit, dass du mal die Wahrheit erfährst. Und den Osterhasen, den gibt es schon überhaupt gar nicht.

Ich erinnere mich nicht daran, ob ich protestiert habe. Ich weiß nur, dass Michaels Beweisführung erschütternd einleuchtend und logisch war und dass ich dachte: Ach so. Alles nur für Kinder. Das Christkind gibt es nicht, den Nikolaus nicht, den Osterhasen schon gar nicht. Schade. Also gibt es auch keine Engel, keinen Gott und keinen Jesus, meine Freude. Die ganze Bagage wurde nur für Kinder erfunden wie der Froschkönig und Kalif Storch. Es sind Märchen. Ich bin mal gespannt, wann sie mir das mitteilen wollen.

Wirklich schade.

Aber auch in Ordnung. Groß werden macht nicht nur Spaß, das hatte ich schon verstanden.

Beweismaterial fand ich genug. Hatte ich die Eltern jemals beten sehen, außer mit uns? Und hatte das Fräulein Sterzing uns nicht gleich zu Beginn des ersten Schuljahrs erzählt, dass der Mensch sich in sechs Millionen Jahren entwickelt hat und also gar nicht am siebten Tag geschaffen wurde? Ein Herr Darwin hatte das längst alles wissenschaftlich nachgewiesen auf den Galapagosinseln. Alles nur für Kinder, für hoffnungsvolle Toren.

Ich hörte also auf zu glauben.

Nicht sofort. Es war eher eine Art langsamer Jesus-Entzug. Und es war hart. Es war das erste Mal in meinem Leben, dass ich eine große Liebe selbstbestimmt beenden musste. Den Kindergottesdienst in der Christus-Kirche habe ich noch mitgemacht bis zur Konfirmation, zum langsam Entwöhnen und für die Geschenke. Der Zauber und das Voodoogefühl aber waren weg. Ich hörte die Predigt nicht mehr innig, andächtig und leuchtend vor Eifer, sondern kritisch.

Ich fand es noch eine Weile etwas ungerecht, dass meine katholischen Freundinnen um gute Zensuren beten und ihre kleinen und großen Untaten einfach wegbeichten konnten, wohingegen ich immer lernen musste und mich für alles selbst zu verantworten hatte. Aber das war keine so große Umstellung, das war genau genommen mit meinem protestantischen Herrn Gott auch schon so gewesen.

Später lernten wir im Geschichtsunterricht, wie viel Grauen das Christentum in die Welt gebracht hat, Kreuzzüge, Inquisition, Hexenverbrennung. Das war ja alles schon fast so schlimm wie der Holocaust. Damit wollte ich nichts mehr zu tun haben.

Ich war siebzehn, als die Obersekunda des Geschwister-Scholl-Mädchengymnasiums für ihren geliebten Deutschlehrer Goethes »Prometheus« lernen musste. *Bedecke deinen Himmel, Zeus, mit Wolkendunst! Und übe, dem Knaben gleich, der Disteln köpft, an Eichen dich und Bergeshöh'n! Musst mir meine Erde doch lassen stehn, und meine Hütte, die du nicht gebaut, und meinen Herd, um dessen Glut du mich beneidest.*

Prometheus wurde zum endgültigen und hochmütigen Abgesang auf meinen Kinderglauben. *Ich kenne nichts Ärmeres unter der Sonne als euch Götter! Ihr nähret kümmerlich von Opfersteuern und Gebetshauch Eure Majestät, und darbtet, wären nicht Kinder und Bettler hoffnungsvolle Toren.*

Bald danach hatte ich zum ersten Mal Sex. Und dann bin ich aus der Kirche ausgetreten.

Hast du's nicht alles selbst vollendet, Heilig glühend Herz?

Vierzig Jahre später liege ich in der Neurochirurgischen Intensivstation der Charité, Station 1i, Zimmer 10, und spreche mit Gott. Mit Gott, an den ich nicht glaube.

Überall auf der Welt haben Gehirnforscher Nonnen, buddhistische Mönche und strenggläubige Mormonen dazu gebracht, sich in den Gehirnscanner schieben zu lassen. In großen Versuchsreihen sollte sichtbar gemacht werden, wo Gott seinen

Platz hat im menschlichen Gehirn, an welcher Stelle also religiöses Erleben geschieht. Bitte, denken Sie da drinnen intensiv an Gott! Beten Sie! Beten Sie heftig!

In allen Experimenten war das periaquäduktale Grau hoch aktiv – das ist die graue Substanz, die den Aquaeductus mesencephali zwischen dem III. und IV. Ventrikel wie eine Dichtungsmanschette umgibt, ihn mit dem limbischen System verbindet und Schmerzneuronen hemmt. Auch der Nucleus accumbens ist beim Beten hochaktiv, das ist ein wichtiger Teil des Belohnungsschaltkreises im Gehirn, der dafür verantwortlich ist, dass Menschen Glück und intensive Befriedigung empfinden bei Liebe und Musik, bei Sex und unter Drogen. Offenbar sind in Phasen besonders starker spiritueller Empfindungen auch einige Zentren für Aufmerksamkeit unter Feuer, eigentlich der gesamte mediale präfrontale Kortex, die Exekutive also, in denen der Mensch seine moralischen Werturteile anfertigt.

Schmerz weg. Glück und intensive Befriedigung. Moralische Werturteile. Gott. Passt alles genau.

Was mag in meinem Nucleus accumbens, im periaquäduktalen Grau und im präfrontalen Kortex los gewesen sein in jener Nacht, als ich noch einmal mit ihm gesprochen habe?

Wenn nichts im Gehirn jemals spurlos weg und gelöscht ist, hat auch mein kindlicher Glaube ein physisches Engramm hinterlassen, ein Zeichen, eine individuelle Repräsentation, einen Vesikelrest, der nicht vollkommen ausgetrocknet ist. Überschrieben alles von atheistischen Erkenntnissen und Überzeugungen, aber nicht spurlos verschwunden und ausradiert.

Können die Buchstaben auf dem Pergament des Kinderglaubens, die ich mir vor langer Zeit selbst ausgekratzt, abgewaschen und neu überschrieben habe, wieder sichtbar geworden sein im Schwarzlicht der Blutüberschwemmung?

Seit meinem Aufenthalt in der Hölle von Station 1i weiß ich, dass auch die Spuren von tiefer und selbstverständlicher Religiosität für immer in unserem Gehirn bleiben, selbst wenn wir sie nur als Kind erlebt haben. Ich weiß jetzt, wie dumm es war, ungläubige Menschen zu belächeln, die sich plötzlich, kurz vor dem Sterbenmüssen, mit Gott beschäftigen. Vielleicht sind sie gar keine kitschigen Heuchler oder bigott-sentimentale Feiglinge vor dem Tod. Vielleicht stürzen ihre strapazierten Gehirne nur zurück, die alten, neu freigelegten Spuren entlang in die Kindheitsmuster, zurück zu Gott.

Es gibt noch eine kleine Pointe: Mein Bruder, der die Engel sehen konnte und mich aus Versehen zur Atheistin gemacht hat, als er mich über Christkind, Nikolaus und Osterhase aufklärte, dieser Bruder ist einer der wenigen tiefgläubigen Christenmenschen gewesen, die ich kenne. Michael ging jeden Sonntag in die Kirche. Er spielte Schlagzeug in der Gemeindeband. Der Pfarrer war sein bester Freund. Der Junge, der den elterlichen Bücherschrank im Kaminzimmer ganz übersprang und von Karl May gleich zu Peter Weiss, Brecht, Handke und Mao Tse-tung fand, der die Fleckhaus-Bände des Suhrkamp-Verlags so schön in den Farben des Regenbogens in seinem Bücherregal sortierte, fand bis zum Schluss Halt und Trost bei Gott, bei dem Gott, den er mir genommen hat, ohne das zu wollen. Bei Gott, mit dem ich noch einmal gesprochen habe in meiner letzten Nacht auf der Intensivstation.

Es ist nicht einfach, Mutmaßungen über einen Gott zu formulieren, an den ich nicht glaube. Es ist anmaßend, über den Glauben meines Bruders zu reflektieren. Die Verwandtschaft zwischen dem Schreiben meiner Geschichte und einer Aneurysmaoperation im geöffneten Schädel wird immer deutlicher. Alles ist so sehr miteinander verklebt. Die Schutzhäute noch so dünn oder gerade erst frisch verkrustet.

Wenn ich in die Tiefe vordringen will zu dieser Wunde, die

ich in mir verschließen möchte, muss ich mich behutsam vorarbeiten. Ich muss Wegmarken finden und schonen. Nichts darf ich reißen, ziehen oder einfach draufbrennen. Ich muss alles sauber und aufrichtig abpräparieren auf meinem Weg zum blutigen Kern. Kein Tabu darf endgültig verschlossen werden. Alle empfindlichen Stellen, die noch nicht aufgehen wollen, noch nicht aufgehen dürfen, muss ich unberührt lassen für die, die sich anders erinnern, oder an anderes. Oder gar nicht. Ich will nichts und vor allem niemanden verletzen auf dem Weg zu meinem Monster. Ich will nicht in einem Meer von Blut ertrinken.

Ich kann das.

Schreiben ist mein Beruf, meine Berufung. Immer schon habe ich geschrieben. Immer schon habe ich meine Wahrheit gefunden durch Schreiben. Immer schon habe ich Schreiben zum Denken benutzt, zur Selbsttröstung, zum Klarheit-Finden, und zum Geldverdienen schließlich auch.

Ich erinnere mich schreibend als Kind, die Zunge zwischen zusammengepressten Lippen. Den Kreidegriffel in der Hand auf der Schiefertafel. Das stinkende Schwämmchen am Faden. Das Frieren, wenn Kreide und Schiefer sich zu hart aneinanderrieben. Ich sehe Kladden und Arbeitshefte, die ich mit meinem Füller von Tropen Schröder vollschreibe in Königsblau. Tintenflecke bis unter die Fingernägel auf Daumen, Zeigefinger und Mittelfinger der rechten Hand. Ich sehe mich an Schreibmaschinen. Ich sehe mich auf dem Fußboden mit Schere, Tipp-Ex und Klebstoff hantieren, um Schreibmaschinentexte neu anzuordnen. Meine Examensarbeiten habe ich so geschrieben, auch noch das erste Buch, die kleine Lafontaine-Biografie.

Ich sehe die Artikel meiner stolzen ersten Jahre in der »Süddeutschen Zeitung«, getippt mit zwei Fingern auf einer der IBM-Kugelkopfschreibmaschinen, die zur Ausstattung der Lokalredaktion gehörten. Gelb-genormtes Manuskriptpapier, 35 Anschläge pro Zeile.

Wie viele Mittagessen habe ich beim Sport Scheck in der Sendlinger Straße mit Herbert Riehl-Heyse diskutiert darüber, was das mit unseren Texten machen wird, wenn sie uns tatsächlich zwingen, am Computer zu schreiben mit der das Denken so hoch beschleunigenden und alles verflachenden Löschtaste. Herbert schrieb seine Streiflichter und Reportagen bis zum Schluss vor, mit Füller, in erstaunlich kleiner Schrift.

Ich kann mir Schreiben nicht mehr anders denken als vor Bildschirmen und mit der allzeit bereiten, flinken, verflixten, großartigen Löschtaste.

Die Löschtaste.

Nach dem Gespräch mit Gott gibt es auf der Audiodatei tascam37 noch etwa eine Stunde und zwanzig Minuten lang nichts anderes zu hören als meinen Atem und den Sound der Intensivstation. Am Morgen werde ich geweckt von einer Frauenstimme: Ich bereite Sie jetzt vor für die Angiografie.

Man hört, wie ich schreie, kurz und scharf, weil die Anästhesistin meinen Kopf berührt oder vielleicht sogar bewegt. Und weil sie keine Ahnung hat von dem, was in der letzten Nacht in der Unterwelt geschehen ist, weil sie nichts weiß von den Buchstaben an der Wand, dem Rundlauftischtennis und auch nichts von meinem Gespräch mit Gott, sagt sie: »Alles ist gut. Wenn diese Angiografie in Ordnung ist, kommen Sie nach oben. Auf die Normalstation.«

Nach oben. Auf die Normalstation. Das hatte nach den vielen Tagen und Nächten in der Hölle geklungen wie: Zum Licht! Sie haben es geschafft! Sie sind in Sicherheit! Sie werden leben!

Woher sollte ich wissen, dass oben im Normalbetrieb der Charité die Todesgefahr erst noch einmal richtig anfängt.

Es ist dann wahrscheinlich auch die Anästhesistin gewesen, die die Aufnahme endlich stoppt und das Gerät ausschaltet, bevor sie mich wieder in den Operationssaal fahren.

Der Mann im Schrank

Ohne Adolf Hitler wäre ich nicht auf der Welt.

Wenn Hitler der deutschen Wehrmacht im September 1939 nicht befohlen hätte, Polen zu überfallen, wären meine Eltern sich nie begegnet. Ohne den Krieg hätte sich eine studierte Plutokratentochter aus dem Sauerland niemals zur Hausfrau und Mutti machen lassen vom mittellosen Sohn eines zum Oberschaffner der Deutschen Reichsbahn aufgestiegenen Hilfsarbeiters aus der polnischen Provinz Posen. Sie wäre außerdem gar nicht mehr zu haben gewesen im Frühjahr 1945. Das Plutokratenkind, das sieben Jahre später meine Mutter werden sollte, war ja nur wegen Adolf Hitler schon Witwe mit 22 Jahren.

Krieg zerstört Ordnung und Gewissheit. Krieg wirbelt das Leben und das Sterben der Menschen durcheinander, die Werte, die Wahrheit, die Moral, aber auch die Trennlinien und Schichten der Gesellschaft. Der Krieg ist eine monströse Entheimatungs- und Menschenmischmaschine, die alle Grenzen umpflügt. Erst die Grenzen des Sagbaren, des Vorstellbaren, die Grenzen von dem, was Menschen zu tun im Stande sind. Dann die Grenzen der Länder. Und unterwegs schon die Grenzen von Arm und Reich, von Ständen und Klassen, die Grenzen, die den Pool der Gene beengen.

Das deutsche Wort »Grenze« stammt aus dem Polnischen. Granica. Das gefällt mir.

Ohne Adolf Hitler wäre ich nicht auf der Welt. Ich habe diesen Satz ausprobiert an den Freunden, bevor ich ihn nun doch geschrieben habe.

Spinnst du jetzt?

Wenn sie sich über die Provokation der Formulierung wieder beruhigt und den eigentlichen Gedanken zugelassen hatten, sagten die Freunde Sätze wie: Stimmt eigentlich. Bei mir ist das auch so. Ohne die Nazischeiße gäbe es mich gar nicht. Ohne Hitler hätte meine Mutter aus Königsberg niemals den Heidelberger Buchhändler getroffen, als sie in München im Lazarett geholfen hat.

Erst musste Krieg sein. Dann kam das große Babyboomen. Die meisten Deutschen meiner Generation verdanken diesem unbegabten, irren Kunstmaler aus Braunau am Inn ihre Existenz. Der Satz darf stehen bleiben.

Und wenn nicht? Ob es einen Ort gibt für die Sätze, die nicht stehen bleiben durften, eine Art Friedhof für alles, was die Löschtaste getötet hat? Passen die vielen nicht möglichen ersten Sätze, die verworfenen Passagen, ungeliebten Anfänge und überflüssigen Textbruchstücke vielleicht auf geheimnisvolle Weise zueinander oder zu den Texten, die einfach verschwunden sind in den Jahren, als der Computer als Schreibwerkzeug neu erfunden war und abstürzte mit der Meldung schwerer Ausnahmefehler? Und wenn, was für eine Geschichte erzählen sie sich?

Gibt es auf diesem Friedhof auch eine Stelle für alles, was nicht zu erzählen war, was nicht erzählt worden ist, aus Scham, aus Faulheit oder aus Angst, andere zu verletzen?

Und was ist mit den Adjektiven, den vielen gestrichenen Adjektiven?

Ich stelle mir auf meinem Friedhof des Unerzählten kleine, schmucklose Urnengräber vor für die ungedruckten Anfänge und verworfenen Sätze, schiefe Grabsteine, unter denen die nicht erzählten Geschichten neben schweren Ausnahmefehlern liegen. In der Mitte unter der grünen, sonnenbeschienenen Wiese das anonyme Massengrab für gestrichene Adjektive. Und ganz am Rand unter den knorrig alten Eichen verwittern prachtvolle Familienmausoleen mit ihren ungeschriebenen Erzählungen und Romanen. Zur Geisterstunde und bei Tagmond sprechen sie alle miteinander. Ganz leise.

Wenn ein Mensch stirbt, wenn mit ihm seine Welt in ihrem Kosmos untergeht, dann nimmt dieser Mensch alles Nichterzählte mit sich in den Tod. Seine Erinnerungen, Gedanken, Erkenntnisse und Träume werden mit ihm begraben und verschwinden in der Ewigkeit. Nur die Geschichten, die er erzählt hat, überleben. Sie verändern sich durch das Erzählen und Weitererzählen; die Wahrheit verdünnt sich möglicherweise. Aber die Geschichten leben weiter, und das Konzentrat der Wahrheit überlebt in ihnen.

Die Wahrheit.

Als im Frühjahr 1945 die Amerikaner nach Lüdenscheid und auf das Gut Brunscheid kamen, hatte Mutter Ilse einen Mann im Schrank versteckt, einen militärischen Jemand, der es nicht mehr geschafft hatte, seine Wehrmachtsuniform mit Zivilkleidern zu vertauschen und den die Amerikaner schon allein deswegen nicht finden sollten.

Den Stall, die Scheune und die Tenne hatten sie bereits durchsucht. Jetzt wollte der Sergeant der kleinen Einheit die Villa inspizieren. Die ältere der beiden Töchter der Gutsbesitzer, die offenbar Englisch sprechen konnte, musste ihn durch alle Räume des Hauses führen, auch in das Schlafzimmer im zweiten Stockwerk, in dem der Mann im Schrank versteckt war. Es kann das Zimmer gewesen sein, in dessen Bett sich zwölf Jahre später links und rechts neben mir zwei Jungs unter gewaltigen Plümos in den Schlaf rullern. Vielleicht war es auch eines der Zimmer nebenan.

Ilse, die junge Frau mit den langen, dunklen Locken, die Englisch sprechen konnte, öffnete schließlich auch die Tür zu diesem Zimmer. Sie ging voran und gleich weiter ans Fenster, um nicht mitansehen zu müssen, wie der Amerikaner den Mann im Schrank findet.

Der Sergeant beachtet den Schrank aber noch gar nicht. Er stellt sich neben die junge Frau an das Fenster und schaut mit ihr hinunter in den Obsthof auf die schon schneeflockenweiß blühenden Apfelbäume. Dann bietet er eine Zigarette an.

Die Geschichte vom Mann im Schrank und von Mutters mit der Zigarette zwischen den Fingern verdächtig zitternder Hand ist in meiner Familie oft erzählt worden, so oft, dass ich die Szene längst als Film denke in Schwarz-Weiß. Mutter Ilse und der Amerikaner am Fenster. Halbtotale. Dramatisch-symphonisches Hollywoodgeigen.

Der Sergeant fummelt das Päckchen Lucky Strike aus seiner Hosentasche und bietet der jungen Deutschen eine Zigarette an. Sie nimmt die Zigarette mit zitternder Hand. Er gibt Feuer. Ihre Hand zittert jetzt so sehr, dass sie sicher ist, nun weiß und ahnt der Amerikaner alles. Gleich wird er den Schrank öffnen, den Mann abführen und wahrscheinlich auch die ganze Familie mitnehmen, die einen deutschen Soldaten versteckt hat.

In Großaufnahme sieht man das Zippo Black Crackle in der Hand des Amerikaners. Die Flamme. Und seinen Ehering. Ihre zitternde Hand mit der Zigarette zwischen Zeige- und Mittelfinger. Rot lackierte Fingernägel. Noch ein Ehering. Nur einer. Dabei war Günter schon tot, gefallen, wie man sagte und immer noch sagt, wenn einer im Krieg getötet wird. Die junge Frau, die sieben Jahre später meine Mutter werden soll, ist erst 24 Jahre alt und schon Witwe seit zwei Jahren. Ilschen wird sie genannt von ihren Eltern.

Der Amerikaner betrachtet den Ehering an seiner Hand und den Ehering an ihrer Hand. Er schweigt. Ilschen sagt auch nichts. Beide ziehen an den Zigaretten und schauen hinunter auf die Apfelbäume. Die Hollywoodgeigen streichen jetzt ungeduldig vivaldihaft hin und her auf immer demselben Ton. Volltotale. Der Sergeant und das Ilschen als Schattenriss am Fenster gegen die Baumblüte.

Schnitt. Und Nahaufnahme von außen durch das Fenster auf das sehnsuchtsharte Gesicht des Soldaten, das vor dem Auge der Kamera plötzlich wunderbar weich wird.

Manchmal mache ich es an dieser Stelle richtig kitschig. Dann denke ich mir – als bleichen Farbfilm seiner Gedanken – ein Südstaatenhaus mit Garage an der platanengesäumten Straße eines amerikanischen Vorortes. Hinter dem Haus im Garten auf akkurat gemähtem Rasen vor violett blühender Wisteria eine junge Doris Day und die beiden blonden Kinder – ein Mädchen und ein Junge –, die in Huntsville, Alabama, auf ihren Vater warten.

Wie aufgewacht aus einem Traum schaut der amerikanische Offizier Mutter Ilse kurz und intensiv in die Augen, so, wie ein Mann eine Frau anschaut. Zwei Leben misst und erzählt dieser Augenblick. Und einen Wendepunkt.

»Okay, let's go!«

Der Schrank wurde nicht geöffnet. Der Mann im Schrank blieb unentdeckt. Die Amerikaner waren tatsächlich die Guten.

Dieser eine Sergeant symbolisierte mit dieser einen Nichthandlung die Erfüllung der politischen Hoffnung und Sehnsucht unserer Mutter. Die Hoffnung und die Sehnsucht auf Anstand, Gerechtigkeit, Neuordnung, Humanismus, Demokratie und Zukunft, die das Ilschen seit Jahren in sich trug, weil sie die Ungerechtigkeit, den Terror und die Versumpftheit der Nationalsozialisten nicht mehr länger ertragen wollte.

Ich wollte die Ungerechtigkeit, den Terror und die Versumpftheit nicht länger ertragen. So hat sie es in einem ihrer Briefe an ihren Cousin Heinz formuliert, in dieser Handschrift, deren Bild meiner Handschrift so verblüffend ähnlich ist und die ich trotzdem nur angestrengt lesen kann wegen ihrer rätselhaften Sütterlin-Varianten.

Der geliebte Heinz, der für Mutter Ilse wie ein Bruder gewesen ist, hatte sie hart angegriffen, verletzt und gekränkt wegen ihrer undeutschen Haltung und ihrem verbrecherischen Hoffen auf die Alliierten. Eine wie sie sei der gefallenen deutschen Soldaten nicht würdig.

Was für eine Anklage gegen eine junge Frau, deren Ehemann und große Liebe zehn Wochen nach der Hochzeit genau das geworden war: ein gefallener deutscher Soldat, tot, verscharrt oder begraben irgendwo in Russland. Niemand wusste, wo genau.

Sie schreibt: *Nenn Du es undeutsch; meine ganze Haltung von Anfang bis zum Ende dieser Tragödie magst du als verbrecherisch bezeichnen. Ich stelle mir diese Haltung als deutsch und anständig bis in die tiefen Wurzeln meiner selbst vor, und kann und werde mich jederzeit – wenn nicht vor Glaubensfanatikern, so doch vor mir selbst, aber auch vor Anders-Gesinnten, Nachsichtigen – rechtfertigen. Ich wollte die Ungerechtigkeit, den Terror und die Versumpftheit der letzten Jahre nicht mehr länger ertragen. Ich fand es schandhafter, dieses, jede deutsche Tradition verleugnende Gebaren länger zu ertragen, als mich in die Hände des Feindes zu hoffen. Es gibt kein Anknüpfen oder Wiedergutmachen mehr, zu viel liegt geistig und real in Trümmern, als dass man darauf aufbauen könnte. Es wird umgepflügt werden, und in der dann neuen Erde wird wieder Saat aufgehen.*

Es ist schön, dass ich diesen Brief habe. Es ist gut, Halt und Gewissheit zu finden in der vertrauten, fremden Schrift. Wie stark unsere Mutter war, wie nicht nationalsozialistisch in einer Naziwelt. Und wie fein sie formulieren konnte. Die frühen Briefe meiner Mutter zu lesen, fühlt sich so an, als wolle sie mir noch einmal etwas zurufen aus der Ewigkeit: Ja schau ruhig mal, Kind, so bin ich gewesen. So bin ich auch gewesen.

Die Geschichte vom Mann im Schrank ist nicht wichtig. Dachte ich. Bis mein Bruder vor ein paar Wochen sagte: Der

Mann im Schrank, dein militärischer Jemand, das war aber doch unser Vater, Hauptmann Roll. Er hatte sich beim Rückzug mit dem Rest seiner kleinen Fernmeldeeinheit auf dem Hof der Großeltern einquartiert. Seine Leute wurden von den Amerikanern gefangen genommen, in den Obstfall gesperrt und am nächsten Tag abtransportiert in die Rheinwiesen. Nur er, der Hauptmann, unser Vater, war im Schrank versteckt. So ist er nicht in Gefangenschaft geraten.

Der Mann im Schrank war Hauptmann Roll? Der militärische Jemand, den Mutter im Kleiderschrank versteckt hat, soll Vater gewesen sein? Warum wusste ich das nicht? Unser Vater hat sich in Sicherheit gebracht und seine Leute in die Gefangenschaft ausgeliefert? Das passt aber doch gar nicht zu ihm, nicht zu dem Mann, den ich kannte – den ich zu kennen glaubte, den ich mir wünsche, gekannt zu haben. Das passt nicht zu diesem aufmerksam-zärtlichen Vater und fürsorglichen Firmenchef.

Nur, weil du ein Mädchen bist, musst du gar nichts! Du kannst tun und werden, was du willst! Brav und schüchtern sein bringt dich nicht weiter. Und wenn du dich doch mal vor jemandem fürchtest oder zu viel Respekt hast, musst du ihn dir einfach auf dem Klo vorstellen, mit heruntergelassenen Hosen.

Führerschein. Staatsexamensprüfung bei Wilhelm Hennis. Stellenbeschreibungsverhandlung mit dem Chefredakteur. Lampenfieber vor einer Podiumsdiskussion. Wie oft habe ich in den absurdesten Situationen meines Lebens an diesen Rat gedacht! Wie weit haben mich die Leitsätze meines Vaters getragen!

Und einmal, als ich mit dem Fahrrad gestürzt bin, als ich aus Angeberei und Ungeschicklichkeit kopfüber das Lenkrad gepurzelt war direkt vor die Füße von Michaels schönem Lateinnachhilfelehrer, den ich mit meinem Bergauf-aber-so-was-von-in-die-Pedale-Steigen beeindrucken wollte, da hat Papa mir den Derby 660 von Blaupunkt geschenkt.

Ein Kofferradio!

Ich hatte mich lächerlich gemacht. Ich musste mit meiner Gehirnerschütterung zehn Tage im dunklen Zimmer liegen. Alle hatten das Recht, mich zu verspotten. Papa aber schenkte mir dieses Transistorradio, das ich mir schon so lange so sehr wünschte, aber erst zum Geburtstag wünschen wollen sollte. Ein eigenes Radio. Endlich. Obwohl ich eigentlich auf gar keinen Fall Musik hören durfte mit meinem erschütterten Kopf.

Später, da war ich schon siebzehn, hat Vater den Girgl, meine erste große Liebe, eingeladen, mit uns drei Wochen nach Wangerooge in die Ferien zu fahren. Gisi, die Freundin meines Bruders, durfte auch mit. Und, ja, natürlich, Doppelzimmer. Was denn sonst? Sollen die Tanten in Lüdenscheid sich das Maul zerreißen, so viel sie wollen, mit ihrem Kuppeleiparagraphen und Die-Kinder-sind-aber-doch-noch-nicht-einmal-volljährig.

So zu reden trauen die sich doch sowieso nur, wenn ich nicht im Raum bin. Ihr wollt noch ein Eis? Wunderbar. Kaiserhof-Becher für alle. Und zur Rechnung bitte noch eine Runde Bommerlunder mit Pflaume. Ich bin euer Scheinwerfer.

So war Vater doch.

Für seine Monteure und Büroangestellten hat er die Werkswohnungen gebaut am Dukatenweg. Die Firmenautos durften privat gefahren werden, auch in den Urlaub selbstverständlich. Jedes Jahr spendierte er Betriebsausflüge in die Schweiz, an den Rhein oder nach Italien, und dann noch eine Weihnachtsfeier für die gesamte Belegschaft mit Ehepartnern. Denen war er auch eine Art Vater. So hatte er es ja gelernt als Soldat, zwölf gehirnformatierende Jahre lang. Mutters Firma leiten und Vater sein, das machte er als Chef der Kompanie, fürsorglich, gewissenhaft, großzügig, inspirierend, Treue, Gehorsam und Opferbereitschaft einfordernd, das schon, aber leichtlebig, was immer das heißt. Er war geachtet bei seinen Angestellten. Sie haben ihn geliebt und verehrt. Wie erstaunlich war das, diese kräftigen, jungen Männer weinend zusammenbrechen zu sehen an seinem Grab.

Und dieser Mann soll sich im Schrank versteckt haben, während die Amerikaner seine Leute gefangen nehmen und abführen?

War aber so, sagt Michael.

Noch ein blinder Fleck? Noch eine Mund-zu-Mund-Beatmung? Sind denn alle Paläste meiner Erinnerung Luftschlösser? Hat mein Gehirn sich auch die Geschichte vom Mann im Schrank so zerlegt und neu zusammengebastelt, dass Vater auf der Bühne meines Erinnerungstheaters der schöne Held bleiben kann, die moralisch integre, heldenhafte und anbetungswürdige Hauptfigur, die zu früh gestorben ist? Habe ich dafür einen unbekannten militärischen Jemand in den Schrank gesteckt? Was soll das überhaupt sein, ein militärischer Jemand?

Warum glaube ich wissen zu können, wie der Mann, den ich als Vater und Firmenchef in den Fünfziger- und Sechzigerjahren kennengelernt habe, gewesen ist als Überlebender und Kompanieführer im Wolfszeitchaos des Kriegsendes, nach allem, was er erlebt und getan hatte?

Und als die Amerikaner kamen, hatte er sich also bei ihr im Schrank versteckt und seine Männer ihrem Schicksal und der Kriegsgefangenschaft überlassen?

»Nur, dass es gar kein Schrank war«, sagt mein Cousin Hännes, der bis heute auf dem Gut Brunscheid lebt.

Es gab im Erdgeschoss der Villa ein geheimes Zimmer. Die Eingangstür zu diesem Zimmer war so hinter dem großen Wandschrank versteckt, dass niemand auf die Idee kommen konnte, da könne überhaupt noch etwas sein. Auch von außen konnte man sich nicht vorstellen, dass da im Inneren des Hauses noch ein weiterer Raum sein könnte.

»In diesem geheimen Zimmer haben sie alles versteckt, was versteckt werden musste, schwarz geschlachtete Schweine und

Rehe, Vorräte, Schmuck, Tauschwaren, Devisen, die Familienfilme, und wahrscheinlich auch deinen Vater.«

Kein Schrank. Ein geheimes Zimmer. Der unbekannte militärische Jemand im Schrank war also in Wirklichkeit mein Vater. Er war aber gar nicht im Schrank versteckt, sondern in einem geheimen Zimmer hinter einem Schrank. Das wird ja immer besser.

Eine Woche später erzählt die Dorfälteste, dass der im geheimen Zimmer hinter dem Schrank vor den Amerikanern versteckte Mann aber doch, wie alle wüssten, gar nicht unser Vater, sondern der Großvater gewesen sei. »Euer Großvater stand, möglicherweise wegen seines Mitwirkens am Bau der Versetalsperre mithilfe von Zwangsarbeitern, auf der Fahndungsliste der Amerikaner.«

Der Großvater?

Wegen seines Mitwirkens am Bau der Versetalsperre?

Mithilfe von Zwangsarbeitern?

Die Tochter der früheren Wirtsleute, die bis in unsere Kindheitstage hinein die Sofaranch bewirtschaftet haben, das ist die einzige Kneipe in Brunscheid, sagt das auch: »Euer Großvater wurde im geheimen Zimmer versteckt, weil die Amerikaner ihn suchten wegen der Zwangsarbeiter in der Versetalsperre.«

Mutti, mir ist kalt. Mutti! Warum friere ich hier immer? Mutti, was geschieht mit mir? Was ist mit euch? Was ist mit dieser Talsperre?

Jetzt weiß ich es.

Jetzt ahne ich es.

Stille Post. Ich seh etwas, was du nicht siehst. Jeder in meiner Familie hat sich den Nebel der Leerstellen in dieser Geschichte vom Mann im Schrank mit Details und Personen ausgeleuchtet, die ihm plausibel erschienen, oder wünschenswert. So haben wir uns die Geschichte so lange weiter und immer weiter erzählt, bis auch unser Opa kein Nazi mehr war und schon gar kein Sklavenantreiber im Versetal.

Das ist ja ein irrer Prozess in Deutschland, zwei seltsam kommunizierende Röhren: Je präziser, genauer und vorbildlicher die Forschung und die Gedenkrituale, desto verschwommener wird die konkrete Erinnerung in deutschen Familien an die Beteiligung, die Bereicherung, das Mitmachen, das Wegsehen, das Arbeitssklavenhalten der eigenen Eltern, Großeltern und Urgroßeltern.

Und trotzdem hat die Erzählung vom Mann im Schrank ihre Wahrheit durch den Nebel und durch die Jahrzehnte getragen bis heute, bis zu dem Tag, an dem jemand diese Wahrheit endlich finden wollte.

Wie viele Wahrheiten gibt es?

Noch eine: Cousin Hännes hat mir die ersten Seiten aus dem Hoftagebuch seiner Mutter geschickt.

Es war ein trockenes und warmes Frühjahr. Hin und her rasten jetzt deutsche Wehrmachtsfahrzeuge und der Feind versuchte sie aus der Luft mit seinen Waffen zu treffen. Der Ruhrkessel war geschlossen. Ungeheure Menschenmengen – Soldaten, Kriegsgefangene aller Nationen und Flüchtlinge – bevölkerten unsere Straßen.

Dann sahen wir sie eines Tages über die Höhen vom Kolbturm kommen. Langsam schoben sich Rauchwolken aus südlicher Richtung durch die Täler rüber zu uns. Die verkündeten das Nahen der Amerikaner. Schließlich waren die Amis am 13. April in Werdohl und Lüdenscheid. Brunscheid war noch unbesetzt. Scharenweise kamen jetzt deutsche Soldaten zu uns. Sie wurden verpflegt, verproviantiert und in Richtung Rahmede-Heedfeld weiter geschickt.

Am Abend des 14. April zogen die letzten deutschen Soldaten aus dem Haus, und eine halbe Stunde später war ein Trupp von achtzig amerikanischen Soldaten hier. Die Nacht verbrachten wir im abgeschlossenen Keller. Am nächsten Morgen war das ganze Haus durcheinander. Vaters Gewehrschrank war vollständig leer.

Vier Tage lang kamen nun ständig durchziehende amerikanische Truppen ins Haus. Wir konnten immer nur aufräumen, putzen und kochen. Eines Morgens waren viele deutsche Soldaten als Gefangene in den Hundezwinger, Mistfall und Obsthof gesperrt.

Und dann, hier steht es, in Hannelores feiner, gerader Tintenschrift mit den selbstsicheren Unterlängen: *Am 5. Tag traf Friedrich T., der Schwager meiner Schwester Ilse, hier in voller Kriegsbemalung ein. Ihn mussten wir vor den Amis, die nach deutschen Soldaten im Hause suchten, im Kleiderschrank verstecken.*

Im Kleiderschrank. In voller Kriegsbemalung. Ein militärischer Jemand. Friedrich Thon, Günters Bruder, der zweite Sohn des Generals.

Tagebücher lügen nicht. Tagebucheinträge funktionieren anders als Erinnerungen und Familienerzählungen. Sie biegen sich nichts im Nachhinein zurecht, passend zu den im Laufe der Jahre und Kontingenzen wechselnden Sichtweisen und Wunschvorstellungen. Sie schönen nicht, oder wenn, dann schon und nur in dem Moment, in dem sie hingeschrieben werden.

Der Mann im Schrank war ein Mann im Schrank. Ein militärischer Jemand.

Und das geheime Zimmer?

Gab es trotzdem.

Und Großvater? Die Zwangsarbeiter in der Versetalsperre?

Und Vater?

Nichts weiß ich.

EI SÖRRENDER

Eines Morgens im Frühling 1945 hat Mutter Ilse ihn zum ersten Mal gesehen. Ohne Hemd saß dieser unverschämt gut aussehende Kerl vor seinem Kübelwagen in der Sonne an der Obstwiese und ließ sich von seinem Burschen rasieren. Großvater hatte seinen Töchtern verboten, auch nur ein Wort zu wechseln mit diesem Herrn Hauptmann, der sich und seine Leute in Brunscheid zwangseinquartiert hatte.

Und dann sind doch bald Worte gewechselt worden.

Holzpfähle werden in die Erde geschlagen. Ein Weidezaun wird gebaut. Die beiden Töchter des Gutsbesitzers schauen den Soldaten aus sicherer Distanz zu. Sie lachen kokett. Vater hat die jungen Frauen fotografiert beim Zuschauen und Lachen.

Frühjahr 1945 in Frontnähe, Gartenarbeit, Zuschauer. Das hat er mit Tinte auf das grüne Papier seines Fotoalbums geschrieben in einer Schrift, die damals offensichtlich seine Schrift gewesen ist.

Oberleutnant Röder und Oberleutnant Krüger bei der Gartenarbeit. Man gibt sich sorglos im Ruhrkessel.

Der Herr Hauptmann und seine Leute halfen dann auch bei der Fertigstellung des Bunkers, dessen Bau der Großvater im Februar begonnen hatte, zum Überleben des Endsiegs, wie er sagte.

Zwei Fotografien später sitzt Hauptmann Vater schon neben dem Ilschen im Gras. Er im Militärmantel aus Leder. Sie in ihrem geliebten Fuchsmantel, den sie auch für das Hochzeitsfoto mit Günter über die Schultern geworfen hat, im September 1942 ist das geknipst worden vor dem Nazihotel Alpenhof in

Bad Reichenhall. Sie fand sich – und später mich – immer so besonders lässig und schick in diesem Mantel. Das wildbunte Fell der Füchse, die der Großvater geschossen hat, passte auf dem Ku'damm so fabelhaft zum Eisgrau der Fliegeruniformen ihrer Verehrer, deren Väter adelige Gutsherren waren, Industriekapitäne und Generäle.

Einen davon hatte sie geheiratet, Günter, der auf allen Fotografien sympathisch aussieht, gut gelaunt, sehr verliebt, aufgeräumt, empfindsam und lustig mit seinen abstehenden Ohren. Ein bisschen wie Max Raabe, jedenfalls so, wie man als Generalssohn vielleicht besser nicht aussieht.

Nie wieder in ihrem Leben ist das Ilschen so glücklich gewesen, so entspannt, locker, lebenslustig und strahlend. Das erzählen die Fotos mit Günter. Sogar Hannelore, die kleine Schwester unserer Mutter, war offenbar verliebt in diesen Mann, und unsere Omeli, die Mutter der beiden jungen Frauen, auch.

Ich weiß nichts über Mutters ersten Mann, nur diese eine Geschichte, eine kleine Szene. Sie spielt auf der Treppe zur Ehrentribüne eines Reitturniers. Eine Windböe hat den Hut von Ilschens Kopf geweht. Und Günter sagt durch zusammengebissene Zähne: »Dreh dich jetzt bitte nicht auch noch nach diesem Hut um.«

Auf seinem Totenschein, den ich im Bundesarchiv bei den Verlustlisten gefunden habe, steht, dass er am 4. Dezember 1942 in Mastisdach gestorben ist, gefallen: A.G.K. Zwei Monate und sechs Tage nach der Hochzeit in Bad Reichenhall war das dann also. A.G.K bedeutet Artillerie Geschoss Kopf. Im Forum der Wehrmacht wissen sie so etwas. Den Ort Mastisdach kannte dort niemand. Ich fand Mastisdach auf keiner Landkarte, auch im Internet nicht. Niemand wusste etwas über diesen Ort, an dem sie Günter den Kopf weggeschossen haben. Bis Putin die Ukraine überfiel und Israel ankündigte, im Westen der Ukraine ein Feldkrankenhaus zu eröffnen, in Mostyska. Mostyska liegt

61 Kilometer westlich von Lwiw nah der polnischen Grenze und wird mɔsˈtɪsʲkɑ ausgesprochen. Hier könnte es gewesen sein. Hier haben sie der großen Liebe meiner Mutter das Gehirn weggeschossen. Die deutsche Wehrmacht hat sich keine besondere Mühe gemacht mit ihrer Lautschreibung ukrainischer Orte.

Ich stelle mir vor, dass Günter im letzten Moment seines kurzen Lebens an sein Ilschen gedacht hat, an die Reise nach Sankt Anton, an ihren lustigen Hund, an die Verlobung im Wannsee-Strandkorb Nummer 114 und daran, wie dieser dämliche Hut weggeflogen war.

Wenn er überhaupt noch etwas gedacht hat.

Bestimmt ist ein Foto von ihr mit ihm verscharrt worden. Vielleicht trug er sie immer bei sich, in der linken Brusttasche seiner Uniform. Ilschen im geblümten Badezweiteiler mit zurückgeworfenem Haar. Eingeübt verruchter Zarah-Leander-Augenaufschlag von unten, Smokey Eyes. So hat er sie fotografiert am Wannseestrand, bevor er sich freiwillig aus dem Führerhauptquartier an die Ostfront meldete, um sich den Kopf wegschießen zu lassen für Führer, Volk und Vaterland.

Mutter Ilse mit 22 Jahren: bauchfrei mit Augenaufschlag im Strandkorb Nummer 114, selbstbewusst leuchtend. Rauchen mit Zigarettenspitze. Heidegger gehört haben in Freiburg. Jetzt Zeitungswissenschaft studieren bei Emil Dovifat. Kleine Feuilletons schreiben unter dem Kürzel it. Ilse Thon. Theaterpremieren, Kinobesuche, Einladungen. Im Abendkleid und Fuchsmantel, mit roten Rennfahrerhandschuhen und offenem Verdeck den BMW über den Ku'damm kutschieren, den Großvater ihr zum Abitur geschenkt hat, einen 327-Zweisitzer mit Weißwandreifen und aufgesetzten Trichterscheinwerfern aus Chrom. Oh, frivol ist mir am Abend.

Was für eine Frau!

Jetzt ist sie schon seit zwei Jahren Witwe. Jetzt ist Günter tot.

Und wenn er nicht gestorben wäre am 4. Dezember 1942 in der Ukraine, gäbe es mich nicht.

Jetzt trägt sie den Fuchsmantel sorglos im Ruhrkessel. Jetzt ist die Front ganz nah. Der Krieg ist bald vorbei, und Frühling wird es im Sauerland. Jetzt sitzt neben ihr im Gras dieser Hauptmann Roll in dem Militärmantel, den er auch beim letzten Besuch in Guben getragen hat auf dem Foto, das ich erst seit zwei Jahren kenne, 1941 ist das gewesen mit seinen Geschwistern am Ufer der Neiße, an einer Stelle, die ich achtzig Jahre später wiedergefunden habe mit klopfendem Herzen. Gar nicht weit weg war das von dem Eisenbahnerwohnhaus in der Wilkestraße 39c.

Das Frühjahr 1945 war auch im Sauerland besonders warm und trocken, der Himmel seit Tagen schon hoffnungsvoll blau ohne Wolken. Die Apfelbäume blühten. Schneeflockenweiß. Dann waren gelbe Blätter vom Himmel gefallen.

Die Amerikaner eröffneten den Endkampf um den Ruhrkessel mit einem Spezialbombardement, einem Bombardement der sanften Art. Sie warfen keine Brandbomben, keine Luftminenbomben, keine Rotations-, Spreng- oder Aerosolbomben. Sowas war in diesem Krieg sowieso schon nur ganz selten auf Lüdenscheid gefallen. Durch ein Wunder oder ein Versehen ist die Stadt der Patronenhersteller verschont geblieben von schlimmen Bombardements und Kampfhandlungen. Und nun, zum großen Finale, das in den Geschichtsbüchern der Amerikaner »Mopping up the Ruhr« genannt wird, werfen sie gelbe Blätter auf das Sauerland, Tonnen von gelben Blättern, sanft trudelnde und noch sanfter landende Blätter. Es sind Flugblätter, Flugblätter im wörtlichsten Sinn.

EI SÖRRENDER steht in fetten roten Buchstaben auf den gelben Blättern. Darunter, kleiner und in Schwarz: *Auch für Dich öffnen ZWEI WORTE den Weg in die Heimat. ZWEI WORTE: EI SÖRRENDER.* In noch kleineren Buchstaben wird allen deutschen Soldaten, die die beiden Zauberworte sprechen und sich ergeben würden, sofortige Entfernung aus der Kampfzone zugesichert, außerdem Verpflegung, ärztliche Versorgung, Schreibgelegenheit und Behandlung nach dem internationalen Kriegsgefangenenrecht der Haager und der Genfer Konvention.

Noch aber ergibt sich keiner.

Es ist der 9. April 1945. Zwei junge Menschen sitzen nebeneinander im Gras, zwei, die sich ohne diesen Krieg niemals getroffen hätten. Sie sind noch einmal davongekommen und wundern sich, dass sie so fröhlich sind. So viel Anfang war nie. Sorglos im Ruhrkessel.

Ich stelle mir vor, dass er an die Frau denkt, der er versprochen oder mit der er vielleicht sogar verheiratet ist, an seinen Sohn, an seine Eltern und Geschwister. Er weiß nicht, wer von ihnen noch lebt, und wenn, wo. Er kann noch nicht wissen, dass sie aus Guben geflohen sind, dass seine Familie also zum zweiten Mal vertrieben wurde. Was er weiß, ist, dass die Briten in der Nacht zum 14. Februar auf die Stadt Dresden den schwersten Luftangriff geflogen haben sollen, den es in diesem Krieg bisher gegeben hat.

Ein Zug der Reichsbahn voller Menschen, die vor den heranrückenden Sowjets geflüchtet sind, hatte den Dresdner Hauptbahnhof gerade verlassen, als das Feuer vom Himmel fiel und die Steine brannten. Aber das weiß er nicht. Auch nicht, dass in diesem Zug seine Eltern saßen und seine beiden Schwestern mit ihren kleinen Kindern, meinen Cousins und Cousinen, die ich nicht kannte in meinem ersten Leben, die ich nie getroffen habe, die ich nie getroffen hätte, wenn mein Monster Godzilla Aneurysma mir den Weg nicht freigesprengt hätte zu ihnen.

Vielleicht dachte Vater auch gar nicht an seine Familie. Vielleicht dachte er nur: Wie werden meine Leute und ich satt? Wie überlebe ich das Ende dieser Katastrophe? Wo kann ich unterkommen? Und wahrscheinlich dachte er: Hier ist alles, was ich brauche. Diese junge, attraktive Frau lebt auf der richtigen Seite des Flusses. Ihre Eltern besitzen dieses feine Gut, hier wird man nicht hungern müssen. Sie erbt eines Tages auch noch ein großes weißes Haus in der kleinen Stadt, die wie durch ein Wunder heil geblieben ist, und eine Firma, mit der ihr Vater offensichtlich sehr viel Geld gemacht hat zwischen den Kriegen. Diese Frau hat alles, was mir fehlt.

Und ihr fehlt nur ein Mann.

Vater konnte unfassbar charmant sein und direkt, wenn es darum ging, eine Frau verliebt zu machen. Er sah gut aus. Schon damals. Als ich ihn kennenlernte, sah er aus wie Don Draper, wie Jon Hamm in »Mad Men«. Als Kind konnte ich spüren, dass Frauen einmal kurz einatmeten, wenn er einen Raum betrat. Er wusste das. Er nutzte es. Ich mochte das. Er war optimistisch, präsent, lustig, vital, sehr musikalisch und leichtlebig. Dieses Wort steht in allen Beurteilungen seiner Vorgesetzten, die ich in seinen Wehrmachtsunterlagen gefunden habe: *Tadelloser Vorgesetzter, der es durch ruhige Fürsorge und gerechtes Denken versteht, das Herz seiner Männer zu gewinnen. Gutes Organisationsvermögen. Etwas leichtlebig.*

Und die junge Frau im Gras neben ihm?

Das Ilschen war vor allem kontrolliert. Sie hatte schon eine große Liebe verloren, den schönen Glauben an den Humanismus des neuen Menschen auch. Und sie hatte ein Kind totgefahren mit ihrem 327er BMW. Aber auch das habe ich erst jetzt erfahren.

Haltung bewahren in jeder Lebenslage und unseren Mann stehen, das hatte sie den Lehrern des Höhere-Töchter-Internats in Weimar versprochen in ihrer Abiturrede, von der sie nie erzählt hat und die ich im Stadtarchiv Weimar gefunden habe.

Mutti in Weimar. Nur nicht aus Liebe weinen.

Jetzt sitzt sie im Gras mit diesem sympathischen Hauptmann. Wahrscheinlich dachte sie an Günter. Daran, dass sie ihr nicht mitgeteilt hatten, wo genau er gestorben war und wie. Auch, dass sie auf die Mitteilung nicht wie bei den anderen geschrieben hatten für Führer, Volk und Vaterland. Ganz spät in ihrem Leben, kurz vor ihrem Tod, hat Mutter Ilse viel darüber nachgedacht und versucht herauszufinden, ob Günter vielleicht im Widerstand gewesen sein könnte. Das hätte ihr gefallen. Aber auch das hat sie mir nie erzählt, nur meiner kleinen Schwester, ihrem Schätzelein.

Ich könnte ihr sagen: Kopfschuss in »Mastisdach«, damit ist wahrscheinlich Mostyska in der Westukraine gemeint. Und dann würden wir vielleicht gemeinsam weiterrecherchieren. Aber sie lebt nicht mehr.

Wahrscheinlich dachte sie: Eigentlich brauche ich wirklich keinen neuen Mann. Außer vielleicht zum Überleben des Endsiegs. Aber dieser hier ist passabel. Dieses Wort hat sie tatsächlich benutzt. Euer Vater war passabel.

Er besaß zwar nichts, außer seiner Uniform, diesem Ledermantel und einer Leica, was aber alles, genau genommen, Eigentum der Luftwaffe war. Und dann war da nur noch ein Wehrmachtsrucksack voller Fotografien. Die Bilder seiner großen Kriegsreise von Polen nach Rumänien, Bulgarien, Serbien, Makedonien, Griechenland und Kreta. Und Portraitfotos von den Frauen, die er unterwegs liebte. Auf den Rückseiten standen Sätze wie: Für immer Deine. Komm zurück. Vergiss mich nie.

Lachhaft.

Und hatte er nicht schon ein Kind mit einer anderen?

Ja. Offenbar.

Die andere. Die Mutter meines Halbbruders, den ich suche.

Andererseits lebte dieser Mann und war nicht tot, sondern passabel. Er hatte kein appes Bein, wie man im Sauerland sagt, und schien auch innerlich kein bisschen verkrüppelt zu sein. Das war nicht einer dieser verbitterten Heimkehrer wie Cousin

Heinz, der erst zuhause verstand, dass der Krieg verloren war und was sie angerichtet hatten.

Dieser hier hatte es schon lange verstanden, und war doch immer gut gelaunt und zuversichtlich. Er hatte es geschafft, zu überleben und die meisten seiner Männer sicher durch den Krieg zu bringen. Der würde einen Weg finden, was immer noch geschieht. Mit einem wie dem würde ihr nichts passieren in der wölfischen Niemandszeit des Kriegsendes, diesem wilden Durcheinander von Ausgebombten, Evakuierten, Heimatlosen, Siegersoldaten, durchgeknallten Nazis und rachlüsternen Ostarbeitern. Es war ja im Frühling des Jahres 1945 fast niemand dort, wo er hinwollte oder hingehörte. Und jeder Tag konnte der letzte sein.

Drum lasst uns heute lustig sein, denn gestern waren wir tot.

Am 9. April 1945 im Brunscheider Gras begann das, was Mutter Ilse in einem ihrer letzten Briefe »meine Love-Story mit euerm Vater« nannte: *Ich wusste, einer wie der würde wissen, was zu tun ist, komme, was wolle. Mit so einem könnte man den Endsieg überleben.*

Ich habe darauf nie geachtet, aber jetzt sehe ich, auch dieser Brief aus dem Jahr 1997 ist unterschrieben mit Mutti. Sie hat sich bis zum Schluss Mutti genannt, ganz ohne Ironie wahrscheinlich. Oder schließlich.

Und während die beiden im Gras sitzen an diesem 9. April und ich natürlich eigentlich nicht weiß, was sie denken, wird in Muttis geliebtem Berlin die U-Bahn bombardiert, an fünfzig Stellen gleichzeitig. Hinter dem Belle-Alliance-Platz, der heute Mehringplatz heißt und an dem die U-Bahn eine Hochbahn ist, in die das Ilschen genau hier so oft eingestiegen ist, trifft es einen voll besetzten Zug. Lärm. Schreie. Trümmer. Blut. Glasscherben. Inferno. Chaos. Viele Tote.

Zum Glück ist sie nicht mehr in Berlin. Das letzte Semester hatte nur noch darin bestanden, die Buchbestände des zeitungskundlichen Seminars in Kisten zu packen und diese Kisten in den Luftschutzkeller zu schleppen. Dann hat der Großvater beide Töchter nach Brunscheid geholt zum Arbeitseinsatz auf dem Hof. Das konnte der offenbar. Die Familie lebte jetzt nur noch in Brunscheid. Das Haus in der Friedrichstraße hatte die Stadtverwaltung Lüdenscheid im Dezember 1944 konfisziert und Bombengeschädigte aus dem Ruhrgebiet darin untergebracht. Vier Familien.

Meine zukünftigen Eltern sitzen im Gras. Ihre Lovestory beginnt. Sie wissen noch nichts von ihrer Zukunft und nichts von den drei Kindern, die sie einmal haben werden. Sie wissen nicht, dass genau jetzt in diesem Moment die NS-Henker im KZ Flossenbürg einen Strick legen um Dietrich Bonhoeffers Hals. Sie wissen nicht, dass sie gleich Georg Elser erschießen werden in Dachau. Und auch in Lüdenscheid finden sich am Nachmittag dieses 9. April noch Fanatiker, die vor der Kaserne am Buckesfeld Alex Kamp, Fritz Gass und Heini Wiegmann zusammenschießen. Wegen Verrat an der deutschen Sache. Ihre blutverklebten, sehr jungen, aber nun toten Körper werden mit einem Militär-Lkw zum Adolf-Hitler-Platz gefahren, der heute Rathausplatz heißt. Dort werden sie ausgekippt und liegen gelassen zur allgemeinen Besichtigung und Demonstration der Stärke nationalsozialistischer Herrschaft. Seht, was mit Deserteuren geschieht.

Und während meine Eltern zwei Tage später immer noch im Gras sitzen, weil ich keine weiteren Fotos oder Aufzeichnungen habe, während sie sich vielleicht küssen und necken und Händchen halten oder schon zum ersten Mal Musik machen miteinander – er Gitarre, sie Akkordeon, wie schön das geht, obwohl man sich doch gerade erst kennengelernt hat –, befreit der britische Offizier B.N. Reckitt, der sich der ersten US-Armee angeschlossen hat, ein elendes KZ im schönen Versetal hinter einer noch nicht fertig gebauten, finsteren Staumauer.

Die Wachmannschaft ist geflohen. Es herrscht dumpfe Apathie und Elend. Nur noch etwas über fünfzig Gefangene liegen, abgemagert bis auf die Knochen und halb wahnsinnig vor Hunger, auf Pritschen in den Baracken. Sie zeigten, schreibt Reckitt später, äußerlich keine Freude, da die meisten von ihnen über das Stadium, wo man noch Gefühle zeigen konnte, hinaus waren.

Der Mann, mit dem Mutter Ilse im Gras sitzt, heißt gar nicht Rudolf-Otto, genannt Rolf, als den wir ihn alle kennengelernt haben. Getauft war er auf den Namen Otto Adolf. Aus dem Adolf einen Rudolf zu machen war in Vaters schwungvoller Nachkriegs-Handschrift und der Art und Weise, wie er jetzt sein A und sein R baute, aber fast gar kein Betrug.

Er hatte schon einen Sohn.

Vielleicht war er sogar verheiratet. Sein Vater war auch nicht Landwirt, wie in der Heiratsurkunde meiner Eltern steht, sondern Oberzugführer der Deutschen Reichsbahn. Und Hauptmann war unser Vater auch nicht, nur Oberleutnant. Aber auch das wird Mutter Ilse nie erfahren. Weil ich es erst vor ein paar Monaten herausgefunden habe.

Meine Eltern. Was für ein Paar. Sie immer kontrolliert, arrogant, gebildet, Haltung in jeder Lebenslage, ernsthaft, genau, gewissenhaft bis depressiv. Er lebensgierig, leutselig, lustig, gut gelaunt. Leichtlebig trifft es wahrscheinlich ganz gut. Vielleicht war leichtlebig so eine Art Geheimcode der Wehrmacht für »Stimmungskanone«, »trinkt gerne oder viel«, »hat immer was mit Frauen«, so wie die Arbeitszeugnisformulierung Nummer 18: »Durch seine Geselligkeit/seine gesellige Art trug er zur Verbesserung des Betriebsklimas bei.«

Er erzählte ordinäre Geschichten, immer auf Pointe, immer er der Star im Mittelpunkt, und Witze – Zitzewitz-Witze.

Sie hasste Witze. Sie hielt Witzeerzählen nicht für eine satisfaktionsfähige Gattung der Konversation. Wenn sie erzählte, spielten meistens andere die guten Rollen. Einmal haben Hermann Göring und seine Frau beim Höhere-Töchter-Institut Weiß in Weimar angefragt, ob die jungen Damen aus der Unterprima nicht bei einer ihrer Abendgesellschaften servieren könnten. Das Ilschen war sofort begeistert. Bis ihre Freundin Babs Chales de Beaulieu sagte: Was glauben die eigentlich, wer wir sind, dass wir bei diesen Leuten servieren? Da gehen wir natürlich nicht hin.

Spielen, Wetten, kompetitiver Sport waren ihr verhasst. Er konnte davon nicht genug bekommen. Ihr war immer egal, wer gewinnt. Er konnte nicht verlieren und guckte treuherzig bescheuert, wenn man ihn beim Schummeln erwischte.

Wer verliert, stirbt.

Beim Tennis habe ich ihn manchmal gewinnen lassen, damit er nicht sterben muss.

Er glotzte Frauen hinterher. Sie sagte dann: Rolf, du mit deinem provinziellen Blick!

Ihr war er manchmal peinlich. Mir nie.

Das Peinliche war oft sexuell.

Er war ein Großmeister der Redundanz. Wenn er im Garten wurschtelte oder hinter der Zeitung seine Zigarette rauchte, rief er von Zeit zu Zeit: »Kikeri-ki-ki-kik!« Meine kleine Schwester Christiane, die wir Kiki nannten, unterbrach dann ihr Spiel oder was immer sie gerade tat, und rief entzückt: »Na, was denn?«

Er zelebrierte dieses alberne Rufspiel mit großem Ernst und etwa zwanzig Mal an einem Samstagnachmittag.

Und immer, jedes, jedes Mal, wenn ich von meiner Freundin Gisela erzählte, was ich in meinen letzten Schuljahren nahezu täglich tat, fragte er: »Was für eine Gisela denn?«, damit ich zum dreihundertsiebenundzwanzigsten Mal sagen musste: Gisela Koziczinski, Koziczinski, Papa, weißt du doch.

Ilse hatte keinen Sinn für diese Albernheiten. Ihr Körper fror noch etwas mehr ein, ihre Augen sagten: Ich weiß wirklich nicht, wie oft und wie lange ich das noch aushalte.

Er fuhr gerne und schnell Auto, wippte auf der Autobahn hinter dem Lenkrad mit dem Oberkörper ungeduldig vor und zurück, weil es ihm immer noch nicht schnell genug war, Himmel-Arsch-und-Zwirn, Opel Admiral, blöder. Sie hielt sich dann am Griff über dem Seitenfenster fest mit beiden Händen, die sie zwischendurch an ihrer Kleidung trocknete mit zwei hektischen Wischbewegungen. Großes Kino war das für die drei Kinder, die unangeschnallt auf der Rückbank saßen.

Sie interessierte sich für Literatur.

Er nicht.

Beide liebten Musik. Er liebte Musik, mehr als andere Menschen Musik lieben. Er ging trotzdem nicht gerne ins Konzert. Oder deswegen. Weil er bei Bach und Beethoven grün wurde im Gesicht vor Ergriffenheit und manchmal sogar weinen musste. Im Wirtschaftswunderland wurde aber nicht geweint, schon gar nicht in der Öffentlichkeit und von einem Mann. Weswegen Vater dann immer rauslaufen musste aus dem Konzertsaal und wieder auf der Flucht war.

Beide waren gegen die Wiederbewaffnung und haben deswegen sogar einmal nicht die CDU gewählt, sondern diese neue Heinemann-Partei, die auch dagegen war. Beide waren dafür, dass ihr Sohn den Dienst an der Waffe verweigert. Ich bin für drei Generationen lange genug Soldat gewesen, sagte er. Und sie nickte.

Beide liebten lange Nächte, wenn Besuch da war. Sonnenuntergang ansehen auf der kleinen Terrasse vor dem Wochenendhaus, sitzen bleiben, trinken, reden, rauchen, Lieder singen und feiern, bis die Sonne auf der anderen Seite wieder zurückkommt. Beide mochten Zigaretten und Alkohol, mehr als gesund sein kann.

Er war großzügig. Sie war ängstlich und sparsam.

Seine Großzügigkeit konnte vulgär sein. Wenn er an einem Tresen stand und mit weit ausladender Theatergeste ins Lokal rief: Ich lad euch alle ein.

Zur Währungsreform, da waren sie noch nicht verheiratet, hatte sie vorgeschlagen, die achtzig Mark in die Firma zu stecken. Da hat er sie ausgelacht. Von dem Geld kaufen wir Champagner und fahren an den Rhein. Ich weiß da eine schöne Stelle.

Ich bin beide. Ich habe seinen Leichtsinn und ihre Ängstlichkeit. Ihre Depression und seine irre Lebensfreude. Sein Gewinnenmüssen oder Sterben, seine ernsthafte Albernheit. Ihre Haltung, ihren Sinn für Literatur und sein Sich-gehen-Lassen. Seine Großzügigkeit und ihre Sparsamkeit. Seinen Humor und ihren Pessimismus. Seine Entschiedenheit, ihr Einerseits-Andererseits. Ihren Dünkel, ihre Kontrolle, ihre Angst und Außensteuerung. Seinen Witz, seine Redundanzbegabung, seine Hemmungslosigkeit.

Das Kind dieser Eltern zu sein, fühlt sich an wie Gas geben und bremsen gleichzeitig in einem offenen BMW 327 mit Weißwandreifen. Anstrengend ist das. Verschleiß in allen Teilen.

Über die komplizierte, wenig zueinander passende, aber vieles erklärende Vorgeschichte meiner Eltern wurde eisern geschwiegen. Das war wie eine Fahrt über die Klamer Brücke.

Er war passabel, ist dieser eine Satz von ihr.

Sie wird mir eines Tages mit dem erstbesten Barpianisten davonlaufen, war ein Satz von ihm.

Der Wahrheit schon etwas näher kam wahrscheinlich die Sehnsucht in ihrem Gesicht und die etwas andere Sehnsucht in seinem Gesicht, wenn sie Zarah Leander hörten. *Denn als ich mich an dich verloren, hab' ich eines andern gedacht. So war die Lüge geboren, schon in der ersten Nacht.*

Nur nicht aus Liebe weinen.

Sieben Tage nach dem 9. April kapitulieren die im östlichen Teil des rheinisch-westfälischen Industriegebiets eingekesselten

Truppen der deutschen Wehrmacht vor der Neunten Armee der Amerikaner. Generalfeldmarschall Walter Model lässt allen Soldaten der Heeresgruppe B Entlassungspapiere ausstellen und erschießt sich. Der Krieg ist beendet.

Drei Tage später finden die Amerikaner den Lüdenscheider Gestapochef und Leiter des Lagers Hunswinkel, Karl Gertenbach, erhängt in seiner Arrestzelle. Und als Adolf Hitler am 30. April das Zyankali sicherheitshalber erst einmal an seiner Schäferhündin Blondi testet und Magda Goebbels sechs der Kapseln an ihren Kindern, da ist Vater längst losgefahren aus Brunscheid, seine Familie zu suchen, seine Frau, seinen Sohn, seine Eltern, seine Geschwister, seine Vergangenheit.

Er reiste durch die Besatzungszonen, mit gefälschten Papieren, in überfüllten Zügen, auf den Puffern zwischen den Eisenbahnwagen, sogar unter einem Waggon ist er einmal mitgefahren. Er reist nach Guben, nach Offenbach und nach Ich-weiß-nicht-wohin. Und wenn er es in seinen Jahren als Luftnachrichtenoffizier Hitlers verdrängt oder in der heilen Brunscheider Welt vergessen hatte, auf diesen Reisen verstand er, was der Krieg auch in Deutschland angerichtet hatte.

Am 2. Mai filmen Soldaten der Roten Armee sechs tote Kinder in weißen Engelshemdchen, die im Garten der Berliner Reichskanzlei liegen neben den verkohlten Leichen ihrer Eltern. Man sieht, dass Beinprothesen nicht so gut brennen wie Menschen. Goebbels hat einen Arm aus seiner eigenen Asche gereckt. Heil Hitler. Bis zum letzten Atemzug.

Ein paar Tage später muss Vater in Guben gewesen sein, in dem, was übrig geblieben war von der Stadt, in der er aufgewachsen war nach der Vertreibung aus Jarocin. Gymnasium. Konfirmation. Ruderclub. Erste Liebe. Abitur. Banklehre. Verlobung. Einberufung. Krieg.

Was er fand, war eine pulverisierte Stadt. Alles weg, zerschossen, zerbombt, die Villen, das Theater, sein Schulhaus. Die stolzen Tuchfabriken waren ausgebrannte Ruinen mit geknickten Schornsteinen. Und zu Schornsteinen hatte er inzwischen auch andere Assoziationen als Wohlstand.

Siebenundsechzig Tage hat die Kriegsfront in Guben gestanden. Zwölf bis fünfzehn Wellen täglich Beschuss der sowjetischen Luftwaffe. Ständiges Artilleriefeuer. Siebenundsechzig Tage Kämpfe in den Straßen. Die Wolfshöhe hatte in dieser Zeit 147 Mal den Besitzer gewechselt. Der Bismarckturm war an einem einzigen Tag elfmal abwechselnd von deutschen und sowjetischen Soldaten besetzt. Nur ein Offizier und vier Kindersoldaten sind an diesem Tag vom Einsatz zurückgekommen.

In Guben verstand Vater den Wortsinn von verheeren. Auf Trampelpfaden ging es durch Staub und Ruinen. Nicht eine der zehn Brücken über die Neiße gab es noch. Alles war weg. Alle waren weg.

Sein Elternhaus auf der anderen Seite der Neiße in der Wilkestraße 39c stand noch. Menschen aus dem östlichen Teil der Stadt waren dort untergekommen. Sie wussten alle Details vom Kampf um den Bismarckturm, aber nichts darüber, was mit den Bewohnern der Wilkestraße geschehen war.

Niemand ist mehr in der Stadt, der etwas weiß. Kein Hinweis nirgendwo. Kein Zettel, auch keine Nachricht in Kreideschrift an der Wand: Wir leben, wir sind bei Tante Hulda in Altenburg.

Vater findet seine Familie nicht. Also fährt er noch einmal zurück nach Brunscheid zu dieser Ilse.

Er ist immer wieder zurückgekommen.

Das ist alles, was ich weiß.

Noch etwas: Ilses schöne Hoffnung auf die gerechten und menschlichen Amerikaner lag bald genauso zertrümmert da wie Vaters Guben. Erst haben sie Cousin Kurt in den Rheinwiesen verhungern lassen. Und dann, im August, warfen die gerechten und menschlichen Amerikaner mit einem Spezialbombardement der ganz anderen Art Little Boy und Big Fat Man auf Hiroshima und Nagasaki.

Man kann der jungen Frau, die meine Mutter werden sollte, in ihren Fotoalben beim Resignieren zusehen, und in ihren Briefen auch: *Es ist zum Verzweifeln, ich habe auf einen alliierten Sieg gehofft, damit wieder Gerechtigkeit und Menschlichkeit sei. Und jetzt sieht es so aus. Auch jeder gute, wirklich menschliche Gedanke wird an irgendeiner Stelle geheimnisvoll in Böses umgewandelt. Ich hatte das bisher nie begriffen, dieses der Geist, der stets das Gute will und stets das Böse schafft. So ähnlich heißt es bei Goethe wohl. Jedenfalls ist es so.*

Der Hauptmann Roll aber kam zurück. Er kam immer wieder. Und blieb.

Als sich in der Silvesternacht 1946 Ilschens Schwester Lörchen mit Großvaters neuem Hofverwalter verlobt, sind meine zukünftigen Eltern zum ersten Mal zusammen aufgetreten mit einem Schnadahüpferl, 39 lustige Strophen. Ilses ganze Familie wird durch den Kakao gezogen, holladeri, holladrio.

Vaters Hand seine Rechte, – Prokurist Ilse Thon, – immer rege, niemals müde, – wir kennen das schon. – Lieber Vati, spricht die Ilse, – wie soll das noch gehen? – Lass mir Zeit in der Arbeit, nach 'nem Mann mich umsehn.

Text: Rolf Rollo. Vorgetragen von: Ilse Irritator, Musikalische Begleitung: Verdi I und Hohn(er).

Verdi I war ihr Akkordeon. Und Hohn(er) ist die blonde Gitarre, mit der er »Kukułeczka kuka« spielt in C-Dur auf meinem synästhetischen Foto. Die Gitarre steht heute bei meiner Schwester. Wenn ich hinfahre, bringe ich neue Saiten mit. Für alle Fälle.

Holladeri, holladrio, holladihossassa, holladrio.

Der Rolf ist kein Dichter. – Ihm fehlt eine Muse. – Wenn eine Sache dir falsch scheint, – dann änd're dir se du se.

Dir-se-du-se ist gut, könnte von mir sein. Ist aber von meinem Vater.

Cousin Hännes sagt: Wenn deine Eltern dabei waren, war immer was los, immer gute Laune.

Spaß haben, den Endsieg überleben, Musik machen und arbeiten zusammen. Ja.

Aber heiraten?

Ich setze Ilse noch einmal alleine ins Gras. Dieses Mal singt Marlene Dietrich das Lied dazu. Pete Seeger wird es zwar 1955 erst schreiben. Aber egal.

Sag mir, wo die Blumen sind. Was ist geschehen? Sag, wo die Soldaten sind. Über Gräber pfeift der Wind.

Sag mir, wo die Männer sind.

»Eine halbe Million Frauen zwischen 25 und 40 Jahren haben keine Möglichkeit der Verheiratung!« – »1362 attraktive, selbstbewusste, lebenshungrige Frauen auf 100 Männer«.

In allen Variationen hämmerten die Schlagzeilendichter der Zeitungen und Illustrierten 1945 die Erzählung vom Männermangel und vom besorgniserregenden Frauenüberschuss in die Köpfe der Überlebenden. Eine Erzählung, die den gewaltigsten Rückschlag vorbereiten sollte, den es in der Geschichte der Frauenemanzipation und Gleichberechtigung gegeben hat.

Der Rest war eine Rechenaufgabe. Und rechnen konnte Mutter Ilse sehr gut. Immer doppelte Buchführung. Sie sah, wohin das läuft. Es würde für den Arbeitsmarkt und das geknickte Selbstbewusstsein der deutschen Männer am besten sein, wenn die starken, selbstbestimmten Frauen wieder verschwinden im Mutti- und Hausfrauendasein der Versorgungsehen.

Die Freundinnen, deren Männer lebendig nach Haus gekommen waren, bekamen ihre ersten Kinder. Die Plutokratentöchter, bei denen ein in den letzten Kriegswochen durchziehender Soldat hängen geblieben war, heirateten und überschrieben ihren Männern die Apotheken und Fabriksken, die sie von den Vätern geerbt hatten. Ilses Schwester und alle Cousins heirateten und bekamen Kinder.

Attraktiven, selbstständigen Kriegswitwen und ledigen Müttern ging man vorsichtshalber aus dem Weg. Sie wurden nicht von Ehepaaren eingeladen, was Mutters Idee von gesellschaftlichem Leben sehr einschränkte. Kriegswitwe sein und bleiben mit Liebhaber oder ohne, das wäre bei dem Rückschlag, den der Männer- und Arbeitsplatz-Mangel und die Restauration nach dem Krieg auch im Sauerland für die schon erkämpften Freiheiten von Frauen bedeutete, keine attraktive Ausgangsposition gewesen für einen Neuanfang.

Womit das Ilschen allerdings nicht rechnen konnte, war, wie gewaltig der Emanzipationsrückschlag in Adenauers Wirtschaftswunderland noch ausfallen würde, wie tatsächlich und nahtlos das neue Deutschland dann auch noch an die Muttiideologie der Nazis anschloss. Niemand hätte 1945 für möglich gehalten, wie vollständig diese üble Mischung aus Männermangel, Männerkränkung, Nazimutterideal und Arbeitsplatzmangel die starken, autonomen, jungen Frauen, die unsere Nachkriegsmütter werden sollten, zurückscheuchen würde in das Mutti- und Hausfrauendasein der Kinder-Küche-Kirche-Versorgungsehen.

Wann wird man je verstehen. Oh, when will they ever learn?

Ganz sicher hatte das Ilschen 1945 im Brunscheider Gras nicht auf der Rechnung, dass Frauen in Adenauers Wirtschaftswunderland schließlich sogar den Führerschein nur machen, eine Arbeit annehmen, ein Haus kaufen, eine Wohnung mieten oder ein Geschäft führen durften, wenn der Ehemann oder Vater es genehmigt und den Vertrag unterschrieb.

Ergeben hat sie sich sowieso erst fünfeinhalb Jahre später. Schuld daran war offenbar eine von Vaters Socken, die an ihrem Bett gehangen hat. Jedenfalls war Mutter schon schwanger mit meinem Bruder, als sie sagte: Also gut. Wir heiraten. I surrender. Ich ergebe mich.

Auf den Fotos der Hochzeit sieht das Ilschen aus, als würde

sie zu ihrer Hinrichtung geführt, elegant, schön, leidend, resigniert und kühl. Ich ergebe mich. Aber Eins-a-Haltung.

Vater steht großartig da in Frack und Zylinder. Er strahlt sie an, seine schöne Gefangene, stolz, diese Frau erobert zu haben und mit ihr eine top-gesellschaftliche Position unter den Ersten dieser kleinen, heil gebliebenen Stadt im Westen des Landes.

Versprochen war die sofortige Entfernung aus der Kampfzone, Verpflegung, ärztliche Versorgung, Schreibgelegenheit und Behandlung nach dem internationalen Kriegsgefangenenrecht nach Haager und Genfer Konvention. Auf der Rückseite der gelben EI-SÖRRENDER-Flugblätter wurde den Gefangenen außerdem zugesichert, dass sie für ihre Arbeit innerhalb oder außerhalb des Lagers etwas Geld bekommen, von dem sie sich Marketender-Waren wie Zigaretten, Süßigkeiten und Getränke kaufen können. Auch wird ihnen Gelegenheit geboten zur Abhaltung von Bildungs- und Lehrkursen, zur Ausübung von Sport und Spielen und zum Besuch von Veranstaltungen, Konzerten, Theateraufführungen und Vorträgen. Sie dürfen Zeitung lesen und Rundfunk hören.

Zwei Jahre später bin ich geboren. Niemand erklärte mir, dass unsere perfekte Mutti in der Falle saß. Keiner verriet uns, wer die schöne Gefangene früher gewesen war. Alle Vergangenheit unserer Erwachsenen war in ihre schwarzen Löcher gestürzt. Und nichts von meinem Aufwachsen in das Wirtschaftswunderland einer unzerbombten Wir-sind-wieder-wer-Kleinstadt war weiter weg als Adolf Hitlers Krieg, dem ich meine Existenz verdanke.

Kontraphobia

Vier Tage und Nächte warst du neben der Spur. Vier Tage und Nächte lang hast du jeden, der an dein Bett musste, beschimpft und grob angepöbelt, sehr grob.

Ja. Mich auch. Und dazu hast du – wie in einem höheren Auftrag – unermüdlich und konzentriert daran gearbeitet, dir alle Zugänge und Schläuche abzuklemmen oder rauszureißen. Auch ich habe versucht, dich daran zu hindern, habe deine Hand gehalten und gesagt: Komm, lass das doch mal sein. Bitte, hör auf damit.

Du hast dann mit der kältesten und feindseligsten Stimme, die ich jemals aus dir habe herauskommen hören, gesagt: Ich verstehe, du bist also auch auf deren Seite.

Ja, natürlich war ich auf deren Seite. Wir wollten dir doch alle helfen.

Dir war nicht zu helfen.«

Der Mann, der die Liebe meines Lebens ist, schreibt in sein Tagebuch: *Sie hat überlebt. Aber ich habe sie noch nicht zurück. Ich kann nicht arbeiten, nicht denken. Nur fühlen. Und lesen. Goethe ist mein Altes Testament. Camus mein Neues Testament.*

Er erinnert sich, wie bleich und schwach, aber doch noch vollkommen normal ich gewesen bin vor der Operation. Und ohne Angst. Wie ich alle rausgeschickt habe. Meine Hand in seiner, als ich den Professor bitte, mich nicht mehr aufwachen zu lassen, wenn etwas von dem eintritt, was er als möglich nannte, wenn Kurzzeitgedächtnis, Sprache oder Denken weg sind, oder alles auf einmal: Bitte, versprechen Sie mir, dass Sie mich dann nicht mehr aufwachen lassen. Wenn das passiert, sorgen Sie dafür, dass ich gar nicht mehr aufwache. Versprechen Sie mir das?

Er weiß noch, dass er genickt hat dazu und wie er gedacht hat: Nein! Bitte nicht!

Draußen vor der Tür hat Peter Vajkoczy ihm die Details und Risiken der Operation noch einmal erklärt, auch, dass es zu dieser Operation keine Alternative gibt. Und: »Keine Sorge, die Spezialsäge, mit der wir den Schädel Ihrer Frau öffnen, stoppt vollautomatisch und von alleine, sobald sie auf Weiches trifft. Bitte, gehen Sie jetzt nachhause. Sie können hier nicht bleiben. Ich rufe Sie an, wenn es vorbei ist.«

Es gab ja gar kein Nachhause. Und dann war es nicht vorbei, als es vorbei war. Er weiß nicht mehr, wie er an jenem Tag in diese fremde, geliehene Wohnung in der Kantstraße gelangt ist, in der wir nur 48 Stunden vorher seinen Geburtstag gefeiert hatten, als würden wir ewig leben. Er erinnert sich, dass er durch die drei Räume dieser Wohnung gelaufen ist, immer dieselbe Strecke, immer im Kreis, und auch, dass er geschrien hat.

Nein.

Jetzt sägen sie ihr den Schädel auf. Die Säge stoppt vollautomatisch und von alleine, sobald sie auf Weiches trifft. Der Professor ruft mich an, wenn es vorbei ist. Jetzt sägen sie ihr den Schädel auf. Die Säge stoppt vollautomatisch und von alleine, sobald sie auf Weiches trifft. Der Professor ruft mich an, wenn es vorbei ist.

Nein.

Die Stunden einer vielleicht rettenden, vielleicht aber auch tödlichen Operation sind schlimmer für den, der liebt und wartet, als für die, die schon in der Unterwelt ist und vielleicht nicht wieder zurückfindet.

Rendetemi'l mio ben, Tartarei Numi! Orfeo. Monteverdi.

Orff, Orpheus und Eurydike: *Oh, gib sie mir zurück.*

Weißt du noch? Einmal vor vielen Jahren haben wir Monteverdis »Orfeo« in Salzburg gehört, unter freiem Himmel, gespielt auf historischen Instrumenten. Vor die Fassade der Residenz hatten sie eine Attrappe dieser Fassade gebaut mit einem breiten, blutfarbenen Riss über alle Stockwerke, die die Ebenen der Bühne waren. Die Unterwelt war eine Party im Parterre. Ich weiß noch, wie ich schon gleich bei der Arie der Musica um dein Taschentuch gebeten habe, weil ich so ergriffen war. Das Taschentuch war schon ganz nass.

»Irgendwann, endlich, hat der Professor angerufen. Die Operation ist geglückt, hat er gesagt. Die Frau aber, die ich wiederfand auf der Intensivstation, war nicht mehr die Frau, die ich kannte. Das warst nicht mehr du.«

Delirium ist lateinisch und bedeutet neben der Spur.

»Niemand wusste, wann das aufhört und du wieder in die Spur zurückfindest. Niemand konnte sagen, ob. Niemand wollte denken, was, wenn nicht.

Monika hat das Auto vom Chiemsee nach Berlin gebracht. Sie hat bei mir gewohnt und sich gekümmert, wahrscheinlich auch gekocht. Ich kann mich an nichts erinnern.

Doch. Es gab Anrufe, Telefonate. Geschwister, Freunde, Kollegen: Wie geht es ihr? Wird sie leben? Wird sie den Verstand verlieren? Wird sie gelähmt sein und im Rollstuhl sitzen?«

Er möchte das alles auch gerne wissen.

Sie hat überlebt, sagt er. Sie hat überlebt, aber ich habe sie noch nicht zurück, sagt er. Sie hat überlebt, aber wir haben sie noch nicht zurück. Niemand kann sagen, wann das wieder aufhört. Niemand kann sagen, ob das wieder aufhört. Er mag nicht mit jedem Anrufer sprechen. Eurydike ist zurück und in der Unterwelt geblieben. Orpheus will lesen, Goethe, Camus. Aber er muss telefonieren.

Sie organisieren Informationsketten.

Am Ende der ersten Woche ist ein Freund aus Düsseldorf

gekommen und hat Orpheus zum Kaffee eingeladen. Dieser Freund war der Erste, der fragte: Wie geht es dir eigentlich?

Wie geht es einem Mann, dessen Geliebte und Ehefrau auf der Intensivstation der Charité liegt und überlebt hat, aber nicht mehr die Frau ist, die sie war. Eine Frau, die sich ihre Zugänge und Schläuche herausreißt wie in einem höheren Auftrag, eine Frau, die alle bepöbelt und beschimpft, auch ihn, ihren Mann.

Du bist also auch auf deren Seite.

In der Krankenakte steht: *Gegen Mittag plötzliche Wesensänderung, möchte dringend Arterie loswerden, Kabel abknipsen.*

In der Krankenakte steht: *Abends akute Angstzustände, psychotische delevante Produktion.*

Einen Tag später: *Leicht erweckbar, voll orientiert. Nicht adäquate Reaktion auf Fragen, distanzlos und flapsig.*

Am dritten Tag: *Akute Angstzustände, möchte Arterie gezogen haben. Argumentiert unglaublich klar. Verdacht auf Frontalhirnsyndrom.*

Argumentiert unglaublich klar? Verdacht auf Frontalhirnsyndrom?

Damit kenne ich mich aus. Phineas Gage.

Die Geschichte des Eisenbahnvorarbeiters Phineas P. Gage wird in jedem Grundlagenbuch zur Gehirnforschung erzählt, wenn es um das Frontalhirnsyndrom geht.

Im Jahr 1848 hatte der 25-jährige Bauarbeiter Phineas P. Gage bei der geplanten Sprengung eines Felsens in Cavendish die Aufgabe, mit einer drei Zentimeter dicken und einen Meter langen Eisenstange eine Schicht Sand über dem Dynamit in den Bohrlöchern festzuklopfen. In einem der Löcher war durch ein Versehen der Sprengstoff nicht mit Sand abgedeckt worden und explodierte. *Die Stange schoss in die Höhe, drang in der linken Gesichtshälfte in den Schädel von Phineas P. Gage ein, brach ihm den Oberkiefer, passierte hinter dem linken Auge, zerfetzte den Sehnerv und verließ den Kopf durch die Schädeldecke.*

So stand es am nächsten Tag im Boston Globe. *Einen Teil des Gehirns riss diese Eisenstange mit sich, flog dann noch weit in die Höhe und 25 Meter weiter zu Boden.*

Der berühmte Schädelquerschnitt von Mister Gage: Unter dem Jochbein neben der linken Augenhöhle ist die Stange in den Schädel hinein- und hinter der Stirn wieder herausgeschossen. Phineas Gage überlebte das. Erstaunlicherweise. Er verlor nicht einmal das Bewusstsein. Doktor Edward H. Williams, der ihn als Erster untersuchte, wollte die Geschichte deswegen gar nicht glauben. Bis Gage aufstand und sich übergeben musste. Durch den Druck, der dabei entstand, wurde eine halbe Teetasse Gehirn aus seinem Schädel gepresst und klatschte zu Boden.

Ein paar Jahre später sitzt Phineas Gage für den Fotografen im feinen Sakko, mit gemusterter Seidenweste, hohem, romantischem Kragen, wilder Schleife und Einstecktuch. Das linke Lid über dem ausgestochenen Auge ist geschlossen. Aus dem anderen Auge schaut er stolz und energiegeladen in die Kamera. Scharfer Scheitel. Die Stange, die bei dem Unfall durch seinen Schädel gefahren ist, hält er vor sich mit Daumen und Zeigefinger der linken Hand, wie ein König sein Zepter.

Er wäre schon ein medizinisches Wunder geworden allein durch die Tatsache, dass er überlebte und keine Schmerzen hatte. Das eigentlich Interessante aber, das Phineas P. Gage bis heute berühmt gemacht hat, wurde erst in den Wochen und Monaten nach dem Unfall offenbar. Sein Arzt John Martyn Harlow beschrieb es zwanzig Jahre später so: *Das Gleichgewicht zwischen seinen intellektuellen Fähigkeiten und seinen animalischen Neigungen scheint zerstört worden zu sein. Er ist launisch, respektlos, ergeht sich bisweilen in gemeinsten Lästerungen (was zuvor nicht seine Gewohnheit war), bringt Mitmenschen wenig Achtung entgegen, reagiert ungeduldig auf Verbote oder Hinweise, wenn diese seinen Wünschen zuwider laufen (…), ist impertinent und halsstarrig, dann wieder sprunghaft und unberechenbar.*

Damit war zum ersten Mal und auch schon ziemlich perfekt das Frontalhirnsyndrom beschrieben. Im präfrontalen Kortex gleich hinter der Stirn sitzt die Exekutive des Menschen mit ihren Analyse- und Überwachungsfunktionen: Impulskontrolle, Planung, Organisation und Steuerung, komplexes Handeln. Es ist dramatisch für alle Beteiligten, wenn hier etwas beschädigt wird.

Gage war ein Glücksfall für die Gehirnforschung. Bevor es möglich wurde, mit bildgebenden Verfahren aktive und erkrankte Hirnregionen sichtbar zu machen, ist ja alles Wissen über die Lokalisation der Gehirnfunktionen durch Verletzungen, Unfälle, Läsionen und die Beobachtung der jeweils dazugehörigen psychiatrischen Symptome oder neurologischen Ausfälle gewonnen worden.

Jeder Mensch, in dessen Gehirn durch Unfall, Gewalteinwirkung oder ein geplatztes Aneurysma etwas Wichtiges oder Interessantes zerstört worden ist, hat die Forschung ein Stück weitergebracht, und die Neurochirurgie auch.

Das ist ein grauenhafter Satz, wenn man ihn etwas länger anschaut. Es war schon ein grauenhafter Satz vor den Lobotomien an Schizophrenen, vor den Experimenten der Nazineurologen an den Gehirnen von Zwillingen und vor »Einer flog über das Kuckucksnest«.

Es ist immer noch ein grauenhafter Satz.

Verdacht auf Frontalhirnsyndrom.

Delirium. Neben der Spur.

Was ist Wahrheit neben der Spur? Wo ist die Wirklichkeit für den, der aus der Realität ausgetreten ist? Wer genau ist diese Person, die über das Kuckucksnest fliegt?

Ich erinnere mich.

Mein Gehirn war in diesem Delirium. Und ich erinnere mich trotzdem an die Details meiner Wahrheit neben der Spur, an meine Wirklichkeit in dieser Psychose auf der Intensivstation.

Ich erinnere mich daran so, wie ich mich an reales Geschehen erinnere. Ich spüre diese Wirklichkeit noch heute.

Ich war aus der Realität ausgetreten. Aber mein Gehirn hatte keine Möglichkeit zu erkennen, dass es neben der Spur war. Die wollten mich umbringen. Und ich hätte alles getan, um zu verhindern, dass sie mich umbringen. Ich hätte wirklich alles getan. Wenn ich nicht so schwach gewesen wäre. Wenn ich meinen Kopf hätte bewegen können. Wenn ich eine Waffe gehabt hätte. Ich hätte getötet, um mein Leben zu retten. Selbstverständlich hätte ich sie getötet.

Seit jenen Tagen in der Hölle weiß ich, wie unerschütterbar real und wahrhaftig wahnhafte Realität ist im Bewusstsein eines Menschen, dessen Gehirn eine Psychose produziert. Der Gehirnbesitzer erlebt diese Psychose als Wahrheit und nichts als die Wahrheit. Er ist aus der Wirklichkeit der anderen ausgetreten. Da hilft kein gutes Zureden, kein Erklären. Da helfen keine Gegenbeweise und Argumente. Nichts hilft. Das, was ein Gehirn in psychotischen Zuständen konstruiert, ist für den Besitzer des Gehirns die Realität, in die er alles äußere Geschehen einsortiert.

Serienmörder, Selbstmordattentäter, Anders Breivik, auch Brenton Tarrant und Stephan Balliet, die Attentäter von Christchurch und Halle, sie alle lebten in einer anderen Wirklichkeit und Wahrheit, in einer für sie realen anderen Welt. Sie sind schuldig. Aber ihr Gehirn war neben der Spur.

Können sie dann wirklich schuldig sein?

Was genau ist Schuld, wenn der Gehirnbesitzer in einer psychotischen Wahrheit und Wirklichkeit agiert?

Und was ändert sich dadurch?

Wo beginnt Schuldunfähigkeit? Gewaltige Probleme sind direkt aus der Gehirnforschung auf die Rechtsprechungspraxis gefallen.

Das psychiatrische Gutachten, das den Massenmörder Anders Behring Breivik für unzurechnungsfähig erklärt, ist in Norwegen umstritten. In dem Papier wird Breivik als Mann charakterisiert, dessen Gedanken und Taten allesamt von einer paranoiden Schizophrenie diktiert und beherrscht werden. In seinem Gehirn ist etwas nicht in Ordnung.

Natürlich ist im Gehirn eines Menschen, der andere Menschen tötet, etwas nicht in Ordnung. Heute kann man dieses Nicht-in-Ordnung-Sein mit den modernen, bildgebenden Verfahren sichtbar machen. So wie man die Veränderungen im Gehirn eines Menschen sehen und vorzeigen kann, der sich in vielen Tausend Stunden auf den falschen Internetseiten selbst radikalisiert hat. Das ändert alles. Je genauer Veränderungen und Abweichungen von der Norm im Gehirn auch für den neurowissenschaftlichen Laien im Gerichtssaal sichtbar gemacht werden können, desto unschuldiger werden die Schuldigen sein.

Vielleicht sollte jeder Psychiater, jeder Pfleger, jeder Polizist und jeder Richter sich einmal künstlich in eine Psychose versetzen lassen, damit er versteht und weiß, wie unausweichlich wahr es ist in so einem Delirium neben der Spur.

Ich hätte getötet, um mein Leben zu retten. Wenn ich nicht so schwach gewesen wäre. Wenn ich eine Waffe gehabt hätte.

»Es ist spektakulär, dass Sie sich so genau erinnern. Nur sehr wenige Menschen, von den weniger als einem Prozent, die das Pericallosa-Aneurysma haben, berichten überhaupt. Erzählen Sie doch mal.«

Auf der Audioaufzeichnung von meinem Besuch in der Unterwelt von Station 1i spricht Doktor Wolf nicht in diesem beruhigenden Engelsingsang, an den ich mich erinnere und den ich so gerne wieder gehört hätte. Leicht fränkisch spricht er, das ja, aber nicht wie mit einem Kind, sondern in einem Arzt-spricht-mit-Journalistin-Tonfall.

Ich bin jetzt nicht mehr seine Patientin. Ich bin die Journalistin. Die Journalistin, die eine Patientin gewesen ist. Die Journalistin, die überlebt hat. Die Journalistin, die eine Patientin war und offenbar ein kontraphobisches Bewältigungskonzept hat.

Früher war ich nicht so. In meinem ersten Leben bin ich ausgewichen und weggelaufen vor allem, was mir Angst macht. Mit meinem zweiten Leben will ich immer genau da hinrennen, wo die Angst sitzt. Ohne nachzudenken. Mit Herzklopfen, aber immer mitten rein. Immer schön genau mitten in die Angst, in das Geheimnis, das Verdrängte, in die blinden Flecken und Tabus. Das wird jetzt alles scharf gestellt. Je genauer man solche Sachen ansieht, umso kleiner wird die Angst. Nur die Angst, die ich nicht wage anzuschauen, bleibt groß.

Trotzdem wäre ich beinahe umgedreht auf dem Weg in die Charité. Zweifel hatten mich angefallen wie Hetzhunde. Was mache ich hier? Warum will ich noch einmal zurück in die Unterwelt? Es ist doch vorbei. Es ist überwunden. Was zieht mich so magisch zurück in die Hölle der Intensivstation 1i? Bin ich Prinzessin Ohnefurcht?

Dann saß ich in Doktor Wolfs Büro. Er kam gerade von einem Neurologenkongress aus Warwick: »Erzählen Sie doch mal.«

Ich erzähle von der hübschen Ärztin mit den dunklen Haaren im blauen Metzgerkittel und der blonden Schwester, die ein verbotenes Experiment mit mir gemacht und mir immer und immer wieder ein Medikament gegeben haben, obwohl ich mich davon immer und immer wieder übergeben musste.

»Die sogenannten peripheren Schmerzmittel hatten Sie durch. Dann macht es Sinn, ein Opiat zu geben, entweder Morphium oder Dipidolor.«

Dipidolor? Dipi. Ich erinnere mich.

»Und wenn das Dipidolor zu schnell reinrauscht, wird dem Patienten übel.«

Dann hat die hübsche Ärztin mit den dunklen Haaren im

blauen Metzgerkittel gesehen, dass ich beobachtet habe, wie sie mir das Dipi immer wieder geben. Und die blonde Schwester hat es auch gesehen. Die haben sich dann einen Blick zugeworfen, und mir war klar, die müssen mich jetzt töten. Weil ich Journalistin bin, ist es besser, wenn ich sterbe, damit ich nicht über ihr verbotenes Medikamentenexperiment berichten kann. Also musste ich verhindern, dass das Gift in mich hineinläuft.

Schließlich sind Sie an mein Bett gekommen, Doktor Wolf. Endlich. Und ich dachte, der rettet mich. Der kennt meinen Namen. Der liest die »Süddeutsche«. Der hilft mir. Aber dann hat sich herausgestellt, dass Sie auch auf deren Seite waren.

»Es ist wirklich spektakulär, dass Sie sich daran erinnern. Das muss was mit Ihrem Beruf zu tun haben, die anderen wissen es nicht so gut.«

Erst dachte ich, Sie haben nur nicht verstanden, was auf Ihrer Intensivstation abläuft. Sie haben mir gesagt, ich soll aufhören, den Zugang abzudrücken. Sie haben behauptet, dass gar kein Gift in mich hineinläuft. Und ich habe Ihnen dann gesagt, dass die mir aber doch etwas einfüllen, von dem der Blutdruck gefährlich hochgetrieben wird, so hoch, dass ich mich übergeben muss. Und der Blutdruck durfte ja nicht hoch werden wegen der Gefahr von Vasospasmen. Das hatten Sie mir ja erklärt. Ich weiß noch, dass ich Ihnen sogar vorgeführt habe, wie der Blutdruck in die Höhe schießt auf dem kleinen Monitor rechts von meinem Bett, wenn ich auch nur für einen Moment den Zugang lockere, und das Gift also in mich hineinläuft.

Doktor Wolf lacht.

Doktor Wolf lacht wie ein Kind, dem man einen Witz erzählt, wie ein Kind, dem man einen Witz erzählt, den es schon kennt.

»Und ich habe versucht, Ihnen zu erklären, dass an dieser Arterie, deren Zugang Sie immerzu abgeklemmt haben, kein Gift in Sie hineinläuft. Weil da überhaupt nichts in Sie hineinlief. Weil wir dort Ihren Blutdruck kontrolliert haben. Und wenn Sie da abdrücken, wird Ihr Blutdruck gar nicht mehr gemessen. Deswegen rauschte die Anzeige auf dem kleinen Monitor jedes Mal nach unten, wenn Sie den Zugang abgedrückt haben. Und wieder hoch, wenn Sie losgelassen haben.«

Jetzt muss ich lachen.

Wie kreativ ich war in meinem Wahn. Dass ich in diesem Zustand, mehr tot als lebendig und schon aus der Wirklichkeit ausgetreten, diese genaue Beobachtung mit dem Blutdruck mache. Dass die in meinen Arztbericht schreiben müssen: Argumentiert unheimlich klar.

Aber was ist dann passiert?

»Dann sind Sie vernünftig geworden.«

Daran erinnere ich mich nicht.

Habe ich Ihnen das mit der Blutdruckarterie schließlich geglaubt und Ruhe gegeben?

»Nein, das haben Sie mir nicht geglaubt. Aber während ich mit Ihnen diskutiert habe, hat die Schwester Ihnen von hinten ein Dormicum eingefüllt. Tavor, hier steht es. Das war so mittags rum. Tavor ist so etwas wie Valium, das nimmt Angst weg und macht müde. Wir brauchten die Arterie ja für die Blutdruckwerte. Elektrolytstörungen, Salt-Waste, das würden wir alles am Blutdruck erkennen. Deswegen musste diese Kanüle drinbleiben, auch wenn Frau Roll anderer Meinung war.«

Was genau war mit mir los?

Was passiert in einem Gehirn in so einem Wahn, was genau geschieht in so einem postoperativen Durchgang?

»Ganz genau weiß man es nicht. Wir beobachten alles gleichzeitig. Störungen in Bewusstsein, Kognition, Psychomotorik, Schlaf-wach-Rhythmus und Affektivität. Während die meisten Patienten dann besonders ruhig in ihren Betten liegen und deutlich verlangsamt reagieren, leiden rund 15 Prozent der Betroffenen an einem sogenannten hyperaktiven Delir. Das ist dann oft mit Symptomen einer Psychose vergesellschaftet und wird von allen Beteiligten als außerordentlich beeindruckend wahrgenommen.«

Mit Symptomen einer Psychose vergesellschaftet.

Nach einer schweren Lungenoperation hat Stephans Vater seinem Sohn auf der Intensivstation in normalem Reporter-Vater-Tonfall erzählt, dass nachher um 14 Uhr die internationale Pressekonferenz beginnt, die er von seinem Intensivbett aus organisiert hat, um öffentlich zu machen, dass sie ihn hier Nacht für Nacht in einen Sarg packen und zum Flughafen fahren.

Johannes Rau hat seiner Frau in der Nacht nach einer lebensrettenden Bauchoperation über eine Stunde lang ein sehr ausführliches Testament diktiert. Jede Einzelheit war da geklärt, wer welches Bild bekommt, welche Korrespondenz zu wem soll. Nach seinem Überleben ist dann einige Ehezeit vergangen, bis sie zum ersten Mal über dieses sonderbare Testament sprechen wollte. Er konnte sich gar nicht daran erinnern, so etwas diktiert zu haben.

»Vor ein paar Jahren ist schon mal einer gekommen so wie Sie, um sich die Intensivstation noch einmal anzusehen. Der Psychologe hatte ihm ein Jahr nach der Operation geraten, das zu tun. Dieser Patient erzählte, dass er immerzu gedacht hat, er ist in einer Spielhalle. Und die Casinoangestellten wollen ihn vergiften, weil er andauernd gewinnt.«

Doktor Wolf blättert weiter in meiner Krankenakte: *30. Januar. Patientin gibt erstmalig an, eine annähernde Nachtruhe gehabt zu haben. Blutdruck immer in der Vorgabe.* Dann sagt er ganz nebenbei im Arzt-Reporter-Plauderton: »Einen kleinen Schlaganfall, den hatten Sie dann auch noch. Sowas gibt es asymptomatisch oft.«

Was hatte ich?

»Einen kleineren, lokalen vasospastischen Infarkt hatten Sie«, sagt Doktor Wolf jetzt so extra betont beiläufig, dass ich sofort alarmiert bin.

»Warten Sie, ich zeige Ihnen das mal.«

Ich hatte einen Gehirninfarkt? Das ist ja toll, dass ich das auch mal erfahre.

Doktor Wolf dreht den Monitor seines Computers zu mir. Ich sehe: meinen Kopf, mein Gehirn, den Strauch der Blutgefäße, die sich immer feiner verzweigen und verästeln.

»Am 31. war das. Kontrollangiografie, Frau Roll. Wir wollten sehen, ob das Aneurysma komplett ausgeschaltet und alles in Ordnung ist. Sehen Sie diese dunkle Struktur, drei, vier Millimeter, die hatten Sie vorher nicht. Direkt nach der Operation hatten Sie da auch nichts. Aber hier, am 31., da ist das neu. Ein kleines Gefäß nicht richtig durchblutet. Und zack.«

Und zack. Am 31.? Am letzten Tag? War in der Nacht nicht mein Gespräch mit Gott und die Zeichen an der Wand?

Mein Herz klopft und hüpft kriminell unregelmäßig beim Abtippen der Audiodatei an dieser Stelle. So wie es geklopft und gepoltert hat an jenem kontraphobischen Tag, als ich den Engel meiner Hölle besucht habe in seiner Unterwelt.

Warum sage ich nichts? Warum erzähle ich nicht, dass ich in meiner letzten Nacht auf der Intensivstation ein ernstes Gespräch hatte mit Gott, mit Gott, an den ich nicht glaube. So etwas ist doch interessant für einen neurologischen Intensivmediziner.

Die Reporterin ist verschwunden. Die Gehirnforscherin auch. Die Patientin fragt mit schlecht verborgener Panik in der Stimme: Hatte ich Glück, dass dieser kleine Infarkt offenbar nicht an einer wichtigen Stelle war?

»Ja.«

Sonst hätte ich noch irgendetwas, eine Lähmung, Sprachverlust, eine Affektstörung? Oder habe ich das und habe es nur noch nicht gemerkt?

»Ich täte Ihnen nicht raten, jetzt danach zu suchen. Deswegen habe ich auch gezögert, Ihnen das überhaupt mitzuteilen.

Ich sage es mal einfach so. Ich hatte in München einen Kollegen, der war Chirurg. Die hatten ein neues Kernspin bekommen. Und der hat sich da als Versuchskarnickel reingelegt, weil das Gerät ausprobiert werden musste. Und dann konnte man sehen, der hat eine Porenzephalie.«

Eine ziemlich gravierende Hirnmissbildung, oder?

»Eine Neurovariante würde ich sagen. Ein dünner Hirnmantel mit sehr weiten Nervenwasserkammern ist das. Der war aber Chirurg, das hatte also offenbar keine intellektuelle Bedeutung. Aber er bekam erhebliche psychische Probleme damit, das hinterher zu verarbeiten. Wir erleben sowas oft, auch bei Autopsien. Manchmal sind große Bereiche eines Gehirns durch die Alzheimer-Krankheit zerfressen, doch die Personen zeigen nicht ein Symptom von Alzheimer.«

Weil das Gehirn so plastisch ist und neue Wege finden kann?

»Neurowissenschaftler sprechen von kognitiver Reserve. Man kann nicht von so einem Bildbefund auf die Symptome schließen. Man muss immer erst den Menschen anschauen und dann das Bild dazu.«

Sie meinen, ich soll diesen Infarkt einfach vergessen?

»Ja. Das meine ich. Nicht jeder, der einen Bildbefund hat, hat einen klinischen Befund. Wenn Sie drei Menschen in einen Kernspin legen, wird einer davon einen Bandscheibenvorfall haben. Und wenn der das dann auf dem Bild gesehen hat, tut ihm auf einmal der Rücken weh und das Bein gleich auch. Da sind wir Menschen komisch.«

Als hypochondrisch begabter Laie könnte ich diese vom Infarkt zertrümmerte Stelle lokalisieren, nachlesen, welche Symptome dazugehören, und diese Symptome dann entwickeln?

»Es gibt im Angelsächsischen eine Abkürzung für Menschen, die aufgrund von Bildbefunden Symptome entwickeln und behandelt werden müssen: Vomit, Victim of modern image technology. Bitte, tun Sie mir einen Gefallen und werden Sie kein Vomit.«

Ein Opfer der modernen Bildtechnologie? Das bin ich doch längst. Sind wir Neurofans doch alle. Die ganze Welt ist zum Vomit der Gehirnforschung geworden. Nichts hat die Faszination und auch die Bereitschaft, Steuergelder auszugeben für Gehirnforschung, mehr befeuert als die neuen Möglichkeiten, mit bildgebenden Verfahren Vorgänge im Gehirn für alle sichtbar machen zu können. Erst im Zeitalter seiner elektronischen Sichtbarmachung konnte das menschliche Gehirn zum Menschenerklärmodell werden und die Psychoanalyse von ihrem Thron stoßen, die ihrerseits zuvor schon Gott entthront hatte.

»Wollen Sie die Intensivstation jetzt sehen?«

Ich weiß nicht.

»Wir gehen da einfach mal rein, und Sie schauen, ob es geht. Passiert nichts Schlimmes da drin.«

Was haben die Menschen, die jetzt bei Ihnen liegen?

Ich zögere die Besichtigung der Unterwelt also noch ein bisschen hinaus durch eine Reporterfrage, die mich aber gar nicht interessiert.

»Schlaganfall. Aneurysmablutung. Kopfverletzungen. Schädel-Hirn-Trauma. Neulich hatten wir diese Schießerei in Berlin, da waren die Opfer auch hier. Wenn jemand eine Wiederbelebung hatte und im Gehirn ist schon etwas zerstört, nehme ich den auch mal.«

Die meisten Patienten sind nicht bei Bewusstsein, oder?

»Die haben zumindest eine Veränderung des Bewusstseins, drücken wir es mal vorsichtig so aus.«

Vor der Tür von Doktor Wolfs Büro im langen Flur der Station 1i sieht es aus, wie es überall auf der Welt auf den Fluren der Intensivstationen aussieht. Pfleger und Ärzte laufen eilig hin und her, öffnen und schließen Türen, hinter denen sich Schicksale entscheiden.

Wie gut ich die Geräusche kenne, die Jingles, das Piepsen, das Klingeln der Alarmanlagen, die Slotmaschinen, das Wasserfallrauschen der Nachttopfwaschanlage.

Das ist also hier in der Hölle der Unterwelt von Station 1i immer so weitergegangen. Wie viele Menschen werden hier gelegen, gekämpft, gewonnen und verloren haben, während ich oben, draußen, im Licht, an der Sonne, in Freiheit gesund geworden bin, gelebt habe, geliebt, gelacht, gearbeitet, gereist, gestritten, Klavier und Gitarre gespielt, Konzerte gehört und Freunde getroffen?

Und mein Engel, Doktor Wolf? Er ist immer hiergeblieben. Jeden Tag, seitdem ich überlebt habe, hat der Engel Ehepartnern, Eltern und Kindern mitteilen müssen, dass es vielleicht nicht mehr gut wird, dass es nicht mehr lange dauert. Jede Woche zweimal hat er entscheiden müssen, ob die Maschinen jetzt abgestellt werden. Was für ein Beruf!

In den zwanzig Jahren, in denen Doktor Wolf auf der Neurochirurgischen Intensivstation der Charité arbeitet, haben fünf seiner Kollegen sich das Leben genommen.

»Und hier haben Sie die ersten Tage gelegen.«

Das Lazarett, meine große helle Halle mit den vielen Toten und Verwundeten, war in Wirklichkeit ein normal kleines Zweibettzimmer. Es gibt tatsächlich Vorhänge zwischen den beiden Betten, auch wenn sie nicht aus Mull-Lappen sind. Der Bauch des einen und die Füße des anderen Toten, die ich gesehen habe, werden zu einem Menschen gehört haben. Und tot war der auch nicht. Noch nicht.

Plötzlich habe ich die Idee, dass es Fanta gewesen sein könnte, der neben mir lag in den ersten Tagen im Zweibettzimmer auf der Intensivstation.

Fanta.

Als wir die Tür zum Lazarett wieder schließen und uns umdrehen, sehe ich sie. Ich erkenne die hübsche, dunkelhaarige

Ärztin im Metzgerkittel, mit Mundschutz und Haube. Das ist sie. Da hinten im Flur steht die Frau, die mich vergiften wollte.

»Soll ich Sie bekannt machen?«

Nein. Nein. Bitte nicht.

Ich bin zu warm angezogen. Mein Mund wird trocken. Das Herz klopft dreimal schneller als eben noch, 180 schätze ich. Und eigentlich will ich hier nur noch wieder raus. Zum Licht. Zur Sonne. Nach oben. An die frische Luft.

Viel ist von meiner heldenhaft kontraphobischen Reporterhaltung nicht übrig geblieben. Und leider ist da in meinem Kopf auch sofort wieder dieser Druck, als wolle die Waschmaschine, die es doch gar nicht mehr gibt und die ich fast schon vergessen habe, sich wieder ankündigen.

»Das hier, das war dann Ihr Zimmer. Nummer 10. Wollen Sie es auch noch sehen?«

Ich höre, wie ich sehr schnell Nein sage. Und dann: Entschuldigung. Doch. Bitte. Gerne.

Doktor Wolf hat die Zimmertür sowieso schon in der Hand. Im Halbdunkel sehe ich eine Frau mit Sauerstoffmaske über Mund und Nase und einem weißen Südfrüchtenetz über dem Kopfverband. Sie ist bewusstlos. Vielleicht schläft sie auch nur. Über ihrem Körper, der nur halb bedeckt ist von einem blasstürkis-violett-geblümten Flügelhemd, winden und kringeln sich Kabel und Schläuche, bestimmt zwanzig sind es, dünne und fette graue und weiße Schläuche und schwarze Kabel. Sie sind mit dem Tropfgalgen verbunden, der rechts neben dem Intensivbett steht und mit zwei kalbfleischfarbenen Techniktürmen links und rechts am Kopfende.

»Nicht erschrecken«, sagt Doktor Wolf leise.

»Nicht erschrecken. Das ist Frau Roll. Sie gehört heute zum Team dazu. Keine Angst. Es ist alles in Ordnung. Keine Angst.«

Doktor Wolf spricht mit der Frau, die unter dem Schlangengewirr in meinem Intensivbett liegt. Er spricht mit ihr, obwohl sie bewusstlos ist. Er spricht mit ihr wie mit einem Kind, in diesem beruhigenden, sanft-hypnotisch-fränkischen Singsang. Wie er mit mir gesprochen hat. Wie der Oberarzt Stefan Wolf in der Unterwelt von Station 1i also auch mit einer Patientin spricht, die im Koma liegt. Jetzt ist er wieder der Engel in dieser Hölle.

Mein gläserner Sarg ist gar nicht gläsern, er ist ein fast normales Zimmer. Das fast normale Zimmer einer Intensivstation. Gläsern ist nur das große Sichtfenster in der Wand zum Nachbarzimmer. Im Nachbarzimmer ist es hell. Die Lamellen der Jalousien sind verschlossen.

Ich habe immer nur diese großen Sichtfenster der Wand hinter meinen Füßen gesehen. Ich konnte den Kopf ja nicht bewegen. Mein Gehirn hat die Leerstellen gefüllt und sich die übrigen Wände ebenfalls als gläsern gedacht. Und fertig war der gläserne Sarg. So funktioniert unser Gehirn. So funktioniert Sehen. So funktioniert das Ausfüllen von blinden Flecken.

Ganz links am Fußende des Bettes hängt immer noch das Bild, das böse Kinderbild, das ich so gut kenne, weil ich so viele Tage und Nächte immer nur dieses brutale Bild angesehen habe. Das Ende.

Kein Acryl.

Es ist dick aufgetragene Wasserfarbe. Und brutal ist das Bild auch nicht. Es heißt bestimmt nicht: Das Ende. Das soll eindeutig nicht ein Mensch sein, dessen orangeroter Kopf vom Vernichtungskopfschmerz tief in die schwarz-blaue Erde gedrückt wird. Es ist gar kein Kopf zu sehen.

Der Kopf ist eine Sonne. Das Bild ist ein Sonnenuntergang am Meer: eine orangerote Sonne, die mit gelben, roten und orangefarbenen Lichtspiegelungen untergeht am Horizont, auf der Linie zwischen schwarzblauem Meer und nachtblauem Himmel.

Nur ich erkenne, dass man das auch als Vernichtungskopfschmerz sehen kann.

Einmal, das hatte ich vergessen, einmal, irgendwann in der ersten Woche muss das gewesen sein, habe ich dieses Bild betrachtet und gewusst, es wäre einfacher, wenn ich nicht überlebe, wenn ich wegdöse, wegbleibe, nicht mehr aufwache und diesen Schmerz nicht mehr haben muss, wenn ich einfach auf Autopilot schalte und nicht mehr kämpfe. Sondern sterbe.

Wegbleiben wäre so viel einfacher gewesen, als wieder zurückzukommen.

Nichts wie raus hier.

Das letzte Band

Auf dem Heimweg denke ich an Mutter Ilse. An ihr Sterben. An die vielen Stunden im Lüdenscheider Hospiz. Vielleicht war es für sie gar nicht so schlimm wie für uns. Vielleicht war am Ende wegbleiben für sie viel einfacher, als wieder zurückzukommen. Tod. Ende. Aus. Ewigkeit. Ruhe und keine Schmerzen mehr.

Sie nannten es Wachkoma oder apallisches Syndrom.

Leicht und zerbrechlich lag sie da, wie ein kleiner Vogel, wie ein Vögelchen, das vor die Scheibe geflogen ist. Tagsüber waren ihre Augen geöffnet, weit geöffnet und leer. Neben ihrem Bett stand ein gleichgültig brummendes Gerät, mit dem die Luft gekühlt und befeuchtet wurde in jenem heißen August. Sie hatten ihre Haare stramm zurück hochgekämmt und mit Gummiband zu einem Büschel hochgebunden. Das war einfacher für die Pfleger. Wenn sie gewaschen wurde, stöhnte sie. Manchmal hing ihre Zunge aus dem Mund.

Sie hätte es gehasst, so gesehen zu werden.

Ich habe in ihre weit geöffneten schwarzen Augen geschaut, diese leeren, nichts sehenden, auf nichts reagierenden, schönen, schwarzen Augen. Ich habe ihre Hand gehalten, diese zarte, schmale, zerbrechlich trockene Hand. Ich habe mit ihr gesprochen.

Einmal, als wir Großen schon zwölf und vierzehn waren, erinnerst du dich? Da hast du uns alle drei antreten lassen, dir die Hand zu geben. Du wolltest kontrollieren, ob wir diesen festen, trockenen Händedruck haben, den es deiner Meinung nach braucht, um gut durch das Leben zu kommen. Und dem anderen immer schön in die Augen sehen.

Ich habe ihre Hand gestreichelt und geküsst. Und ich habe immer weiter geredet.

Weißt du, was ich von dir gelernt habe und woran ich immer denke, auf jeder Reise, in jeder neuen Stadt, bei jeder Buchung zum Übernachten: Lieber die erbärmlichste Dachkammer im besten Hotel am Ort als die teuerste Suite in einem billigen Laden.

Ich habe erzählt, aus meinem Leben, aus ihrem Leben. Ich habe ihre Hand gehalten und ihre Stirn geküsst.

Es gab nie eine Reaktion. Niemals ein Lebenszeichen.

Erst jetzt, während ich schreibe und mich erinnere, erkenne ich, dass sie damals genau in dem vegetativen Zustand war, der mir als möglich angekündigt wurde vor der Operation.

Oh, und weißt du noch, wie sauer ich war, als ich mir bei Pelz Rieger diesen Mantel gekauft habe, den sandfarbenen Kaschmir, der wie ein Trenchcoat geschnitten ist? Als du, weißt du das noch, zu der Verkäuferin gesagt hast: Meine Tochter arbeitet bei der »Süddeutschen Zeitung«, ein paar Prozente müssen Sie schon noch nachlassen. Ich habe mich geschämt, so superpeinlich fand ich das. Aber jetzt muss ich lachen über mich. Und über dich auch.

Als du dann das letzte Mal bei uns in Berlin warst und diese riesige Tablettenbox brachtest, sieben Tage in sieben Neonfarben, fünf Fächer pro Tag. Ich hatte dir die Medikamente einsortiert nach Vorschrift der Klinik, aus der du kamst. Für jeden Tag der Woche, was du wann nehmen musstest: morgens, vormittags, mittags, nachmittags, abends, absurd viele Tabletten und Pillen in allen Größen und Farben. Und dann hast du das ganze Zeug doch einfach so genommen, wie du gerade wolltest und für richtig hieltst. Da war ich auch sauer.

Nein, stimmt nicht, da hatte ich Angst um dich und fühlte mich hilflos und überfordert.

Ich habe erzählt.

Sie hat nicht reagiert. Keine Bewegung. Niemals ein Lebenszeichen. Schwarze, weit geöffnete, nichts sehende Augen.

Und dann, als ich ganz leer war und nichts mehr zu sagen wusste, habe ich meinen Kopf neben ihren Kopf auf das Kissen gelegt und in ihr Ohr gesummt, leise, sanft und vorsichtig.

»Ochi Chernye«. Man trägt wieder schwarze Augen.

Da liefen Tränen aus ihren geöffneten, nichts sehenden, schwarzen Augen.

Ich habe auch geweint, ich habe die Tränen aus ihrem Gesicht geküsst, weiter gesummt und schließlich leise gesungen. »Nur nicht aus Liebe weinen«. »Champs-Elysées«. »I love Paris«. »Spanish Eyes«. Das ganze Familienprogramm, sogar: »Die blauen Dragoner, sie reiten«.

Jetzt war es ein Experiment.

Aber sie ist doch noch da. Sie reagiert. Sie weint, wenn ich singe. Wir können sie nicht weiter verhungern lassen, das wäre falsch und grausam. Es ist doch noch alles da. Beim apallischen Syndrom ist Weinen doch gar nicht vorgesehen.

Beide Geschwister waren anderer Meinung.

In der Patientenverfügung, die wir an die Wand neben ihr Bett gepinnt hatten für den Fall, dass ein Nachtpfleger nicht in die Akten schauen würde, stand in ihrer Handschrift und rot unterstrichen: Keine Wiederbelebung. Keine künstliche Ernährung.

Es war schlimm.

Heute weiß ich, die Geschwister hatten recht.

Heute weiß ich, dass musikalische Wahrnehmung und Empfänglichkeit noch erhalten sein können, wenn anderes im Gehirn schon unwiederbringlich erloschen ist. Das Musikgedächtnis ist robuster, dauerhafter und stabiler als viele andere Gehirnfunktionen, robuster, dauerhafter und stabiler als alle

Erinnerungen. Musik ist oft der letzte, geheime Seiteneingang zum Gehirn eines Menschen, der sich schon ganz verloren hat, weil zu viele Zellen und neuronale Verbindungen zerstört sind. Demenzpatienten kann man mit Musik beruhigen. Die schlimmsten Aphasien heilen, wenn die nicht mehr sprechbaren Wörter gesungen und so neu gelernt werden. Im präsupplementär-motorischen Areal, in dem sowohl Erinnerungen als auch Emotionen gespeichert werden, gibt es einen Emotionsgedächtnistunnel, in dem die Musik Erinnerungsschätze finden kann, die längst im Dunkeln versunken sind.

Musik ist das Land, in dem es kein Vergessen gibt.

Damals wusste ich das nicht. Damals wusste ich gar nichts.

Ich bin nicht bei ihr geblieben. Ich fand mein Leben wichtiger als ihr Sterben.

Ich saß auf einem Hotelbett über dem Touristenlärm der Getreidegasse, als der Anruf meines Bruders kam. Und dann war es vorbei mit Musik. Ich konnte nicht ertragen, Musik zu hören. Gute Musik ging gar nicht, schlechte auch nicht. Schlager, Schnulzen, Choräle, Beethoven, Bach, Beatles, Belafonte, egal was. Es war, als würde schon der Gedanke an Musik mich töten und mich zerfallen lassen auf der Stelle.

Wenn irgendwo Musik gespielt wurde, wusste ich, ich muss jetzt hier sofort weg. Tränen. Panik. Angst. Fassungslosigkeit. Musik war so überwältigend, dass ich noch eine Weile weiter zittern und in unkontrollierten Atemstößen um Luft kämpfen musste, wenn jemand die Musik endlich gestoppt oder ich den Raum längst verlassen hatte.

Etwas länger als ein Jahr lang ging das so.

Oft sind die Kinder vorgelaufen zum Italiener, um zu bitten, die Musik auszuschalten, wenn wir gleich bei ihm essen würden. Bitte, würden Sie so sehr nett sein und die Musik ganz abdrehen? Wir kommen mit einer Trauernden, die Musik nicht erträgt.

Erstaunlich, dass ich jetzt wieder daran denken muss, auf dem Rückweg von meinem kontraphobischen Besuch in der Unterwelt.

Später hat Christiane zu Salm, die sich mit Sterben auskennt, versucht, mir die Situation im Hospiz umzudeuten: Ihr habt alles richtig gemacht. Dein Singen und ihre Tränen, das ist keine traurige Geschichte. Das ist eine sehr schöne Geschichte. Du hast sie berührt. Du hast noch einmal Kontakt zu ihr aufgebaut.

So kann es gewesen sein. Vielleicht hat sie uns beide gespürt. Vielleicht hat sie noch einmal gewusst: Ich bin noch da. Meine Tochter hat mich gefunden.

Mein Singen war das letzte Band zu ihr.

Music was my first love. Musik wird wahrscheinlich auch meine letzte Liebe sein, mein letzter Anker in die Welt, das Letzte, was ich noch wahrnehmen und empfangen kann, wenn alles andere längst weg ist. Wäre schön, wenn die Menschen, die sich eines Tages um mein Sterben kümmern, das wissen.

Als ich wieder zuhause bin, laufe ich zum Flügel, setze mich davor, klappe den Deckel auf, lege meine Hände auf die Tasten. Und spiele nicht.

Ich starre die Tasten an. »Ebony and Ivory«. Ich betrachte meine alt gewordenen Hände auf den Tasten und denke: Wenn du erzählen könntest, Flügel Steinway. Wenn du erzählen könntest.

Großvater Eugen hat dich 1934 gekauft als Konfirmationsgeschenk für seine erstgeborene Tochter. Zwischen den Kriegen war er ein reicher Mann geworden, ein Inflationskönig und Finanzjongleur. Devisen, Schiebergeschäfte, im richtigen Moment verkaufte Aktienbeteiligung an einer schwedischen Streichholzfabrik. Und gebaut wurde auch in Lüdenscheid nach 1918. Der Firma ging es gut. Großvater kaufte. Großvater kaufte Beteiligungen, Autos und Pferde, Hotelaufenthalte und Kreuzfahrten. Er kaufte die Filmkamera, wegen der ich weiß, wie sie alle ausgesehen haben seit 1929: seine schöne Frau, meine Omeli, und die beiden Mädchen, Mutter und ihre Schwester mit den Bob-Haarschnitten, der neuen, emanzipierten Mädchen-Frisur für die Jahre des Höhenflugs.

Großvater hatte den Plan, mit dem großen Geld auch noch eine Fabrik zu kaufen. Jeder, der dazugehören wollte in Lüdenscheid, hatte sein eigenes Fabriksken. Großvater dachte darüber nach, etwas herzustellen, was die Menschen kaufen, sofort verbrauchen und wieder kaufen müssen. Das hatte er von den Streichhölzern gelernt.

Dann war Hitler an die Macht gekommen. Und Großvater sagte: Es wird also wieder Krieg geben. Wir brauchen jetzt keine Fabrik. Wir brauchen eine Landwirtschaft. Wir haben schon einen Krieg durch gehungert.

Also kaufte er Gut Brunscheid, den landwirtschaftlichen Betrieb, die Villa, den Hof, das Land, die Wälder und die dazugehörende Jagd. Er fuhr zu Landwirtschaftsmessen, kaufte schwarz-weiße Kühe, die es, so geht die Geschichte, die wir uns erzählen, erst seit ihm im Sauerland gibt. Er kaufte Hühner, Gänse, Straußenvögel, Pferde, Saatgut, landwirtschaftliche Maschinen und Gewehre.

Großvater wurde so leidenschaftlich Agrarexperte und Jäger, dass er nur noch grüne Kleider trug und Plattdeutsch lernte, um sich mit den Bauern unterhalten zu können. Sogar einen grünen Smoking hat er sich schneidern lassen.

Auf den Fotos und Filmen steht Großvater breitbeinig und schamlos stolz mit weit über dem Herzen vor der Brust verschränkten Armen wie Elon Musk: meine Häuser, meine Autos, meine Pferde, meine Gewehre, meine schöne Frau, meine Töchter, die Autos meiner Töchter, BMW für BDM, meine Schiffsreisen, das Flugzeug, mit dem wir nach Wangerooge fliegen. In den Ferien ganz schnieke bitte sehr, mit weißen Breeches-Hosen, weißem Sakko, cremefarbenen Strümpfen und Einstecktuch, den Panamahut draufgängerisch in den Nacken geschoben.

Auch seine Geschäftsbriefe hat er so geschrieben, breitbeinig und mit oben vor der Brust verschränkten Armen. Irgendjemand verdient achtzig Jahre später bei eBay 3,50 Euro damit, eine Postkarte im Internet zu verkaufen, die mein Großvater an den Architekten Conrad Piper nach Letmathe geschickt hat. *Im Besitz Ihres obigen Schreibens gestatte ich mir höflichst darauf aufmerksam zu machen, daß ich seit 30 Jahren Heizungsanlagen baue und meine Anlagen nie anders gebaut habe, als auch im vorliegenden Fall. Es ist also gänzlich ausgeschlossen, daß ich Ihrer Aufforderung auf Änderung irgendwelcher Rohre nachkommen kann. Heil Hitler.*

Manchmal denke ich, dass ich ihn gerade deswegen gemocht hätte, diesen Großvater Eugen, und auch, dass Mutter Ilse ihren eigenen Vater geheiratet hat, als sie unseren Vater nahm. Wahrscheinlich war ihr schon der eigene Vater peinlich. Neureich hat sie ihn genannt in einem ihrer Briefe an mich und erzählt, dass nur zwei Dinge diesen Mann aus der Fassung bringen konnten: die Tatsache, dass Omelis Vater, der Lehrer Heinrich Schnippering, nicht mehr erlebt hat, was dieser Eugen Lieb seiner Tochter alles bieten konnte. Obwohl er nur der Sohn vom Kupferschmied war und schon in der Quarta Abitur gemacht hatte, wie sie immer gelästert hatten. Und: wenn Weihnachten »Stille Nacht, heilige Nacht« gesungen wurde und sie an die Stelle mit seinem Nachnamen kamen. … *Lieb aus deinem göttlichen Mund.*

Das war ihm angeblich von hoher Peinlichkeit. Aber wahrscheinlich kokettierte er nur, die Arme weit oben vor der Brust verschränkt.

Wenn der Steinway erzählen könnte: Das Ilschen mit dem Bubikopf übt brav ihren Czerny, später Bach und Beethoven und Mozart und Chopin. Und dann bald – da trägt sie die Haare schon lang, wild gelockt und offen – Swing. Mit dem immergleichen Bassmuster in der linken Hand, Grundton mit dem kleinen Finger, Oktavsprung zum Akkord, auch die Tangos und Walzer.

»Johnny, wenn du Geburtstag hast«.

Und Zarah Leander natürlich. »Davon geht die Welt nicht unter«.

Noch lieber spielt sie Akkordeon. Chopin, Walzer Nummer 2 in cis-Moll, Swing, Jazz, Lieder zum Mitsingen für alle. Das Akkordeon muss für sie gewesen sein wie die Gitarre für mich. Transportabel, kann man mitnehmen auf Reisen, ins Internat nach Weimar und auf große Klassenfahrt. Ein lässiges junges Mädchen mit Akkordeon und struppigem Rauhaardackel, das ist sie auch einmal gewesen, meine Mutter. Hexe hieß der Dackel.

Wahrscheinlich hat Günter ihr beim Klavierspielen zugehört im Ledersessel mit dem grünen Kissen, das ich später mit den Fingern erkundet habe.

Und dann war die Welt eben doch untergegangen. Günter tot. Friedrichstraße samt Flügel beschlagnahmt für vier Familien aus dem Ruhrgebiet, die zwangseinquartiert wurden, weil sie ausgebombt worden waren. Die wussten vielleicht gar nicht, was passiert, wenn man heiße Teebecher auf Schellack abstellt. Der blasse Kreis hier rechts neben dem Notenpult erzählt davon.

Ausgebombte.

Ich stehe auf. Ich streiche mit der rechten Hand den Rücken des Flügels, spüre die große, raue, stumpfe Fläche. Das waren die Amerikaner, als sie 1945 auf dem Flügel getanzt und Löcher in die Zimmerdecke geschossen haben. Siegesfreude.

Dann ist der Krieg vorbei. Großvater darf mit seiner Familie zurück in die Friedrichstraße. Die Firma wird gebraucht. Jetzt macht das Ilschen Musik mit diesem Hauptmann, der immer wieder zurückgekommen ist und nicht nur Gitarre, sondern auch Geige spielen kann. Ohne Noten, die Geige nicht unter das Kinn geklemmt, sondern auf das Herz gedrückt unter dem Schlüsselbein, rechts hinter ihr gerade nah genug, dass er mit seinem Geigenbogen in ihren Noten auf die Stelle tippen konnte, von der sie dann noch einmal von vorne angefangen haben.

Bald tragen sie Eheringe. Dann spielen sie Kinderlieder. Und Weihnachtslieder. Ein kleines Mädchen übt Stehen an den geschwungenen, glatten, schwarzen Beinen des Flügels. Manchmal wird das kleine Mädchen vom Vater hochgehoben und auf den Rücken des Flügels gesetzt, damit ich den Hämmerchen zuschauen kann. Und noch etwas später stehen zwei folgsam-eifrige Blockflötenkinder in kratzenden Kittelhemdchen neben dem Flügel.

Dann bin ich schon groß und habe selber Klavierstunde bei Gletscher-Erna in der Bahnhofstraße. Ihr zu Ehren könnte ich jetzt eigentlich das kleine Menuett von Bach spielen, das ich immer noch auswendig kann.

Ich spiele nicht.

Ich klappe den Deckel über den Tasten zu. Der Flügel hat seine Geschichte noch nicht zu Ende erzählt. Tiefe Schrammen sind auf diesem Deckel, unregelmäßige Spuren, als hätte jemand mit einer Schere oder einem scharfen Messer mutwillig herumgekratzt. Das war Hickory, der Jagdhund meines Bruders. Niemand weiß, wann oder nach welchem Krieg der auf dem Flügel getanzt hat.

Der Deckel bleibt zu. Ich stehe auf. Ich spiele nicht. Ich muss gar nicht spielen. Mein Gehirn hört das kleine Menuett von Bach trotzdem.

Und dann laufe ich wie ferngesteuert die Treppen hoch in mein Zimmer zu meinem Rechner und öffne die Datei mit den Arztberichten und Bildern aus der Charité.

Weil ich selbstverständlich doch ein Vomit bin. Ich bin der

Prototyp eines Vomits, ich bin das perfekte Opfer moderner bildgebender Verfahren. Das Wort Vomit könnte für mich erfunden sein.

Und natürlich habe ich die dunkle Stelle schnell gefunden, diesen grauen Fleck zerstörtes Gehirngewebe. Er liegt in meinem Temporallappen an der Grenze zum Frontallappen. Der kleine Infarkt in der letzten Nacht auf der Intensivstation hat eine winzige Stelle in meinem Temporallappen zerstört.

Wenn man den Temporallappen von Versuchspersonen elektrisch reizt, produzieren diese Personen häufig religiös aufgeladene Halluzinationen, die sie anschließend wie zusammenhängende Erinnerungen an vergangene Erlebnisse beschreiben. Nach den neuesten Theorien der Gehirnforscher haben Jeanne D'Arc und Luther an Temporallappenepilepsie gelitten, als sie ihre Epiphanien erlebten, einige der Propheten und andere religiöse Führer auch.

Bei mir war es nur diese kleine Unterhaltung mit Gott, an den ich nicht glaube. Nichts ist mit diesem Wissen besser oder auch nur anders. Aber so ist es auserzählt in allen denkbaren Perspektiven.

In der Nacht halte ich mein Tuch in den Wind wie früher, wie immer. Das Tuch bläht sich. Ich spüre den Auftrieb und auch, dass ich gleich abhebe. Dann ist da Carolin, die mitmöchte. Coach und Hase. Ich sage: Schau, wie ich es mache, Coach. Es ist ganz einfach. Du kannst das auch.

Ich löse ihre Hand von meinem Arm und fliege davon. Die Dachterrasse mit dem Oleander und den beiden Sonnenschirmen unter mir ist schon bald spielzeugklein. Ich sehe Rohre, Leitern und Unordnung auf den Flachdächern der beiden Hochhäuser vor der Kaiser-Wilhelm-Gedächtnis-Kirche. Auf diesen Dächern müsste dringend mal aufgeräumt werden. Ich fliege über den Tiergarten, über das Brandenburger Tor und den Gendarmenmarkt zum roten Eckhaus an der Danziger

Straße 14. Ich fliege höher als sonst, auch schneller. Schon liegt Berlin unten mitten in Brandenburgs Wäldern und Seen wie das Graue von einem grünen Spiegelei mit schwarzblauen Fettpfützen. Noch höher. Deutschland von den Meeren und Inseln bis zum Chiemsee vor den schneebedeckten Alpen wie bei Google Earth. Und noch höher. Und noch schneller. Immer schneller. Die Erdkrümmung, die Rundung und die Sphärenlichter des Blauen Planeten.

Ganz schön kalt und ungemütlich hier oben. Am Mond vorbei. Auf der dunklen Seite des Mondes wird es heller und wärmer. Schön warm da. Menschen sitzen mit bunten Sonnenbrillen und bahamagrellen Kleidern auf Liegestühlen im Sand. Kinder bauen Mondkrater.

Ich fliege. Zur Sonne. Zum Licht. Ins Feuer. Immer wärmer wird es. Immer heller. Zu warm. Zu hell. Ikarus. Näher an die Sonne sollte man sich wahrscheinlich nicht wagen.

Ich drehe also um, etwas zu schnell vielleicht, und stürze zur Erde zurück, unkontrolliert und leicht trudelnd. Erst auf den letzten hundert Metern gelingt es mir, den Sturz ein wenig abzubremsen mit meinem Tuch, das ich jetzt mit beiden Armen hoch über meinem Kopf gespannt halte als Bremse, wie einen Fallschirm. Und dann werde ich wach, gerade noch rechtzeitig vor dem wahrscheinlich harten, aber doch sicheren Aufprall in meinem Bett.

Ich kann es wieder. Ich habe meinen Traum zurück. An der Landung muss ich vielleicht noch ein wenig arbeiten.

Die Waschmaschine

Und wenn die Angiografie in Ordnung ist, kommen Sie nach oben auf die Normalstation.

Nach oben. Auf die Normalstation. Das hatte nach den endlosen Tagen und Nächten in der Hölle der Unterwelt geklungen wie: zum Licht. Ins Leben. Sie haben es geschafft. Sie werden in Sicherheit sein.

Dabei fängt oben, im Normalbetrieb der Charité, die Todesgefahr erst noch einmal richtig an.

Das Bett im Zimmer Nummer 25 ist ein normales Krankenhausbett mit frisch duftenden, weißen Laken. Nichts stinkt. Nichts fiept und piept oder jingelt und rauscht. Nicht einmal mein Puls wird vertont. Ich habe es geschafft. Alles ist vollkommen ruhig und hell und still.

Sehr still.

Aus dem Plastikbeutel, der an einem galgenähnlichen Gestell neben meinem Bett hängt, tropft Schmerzmittel in mich, ohne jedes Geräusch, über den Zugang an meiner linken Hand. Es gibt keine weiteren Schläuche und Kabel mehr, keine Schlangen auf meinem Körper, keine Nasenröhrchen mit Sauerstoff, keine Messapparate, die meine Vitalsignale an den Computer übertragen. Kein Wasserfall von der Nachttopfwaschanlage, kein Spielkasino, keine Alarmjingles. Ruhe.

Endlich. Ich bin in Sicherheit.

Aber ich hatte mich daran gewöhnt, den wilden Sound der Intensivstation hören zu müssen und auch meinen eigenen Puls. Jetzt höre ich nichts mehr. Ob mein Herz überhaupt noch schlägt? Ich kann es fühlen, wenn ich drei Finger der linken

Hand an die Außenseite meines rechten Handgelenks unterhalb des Daumens lege. Es schlägt. Mein Herz schlägt, kraftvoll und gleichmäßig. Ich lebe.

Hell ist es diesem Zimmer. Sehr hell. Tageslicht, echtes, wahrhaftiges Außenweltlicht wirft das Schattenspiel des Fensterumrisses auf die Wand rechts von meinem Bett und auf die Zimmerdecke über mir. Ich muss meine Augen nur ein wenig gegen den Schmerz nach links zum Fenster bewegen, dann sehe ich sogar den Himmel, ein Stück vom Himmel. Berlingrauer Himmel, davor Äste, Äste von einem Baum, kahle Äste. Es ist Winter. Draußen in der Welt ist Winter.

Drinnen ist Ruhe, endlich Ruhe. Keine gläsernen Wände. Niemand beobachtet mich. Niemand überwacht mich.

Niemand sieht mich. Ich bin ganz allein. Kein Gerät würde Alarm rufen, wenn ein Wert entgleist oder mein Herz aufhört zu schlagen. Noch schlägt es ja unter den drei Fingern meiner linken Hand, kräftig und stark, und etwas zu schnell plötzlich.

Was war das gestern Nacht mit dem Rundlauftischtennis? Und diese tropfenden, roten Zeichen an der Wand? Der Abschiedsgruß, der gar nicht mehr da war, als Pfleger Robert das Licht angemacht hat? Hätte ich ihnen das doch sagen müssen? Bin ich wirklich bereit für die Normalstation? In meinem Gehirn lauern Vasospasmen, die versuchen könnten, Godzillas finsteren Tötungsplan zu vollenden. Die Wahrscheinlichkeit dafür ist noch relativ hoch. Doktor Wolf hat es mir erklärt. In diesem Fall müsste ich so schnell wie möglich zurück auf die Intensivstation.

Der Notrufknopf ist an diesem gebissbleichen Nachtschrank neben meinem Bett so angebracht, dass auch eine Patientin ihn erreicht, die sich nicht aufsetzen und nicht einmal ihren Kopf bewegen kann. Er ist rot und von innen beleuchtet.

Das ist gut.

Was ist so schnell wie möglich? Woran merke ich, wenn so

ein Vasospasmus passiert? Wie fühlt sich ein Schlaganfall an? Werde ich noch reagieren und den Notrufknopf drücken können? Und wird dann sofort jemand da sein, der mich rettet?

Der Notrufknopf ist da und leuchtet. Rot.

Ich sollte ihn ausprobieren. Ich sollte einfach einmal ausprobieren, was geschieht, wenn ich Hilfe brauche. Ich muss wissen, wie schnell Hilfe da ist. Ich muss mich sicher machen.

Ich drücke den roten Knopf.

Und dann geschieht: nichts. Gar nichts. Niemand kommt. Keine Reaktion. Minutenlang. Nur Stille und Herzklopfen, Adrenalingeschmack im Mund und kalte, schweißnasse Hände. Zum ersten Mal seit jenem Abend vor einer Ewigkeit, an dem das Monster in meinem Kopf explodiert ist, steigt Angst auf in mir, Panik.

Ich war doch die ganze Zeit ruhig. Ich war ruhig, als Godzilla Pericallosa platzte. Ich hatte keine Angst, als ich entschieden habe, aus der Badewanne zu müssen. Ich war klar und ruhig, als ich ihn angerufen habe, sogar noch als ich blind wurde, als sie die Tür aufgebrochen haben, auch noch vor der Operation. Keine Angst. Überlebenswille ist so viel stärker als Angst.

Zwischen den Lawinen in Fuck de Tignes hatte ich auch keine Angst.

Aber jetzt. Jetzt steigt sie auf in mir, die Angst. Wahrscheinlich ist nicht mehr zu viel Flüssigkeit in den Nervenwasserkammern, und meine Amygdala arbeitet und reagiert wieder normal. Das ist unangenehm. Herzklopfen. Luftnot. Panik. Zehn Minuten sind schon vergangen. Was ist denn das für ein Notrufsystem?

»Ja? Bitte?«, sagt eine Frauenstimme über mir.

Die Stimme klingt norddeutsch, sie klingt genervt und überfordert, und wie aus dem Radio klingt sie. Sie kommt aus einem Lautsprecher, der unter der Zimmerdecke befestigt ist und den ich noch gar nicht entdeckt hatte.

Ich bin Evelyn Roll und liege auf der Neurochirurgischen Normalstation C im Zimmer 25.

»Das sehe ich. Was ist denn?«

Oh. Ja. Also, Entschuldigung, ich brauche bitte Schmerzmittel für die Nacht. Ich brauche viel mehr Schmerzmittel.

Das ist es, was ich sage.

Was ich denke, ist: elf Minuten. Antworten könnte ich im Ernstfall nach elf Minuten nicht mehr. Wahrscheinlich nicht einmal mehr denken.

Das ist aber nicht gut. Das ist überhaupt nicht gut.

Ich greife zum Händi, das mir schon einmal mein Leben gerettet hat. Google findet die zentrale Nummer der Charité. Ich gebe sie ein. Ich lege das iPhone unter meine linke Hand. So müsste ich im Ernstfall nicht zehn Minuten warten, sondern könnte wie von außen in der Zentrale der Charité anrufen und sagen: Mein Name ist Evelyn Roll. Ich liege auf Zimmer 25 in der Neurochirurgischen Normalstation C und habe offenbar einen Vasospasmus gerade, bitte …

Nein, zu lang. Ich werde sehr schnell nicht mehr sprechen und denken können, also muss das viel kürzer sein: Notfall! Lebensgefahr! Neurochirurgische Normalstation C, Zimmer 25! Handeln Sie sofort!

Und wenn besetzt ist?

Und heißt das hier überhaupt Neurochirurgische Normalstation? Oder gilt das Präfix normal nur für Menschen, die aus der Hölle der Intensivstation entkommen sind?

Was ist normal?

In den nächsten Tagen bleibt das iPhone bei mir im Bett, unter dem Kopfkissen, unter meiner linken Hand, wie ein entsicherter Revolver. Die Nummer der Charité ist eingetippt.

Außerdem habe ich die Sprachaufnahmeapp auf Stand-by gestellt. Ich frage jeden, der in mein Zimmer kommt, warum es elf Minuten dauert, bis sich jemand meldet, nachdem ich auf den roten Notknopf drücke. Ich frage die Nachtschwester. Ich frage die Morgenschwester. Ich frage die Pfleger. Ich frage die Ärzte. Ich frage die Bettenschieber, die Putzfrau und den Mann aus dem Senegal, der mich morgens wäscht und kein Deutsch spricht. Ich frage sie alle. Ich frage, wie es ihnen geht und wie ihre Arbeit organisiert ist. Mein iPhone zeichnet alles auf. Mein Reporterinstinkt ist angesprungen. Die Angst hat meinen Beruf zurückgebracht.

Ein erstklassiger Gehirnchirurg von Weltrang kann mithilfe von großartiger Hochleistungstechnik und einer komplizierten Operation im geöffneten Schädel das Leben eines Menschen retten, der ohne diese exzellente Spitzenmedizin gestorben oder sehr schwer beschädigt gewesen wäre. Diese Rettung kostet viele Tausend Euro. Sie können ihre Patientin, wieder für sehr viel Geld, an Beatmungs- und Versorgungsapparate anschließen und von sehr gut trainierten, hingebungsvollen Intensivmedizinern und -pflegern viele Tage und Nächte so bewachen, dass nicht eine Sekunde etwas unbemerkt passiert oder ein lebenswichtiger Wert entgleist.

Und dann soll das Unternehmen auf der Normalstation doch noch tödlich enden? Weil kein Geld da ist für genug Personal?

Das ist, als würde die Bergwacht mit zwei Hubschraubern und einer Vierzehn-Personen-Seilschaft in einer tagelangen, mutigen Aktion einen Abgestürzten aus der Gletscherspalte retten. Und dann bleibt er unten im Tal auf einem kalten Flur des Krankenhauses vergessen und unbehandelt liegen und stirbt.

Ich werde darüber schreiben. Wenn ich hier lebendig und bei Verstand wieder rauskomme, werde ich darüber schreiben. Wozu bin ich Journalistin?

Aber erst einmal muss die Journalistin am nächsten Tag tatsächlich auf den kalten Flur des Krankenhauses. Und bleibt da liegen. Weil sie mich vergessen haben.

Morgens hatte Doktor Jakob noch erklärt, wie wichtig es ist, dass ich ruhig bleibe, mir keine Gedanken mache und mich einfach ausruhe. Vergessen Sie das mit dem Notrufknopf und den elf Minuten. Bitte keine Sorgen und keinen Stress, das kann Ihr Gehirn jetzt wirklich nicht brauchen. Und nein, versuchen Sie bitte auch noch nicht, den Kopf zu bewegen oder sich aufzusetzen. Das ist alles noch viel zu früh. Bleiben Sie einfach ruhig liegen. Entspannen Sie sich. Wir kümmern uns um alles. Versuchen Sie, zur Ruhe zu kommen, das ist Ihre einzige Aufgabe hier. Alles andere machen wir.

Eine halbe Stunde später kommt ein freundlicher Zwei-Zentner-Mann, um mich von Zimmer 25 im vierten Stock zur Doppler-Sonografie in den Keller des Nachbargebäudes zu fahren. In meinem Bett.

Der kleine Häwelmann auf großer Fahrt durch das Virchow-Klinikum. Endlose Gänge. Automatische Türen. Gelbfahles Flackerlicht. Fahrstuhlfahrten. Menschen. Menschen in Wintermänteln. Menschen in Arztkitteln. Menschen in Bademänteln, die sich an ihrem Tropfgalgen festhalten. Eilige Krankenschwestern. Noch ein Fahrstuhl. Wieder endlose Gänge. Flackerlicht. Ohne Menschen. Was für ein Abenteuer, wenn man sehr lange nichts als den eigenen Sargdeckel gesehen hat und das grausame Aquarell eines Zehnjährigen.

Leider spricht der Bettenschieber kein Deutsch. Und er weiß auch nicht, wer Theodor Storm ist. Aber er kennt sich aus und stellt den kleinen Häwelmann in seinem Bett vor der richtigen Tür ab. Dr. A. Kim und Dr. F. Doepp – Gefäßdiagnostik Okulomotorik, steht auf dem Türschild. Goodbye, lieber Bettenfahrer.

Nach einigen Minuten öffnet sich die Tür. Heraus kommen zwei junge Ärzte. Eine Koreanerin, die aussieht wie Christina in »Grey's Anatomy« und ein noch viel jüngerer, nordeuropäischweißer Mann mit weichen Gesichtszügen. Sie schieben mein Bett in den dunklen Raum vor einen Apparat mit Bildschirm, der aussieht wie das Ultraschallgerät einer Gynäkologin.

Was ist doppelt an so einem Sonografen, frage ich.

Die beiden lachen.

»Nichts ist doppelt an diesem Gerät. Es misst mit einer akustischen Methode die Durchflussgeschwindigkeit des Blutes an Ihrer Halsschlagader. Der Mann, der es entwickelt hat, hieß Doppler, Christian Doppler.«

Und wie funktioniert das?

Christina erkennt, dass diese Patientin sich offenbar wirklich dafür interessiert, wie die Durchflussgeschwindigkeit von Blut an einer Halsschlagader gemessen wird: »Das funktioniert wie bei einem Feuerwehrauto. Die Höhe des Tatütata verändert sich, je nachdem, wie schnell das Feuerwehrauto fährt. Das kennen Sie bestimmt. Genauso verändert sich das Geräusch, das Ihr Blut macht bei der Passage durch Ihre Halsschlagader, je nach Fließgeschwindigkeit. Fließgeschwindigkeiten unter 100 Zentimeter in der Sekunde sind okay. Werte über 160 Zentimeter in der Sekunde sind kritisch. So können wir Vasospasmen erkennen, bevor Sie Symptome haben.«

Und?

»Fließt alles prima bei Ihnen.«

Die beiden sympathischen Ärzte schieben mein Bett wieder zurück auf den Flur ins flackernd-fahle Licht und schließen ihre Tür. Ich mag Menschen, die ihr Spezialgebiet gut erklären können.

Und dann geschieht: nichts. Dann geschieht sehr lange nichts. Mein Bett steht vor dieser Tür im kalten Flur. Ich liege im Bett und soll mich nicht aufregen. Und darf mich nicht bewegen. Und kann mich nicht bewegen.

Mein Rufen ist nicht laut genug. Doktor Kim und Doktor Doepp können mich hinter ihrer strahlensicheren Tür offensichtlich nicht hören. Niemand hört mich. Und ich kann mich nicht bewegen und soll mich entspannen.

Mein schlauer Plan, im Notfall von außen die Zentrale der

Charité anzurufen, scheitert daran, dass es im unteren Stockwerk der Charité keinen Mobilnetzempfang gibt.

Nicht aufregen. Atmen. Warten.

Ich warte eine Stunde, zwei Stunden, und noch eine halbe Stunde, was kompliziert ist, weil ich mich nicht bewegen kann und auf die Bettpfanne müsste. Die Schmerzmittel lassen auch nach. Es tut weh. Es tut wieder sehr weh. Und ich habe die Anweisung, mich nicht aufzuregen. Ich muss mich ablenken. Ich muss mein Gehirn mit etwas anderem beschäftigen.

Flackerlicht. Der Gang ist gelb gestrichen. Hinten, unter dem Fenster am Ende des Ganges ein Tisch mit zwei Stühlen, daneben ein schwarzer Plastiktopf mit einer traurigen Pflanze, die ihre vertrockneten Blätter abwirft, Ficus benjamina.

Was für ein Gelb ist dieses Wandgelb? Kiefernholzgelb? Weizengelb? Ergrautes Weizengelb?

Krankenhausflurgelb.

Dann höre ich Schritte. Endlich. Ein Mensch kommt in den einsamen, krankenhausflurgelben Gang, eine Frau, eine polnische Frau, die ihren Mann besuchen will, der einen Schlaganfall hatte.

»Ich helfe Ihnen, warten Sie. Ich hole Hilfe.«

Danke. Danke. Ich danke Ihnen so sehr.

Sie geht weg.

Ich bin wieder allein.

Aber sie hat eine Schwester gerufen, die bald mit einer Bettpfanne kommt und dann sagt: »Ich kann Sie aber leider nicht zurück in Ihr Zimmer fahren.«

Sie können was nicht? Und warum nicht?

»Ich darf das nicht.«

Warum dürfen Sie das nicht?

»Weil dafür die Mitarbeiter der CFM zuständig sind.«

CFM heißt Charité Facility Management, das ist eine Tochtergesellschaft der Charité, die 2700 zumeist unausgebildete

Mitarbeiter aus 42 Nationen mit Niedriglöhnen bezahlt für, wie ich drei Monate später im hauseigenen Werbefilmchen sehe, »Alles. Alles von Abfallwirtschaft bis Zentralsterilisation«, zum Beispiel auch für jährlich 70 000 Patiententransporte »just in time«.

Just in time.

Nach nur noch einmal zehn Minuten kommt ein Bettenfahrer des CFM, der mexikanisch aussieht, aber kein Spanisch spricht und »nix Deutsch«. Er will auch gar nicht sprechen und fährt mich wortlos durch endlose krankenhausgelbe Gänge, automatische Türen, dem Fahrstuhl und wieder zurück durch den weiß gestrichenen Gang in mein Zimmer 25.

Bald danach wirkt das frische Schmerzmittel aus meinem Tropf, und ich rege mich nicht mehr auf. Wie Doktor Jakob es empfohlen hat.

Vier Tage später darf ich mich zum ersten Mal ein wenig aufsetzen im Bett. Die Physiotherapeutin und ein Pfleger helfen und halten mich.

Schmerz. Schwindel. Gewaltig rohes Rauschen, Brausen und Rotieren in meinem Kopf. Als hätten sie mein Gehirn in die Trommel einer Waschmaschine gelegt und den Schleudergang eingeschaltet, der nun mit rotierendem Druck alle Kraft, allen Mut und alles Leben aus mir presst mit 1600 Umdrehungen in der Minute. Immer näher will das an den Schmerzkern. Mein Gehirn wird explodieren.

Ich muss den Kopf wieder auf das Kissen legen. Vollkommene Erschöpfung. Ein Glas Wasser, bitte. Tiefer Schlaf. Und das neue Wort: die Waschmaschine. Drei- bis viermal am Tag wird sie angeworfen. Immer wenn ich etwas ausprobiere, was ich nicht mehr kann. Und wenn ich nicht schnell genug wieder aufhöre damit. In meinem Rehajahr wird das langsam immer seltener und milder werden. Aber das weiß ich jetzt noch nicht.

Am nächsten Tag sind sie zu dritt gekommen, zwei junge

Pfleger und die Physiotherapeutin. Sie ziehen mir gut gelaunt türkisblaue Duschhauben über die Wollstrümpfe an meinen Füßen, damit ich nicht ausrutsche, wenn sie mich gleich hinstellen mit kundigen Griffen und auch nur für einen kurzen Moment.

Es geht. Ich stehe. Wackelig. Kreislauf okay. Kraft auch.

Eines Tages werde ich also allein den einen Schritt von der Bettkante zur Toilettentür gehen können. Und deswegen möchte ich jetzt gerne ausprobieren, ob ich nicht für einen Moment stehen kann, ohne dass die drei mich halten.

Lieber nicht. Die Physiotherapeutin sagt: »Vor ein paar Wochen hatten wir auch so eine Flotte. Ist gleich losgesaust. Und vier Tage später hatte sie einen Vasospasmus und musste wieder auf die Intensivstation. Also, bitte, immer schön langsam. Hinsetzen jetzt. Hinlegen.«

Darf ich einen Spiegel haben?

Es ist der Wunsch, nicht länger von innen auf mich zu schauen. Ich finde, das ist ein gutes Zeichen. Die Physiotherapeutin findet das auch.

Ich sehe gut aus. Wie Johnny Depp in »Fluch der Karibik«, schön bunt und blau über und unter den Augen, weißes Stirnband und darüber ein schickes Südfrüchtenetz. Das Shampoo von jenem Abend in der Badewanne muss immer noch in meinen Haaren sein. Macht nichts. Salz auf meiner Haut. Seife in meinen Haaren.

Eine Woche später verlasse ich zum ersten Mal ohne Hilfe mein Zimmer.

Mit dem Rollator gehe ich den Flur entlang nach vorne zu der Stationszentrale mit dem Schwesternzimmer. Doktor Jakob kommt mir entgegen, bleibt stehen, bewundert ostentativ meine Kraft und Energie und bittet mich in ihr Zimmer. Dort wirft sie ihren Computer an und zeigt mir die Bilder meiner CTs und Angiografien vor der Operation und danach. Der Clip, der das

Aneurysma verschließt und nun für immer in meinem Kopf bleiben soll, sieht aus wie eine kleine Büroklammer.

Und die Titanplättchen und Schrauben?

»Bleiben auch drin. Nein, die machen keinen Alarm bei der Flughafensicherung.«

Ob ich diese Bilder haben kann?

»Aber natürlich, gerne. Ich hänge sie Ihnen nachher an Ihr Zimmerfenster.«

Doktor Jakob hat den ganzen Vormittag operiert. Sie ist in Zeitnot. Wie alle hier. Das sehe ich doch. Warum ist sie so nett? Woher nimmt sie die Kraft und die Zeit, meine Fragen zu beantworten?

In ihrem ersten Semester hat der Professor eine wichtige Frage gestellt: Was macht einen guten Arzt aus?

Die Damen und Herren Einserabiturienten hatten allerlei Antworten und Ideen: Diagnostisches Talent? Ruhige Hände? Wissen? Weiterbildung?

Die Antwort des Professors war: Ein guter Arzt behandelt jeden Patienten so, als ob dieser Patient die eigene Mutter wäre.

»Das vergesse ich nie«, sagt Doktor Jakob und lächelt.

Es ist angenehm, von Doktor Jakob behandelt zu werden, als wäre ich ihre Mutter. Also frage ich sie, ob es nicht schlau gewesen wäre, gleich eine kleine Schönheitsoperation mitzumachen. Wenn Sie mir schon den Skalp abziehen und hinter dem Haaransatz wieder festtackern mussten, hätten Sie nicht auch die Haut an der Stirn ein wenig hoch und ganz glatt ziehen können?

Da wird Wibke Jakob selber zur Mutter: »Ich glaube, Sie haben wirklich noch nicht verstanden, was mit Ihnen geschehen ist und was für ein unglaubliches Glück Sie hatten.«

Ein halbes Jahr später habe ich mit Professor Vajkoczy über den erstaunlichen und doch eigentlich vollkommen unsinnigen Gegensatz zwischen Hochleistungsmedizin und Pflegenotstand gesprochen. Ich weiß noch, wie ich da saß in seinem Büro und dachte: Der Mann arbeitet zu viel. Diese tiefen Augenringe unter flackernden Augen. An seinem Bücherregal war auf dem Fußboden ein Berg gewachsen aus Pralinenschachteln, Fresskörben, alkoholischen Getränken in Zellophan mit Schleife, Büchern und anderen unausgepackten Sachen in Geschenkpapier, mit denen andere Patienten sich offenbar für gelungene Operationen und Lebensrettung bedanken.

Ich dachte: Ohne diesen Mann wäre ich tot. Zum Dank musste er sich vier Tage lang meine Beschimpfungen aus dem Delirium anhören. Jetzt war er auch noch so nett, sich nicht nur mit mir den Film einer Aneurysma-Pericallosa-Operation anzuschauen und alle meine Patienten- und Journalistenfragen zu beantworten, sondern auch noch zu sagen: »Ich war ja hocherfreut nach Ihren vier Tagen neben der Spur noch zu erleben, dass Sie in Wahrheit ein umgänglicher Mensch sind.«

Und nun ärgere ich ihn mit sowas. Pflegenotstand. Fehlerkultur. Aufwändige Rettung aus der Gletscherspalte. Und dann erfriert der Gerettete auf dem Flur.

Es tut mir leid, dass ich Ihnen das sagen muss.

An einem Mittwoch nach einer Doppler-Sonografie mit normalem Befund stehe ich auf aus meinem Bett und schiebe meinen Rollator zum Fenster. Ich betrachte eine Weile die CT-Bilder und Angiografien meines noch nicht wieder ganz funktionierenden Gehirns, die Doktor Jakob mit Heftpflaster an die Fensterscheibe gehängt hat vor den immer bleichgrauen Berliner Winterhimmel, Prä-OP-Angio mit dem ausgebluteten Monster als Trockenbeere im Strauch, rot umkringelt. Post-OP-Angio mit der kleinen Büroklammer auf dem Monster. Abgeklemmt. Verschlossen. Gerettet.

Wie zum ersten Mal sehe ich, dass es da draußen, hinter den Gehirnbildern und dem Fenster unter den kahlen Ästen meiner Linde, einen Weg gibt zwischen den Charité-Gebäuden, einen Weg, der rausführt aus dem Krankenhausgelände. Die Mittelallee. Und plötzlich denke ich: Das war es. Ich habe es geschafft. Es ist vorbei. Bei allem und zutiefst demütigen Respekt vor den Launen der Götter. Ich bin über den Berg, auch wenn die Ärzte es noch nicht zugeben wollen. Dieser Weg unter den Linden wird mich eines Tages von hier wegbringen.

Dann sehe ich sie. Meine Freunde Bea und Michael. Sie in einem dicken, blauen Daunenmantel. Er in braunem Loden. Sie gehen eng umschlungen, als müssten sie sich aneinander festhalten. Sie gehen langsam. Sie kommen nicht, um mich zu besuchen. Es sieht aus, als sei sie krank und schwach und müsse von ihm, den ich Mogli nenne, gestützt werden.

Aber es ist umgekehrt. Mogli ist krank. Krebs. Bauchspeicheldrüse. Sie werden es ihm in wenigen Minuten sagen. Er ist jetzt 48 Jahre alt. Er wird nur noch zwei Monate leben.

Ich treffe ihn immer wieder in meinen Träumen.

The Day the Music Died

Es war an einem ungewöhnlich heißen Septembermorgen auf Sardinien, als ich endlich, plötzlich, aus buchstäblich heiterem Himmel und von einer Sekunde auf die andere verstand, welche Macht die Musik über meine Eltern hatte. Und weil das Glück einer späten Erkenntnis sich manchmal mit Scham verbindet und Trauer darüber, den großen Zusammenhang nicht schon viel früher gesehen zu haben, traf das Verstehen mich wie ein explodierendes Monster. Mit Vulkanausbruch. Und Tränen.

Schon gleich bei der Ankunft hatte ich den Platz unter den Steineichen in die Galerie meiner Lieblingsorte aufgenommen. Der Blick durch das betörende Lucanali-Tal über Oliven, Zistrosen, Myrte, Baumheide, Thymian und Corbezzolo hinunter zum Meer, aus dem die Insel Tavolara ihren felsigen Drachenrücken herausbuckelt wie für eine Wagner-Kulisse. Ein über Holzstangen locker verlegtes Stromkabel entlang des immer staubig ausgewaschenen Fahrwegs durch die Macchia verbindet die beiden allein am Berg stehenden Häuser der Freunde mit der Zivilisation im Tal wie eine Nabelschnur. Bitterer Honig. Tiefenschärfendes, mediterranes Licht. Flirrende Stille. Nur das Summen von Hummeln und Bienen und die Schafherde am Berg, von zwei Hunden umbellt. Das zart herangewehte Spiel der kleinen Glocken, die die Schafe um den Hals tragen.

Der Mond war auch noch da an jenem Tag. Halbmond, abnehmend, blass und durchsichtig wie hingeschummelt in den wolkenlosblauen Mittelmeer-Himmel.

Die interessantesten Dinge in meinem Leben geschehen immer bei Tagmond.

Birgitta saß schon auf der Mauer bei den Steineichen und hatte ihr Akkordeon ausgepackt. Eine leuchtend schöne Frau mit weißer Mähne. Geniale Pianistin. Ich wusste bis zu dieser Woche auf Sardinien nicht, dass sie auch Akkordeon spielt. Der Wind, der aufwärts durch das Tal die salzigen Nachrichten vom Meer mit dem Duft von Lavendel, Salbei, Ginster, Rosmarin und den Tönen des Akkordeons vermischte, bewegte ihre Haare. Sie spielte einen Chopin-Walzer.

Sie spielte den Chopin-Walzer.

Und ich stehe vor ihr, entzückt, erschrocken, erstarrt und wie gelähmt. Fast vergesse ich zu atmen. Diesen Walzer, cis-Moll, Opus 64, Nummer 2, hat Mutter Ilse gespielt. Auf dem Akkordeon. Als wir noch klein waren. So schön, versunken, sehnsüchtig und weltabgewandt oft spielte Mutti ihren Chopin-Walzer, dass ich mir Gedanken gemacht habe, ob sie uns verloren gehen könnte.

Aber das hatte ich vergessen bis zu jenem Tag am Ende des Lucanali-Tals. Ich hatte vergessen, dass sie überhaupt Akkordeon spielte. Seit Jahrzehnten hatte ich nicht mehr daran gedacht.

Und plötzlich verstehe ich alles.

Musik war nicht nur mein letztes Band zu ihr, zu meiner sterbenden Mutter. Musik war auch die letzte Verbindungsmöglichkeit meiner Eltern zueinander. Ohne Musik ist alles auseinandergefallen. Ohne die Musik wäre alles schon viel früher auseinandergefallen.

Einigen mir unbewussten Strukturen in meinem Gehirn muss das immer schon klar gewesen sein, meinem Körper auch. Das Weglaufen vor der Musik nach Ilses Tod war schon ein ernsthafter Hinweis auf Verstehen und Doch-immer-noch-nicht-verstehen-Wollen. Es hätte der Schlüssel sein können. Ich aber hatte den Schlüssel nicht benutzt und das Schloss nicht einmal gesehen.

Ihre Ehe starb, als sie aufgehört haben, miteinander Musik zu machen.

Es muss den einen Tag gegeben haben, an dem es das letzte Mal gewesen ist. Er stand an diesem Tag wahrscheinlich rechts neben dem Flügel so hinter seinem Notenpult, dass die beiden sich aus den Augenwinkeln spüren und er mit der Spitze seines Geigenbogens ihre Noten erreichen konnte, um zweimal auf die Stelle zu tippen, von der an man jetzt bitte noch einmal anfangen würde.

Ob sie ahnten, das hier ist jetzt das letzte Mal? Wir werden nie wieder zusammen Musik machen?

Vielleicht gehört es zu den Geschenken des Lebens, nicht immer zu wissen, wann man etwas zum letzten Mal tut. Musizieren, tanzen, lieben, Ski fahren, schreiben, publizieren, einen Freund wiedersehen, Koffer packen, singen, kochen, reisen, leben …

Einmal, das war noch im alten Haus und ich erinnere mich möglicherweise mehr an eine Erzählung als an die Begebenheit. Sie saß am Flügel, Mondschein-Sonate. Und er fragte: »Wollen wir nicht mal schauen, Ilse, ob was Gutes im Radio kommt?«

Er fand das witzig.

Im neuen Haus haben sie dann gar nicht mehr musiziert. Nicht zusammen. Und auch nicht jeder für sich.

Fanden sie sich nicht mehr gut genug? Warum sollen wir diese kniffelige Schubert-Sonatine weiter üben, wenn Isaac Stern und Myra Hess sie schon so sensationell spielen und wir die Schallplatte jederzeit auflegen können?

Andererseits spielte er mit großer Begeisterung Tennis, obwohl er niemals auch nur einen Aufschlag von Wilhelm Bungert hätte zurückgeben können übers Netz. Andererseits sind beide immer und immer wieder auf den Golfplatz gegangen, obwohl sie ihr Leben lang Drives produzierten, die nur ein Drittel so weit flogen wie die von Arnold Palmer. Trotzdem machten sie immer weiter mit Begeisterung und Leidenschaft.

Jeder so gut er kann. Amateur kommt von amare.

Was ist anders bei Musik? Warum treten Menschen aus der Kunst aus? Warum vernachlässigen und verleugnen sie ihre rechte Gehirnhälfte, verwandeln sich von den Künstlern, die sie schon als Kind gewesen sind, zu Konsumenten und werden zurückgehen in ihre Ewigkeit, ohne die Musik erlebt zu haben und die Malerei, die in ihnen auf Entfesselung gewartet haben?

Ilse setzte sich im neuen Haus nur noch ans Klavier, um mir meine Czerny-Etüden vorzuspielen, weil ich das Kind war, das mit den Ohren schneller lernt als nach Noten. Vaters Geige lag auf dem Sideboard im Wohnzimmer. Als Dekoration. Die Ausstellung einer Begabung und Möglichkeit. Das Kolophonium vertrocknete in der Korkhülse.

Ihr Akkordeon ist im neuen Haus gar nicht mehr aus seinem grauen Umzugskoffer befreit worden. Seine Gitarre war jetzt meine Gitarre.

Das neue Haus.

Als wir 1963 nach langer Bauzeit in dieses Haus an der Parkstraße gezogen sind, war nichts wirklich fertig. Die Handwerker würden morgen noch einmal wiederkommen müssen. Und übermorgen auch. Der Architekt hatte an einer vollkommen unsinnigen, für immer unerreichbaren Stelle im Treppenhaus ein Fenster einbauen lassen. Und das Flachdach über dem bungalowähnlich verglasten, turnhallengroßen Wohnzimmer drohte wegen einer statischen Fehlberechnung einzustürzen.

Die Eltern waren erschöpft und frustriert vom Kistenpacken und -auspacken, von Möbelschleppern, die mit schmutznassen Schuhen über das frisch verlegte Parkett liefen, vom Ärger mit Architekt und Baufirmen, davon vor allem, dass das neue Haus viel teurer geworden war, als veranschlagt.

Vielleicht spürten sie aber auch schon, dass dieser Umzug ihre Ehe endgültig aus der Machtbalance werfen würde.

Wir saßen beim Abendbrot. Es regnete. Wie es seit Tagen geregnet hatte. Wie es immer regnet in dieser Stadt. Ein elegant kolorierter Plan des Gartenarchitekten hing silbergerahmt hinter Glas neben der Tür im neuen Esszimmer. Den Garten zu diesem Plan gab es noch nicht. Und weil das Erdgeschoss des neuen Hauses im Stil der Sechzigerjahre nach drei Seiten bodentief verglast war, konnten wir alles in seiner vollendeten Traurigkeit sehen bei diesem ersten Abendbrot im neuen Haus: Das Grundstück war eine matschige Pampe. In der Mitte des zukünftigen Rasens versperrte ein Hügel Erdaushub die Aussicht. In den Schlammpfützen davor lagen Bretter, aufgerissene Zementsäcke und ein trauernder, leerer Farbeimer.

Mein Bruder sagte: »Zuhause war es viel schöner.«

Und patsch. Ohrfeige. Überraschend scharfe Vater-Rückhand auf Michaels linke Wange.

Von diesem ersten Tag an hat mein Bruder den neuerdings offenbar gefährlichen Ehrenplatz am Esstisch rechts neben Papa großzügig mir überlassen. Ich habe im neuen Haus also neben Vater gesessen bis zu meinem Abitur.

Ich habe die Zeit nicht gut genutzt.

Und Michael hatte recht. Zuhause war es viel schöner. Ilse würde in diesem neuen Haus endgültig wie alle Oberschichtfrauen der kleinen Stadt die Mutti am Stadtrand sein, geparkt in der Parkstraße. Dabei war doch sie der Boss und die Geschäftsführerin, auch noch während Vater in Köln studiert hatte und Ingenieur wurde, weil Banklehre dem Großvater nicht reichte.

Als 1951 geheiratet und mein Bruder geboren wurde, ist die Chefin selbstverständlich weiter ins Büro gekommen, hat sich gegen den Zeitgeist gestellt, obwohl alle ihre eben noch so freien, emanzipierten und studierten Freundinnen sich längst eingerichtet hatten in ihren Versorgungsehen. Auch nach meiner Geburt hat sie noch halbtags gearbeitet, wozu gab es Hausmädchen, Kindermädchen, die Köchin, Schwester Adelheid und die Zugehfrau.

Mit dem dritten Kind und diesem Umzug in das neue Haus war es vorbei. Vater fuhr jeden Tag ins Büro und war allein wichtig. Ilse war nur noch Hausfrau und Mutti, *mit tiefgefrorenen Träumen im Kühlschrank, bis der Sensenmann kommt und sagt, na, dann woll'n wir doch mal.*

Ei sörrender. Wer aufgibt, stirbt.

Ohne Musik stirbt die Liebe.

Sie haben aufgehört, miteinander zu musizieren. So haben sie die letzte Brücke eingerissen, diesen geheimnisvollen Weg, den sie weiter hätten gehen können von seiner Sehnsucht zu ihrer ganz anderen Sehnsucht, über die fürchterliche Schlucht aus Schweigen, Resignation, Wir-sind-wieder-wer-Betäubung, Entbehrung, Enttäuschung und den extrinsischen Zwang, zusammenzubleiben und perfekt sein zu müssen.

Vielleicht war es auch umgekehrt. Vielleicht war ihre Liebe längst tot. Und der Umzug war nur der Tag, an dem dann auch noch die Musik gestorben ist. Im neuen Haus war ja schon gar kein Elternschlafzimmer mehr eingeplant. Vater-Schlafzimmer. Mutter-Schlafzimmer. Dazwischen ein gemeinsames Bad.

Auch die Familienfilme hatten sich schon verändert. Das Auge des Vaters.

Meine Geschwister haben mir zum ersten Geburtstag nach meinem Weiterleben 3000 Meter Filme digitalisiert, 3 Kilometer, das sind 25 Stunden Familienfilm. Und weil in deutschen Familien immer die Männer filmen, erfährt man auch in unseren deutschen Familienfilmen vor allem, wie die Väter auf das Leben geschaut haben, auf ihre Häuser, ihre Autos, ihre Reisen, ihre Hobbys, ihre Frauen und die Kinder. 16-mm-Filme, die Großvater Eugen gedreht hat seit 1929 mit großem inszenatorischen Aufwand und historischer Relevanz: Autos, Pferde, Häuser, der Hof in Brunscheid, Reisen, die Mittelmeerkreuzfahrt auf der Monterosa 1939 und ein Jahr später mit der Columbus nach Irland und England. Reitjagden. Viehmessen. Besuch des

Zeppelins. Mussolini in Berlin. Hitler in München, Mutti in Weimar.

Und dann Vaters Super-8-Filme von 1951 bis 1975. Vierundzwanzig Mal Winterferien, Sommerferien, Herbstferien, Städtereisen, Kegelclubreisen, Betriebsausflüge, Wasser-und-Licht-Tagungen, Tennis, Jagd, Golf, das Wochenendhaus an der Fürwigge. Und das neue Haus.

Das Auge meines Vaters. In den frühen Filmen kann es sich gar nicht sattsehen an den Kurven seiner Frau. Ilses Gang, ihr Lachen, die Art, wie sie die Zigarette hält und die Haare zurückwirft, wie elegant sie sich beim Eiscurling und auf der Skipiste bewegt. Als mein Bruder und ich auf der Welt sind, wandert das Auge des Vaters mit ähnlich unermüdlicher Hingabe von seinen Großaufnahme-Kindern immer wieder zurück zu ihr, zu Ilse. Smokey Eyes. Und Prösterchen. Alles andere ist Kulisse, die Städte, die Strände, die Menschen, der Schnee, das Meer.

Ein paar Jahre später aber interessiert das Auge des Vaters sich mehr für die Städte, die Strände, die Architektur, für die prachtvollen Entrees und luxuriösen Pools der Hotels, für die Frau, die vor dem Strandkorb der Nachbarsandburg ihren Badeanzug wechselt, für die weißen Berge oberhalb der Baumgrenze und den weiten Horizont des Meeres.

Und dann, als die Musik gestorben war, saust die Kamera in jedem neuen Ferienzimmer überall auf der Welt zuerst zum Fenster, tastet den Horizont ab und sehnt sich hinaus aufs Meer, in die Weite, die Ferne, anderswohin. Immer wieder und immer nur das Meer. Der Horizont.

Ich sehe seine Sehnsucht, die unendliche Sehnsucht und Einsamkeit meines Vaters. Aus dem Fenster schauen und sich wünschen, anderswo zu sein. Weil der Platz zwar perfekt ist, sogar auch die Lieben, die dabei sind, die zu einem gehören. Weil aber der eine Mensch fehlt, ohne den die Schönheit schwer zu ertragen ist.

Bevor er starb, am Herzinfarkt und vollkommen überraschend, bestimmt sogar für ihn selber, hat er noch einmal das ganze Haus gefilmt, das Haus, in dem die Musik schon tot war. Die Kamera besichtigt alle Zimmer, auch den Pool im Garten unter seiner für den Winter aufblasbaren Halle. Familienmitglieder begegnen dem Auge des Vaters nicht mehr bei dieser, wie wir heute wissen, letzten Wanderung durch das neue Haus. In Christianes Kinderzimmer stürzt die Kamera zum Fenster und blickt lange in den Sonnenuntergang über dem Stadtpark ohne Bewegung.

Und Ende.

Ein Film wie ein Abschied.

Diese unendliche Sehnsucht und Einsamkeit meines Vaters. Ein halbes Jahr später war er tot.

Im neuen Haus ist die Ehe meiner Eltern zerbrochen. Obwohl sie auf dem Papier Bestand hatte und weitergespielt wurde für uns Kinder und die Außenmenschen auch. Bis er sich durch Herzinfarkt entzog, dieser fremde, einsame Mann, der mein Vater gewesen ist. Der lachende Vagabund. Der Flüchtling, der heimatlos und vertrieben geblieben ist, weswegen er vielleicht auch noch einmal umkehren und zurückfliehen wollte schließlich.

Wer wegläuft, stirbt.

Im Schwarzlicht

Ich schreibe diese Sätze in meinem Kinderzimmer, an dem kleinen Sechzigerjahre-Teakholz-Schreibtisch mit der ausklappbaren Platte, auf der ein MacBook Air ganz selbstverständlich gut aussieht und ein halbes Jahrhundert überspringt.

Hier, in diesem Regal über dem Bett, standen meine Bücher. Heute sehe ich ein dänisches, modulares String-System in Teak, Mid-Century. Damals wusste ich diese Namen noch nicht, oder es gab sie gar nicht. Damals hieß so etwas einfach Bücherregal. Damals hat mein Bruder Michael »Dickbock Roll« in meinen gelben Deutsch-Englisch-Langenscheidt geschrieben und auch noch in beide Bände vom »Grundriß der Geschichte«.

Die Teakholzschränke, das Sideboard, dieser mit schwarzem Leder bespannte Bauhaus-Stuhl, auf dem ich sitze, das ist alles wie damals, wie früher, wie immer. Mid-Century, gut erhalten, wie es euch gefällt. Wie es euch heute wieder gefällt. Ohne meine Zimmerpflanzen allerdings. Keine blutrote Keramik. Kein »BRAVO«-Starschnitt von Cliff Richard. Auch die Vorhänge sind neu. Tipptopp aufgeräumt alles. Ein Gästezimmer offenbar.

Mein Bruder Michael ist krank. Krebs. Es kann sein, dass wir uns zum letzten Mal sehen. Morgen muss er wieder in die Klinik.

Er schläft. Seine Kinder schlafen. Nur ich bin wach. Ganz still ist es in diesem Haus, das einmal das neue Haus gewesen ist. Und kalt. Es wird hier zu wenig geheizt. Wie früher. Wie immer seit Vaters Tod, aus Sparsamkeit oder Askese, als Hilferuf oder Selbstbestrafung. Ich weiß nicht, warum.

Eingefrorene Zeit. Tiefgefrorene Vergangenheit.

An dieser mit D-c-fix überklebten Schreibtischplatte habe ich meine ersten Texte geschrieben, Texte, die Versuche waren. Denkversuche. Schreibversuche. Sie hießen nicht Essays, sondern dialektischer Besinnungsaufsatz. Tragen die Olympischen Spiele zur Völkerverständigung bei? Einleitung, Exposition des Themas, These, Antithese, Synthese. Meine Denkstücke plane ich bis heute genauso.

Und dieses braune D-c-fix, wie Eichenholz gemasert, ist tatsächlich das D-c-fix, mit dem mein erstes Tagebuch monturihaft dekoriert ist. Ich habe das kleine rote Buch ja mitgebracht und werde es so in das Fach rechts oben stellen, wie es immer gestanden hat, angelehnt an das Kofferradio, das es nicht mehr gibt.

Dass Häuser, Teakholzschreibtische und kleine Schulhefte so viel länger leben als Menschen.

Hier oben an diesem kleinen Schreibtisch konnte ich hören, wenn sie im Sommer noch draußen saßen bis tief in die Nacht, unter dem Sauser, so nannte Vater den butangasbefeuerten Heizstrahler. Lachen. Reden. Trinken. Rauchen. Sogar Singen noch manchmal, wenn die Freunde lange blieben und viel getrunken wurde: Immer »Spanish Eyes«. Immer »I love Paris«.

Ich höre Mutter Ilses Stimme, wenn das mit *Ganz Paris träumt von der Liebe* plötzlich eine Oktave höher neu ansetzt. Wie ein Schmerz kam dieser Oktavsprung aus ihr heraus, wie der Schrei eines verwundeten Tieres, hemmungslos, wild, sehnsuchtsvoll.

Ich saß hier oben und fand das seltsam und unangenehm.

Genauso hat sie auch überfallartig das *Hey* mit gesungen, John Lennons *Hey* in »You've Got to Hide Your Love Away«, das ich immer und immer wieder für sie auf der Gitarre spielen sollte, da hatten wir schon die zwölfsaitige.

Hey.

Einmal für einen scharfen Schrei die Haltung aufgeben. Einmal mit einem Caterina-Valente-Oktavsprung kurz das Ventil öffnen und den Druck rauslassen aus dem Gefühlsstau und der unglaublichen Anstrengung ständiger Kontrolle, die ich jetzt erst verstehe.

Damals war es mir peinlich. Heute tut es mir weh.

Heute höre ich die Verzweiflung einer Frau, deren Möglichkeiten, Freiheiten und Lebensträume vernichtet worden waren von Ehe, Kindern und dem furchtbaren Hausfrauendasein, das alle Kraft in sinnfreien Wiederholungen vergeudet. Sie hat es wirklich versucht. Mit Haltung ihren Mann stehen als Hausfrau. Aus Rache und Selbstschutz hat sie es ganz besonders perfekt machen wollen. Aber sie konnte sich nicht wirklich jeden Tag damit trösten, sechs Paar Schuhe auf Hochglanz gewienert und das perfekte Frühstück hingestellt zu haben für uns alle, die wir dann hektisch und mit dem letzten Bissen noch im Mund aufbrachen, weil wir Wichtiges zu tun hatten in der Außenwelt mit unseren frisch geputzten Schuhen.

Musik war das einzige Ventil ohne Nebenwirkungen. Und sie haben dieses Ventil mutwillig verschlossen, als sie aufhörten, Musik zu machen. Sie müssen gespürt haben, wie sehr dieser Verschluss ihnen schadet. Sonst wären sie nicht auf die Idee gekommen, einem Kind die Gitarre wegzusperren als Disziplinierungsmaßnahme.

Einmal bin ich selber Mutter Ilse gewesen, eine Therapiestunde lang, vor drei Jahren war das, bei Irene Unland-Schlebes-Brunow, die Methode heißt Psycho-Drama. Ich saß zum Abschluss einer Reihe von Therapiesitzungen im roten Sessel und war sie, meine Mutter, die von der Therapeutin nach ihrem Leben, ihren Werten, ihren Kindern und ihrem Mann befragt wird.

Ich höre mich über meine Angst vor Männern reden, darüber, dass Fremdgehen gar nicht so schlimm ist, wenn er dafür nur mich in Ruhe lässt. Was für eine Verachtung für den Ehemann – meinen Vater – kam aus mir heraus. Was für eine Verachtung für meinen eigenen Sohn – meinen Bruder. Und was für ein bedrängender Stolz auf meine Töchter – vor allem auf die Große, die Journalistin, die nur leider sexbesessen ist wie mein untreuer zweiter Ehemann.

Was für eine Außensteuerung. Ein Leben aus Contenance, Bedürfnisverleugnung, Erstarrung und extrinsischer Motivation.

Am Ende habe ich dagesessen wie sie, eingegipst aufrecht, kerzengerade, die Beine seitlich parallel nebeneinandergestellt, den Rücken durchgedrückt, in der einen Hand das Weinglas, in der anderen das Zigarettchen. An irgendetwas muss man sich schließlich festhalten. Immerzu Haltung und den schönen Schein bewahren bricht einem das Rückgrat, wenn man nicht dagegenhält mit aller Anspannung.

Es war so anstrengend, ihre Haltung zu bewahren auch nur für diese eine Dreiviertelstunde. Noch zwei Tage nach diesem Experiment hatte ich Rückenschmerzen.

Ihre Rückenschmerzen waren das.

Wie viel habe ich schon als Kleinkind und bis zum Schluss als Erwachsene gegeben, um diese Mutter zu entspannen und mit Ersatzleben zu versorgen? Ich habe an ihren Orten studiert und ihren Beruf vollendet. Für sie fahre ich seit vierzig Jahren das kleine Pininfarina-Cabrio, das heute ein Oldtimer ist. Für sie habe ich keine Kinder bekommen, keine eigenen jedenfalls. Ich habe drei Kinder geheiratet. Das war der Trick. Alles in der bis zu ihrem Ende vergeblichen Hoffnung, sie könne mich einfach einmal richtig in den Arm nehmen und: glücklich sein. Wenn stattdessen ich sie in den Arm nahm, hatte ich immer das Gefühl von Duldungsstarre, das Gefühl, sie zerbricht, sie fällt, wenn sie sich einmal fallen lässt.

Und dann habe ich sie doch berührt, immer wenn ich gesungen habe, auch, als sie dalag, leicht und zerbrechlich wie ein

Vögelchen. Eine Feder im Koma, bei der ich nicht geblieben bin. Ich weiß nicht, warum.

Das Mantra ihres Schmerzes ist mein Lebensauftrag geworden. Entweder ein schönes Leben haben und Karriere machen oder heiraten und Kinder kriegen. Beides zugleich ist für uns Frauen nicht vorgesehen. *Ganz Paris träumt von der Liebe.* Aber, *hey, you've got to hide your love away.*

Hier, auf diesem Stuhl, in diesem Zimmer, muss ich im Jahr 1966 die drei mit dem Lineal gezogenen Kugelschreiber-Linien auf jeweils zwei Seiten meines Tagebuchs verteilt haben, um vier Spalten zu erzeugen: Position auf der Hitparade – Titel – Sänger/Interpret – Urteil.

15. – Paperback Writer – Beatles – Ganz toll, ich habe sie immer noch nicht leid gehört.

14. – A Girl Like You – Troggs – Pappappappapaa, na, ja, okay, Wild Thing war viel besser.

13. – Hide Away – Dave Dee, Dozy, Beaky, Mick & Tich – Ganz, ganz toll. Das ist wieder mal ne Platte!

12. – Strangers in The Night – Frank Sinatra – Brrrr, Pfui, kitschig. Zum Ausschalten.

Das Mädchen, das ich einmal gewesen bin, hat an diesem Schreibtisch erstaunlich viele Seiten in ihrem Tagebuch mit Musikkritik vollgeschrieben. Schnelle, kurze, scharfe, pubertätssichere, ungerechte und unbegründete Urteile sind das. Keine Reflexion. Nur Meinung. Das könnte man heute ganz genauso machen auf Twitter oder TikTok.

Ich habe die Karriere als Musikkritikerin nicht weiter verfolgt. Niemand in der kleinen Stadt hat mir verraten, dass es so etwas als Beruf gibt, Musikkritiker, dass man also tatsächlich Musik hören, in Konzerte gehen, darüber schreiben und auch noch Geld verdienen kann damit.

Und »Brrrr, pfui, kitschig« ist natürlich das gigantische Fehlurteil einer Dreizehnjährigen über eine Aufnahme, die unsterblich geworden ist und heute in meine Gänsehautabteilung gehört.

Die Hitparade lief spätabends. Die Kritikerin ist ungeduldig und, das sieht man an der immer krakeliger und größer werdenden Schrift über alle Spalten und alle selbst gesetzte Ordnung hinweg, sie wird müde. Sie wird sehr müde. An manchen Tagen hält sie gar durch bis Platz 1.

9. Der schmalzige Elvis mit »Love Letters«. So ekelhaft kitschig. 8. Bus Stop (Hollies) – Ganz süß und gut. 7. Dieser Knallkopf mit der Babystimme und nun 6 auch noch Gene Pitney, noch schlimmer. Meine Güte, bleiben die denn alle für immer im Stimmbruch? – Alles nur Mist heute, geschmackloser Mist. 2. Kinks Sunday Afternoon – Endlich was Gutes. Das Beste, was heute offenbar drin ist. 1. Get Away – Georgie Fame. Der süße Georgie Fame. Tolle N…stimme. Gute Nacht.

So steht es da. Ohne Punkte allerdings.

Im Keller, im Spielraum, den die Eltern Rolli-Bar nannten, stand seit Michaels 14. Geburtstag eine feuerrote Gibson SG neben Vaters alter, blonder Wandergitarre, die wir mit dem Piezo-Pick-up elektrisch gemacht hatten. Die Gibson war mit Wah-Wah-Pedal gekommen, also übten wir Jimi Hendrix. *Well I stand up next to a mountain. And I chop it down with the edge of my hand.*

In einer Probenpause hörten wir durch das Kellerfenster, wie oben, draußen auf der Wiese, der Motor des Rasenmähers ausgeschaltet wurde, weil Nachbar Ziebart dem Vater etwas über den Zaun zurufen wollte: »Kann Ihr Nachwuchs Ihnen nicht mit der Gartenarbeit helfen bei dem herrlichen Wetter, anstatt den ganzen Tag da unten im Keller Z…musik zu machen?«

»Das ist keine Z…musik«, sagte Vater freundlich, aber klar, »Das ist N…musik.«

Und ich war so stolz auf ihn, dass er wusste, wer Jimi Hendrix ist.

Ich musste mich noch einmal in mein altes Kinderzimmer setzen, um das zu verstehen.

Ich war nicht mehr in diesem Zimmer, seit sie gestorben ist. Das war 1999.

Ich war nicht mehr in diesem Zimmer seit 1999?

Ich öffne die Tür. Hier, genau hier, praktisch vor meiner Kinderzimmertür lag Papa auf der nackten Bärbel. Mund-zu-Mund-Beatmung.

Ich stelle mir eine Silhouette vor, gemalt aus Kreide um ihren Körper und um seinen Körper. Ich fotografiere den Teppich, als wäre ich der Tatortreiniger, und schleiche die Treppe hinunter wie eine Diebin im kalten Mausoleum, das einmal das helle Haus meiner Jugend gewesen ist.

Im Esszimmer, in dem eine überraschende Ohrfeige den Wendepunkt setzte zwischen glücklicher Familie und Glück vortäuschender Familie, hängt noch immer der elegant kolorierte Plan des Gartenarchitekten in seinem Silberrahmen. Der Plan ist blass geworden. Das Esszimmer nicht, es sieht noch ganz genauso aus wie 1964. Esstisch, Stühle, Sideboard und Schrankwand in Teak. Über dem Tisch die Lampenleiste mit ihren sechs gelöcherten Trichterleuchten.

Fast alles in diesem Haus steht noch genauso da wie damals. Die schwarzledernen Bauhaus-Sessel im Wohnzimmer, braun-schwarz gewürfelte Polster, der Tulip Table. Sogar das schwere Tischfeuerzeug aus rauchgrauem Murano-Glas von Flavio Poli steht an seinem Platz vor dem Spiegel in der Schrankwand aus Teak und elfenbeinfarbenem Kunststofflack. Das findet man ja heute wieder alles schick und bewohnenswert. Mid-Century, ausgestellt in einem Wohnaquarium mit Schiebetür-Fensterfronten in drei Himmelsrichtungen, die die Terrassen zum erweiterten Wohnzimmer machen. Sie könnten »Mad Men« drehen in diesem Haus.

Mutter hat nie etwas verändert nach Vaters Tod.

Und als dann sie gestorben ist, 25 Jahre später, hat mein Bruder wieder nichts verändert. Fünfzig Jahre schockgefrorener Stillstand. Die Metapher einer Depression. Ein halbes Jahrhundert nicht angenommene Trauerarbeit.

Ein halbes Jahrhundert und zehn Jahre. Nach ihrem Tod haben wir zehn Jahre nicht miteinander gesprochen, mein Bruder und ich. Und dann, als wir wieder versöhnt waren, habe ich trotzdem nie in diesem Haus gewohnt, wenn ich nach Lüdenscheid gekommen bin, um ihn zu besuchen.

Jetzt aber wohne ich hier im Mausoleum einer hartgefrorenen Familie. Jetzt sprechen wir wieder miteinander, wie früher, wie Bruder und Schwester. Jetzt stirbt er vielleicht. Jetzt halten wir aus, dass das Geschwistersein in unserem Leben funktioniert hat wie ein großes und schwieriges Variationswerk. Die seltsamsten Variationen über das eine, wahre und überirdisch schöne Brüderlein-Schwesterlein-Thema.

Jetzt sind wir wieder wie die Kinder, die sich lieben und beistehen. Dazwischen alle denkbaren Transformationen und Spielarten. Hänsel und Gretel, Bart und Lisa, Apollo und Artemis, Line und Micha. Wilde atonale und alle Regeln sprengende Variationen sind das gewesen in den Jahren nach Ilses Tod, expressiv mit hoher Geschwindigkeit und Zentrifugalkraft nach außen gerichtet, chromatisch absteigend, aber immer noch auf die alte Familienbasslinie projiziert. Danach der Versöhnungskanon. Und jetzt will alles zurück zur Grundmelodie, zur Aria der Kindheitsharmonie.

Wir umschleichen unsere Familienthemen wie zwei Katzen den viel zu heißen Milchtopf. Wir gleichen unsere Geschichten ab, die Erinnerungen, die Freuden, die Schmerzen.

Manches passt genau zusammen. Wie zwei Karten beim Memory-Spiel.

Anderes passt gar nicht.

Vieles muss liegen bleiben und bleibt unaufgedeckt.

Weißt du eigentlich, Michael, warum die Eltern im neuen Haus aufgehört haben, Musik zu machen?

»Keine Ahnung, zu viel andere Hobbys, Firma, Tennis, Jagd, Golf, Kegelclub?«

Wir standen in der unteren Küche bei diesem Gespräch. Auch hier alles wie früher, wie immer, wie vor fünfzig Jahren, mit Küchenmaschinen, die ins Industriemuseum gehören. Bosch. Germany.

Weißt du noch, Michael? In dieser Rührmaschine hat Mutter Ilse ihr Mokkaeis zubereitet, innen die Eismasse, außen der Behälter Eis mit Salz.

»Viehsalz.«

Die Küchenmaschine von Bosch ist seit 1964 nicht einen Zentimeter von ihrem Eckplatz am Fenster wegbewegt worden. Zucker, Mehl und Salz in den drei Schubern unter dem Hängeschrank sind aber nicht noch aus Ilses Todesjahr? Oder habt ihr seit 1999 nur noch oben in deiner Küche gekocht?

Das habe ich nicht gefragt, weil ich plötzlich an Dornröschen denken musste. *Da schliefen auch die Pferde im Stall, die Hunde im Hofe, die Tauben auf dem Dache, die Fliegen an der Wand, ja, das Feuer, das auf dem Herde flackerte, ward still und schlief ein, und der Braten hörte auf zu brutzeln, und der Koch, der den Küchenjungen, weil er etwas versehen hatte, in den Haaren ziehen wollte, ließ ihn los und schlief.*

Ich wecke niemanden.

Ich versuche es noch einmal mit einem dieser Weißt-du-noch-Sätze: Weißt du noch, Michael, wie wir Heiligabend in dieser Küche immer helfen mussten, Schnittchen zu schmieren, weil gleich die ganze Familie und alle Freunde kommen würden, Omelis Geburtstag zu feiern? Weißt du noch, wie extralaut und innig wir gesungen haben, sobald der Pfarrer an der Einfahrt sichtbar wurde, *Macht hoch die Tür,* dreistimmig, damit wir was zu kichern hatten, wenn er wieder sagen würde: Wie schön, ein frommes Haus zu betreten am Geburtstag des Herrn, in diesen Zeiten …

Christiane und ich haben manchmal gekifft, um den ganzen Familienweihnachtskram auszuhalten, wusstest du das eigentlich? Und weißt du noch, wie Onkel Heinz scharfe Vorträge hielt über das Kiffen und die langhaarigen, arbeitsscheuen Gammler? Dabei hielt er in der einen Hand die Zigarre, in der anderen den dritten Dujardin. Bis wir dann herausfanden, dass er jeden Samstag den Leitartikel aus der »FAZ« aufsagte. Und einmal hast du es gesagt vor allen anderen: Wir können selber »FAZ« lesen, Onkel Heinz.

Michael weiß alles. Er sieht alles noch vor sich.

»Ich sehe es ja noch ganz genau vor mir«, sagt er.

Und plötzlich verstehe ich: Meine Aphantasie erklärt natürlich auch, warum ich mich an nichts erinnern kann aus der frühen Kindheit. Weil die Bilder fehlen. Die nahezu vollständige Amnesie meiner frühen Kindheit muss also gar keinen anderen, bösen Grund haben. Noch ein Forschungsprojekt: der Zusammenhang von Aphantasie und ausgeprägter Amnesie der vorsprachlichen Kindheit.

Am Nachmittag sind wir seltsamen, späten Geschwister zur Fürwiggetalsperre gefahren und haben Halt gemacht am Versestausee vor der Überfahrt über die Klamer Brücke. Sie haben ein neues Mahnmal aufgestellt am Ufer über der Stelle, an der die Verbrechen geschehen sind. Eine Lore auf Schienen. Sie nennen es »Schatten der Vergangenheit«.

Michael sagt: »In sehr trockenen Sommern, wenn der Spiegel des Wassers sich senkt, kommen manchmal die Reste der alten Dörfer zum Vorschein.«

Wusstest du, dass Großvater beim Bau der Versetalsperre beteiligt war und dass er Zwangsarbeiter beschäftigt hatte?

Nein. Davon weiß mein Bruder nichts.

Könnte ich etwas darüber in den Firmenakten finden?

»Es gibt keine Unterlagen aus der Zeit vor 1945. Gab es nie.«

Schatten der Vergangenheit.

Auch auf dem Friedhof sind wir gewesen. Der leicht ansteigende Weg am Brunnen vorbei zum Familiengrab. Der Geruch des modrigen Gießwassers. Die Erinnerung an Mutters Beerdigung. Omelis Beerdigung.

Vaters Beerdigung. Dass diese erwachsenen Männer Tränen in den Augen hatten. Weißt du das noch? Einer ist zusammengebrochen am offenen Grab. Ich vergesse nie, wie ich dachte, beherrsch dich doch bitte mal: Es ist mein Vater, der gestorben ist, nicht deiner.

Zwei Steine habe ich mitgebracht aus Jarocin, der Stadt, in der unser Vater geboren ist. Den einen habe ich auf dem wilden Grundstück gefunden, das einmal der evangelische Friedhof gewesen ist. Der andere ist ein Stück Ziegel aus der Außenmauer seiner Taufkirche, die heute katholisch ist.

Nein, nicht rausgebrochen, natürlich nicht. Rausgefallen. Lag einfach da. Ich würde die Steine gerne auf den Grabstein legen. Was meinst du?

»Wenn nachts oder am frühen Morgen das Telefon klingelt, denke ich, jetzt ist er wieder gestorben«, sagt mein Bruder.

Ich pflanze zwei Sonnenblumen, eine für Mutter Ilse und eine für Omeli. Michael schaut zu. Wenn er überlebt, wollen wir zusammen nach Polen fahren, nach Jarocin und auch zu den Dörfern unserer Vorfahren.

Als bei Vaters Beerdigung plötzlich die Jäger aus dem Busch kamen und das letzte Halali geblasen haben, weißt du noch, Michael, dass ich da sehr wütend war, weil mir das keiner vorher gesagt hatte und nun ich die Beherrschung verlor? Und stand nicht da oben in einiger Entfernung hinter dem Baum auch Bärbel, das Hausmädchen, der er das Leben gerettet hat, als sie nackt und ohnmächtig auf dem Fußboden lag?

»Bärbel hat es bei jedem probiert«, sagt mein Bruder, »und,

ja, ich finde, du solltest die Steine aus Jarocin auf den Grabstein legen.«

Entlastung des Heldenvaters durch Entwertung der anderen Beteiligten. Wie gut ich das kenne, Bruder.

Wir sind dann zusammen im Keller gewesen, im Spielraum mit der Rolli-Bar. Die Hafenstadt-Trompe-l'Œeil mit ihren Drei-D-Palmen gibt es nicht mehr. Sonst alles wie immer, wie damals vor fünfzig Jahren. Am Rand der Tanzfläche, die immer noch groß genug ist, um Auslauf zu bieten zum Annehmen der brutalsten Bruder-Tischtennis-Schmetterbälle, steht noch immer das Gründerzeitklavier aus Nussbaumwurzelholz, noch immer mit Messingkerzenhaltern links und rechts neben der Notenklappe.

Geübt habe ich hier unten im Keller. Wenn ich ein Stück konnte, durfte ich es oben im Wohnzimmer auf dem Steinway vorspielen, nein, dann musste ich es oben im Wohnzimmer vorspielen. Weißt du noch?

Und, weißt du noch, einmal habe ich mein Üben gleich am Dienstag mit dem Tonbandgerät aufgenommen und von da an als angebliches Üben Tag für Tag extra laut wieder abgespielt. Bis Ilse oben im Flur die Tür zum Keller aufriss und runterrief: »Fis! Kind, Fis! Meine Güte! Warum spielst du da immer und immer wieder ein F? Hörst du das denn nicht? Du bist doch sonst so musikalisch?«

»Das alte Uher-Tonbandgerät habe ich auch noch.«

Wir haben Dartpfeile geworfen. Er hat gewonnen. Wie immer.

Ich habe ein paar Takte Blues gespielt auf dem alten Klavier. Er hat Schlagzeug gespielt dazu, sehr sanft, sehr einfühlsam. Sehr berührend.

Auch die Weinfässer stehen noch da als Tische, davor die alten Poufs und Kamelhocker, sogar die Tropfkerzen. Da, in diesem Fensterschacht, habe ich einmal den Girgl versteckt, weil die Omeli mitten in der Nacht runterkam. Und, ich fasse es nicht, sogar diese Schwarzlichtlampe über der Tanzfläche funktioniert noch. Nach fünfzig Jahren. Es ist wirklich kaum zu glauben.

»Ja, es ist sogar immer noch die erste Röhre«, sagt Michael in jetzt plötzlich ausgestellt unbestimmtem Tonfall und, wie abschließend: »Nichts geändert zu haben, ist meine Art, unsere Eltern zu ehren. So wie Mutter Ilse es 1975 gemacht hat nach Vaters Tod. Das war ihre Art, ihren Mann zu ehren.«

Schwarzlicht. Die Sichtbarwerdung von etwas, das immer da gewesen ist, ausgekratzt vor langer Zeit, abgewaschen und neu überschrieben. Aber immer noch da.

Wie es wohl für meinen Bruder ist, wenn ich durch sein Haus laufe als Museumsbesucher? Er lebt hier. Und ich beglotze und kommentiere alles, als käme ich aus einer besseren Zukunft, als wäre ich der Zeitmaschine entstiegen zum Besichtigen unserer Kindheit. Wie mag ich klingen in seinen Ohren?

Nein, das gelb-schwarze Handtuch gibt es tatsächlich auch noch. Das ist ja hier alles noch ganz genauso wie früher. Mensch, Michael. Irre.

Ich bin eine Beleidigung. Ich kränke meinen kranken Bruder. Ich merke es zu spät. Das Mausoleum ist seine Gegenwart. Als ich ausgezogen bin 1972 nach dem Abitur und mich in Sicherheit gebracht habe, ist er geblieben. Nach Vaters Tod, als er das Studium in Köln abbrechen und die Firma übernehmen musste mit 23 Jahren, ist er geblieben. Als Christiane ausgezogen ist, um sich in Sicherheit zu bringen, ist er geblieben. Nach Omelis Tod. Nach Mutters Tod. Er ist immer hiergeblieben, sein ganzes Leben lang, zwei Ehen und noch ein paar ernsthafte Beziehungen lang ist er geblieben. Man kann auch bleiben in einer kleinen Stadt mit Sackbahnhof. Endstation Sehnsucht.

Und jetzt lebt er hier allein in diesem Mausoleum mit seinen beiden erwachsenen Kindern und stirbt vielleicht. Und streitet nicht mehr. Und kämpft nicht mehr, nicht gegen mich jedenfalls. Was kann er dafür, dass diese dämliche Schwarzlichtröhre über der Tanzfläche der Rolli-Bar ein halbes Jahrhundert lang hält, länger als einige Menschen, die hier Klammerblues getanzt und geknutscht haben, Werner, Girgl, Hubsi, unsere Eltern, ihre Freunde, länger als die Erinnerung an die Stimmen dieser Menschen sogar.

Auch Geheimnisse leben länger als die Menschen, die diese Geheimnisse mit ins Grab genommen haben. Die Schmerzen leben länger. Der Streit. Unsere großen Kämpfe.

Nachhausekommen war für mich immer erzählen. Von Freunden, Reisen und Erfolgen erzählen. Die Niederlagen, Zweifel und Enttäuschungen für mich behalten. Dazu Alkohol trinken und dann … streiten. Meistens ging es um Politik.

In Wahrheit ging es immer um etwas ganz anderes.

Streiten war in dieser Familie eine Möglichkeit, uns nah zu sein und dem Gefühlsstau ein Ventil zu geben. Es war unsere Art, Kontakt herzustellen zueinander und aneinander ruhig zu werden. Auf diese Weise gelang es, zumindest kurzfristig, innere Spannungen und Aggressionen loszuwerden. Aber das habe ich damals nicht verstanden.

Erst bei ihrem letzten von wahrscheinlich mehr als neun Umzügen hat unsere Schwester Christiane die Tonband-Kassette verloren, auf der sie ihre ersten Interviews macht mit dem neuen Kassettenrekorder, Weihnachten 1969 muss das gewesen sein.

Ich bin also siebzehn und erkläre mit wichtigtuerischer Reporterstimme, was für ein ökologischer Quatsch es ist, Weihnachten Spargel zu essen anstatt doch bitte immer nur das Gemüse der Jahreszeit aus der Region.

Im Hintergrund ruft Vater: »APO! APO! Ich habe die APO im Haus.«

Ich war immer die APO. Ich habe in diesen Familienkämpfen

gut gelernt, die jeweils schwächste Stelle meines Gegenübers zu identifizieren und die Worte zu finden, die ihn mitten ins Herz treffen. Manchmal fällt mich das heute noch an in Streitgesprächen, wenn mich jemand verletzt oder nicht ausreden lässt. Ich gewinne immer. Wer verliert, stirbt.

Es gab dieses Kaminzimmer im neuen Haus. Der Architekt hatte die beiden Sessel und die Bank nicht auf den Kamin hin gedacht und ausgerichtet, sondern zu unserer alten Schrankwand aus Nussbaummaserung, die mit umgezogen war und auf deren Sideboard jetzt der neue Fernsehapparat stand.

Dash wäscht so weiß, weißer geht's nicht. – Wenn einem aber etwas Gutes widerfährt, das ist schon einen Asbach Uralt wert. – Halt, mein Freund, wer wird denn gleich in die Luft gehen. – So weiß wie sie hat keine die Wäsche auf der Leine.

Werbungraten. Weißt du noch, Michael? Sogar daraus, wer als Erster die Marke einer Werbung erkennt, haben wir einen Wettkampf gemacht.

Francis Durbridge. »Das Stahlnetz«. Peter Frankenfeld. *Kimme, Korn, ran!* Mit Lou van Burg. »So weit die Füße tragen«. »Am Fuß der Blauen Berge«. »Fury«.

Der Westen in Bildern und Berichten. Kann ich noch vorsingen.

Michael auch.

»Das fliegende Klassenzimmer«. »Peterchens Mondfahrt«. »Die Feuerzangenbowle«.

Und »Piroschka«. »Ich denke oft an Piroschka«.

Vaters Lieblingsfilm.

Neulich habe ich ihn mir noch einmal angeschaut, sage ich.

»Ich auch«, sagt er.

Warum erzähle ich nicht, dass ich praktisch durchgeheult habe und nicht wusste, warum, und immer noch nicht weiß, warum. Weil ich Vaters Heimweh spürte? Seine Kindheitssehnsucht nach dem Bahnwärterhäuschen in Polen mit dem Stellwerk in der Wohnstube? Weil ich das Weh einer großen Liebe spürte, zu der er nicht zurückgefunden und deren Sohn er verleugnet hat in seinem neuen Leben als Lüdenscheider Firmenchef und Familienvater?

Das alles sage ich nicht. Ich sage: Wenn ich auf Reisen so vor mich hin träume, dann ist mir oft, als hörte ich im Rollen der Räder den Namen Piroschka. Und dann denke ich an sie. Piroschka, Piroschka, Piroschka. Raaktacktack, Raaktacktack, Raaktacktack.

Michael kann breit grinsen und summen gleichzeitig, das große Streicherintro der Piroschka-Suite: »Daa-ta-daaa, da-di-da- daa-ta-daaa, da-di-da-daaa-da-di-di-du-da-daaa«. Und selbstverständlich weiß er auch genau die Stelle, an der das Piroschka-Motiv einsetzt. Grinsen und Summen gleichzeitig zaubern dem mageren, kranken Mann die Grübchen in die Wangen, die er als Kind hatte.

Das ist jetzt doch eine Art Gespräch.

Kindheitsgleichklang.

Es gab immer diese eine Möglichkeit des Nachhausekommens, die ohne Kampf und Streit funktionierte: die Gitarren greifen, Lieder singen. Musikmachen war in dieser Familie die einzige Möglichkeit, etwas gemeinsam zu tun, ohne gewinnen zu müssen.

Wer weiß, ob die Ehe meiner Eltern nicht schon vor Vaters Tod ganz auseinandergeflogen wäre, wenn wir Kinder nicht immer weiter musiziert hätten gegen die Fliehkräfte.

Und dann haben sie die Gitarre konfisziert, weil ich eine Fünf hatte in Latein.

Sie haben sich selber bestraft.

Noch eine Methode gab es, eskalierenden Streit beim Nachhausekommen zu vermeiden: einen Freund mitbringen, oder eine Freundin. Dann wollten sich alle zusammenreißen und die tolle Familie sein, die wir nach außen immer geblieben sind.

Beides zusammen, Birthe mit nachhause bringen und Gitarre spielen, war die sicherste Variante.

Platten auflegen ging auch. Los, hört euch das mal an.

Wie schön war es, ihr Beatles vorzuspielen und die Texte zu erklären. Oder ihm Udo Lindenberg aufzulegen.

»Rudi Ratlos«. Vaters Begeisterung für Udos Texte.

... und eine ist schon ganz nass – in den Augen und um die Nase blass.

Viel später habe ich einmal Udo im »Atlantik« besucht für eine Reportageserie über Menschen, die im Hotel leben. Ich weiß gar nicht, ob du das weißt, Michael. Udo trank die ganze Nacht Redbull, weil er gerade eine Kur machte zum Leber-Ausblondieren. Ich habe anderes getrunken und zu viel. Er konnte nicht fassen, dass diese Frau von der »Süddeutschen« alle seine Texte auswendig wusste, auch die ganz alten, nicht sehr bekannten Lieder. Wir haben von unseren Vätern gesprochen. Und morgens zum Sonnenaufgang bin ich mit Udo Lindenberg über den Fenstersims seines Luxuszimmers auf den großen Balkon vor der Präsidentensuite geklettert. Er macht das offenbar oft. Einer muss ja da sein und die Sonne putzen, wenn die anderen schlafen.

»Ich habe die Geschichte damals in deiner Zeitung gelesen«, sagt Michael, »Mutter Ilse hatte sie rausgelegt für mich.«

Die Gehirnforschung hat nachgewiesen, dass alle Menschen lebenslänglich in die Musik verliebt bleiben, die sie in ihrer Pubertät gehört haben.

»Haben wir nicht ein Glück, dass es in unserer Zeit so gute Musik gab?«

So gut, dass sogar die Erwachsenen sich für unsere Musik interessierten. Nichts beschreibt das Grundgefühl der Boomer-Generation besser als dieses: Die Alten wollten unsere Musik hören. Sie wollten sein wie wir. Die Beatles waren eine Ermächtigung. Die Musik versprach: Wir dominieren die Welt.

»Und weil wir die größte Kohorte sind mit der stärksten Wirtschaftskraft, ist es ja auch wahr geworden. Alles wurde immer genau dann erfunden oder möglich, als wir es brauchen konnten.«

Die Pille.

»Und noch kein Aids.«

Aids erst, als wir sowieso monogam geworden sind und geheiratet haben.

»Der PC.«

Der MP3-Player, als meine Plattensammlung zu groß wurde zum Umziehen.

»Das Smartphone, als wir keine Sekretärinnen mehr hatten.«

Hörgeräte zum Ans-Smartphone-Koppeln.

»Apple Watch mit Sturzerkennung. Pflegeroboter.«

Wir lachen. Was für ein Geschwistergleichklang plötzlich. Vielleicht frage ich es jetzt einfach.

Und unser Bruder, Michael? Unser Halbbruder, was weißt du über den?

»Was für ein Halbbruder? Den gibt es nicht.«

Aber es sind Alimente bezahlt worden, das musst du doch in den Konten gesehen haben, als du die Firma übernommen hast.

»Da war nichts.«

Ilse hat es mir erzählt und Christiane hat sie dazu erzählt, sie habe sogar angeboten, dass das Kind bei uns aufwächst. Das habe Vater aber nicht gewollt.

»Was willst du denn überhaupt von dem, der will am Ende doch nur Geld von uns. Ich habe da wirklich gar kein Interesse.«

Memory.

Beim Memory-Spielen gab es immer diesen entscheidenden Moment, von dem an wir beide einfach keine neuen Karten mehr aufgedeckt haben. Um dem anderen nicht zu helfen. Um nicht zu verlieren. Ich weiß etwas, was du nicht weißt. Ich sehe etwas, was du nicht siehst. Und das ist … unsichtbar.

Jetzt schläft Michael. Das ganze Haus schläft. Nur ich bin wach, hellwach in meinem Kinderzimmer. Hier auf diesem Teakholzhocker stand das Tonbandgerät, es existiert also offenbar noch irgendwo in diesem Haus. Musikbesitzen ohne Geldausgeben ging damals so: Warten, bis endlich die Top-Twenty-Sendung anfängt auf BBC. Dann gleichzeitig die Aufnahme-, die Start- und die Pausentaste des Tonbandgerätes drücken, und die Pausentaste in dem Moment loslassen, in dem ein Song gespielt wurde, von dem ich annahm, dass er mir gefallen könnte.

Der BBC-Sprecher quatschte dann meistens in den Anfang und fast immer ins Ende des Songs rein. Und oft musste ich sowieso wieder zurückspulen, weil auch das Neueste von Herman's Hermits eine blöde Schnulze war. *There's a kind of hush all over the world tonight.*

Noch in derselben Nacht wurde dann immer und immer wieder die Vor- und Rücklauftaste gedrückt, um Silbe für Silbe den Text des neuen Lieblingssongs abzuhören und mitzuschreiben, vieles nur lautmalerisch, so weit waren wir in Englisch ja noch nicht. Aber montags auf dem Schulhof konnte ich immer schon Sachen vorsingen, die es in Deutschlands Schallplattenläden noch gar nicht zu kaufen gab. »Please Mister Postman« zum Beispiel. John Lennon wartet in diesem Lied bekanntermaßen auf den Briefträger, der ihm Post von seiner Liebsten bringen soll, weswegen der Refrain heißt: *Wait a minute, wait a minute.*

In meiner Liederkladde, diesem bibeldicken azurblauen Buch, das ich noch in meinen Studienjahren mit mir herumgetragen und mit immer neuen Liedtexten und Harmonien vollgeschrieben habe, steht eine durchgehend interessante lautmalerische Version in krakeliger Kinderschrift mit dem Refrain: *Wedelmini, wedelmini, oh yeah, wedelmini, wedelmini.*

Heute rufen Dreizehnjährige in ihr Kinderzimmer: Alexa

spiel »Unholy« von Sam Smith und zeig mir den Text dazu. Heute kann der Mensch ein ganzes Leben Musikrezeption jederzeit und überall zum Wiederklingen bringen, die Playlist seines Lebens: Alles, was er jemals gehört, gekauft oder im Plattenschrank der Eltern gefunden hat, alle CDs und alle Festplattenmusik der Freunde trägt er in einer eleganten, handschmeichlerisch schmalen hosentaschengeeigneten Plastikschachtel mit sich herum, die außerdem telefonieren, die Herzfrequenz messen kann und unsichtbar verbunden ist mit winzigen Hi-Fi-Kopfhörern, die eine Qualität haben, von der mir damals die Spucke weggeblieben wäre.

Damals haben wir das so gesagt: Da bleibt einem die Spucke weg.

Das Mädchen, das an diesem Schreibtisch gesessen hat und eingeschlafen ist, bevor die Nummer eins der Top Twenty laufen konnte, wäre ausgeflippt, wenn man ihr diese Zukunft als möglich ausgemalt hätte. »Rough and Rowdy Ways« von Bob Dylan ist eben erst erschienen, da stehen auch schon die Texte im Netz – rot unterlegt und anklickbar die Stellen, zu denen es Referenzen und Interpretationshinweise gibt, damit man weiß, was man davon zu halten hat. Zwei Tage nach dem Erscheinungsdatum gibt es auf YouTube schon die ersten I-Contain-Multitudes-Coverversionen von Laiengitarristen mit brauchbaren Akkordnotierungen. Die mussten wir uns früher auch alleine rausfummeln. Ein Paradies.

Ein Albtraum.

Und ist nicht jedes Paradies sein eigener Albtraum?

Im Jahr 1972 bin ich ausgezogen aus diesem Haus. Auf der Autobahn Richtung Süden nach Freiburg hat Don McLean das Lied dazu gesungen, »American Pie«. *But something touched me deep inside. The day the music died.*

Freiburg. Ein wirklich guter Name für den Neuanfang des Kleinstadtmädchens aus dem Sauerland.

Bald danach haben sie das Wochenendhaus an der Fürwigge verkauft an einen Apotheker aus Halver. Weil Vater sich dort angeblich mit Frauen traf, erzählen die Geschwister. Bald danach, das erzählen Papiere, die ich in den Wehrmachtsunterlagen gefunden habe, hat er seine Rentenansprüche geklärt. Bald danach hat er dafür gesorgt, dass eines der Wohnhäuser am Dukatenweg ihm allein gehörte und nicht der Firma, also ihr.

Bald danach hat er diesen letzten Film gedreht in dem neuen Haus, das nun schon zehn Jahre alt war. Ein Film wie ein Abschied.

Bald danach ist er, wie ich neuerdings erst weiß, in die DDR gereist zu seiner Familie nach Altenburg. Cousin Rolf hat mir Fotos gezeigt von diesem Besuch.

Als Vater ihm zum Abschied einen sehr großen Geldschein geben wollte, Westmark, und Rolf fand, nein, das ist aber doch nicht nötig, habe Vater gesagt: »Doch, nimm, bitte. Ich habe so viel in meinem Leben falsch gemacht. Ich fange gerade erst an, es wiedergutzumachen.«

Und bald danach …

Du wirst im Radio gesucht. Die sagen es schon den ganzen Morgen. Evelyn Roll aus Lüdenscheid soll zuhause anrufen.

Es war am Strand von Sa Riera, diesem kleinen Fischerdorf und Ferienort in einer ruhigen und abgeschiedenen Bucht der Costa Brava. Etwa zwanzig Studenten aus Freiburg und Karlsruhe saßen wie immer, wie jeden Tag in allen Sommern, an die ich mich aus meiner Studienzeit erinnere, vor der Kneipe am Strand. Zwischen unseren Tischen und der Bar war eine kleine Straße. Eine Straße, auf der im Schneckentempo Autos fuhren, Stoßstange an Stoßstange auf der Suche nach einem Parkplatz. Es gab aber keine Parkplätze. Wir saßen also einerseits mit dem Gesicht in der Sonne, zum Strand und zum Meer, andererseits vor dieser von Knattermopeds eskortierten Endlosschleife aus Autobrumm und Benzingestank, durch die der Kellner der

Kneipe mit absurden Tanzschritten Erzengel-Cerveza an unsere Tische jonglierte, Calamares a la plancha und Churros mit heißer Schokolade. Wir nannten dieses Am-Strand-im-Benzingestank-Sitzen-und-Alkohol-Trinken: Ferien, Sommersemesterferien.

Du wirst im Radio gesucht. Du musst zuhause anrufen. Dein Vater ist gestorben. Im Hotel in Cornwall. Herzinfarkt. Gestern Nacht.

Los, nachhause also. Meine Jugendliebe Girgl und ich sind, wie wir waren, ins Auto gesprungen, in meinen zitronengelben Opel Kadett Kombi, der über die Firma lief. In den Siebzigerjahren hielten wir es für normal, unendlich weite Siebzehn-Stunden-Strecken im Auto durchzufahren, ohne Schlafpause. Ich erinnere mich, dass Girgl nach einer Stunde Autofahren und Schweigen so etwas sagte wie, kein Wunder, dass das passiert ist, so wie deine Eltern leben und feiern. Ich erinnere mich, wie ich dachte, was für eine Scheiße, jetzt ist nicht nur mein Vater tot, sondern auch meine Liebesgeschichte mit dir zu Ende.

Kurz vor der Grenze flog etwas in die Scheibe. Ein Stein. Die Schreibe zerbröselte.

Wir hatten nur noch Geld für ein Flugticket. Ich weiß noch, dass die Stewardess im Flugzeug ein alleinreisendes Kind neben mich setzte und fragte, ob ich mich ein wenig kümmern könne. Stewardessen waren damals große Psychologinnen. Am Flughafen in Düsseldorf wurde ich abgeholt von Cousine Gabi. Sie trug Schwarz. Im Gesicht war sie kreideweiß. Auch zuhause, in der Parkstraße, alle in Schwarz und schreckensbleich. Mutter, Omeli, die Geschwister, Frau Dornbracht. Ich war braungebrannt und quietschbunt angezogen, gelb, signal-orange knallgrün geringelt, die Schlaghose in dem Apfelgrün der frühen Siebzigerjahre, das Mutter Ilse Gastarbeitergrün nannte.

Ich erinnere mich, wie meine damals fünfzehnjährige Schwester mich umarmte und sagte. »Möchtest du, dass ich dir erzähle, wie er gestorben ist?« Wir sind im Garten spazieren gegangen. Sie war plötzlich erwachsen. Sie war erwachsener als ich.

Ein besonders schöner, fröhlicher Abend sei es gewesen. Die Eltern hätten getanzt. Sie hätte sogar mitgetanzt. Dann sei ihm schlecht geworden. Schmerzen. Das Herz.

Das Hotel hat einen Arzt geholt. Der Arzt gab ihm eine Adrenalinspritze.

Dann war Vater tot.

»We have lost him«, habe der Arzt gesagt.

Die Bilder der letzten Reise hat Mutter Ilse nie entwickeln lassen. Die Negative aber hat sie aufbewahrt. Auf dem letzten Foto sieht man ihn mit meiner Schwester vor der Fähre stehen. Das nächste, allerletzte Negativ zeigt einen Fußboden mit einem Hotelteppich, einem Bettvorleger.

Ich besitze jetzt zwei Fotos von Teppichen ohne Vater. Die Stelle, auf der er der nackten Bärbel das Leben gerettet hat. Und die Stelle vor dem Bett, auf der er gelegen hat, als er starb.

Sonst ist alles weg. Keine Erinnerung, nur Erzählungen. Wer alles zu Besuch kam und bei uns im Wohnzimmer zusammenbrach, was wir Kinder unverschämt fanden. Unser Vater ist gestorben, und die kommen hierher, um zu weinen, anstatt uns zu trösten. Dass bei der Trauerfeier Mutters beste Freundin Dorle, die wir Tante Dorle nannten, hinter mir saß und mir das Etikett von dem für die Beerdigung gekauften schwarzen Strickkostüm am Nacken reingesteckt hat.

Ich habe nicht gelernt, was Trauer heißt. Trauer war in Mutter Ilses Lebenskonzept nicht vorgesehen. Also, bitte: weitermachen. Gefühle nicht zeigen. Haltung bewahren. Unseren Mann stehen. Zähne zusammenbeißen.

Ich war zu jung, zu sehr Tochter dieser Mutter, um zu verstehen, dass Trauer auch etwas anderes sein kann als Erstarren, Nur-nicht-daran-Denken, Vergessen, Verdrängen. Ich ahnte nicht einmal, was Trauer heißt und dass so etwas erlaubt ist. Trauern hätte Lieben bedeutet, Weiterlieben.

Eine Möglichkeit, Trauer abzuwehren, ist, die Liebe abzustellen. Vielleicht neigen Gehirne, die nicht trauern können, dazu, den Menschen, um den sie eigentlich trauern sollten, zu entwerten. Dann tut es nicht so weh.

Jahrelang wusste ich weder das genaue Datum seines Todes noch die Stelle auf dem Friedhof, an dem unser Familiengrab ist, der Ort, an dem wir ihn also beerdigt haben. Ich habe nicht gewagt, das zuzugeben. Ich habe nie gefragt. Ich habe mich geschämt.

Was ich noch weiß, ist, dass ich mich schon bald an seine Stimme nicht mehr erinnern konnte und dass die Freunde in Freiburg nichts zu fragen und nichts zu sagen wussten. Sie waren froh und dankbar, dass ich nicht über den Tod meines Vaters sprechen wollte und einfach weitergemacht habe, als wäre gar nichts geschehen. Das Männer-und-Fisch-Experiment. Sex and Drugs and Rock 'n' Roll. Genug ist nie genug.

Toll, die Eve ist eigentlich wie immer. Obwohl doch ihr Vater gerade gestorben ist.

Weitergehen ohne Abschied ist eine meiner Spezialitäten geworden.

Glaubst du, Michael, dass er an gebrochenem Herzen gestorben ist? Damals haben sie das Broken-Heart-Syndrom noch oft mit einem Herzinfarkt verwechselt, weil die akuten Symptome so ähnlich sind, aber nicht wie beim Infarkt durch verstopfte Gefäße verursacht werden, sondern durch die Verkrampfung der Herzkranzgefäße nach einer längeren Episode von zu großer Aktivität in der Amygdala – Angst, verdrängte Trauer, große Kränkung –, die den Spiegel von Stresshormonen, von körpereigenen Katecholaminen wie Adrenalin und Noradrenalin, in die Höhe getrieben haben. Wenn es so war, hätte dieser Arzt in England ihm auf keinen Fall Adrenalin geben dürfen.

Zum ersten Mal in diesen vier Tagen wird mein Bruder Michael offen ärgerlich: »Solche blöden und unnützen Spekulationen will ich mir nicht anhören. Was für einen Sinn siehst du darin? Er ist tot. Er ist seit 45 Jahren tot. Er wäre auch tot inzwischen, wenn er damals nicht gestorben wäre. Was soll diese ganze Rumwühlerei in der Vergangenheit? Ich versuche gerade, mich mit meiner unsicheren Zukunft abzufinden.«

Ich verstehe. Ich frage nicht weiter. Ich frage nicht noch einmal nach Vaters Tod, nicht nach unserem verleugneten Bruder, nicht nach den Zwangsarbeitern in der Versetalsperre, nicht danach, ob Bärbel zu Vaters Beerdigung gekommen war und warum.

Ich muss hier vorübergehend etwas abklemmen, was sonst vor meinen Augen verbluten würde. Wenn das alles überhaupt auf irgendeiner Ebene mit einer Aneurysmaoperation zu vergleichen ist, dann kommt es jetzt drauf an, dass ich mich allein weiter vorarbeite ohne Assistent und ohne Hilfe. Ich muss den Weg tief unten zu meiner Wahrheit finden, ohne etwas anderes oder jemand anderen zu verletzen. Vielleicht kann ich dann endlich zu dem Monster vordringen und die Blutung stillen für immer.

Auf der Rückreise nach Berlin höre ich noch einmal Don McLeans »American Pie«. *And while Lenin read a book of Marx – The Quartet practiced in the park – And we sang dirges in the dark – The day the music died.*

Hey Siri, was genau bedeutet der Text von »American Pie«?

No. No. No.

An einem regnerischen Freitagmorgen im Februar wache ich auf im Zimmer 25 der Neurochirurgischen Normalstation und weiß: Das war es jetzt. Das war meine letzte Nacht in diesem Krankenhaus.

Amy Winehouse ist auch schon da. *They tried to make me go to Rehab – But I said no, no, no.*

Gleich, nachher, wollen sie mich nach Kladow bringen, in eine Median-Rehabilitationsklinik für Neurologie. Und der Ohrwurm-DJ in meinem Kopf hatte in der letzten Nacht im Krankenhaus offenbar nichts Originelleres zu tun, als mir »Rehab« aufzulegen zum Wachwerden an diesem besonderen Tag, »Rehab« aus dem Album »Back to Black«.

Yes I've been black but when I come back – You'll know, know, know.

Eigentlich will ich nur liegen bleiben und schlafen und gesund werden. Hier im Krankenhaus, im Zimmer 25 der Neurochirurgischen Normalstation C vom Virchow-Klinikum der Charité bin ich sicher. Hier kenne ich mich aus. Das Tageslicht wirft den Schattenriss meines Fensters auf die Wand und auf ein Stück Zimmerdecke über der Tür wie jeden Morgen. Winterbleiches Außenweltlicht ist das, echtes, wirkliches Licht aus der wirklichen Welt, die es da draußen wirklich gibt, die immer weiter existiert hat, während ich hier lag.

I ain't got the time – And if my daddy thinks I'm fine – Just try to make me go to Rehab – But I won't go, go, go.

Warum kann man so einen blöden Ohrwurm nicht einfach ausschalten?

Aufstehen und packen soll ich.

Es gibt aber gar nichts zu packen. Ich war nackt, als sie mich eingeliefert haben. Hier liegt, was der Mann mir zum Anziehen gebracht hat. Davids alte Judohose, ehemals schwarz gefärbt und so oft gewaschen, dass sie jetzt laptopgrau ist, Turnschuhe, T-Shirt, Wäsche, Kniestrümpfe und die rote Strickjacke. Packen muss ich nur Zahnpasta, Zahnbürste, Tonic und Creme für das Gesicht, dazu mein Händi und das kleine Diktiergerät. Das Händi, mein Lebensretter, muss natürlich bei mir bleiben in der Jackentasche. Das Diktiergerät stopfe ich zu den anderen Sachen in das Necessaire.

Was für ein schöner Name. Necessaire. Und wie wenig es ist, was wirklich notwendig ist. Ein funktionierendes Gehirn, das wäre so eine Notwendigkeit.

Vielleicht will ich gar nicht in die Reha. Noch nicht. Es ist zu früh. Mein rechter Arm macht nicht, was ich will. Immerzu verwechsle ich Wörter. Ohne Schmerzmittel geht noch gar nichts. Außerdem fällt diese Waschmaschine mein Gehirn an, viermal am Tag. Auch hat mir seit jenem letzten Abend in meinem ersten Leben immer noch niemand das Shampoo aus den Haaren gewaschen. Und ich kann das nicht.

I just, ooh I just need a friend – I'm not gonna spend ten weeks – And have everyone think I'm on the mend.

Musik wird im Schläfenlappen registriert und gespeichert. Und weil die neuronalen Verbindungen von den Sinnesorganen zum Gehirn keine Einbahnstraßen sind, kann Musik vom Schläfenlappen aus auch wieder abgespielt werden. Das Reizsignal wird an den Frontallappen gesendet, also hört man etwas. So funktioniert inneres Hören.

Was wir Ohrwurm nennen, muss dann also eine Art Wackelkontakt sein zwischen Schläfenlappen und Frontallappen, eine minimale Fehlschaltung mit einer Folge von Kurzschlüssen in Endlosschleife, die einen Synapsenwurm von Schläfen- zu

Frontallappen tanzen lässt immer und immer wieder, hin und her und her und hin in zwanghafter Endlosschleife. Ohrwürmer müssten eigentlich Synapsentänzer heißen.

Anderen Fehlschaltungen, die in Folge von Gehirnkurzschlüssen automatische oder zwanghafte Wiederholungen erzeugen, haben sie hochdramatische Krankheitsnamen gegeben. Tourette-Syndrom, Echolalie, Tic, Palilalie, Kopropraxie. Der Ohrwurm aber kommt, vor allem bei Frauen und Musikern, offenbar so häufig vor, dass er als harmloses Phänomen und als normal gilt, auch bei gehirngesunden Menschen. Also brauchte er diesen putzigen Namen.

Wer definiert, was normal ist bei Frauen und Musikern? Was ist harmlos und gehirngesund?

Ohrwürmer bleiben manchmal länger als einen Tag. Bei mir jedenfalls. Und natürlich tanzen die auch nachts. Sonst könnte man ja nicht aufwachen mit so einem Musikkurzschluss im Kopf.

Die Frau, die heute in die Reha gebracht werden soll und ihren Ohrwurm nicht loswird, sieht schmal aus im Weißlicht des kleinen Badezimmer-Spiegels, schmaler und klarer, als ich mich in Erinnerung habe. Sie hat abgenommen. Das steht mir gut. Oberhalb und unterhalb der wulstig-roten Reißverschlussnarbe sind die Haare schon einige Millimeter nachgewachsen auf dem handbreiten Schädelstreifen, den sie mir vor der Operation über der Stirn kahl rasiert haben. Ich soll die Narbe und die Stirn täglich massieren. Der Nachwuchs kitzelt wie eine Nagelbürste. Virchow-Undercut. Die Einstiegsluke, die sie mir weiter hinten auf dem Oberkopf erst herausgesägt, dann wieder eingesetzt und meine Kopfhaut samt Haaren wieder drübergezogen haben, ist gefühllos, wie taub. Die Ränder des ausgesägten und wieder eingesetzten Stücks Schädelknochen kann ich mit den Fingerkuppen spüren. Doktor Jakob hat gesagt, in ein paar Monaten wird das wieder so fest mit meinem Schädel verwachsen sein, dass man neu aufsägen müsste, falls jemand noch einmal in mein Gehirn muss.

Niemand kann sehen, dass ich mir immer noch nicht das Shampoo von jenem Abend in der Badewanne aus den Haaren gewaschen habe. Ich kann selbstständig gehen mit diesem Rollator. Ich kann denken und sprechen, auch wenn ich manchmal Hotel sage, wenn ich Büro meine. Haarewaschen wird vollkommen überschätzt.

Dass ich abgenommen habe, sieht nur im Gesicht gut aus. Was ich von meiner Gesamterscheinung im Triptychon des kleinen Spiegelschranks begutachten kann, ist eine traurige Gestalt. Die Frau hat vor allem Muskeln verloren. Ihre Haut hängt und wirft Falten an Bauch, Armen, Waden und Schenkeln. Die Beine zittern, wenn ich versuche, meine Zähne zu putzen, ohne mich am Waschbecken festzuhalten.

Ich werde eine Weile die Spiegel verhängen müssen.

Just try to make me go to Rehab – But I won't go, go, go.

Anziehen kann ich mich nur auf dem Bett sitzend. Die Schnürsenkel von diesen Turnschuhen wird mir die Schwester binden müssen, das kann ich nicht mehr. Oder noch nicht wieder. Und ausgerechnet heute will der rechte Arm nicht in den Ärmel der Strickjacke. Er wackelt und flattert, als gehöre er nicht zu mir, als wolle er lieber davonfliegen, als sich jemals in diesen engen, roten Baumwolltunnel stopfen zu lassen. Wenn ich tief durch die Nase einatme und ganz bewusst sehr viel länger wieder ausatme, funktioniert gar nichts mehr. Wilde Zitteramplitude.

Nimodipin, Enalapril, Pantozol, Novalgin, Bifiteral. Die Morgenschwester ist noch einmal gekommen, um mir eine lachsrosafarbene Pillenbox zu bringen mit meinen Medikamenten für die ersten Tage in der Reha. Sie bindet mir die Schuhe zu und hilft auch meinem rechten Flatterarm in die Jacke.

Als sie wieder weg ist, gelingt es mir nicht, die Knöpfe der

Strickjacke durch die Knopflöcher zu fummeln. Mit beiden Händen geht es nicht, weil die rechte Hand nicht macht, was ich will. Je mehr ich mich konzentriere, desto zappeliger wird diese Hand. Ich versuche es lange.

Ich habe Zeit.

Ich werde nervös. Nur mit den Fingern der linken Hand geht es schon gar nicht. Mir wird warm. Habe ich denn früher immer beide Hände benutzt, um Knöpfe zu schließen?

Und jetzt zittert die ganze Frau.

Bleibt sie eben offen, die blöde Jacke.

The man said »Why you think you here?« – I said »I got no idea«.

Noch keiner hat geforscht darüber, wie und warum sich ein Gehirn für welchen Ohrwurm entscheidet. Das muss auch auf die Liste meiner Promotionsthemen.

Ein Fetzen Blau ist sichtbar geworden im Wolkengrau hinter dem kahlen Lindenbaum meines Fensters. Der Winter ist noch nicht vorbei. Die Äste so einer Linde ohne Laub sehen aus wie die verzweigten Adern meines Gehirns auf dem Bild der Angiografie, das Dr. Jakob mir ins Fenster gehängt hat.

Mit feierlichem Gefühl knibble ich die Heftpflasterstreifen vom Fenster und löse so meine CTs und Angiografien, die ich so oft und dankbar vom Bett aus betrachtet habe wie ein Kind seine »BRAVO«-Starschnitte oder Leistungsdiplome an der Wand. Als ich das Post-OP-CT in den Händen halte und die kleine Büroklammer noch einmal genauer betrachte an der Stelle, an der im Prä-OP-CT noch Godzilla Pericallosa hängt als ausgeblutete Trockenbeere, steigt Unbehagen auf in mir.

Angst?

Jetzt ist es aber doch vorbei. Überwunden. Fast schon Geschichte. Jetzt kommt die Reha. Rehabilitation heißt Wiederherstellung. Und jetzt fange ich an, Angst zu haben? Warum? Gibt es so etwas wie Rückwärtsangst?

I said no, no, no.

Geh weg, Ohrwurm! Geh weg, Angst! Lass mich in Ruhe, Amy Winehouse. Und du mich auch, Amygdala.

Sie bringen einen Rollstuhl. Der Mann, den ich liebe, ist auch gekommen. Er legt die Leistungsdiplome auf meinen Schoß und küsst meine Hand, als wäre ich eine Prinzessin. Und los geht es. Noch einmal fährt der dicke Bettenschieber mich durch das Virchow-Klinikum. Heute kann der kleine Häwelmann schon ganz alleine sitzen im Rollstuhl und seine Gehirnbildtrophäen auf dem Schoß festhalten.

Was für ein Bild: Der dicke Bettenschieber, der meinen Rollstuhl schiebt mit aufgeplatztem weißem Kittel über der italoazurblauen T-Shirt-Bauchkugel. Der Ehemann, der feierlich gefasst neben dem Rollstuhl geht und meine Hand hält. Im Rollstuhl der kleine Häwelmann in Zivilkleidung, der sich an den Gehirnbildern auf seinem Schoß festhält und staunt. Eigentlich kenne ich diesen Weg doch gut von meinen Liegendausfahrten zur Doppler-Sonografie. Im Sitzen sieht alles in diesem Krankenhaus anders aus.

Hinter dem Fahrstuhl im Erdgeschoss sind wir sonst immer links abgebogen durch die Flügeltür in den weizengelbgrauen Flur, an dessen Ende Dr. A. Kim und Dr. F. Doepp mit dem Doppler-Sonographen warten. Heute geht es geradeaus zu den gläsernen Außentüren in die Freiheit. Die Türen in mein neues Leben öffnen sich vollautomatisch. Der Krankenwagen wartet schon. Wir sind draußen.

Ich bin draußen. Ich bin nicht mehr im Krankenhaus. Es ist vorbei.

Ich bin. Ich lebe. Zum ersten Mal wieder an der frischen Luft. Unter freiem Himmel. Unter eisgrau-wolkenverhangenem Himmel. Hier und da an den sonnenhellumrissenen, weißen Rändern der Wolken sehe ich strahlendes Winterblau. Was für eine Schönheit. Was für eine Luft. Ich darf nicht vergessen zu atmen. Ich darf nicht zu lange ins Licht blinzeln. Ich möchte nicht weinen.

In den wenigen Sekunden zwischen der Schiebetür des Charité-Gebäudes Mittelallee 2 und der Doppelheckklappe meines Krankenwagens wäre ich beinahe erstickt vor Glück. Einatmen. Ausatmen. So neu ist das. So ungewohnt die frische Luft. Tschüss, dicker Bettenschieber. Tschüss, Charité. Wir fahren los. Dieses Mal ohne Tatütata. Der Mann, den ich liebe, hat meine Hand wieder losgelassen. Er muss im eigenen Auto hinter uns herfahren.

Amy Winehouse bleibt bei mir.

The man said »Why you think you here?« – I said »I got no idea« – »I'm gonna, I'm gonna lose my baby« – »So I always keep a bottle near«.

Raus aus der Stadt. Heerstraße. Pichelsdorf. Gatowerstraße. Ich kenne den Weg. So fährt man zum Golfplatz Gatow. Mein Herz klopft. Es klopft schnell und hart. Auch das Zittern wird schlimmer. Sogar die auf dem Fußbrett des Rollstuhls aufgestellten Beine beginnen ein eigenes Flatterleben. Draußen fährt die Natur an meinen Augen vorbei. Viel zu schnell. Das aufrechte Sitzen produziert Nackenschmerzen und Schwindel. Und dann geht es leider auch wieder los in meinem Kopf, dieses gewaltige Brausen und Drehen, der Schleudergang, der nun Gleichgewicht, Kraft und meinen kleinen Mut aus dem Gehirn herauszentrifugieren wird mit 1600 Drehungen in der Minute.

I ain't got the time – And if my daddy thinks I'm fine –

Just try to make me go to Rehab – I won't go, go, go.

Ich sollte die Augen schließen. Ich muss Wasser trinken und liegen und nicht in diesem Rollstuhl herumgeschaukelt werden. Ich könnte an das Sichtfenster klopfen, den Krankenwagenfahrer rufen. Ich kann auch diesen Alarmknopf hier drücken.

Ich will zurück in meine sichere Neurochirurgische Normalstation. Häwelmann hat Angst. Ich bin ein Jammerlappen.

Beruhigen! Kontrolle zurückerobern! Denken!

Humor hat er ja, der DJ in meinem Kopf. »Rehab«. Wie entscheidet er so etwas? Und wie macht er das? Das Forschungsvorhaben Ohrwurm ist größer, als ich dachte.

Ob Beethoven Ohrwürmer hatte?

Weltmeister in innerem Hören ist er ganz sicher gewesen, war ja vollständig taub, als er seine 9. Sinfonie komponierte. Innerlich hörte er aber offenbar genau und konzertant alles, was er für jedes Instrument auf das Notenpapier schrieb in dieser fahrigen Beethoven-Tintenschrift.

Inneres Hören.

Oliver Sacks erzählt in einem seiner Bücher die Geschichte von einem Freund, der zum Plattenspieler geht, um ein Konzert von Mozart zu hören, seine Lieblingsaufnahme. Der Mann setzt sich in den Sessel, genießt das Konzert bis zum Schlussakkord, freut sich wieder einmal an den Besonderheiten dieser herrlichen Aufnahme, steht auf, um die Platte wieder in ihre Hülle zu legen …

… und merkt dann erst, dass er den Tonarm gar nicht aufgesetzt hat.

Inneres Hören funktioniert auch bei mir ganz gut, sehr viel besser jedenfalls als inneres Sehen. Audioalisieren kann ich sogar in diesem Krankentransporter und mit Ohrwurm, auch wenn mein Körper zittert. Ich könnte die Stimme von Amy Winehouse ja mal durch einen Knabenchor ersetzen, Engelssoprani.

Funktioniert.

I ain't got the time – And if my daddy thinks I'm fine – Just try to make me go to Rehab – I won't go, go, go.

Ein Caruso-Tenor? Das heisere Saxophon ohne Text? Geht alles auch. Bitte sehr. Nur abschalten kann ich den Wurm nicht. Nicht mit Konzentration, nicht durch Zu-Ende-Hören, auch Kaugummi kauen hilft nicht, selbst wenn ich eines hätte. Ich habe in meinem ersten Leben ja schon alles getestet, was in der Ohrwurm-Fachliteratur empfohlen wird.

Und wir sind angekommen. Median-Klinik. Kladower Damm 223, Station 6. Sie rollen mich zum Empfang. Papiere, Name, Daten. Hier unterschreiben. Danke. Bitte.

Es wird Jahre dauern, bis die Überstreckung wieder weg ist, die ein Mensch im Rollstuhl sich angewöhnt, sich angewöhnen muss, um mit Menschen zu kommunizieren, die sich nicht auf Augenhöhe herablassen.

Hier entlang. Aufzug. Ein Krankenhausgang mit burgunderrotem Teppichboden. Zimmer 245. Waschmaschine. Ich brauche ein Glas Wasser. Ich muss liegen. Ich will Ruhe. Alle raus. Der Ehemann soll bleiben, bitte.

Auf dem Bett liegt ein Seminarklemmbrett mit meinem Therapieplan. Montag: 9:00 Uhr Psychologie, Raum E97 – 10:00 Uhr KG-Gruppe – 13:30 Uhr Feinmotorik-Gruppe, U 101 – 14:30 Uhr Psychologie, Raum E94 – 15:30 Uhr KET – 16:00 Uhr Entspannungsgymnastik.

Montag? Das ist morgen.

Aber das kann ich nicht. Das werde ich nicht alles machen können. Das ist doch viel zu viel und viel zu früh. Ich sage doch immer noch Hotel, wenn ich Büro sagen will. Ich habe mir noch nicht einmal das Shampoo aus den Haaren gewaschen. Ich kann mir keine Schnürsenkel binden und meine Strickjacke nicht alleine zuknöpfen. Die rechte Hand macht nicht, was ich will. Ich habe diesen Schleudergang in meinem Kopf. Ich weiß auch überhaupt nicht, was KET ist. Ich brauche Ruhe. Mein Gehirn braucht Ruhe, Gnade und Schlaf, um wieder gesund zu werden. Ich brauche zehn Stunden Schlaf am Tag, zwölf, dreizehn Stunden. Ich will immer nur schlafen. Ruhe und Gnade. Bitte.

Im Schlaf schaltet das Gehirn in den Reinigungs- und Heilungsmodus. Erst wird aufgeräumt. Als bedeutend erkannte Verknüpfungen werden repariert und verstärkt, überflüssige gelöscht. Dann wird geputzt. Die Gehirnzellen machen sich klein. Die zwischen den Zellen liegenden Räume werden zu Kanälen, über die die Gehirnflüssigkeit Schadstoffe, unbrauchbare, toxische Moleküle und biochemischen Schrott abtransportiert. Gliazellen sind nicht nur Stützmaterial für die Neuronen. Sie regulieren vor allem dieses hirneigene Abwasser- und Reinigungssystem. Noradrenalin steuert ihr Schrumpfen und Anschwellen. Das Gehirn reinigt sich im Schlaf. Das wäre für mein Gehirn jetzt ganz besonders wichtig.

Schlaf wird mich heilen. Alles, was ich brauche, ist Schlaf.

Dienstag: 9:00 Uhr Ergotherapie, dann Fango, Massage, Neuropsychologie, Entspannungsgruppe …

No. No. No.

Der Mann, mit dem ich verheiratet bin, ruft die Hausärzte an. Renate Lott ruft in der Klinikleitung an und sagt: Sie kann das nicht. Sie braucht jetzt vor allem Ruhe. Ihr Gehirn braucht Schlaf.

Der Wochenplan wird ausgedünnt.

Ich bin auch ausgedünnt. Ich habe keine Muskeln mehr, keine Kraft, keine Hoffnung.

»Wirst du es denn alleine in den Speisesaal schaffen heute Abend?«

Ja, klar, mit dem Rollator. Aber jetzt lass mich einfach schlafen.

Ich habe mich dann wirklich hingeschoben zum Speisesaal am ersten Abend mit meinem Rollator. Neunzehn Schritte sind es von Zimmer 245 zum Aufzug. Tür auf. Ein Schritt. Tür zu. Knopfdruck. Erdgeschoss. Tür auf. Noch einmal neunzehn Schritte in die andere Richtung.

Dann schlug mir entsetzlicher Lärm entgegen. Ein gewaltiges, feindseliges Brausen, das mich zurückwarf wie die Druckwelle einer Explosion. Hundertstimmiges Dröhnen. Aus sicherer Entfernung sah ich durch die Glaswand, dass es in diesem tosenden Speisesaal alle Formen von Schlaganfallschäden zu besichtigen gibt, Schlaganfallschäden beim Versuch der Nahrungsaufnahme: Gesichtslähmungen, halbseitige Lähmungen, Sprechstörungen, Zuckungen, Speichel, der aus bleichen Gesichtern unkontrolliert auf Teller läuft, Sabbern, Dysarthrophonie, Spastik, Dysphagie, Schlurfen, Rollstühle, Stimmen, Geschirrklappern, Hustenanfälle, Hustenanfälle mit Auswurf von Speiseresten.

Und da soll ich jetzt hineingehen mit meinem Rollator?

Da soll ich mir in diesem unerträglichen Geräuschpegel einen Platz suchen, guten Abend, meine Damen und Herren Mitrehabilitanten, ich bin die Neue? Ich soll diese Lärmdruckwelle aushalten? Soll studieren, was man noch alles für Störungen, Lähmungen, Behinderungen, Verschluckungen und Zuckungen haben kann? Und essen auch noch? Das kann ich nicht. Das halte ich nicht aus. Das halte ich auf gar keinen Fall aus.

Ich drehe um. Ich schiebe meinen Rollator zum Aufzug. Lieber gehe ich ohne Essen ins Bett. No. No. No. Auf keinen Fall dieser Lärm und so viele andere gehirnbeschädigte Menschen. Die meisten sind so viel schlimmer dran als ich.

I won't go, go, go.

Die Hausärzte müssen noch einmal telefonieren. Eine Pflegerin bringt ein Tablett mit Broten, Butter, Leberwurst, eine Käseecke, eine Tomate, Pfefferminztee. Schmeckt wunderbar. Von morgen an darf ich in der Stationsküche essen.

Die Stationsküche ist eine Siebzigerjahre-Einbauküche mit drei Resopaltischen. Es gibt noch andere Patienten auf dieser Station, die erst einmal hier essen üben dürfen. Sie frühstücken von Brettchen, die auf der einen Seite einen hohen Zackenrand aus Metall haben. Gegen diese Zacken kann man sein Brot auch mit flatternden Fingern schieben und dann anheben, wenn man die gesunde Hand zu Hilfe nimmt.

Das halte ich auch nicht aus. Hier, bei denen werde ich auch nicht essen können. Es geht nicht.

Was ist mit mir los? Warum habe ich kein Mitleid mit den anderen? Warum stoßen mich ihre Schäden und Behinderungen so heftig ab? Habe ich keine Empathiefähigkeit mehr? Bin ich jetzt asozial? Ist mein Frontalhirn für immer verändert?

Die Psychologin aus meinem Dienstag-Stundenplan sagt: »Sie beschützen sich. Sie beschützen sich nur. Das ist gut. Das ist in Ordnung. Aber wenn Sie weiter auf dem Zimmer essen wollen, müssen Sie sich das Essen selber holen.«

Also schiebe ich meinen Rollator dreimal am Tag den Gang entlang, dann links zur Küche, stelle den für mich vorbereiteten Teller, die Kanne und einen frischen Becher auf das Rollatortischchen und fahre mich und das Essen zurück in mein ruhiges Zimmer. Und esse. Und schlafe. Und heile.

Ich habe niemals im Speisesaal gegessen in den ewigen Wochen, in denen ich in dieser Reha war.

Dafür habe ich meine Heilung selber organisiert. Der Raum für Ergotherapie in der Kladower Median-Klinik sieht aus wie eine Kindertagesstätte für Erwachsene. Vierertische, Turnmatten, gepolsterte Wände, Klettergitter, buntes Spielzeug in den Regalen und Bälle in allen Größen und Farben. Neben der Tür hängt ein Kasten mit Getreidekörnern, in den man greifen kann, in den ich greifen soll, um die Körner zu spüren.

Sie setzen mich an einen der Tische einer Frau gegenüber, die ihre rechte Körperhälfte auch nicht mehr richtig bewegen kann, wie ich. Wir sollen uns über die Kunststofftischplatte bunte Kinder-Holzklötzchen zuschieben und vor der Tischkante mit den Händen stoppen. Dazu legen wir die Handgelenke schön eng aneinander, so, und klappen die Hände wie Flügel aus.

Wir werden einander nicht vorgestellt. Wir stellen uns nicht vor. Wir sprechen nicht. Die Frau kann vielleicht gar nicht sprechen. Ich will nicht sprechen. Ich lasse das erste Klötzchen über die Tischfläche schlittern. Sie ist ungeschickt. Sie reagiert zu spät. Der Bauklotz fällt auf ihrer Seite vom Tisch und wird von der freundlichen Therapeutin aufgehoben. Es tut mir leid. Wir sind beide angestrengt. Es ist peinlich.

Der Bauklotz schlittert zurück über die Tischfläche und fällt nun auch auf meiner Seite auf den Boden. Meine rechte Hand will nicht, was ich will, ich kann sie gar nicht fest an das linke Handgelenk legen. Ich kann den Flügel nicht halten. Ich kann den Bauklotz nicht halten. Ich schäme mich. Ich will das nicht. Es ist wie im Kindergarten bei Schwester Katharina, stilles Stübchen, in der Mitte sitzen und alle glotzen. Alle gucken zu. Wer verliert, stirbt.

Am Ende der Stunde wanke ich mit meinem Rollator zum Aufzug. Der Aufzug ist leer. Meine Hände umklammern den Rollatorgriff fest, ich sehe meine Fingerknöchel wächsern hell werden. Ich sehe Tropfen auf meinen Fingerknöcheln.

Ich weine. Niemand kann es sehen.

In meinem Zimmer lasse ich mich aufs Bett fallen und weine weiter. Zum ersten Mal, seitdem das Monster mich angefallen hat, weine ich. Zum ersten Mal seit ich in der Badewanne saß, »I'm still here« hörte und das Kaugummi platzte mitten in meinem Kopf, als der Blutvulkan ausbrach und Schmerz brachte und Blindsein und Hilflosigkeit. Zum ersten Mal erlaube ich mir zuzugeben, wie schlimm alles gewesen ist, wie schlimm und ungerecht und furchtbar es noch immer ist. Ich schluchze und wimmere wie ein Kind. Das muss jetzt alles raus.

Dann bleibe ich liegen, atme, warte, bis die Waschmaschine sich beruhigt, esse den Kuchen vom Nachmittag, trinke kalten Pfefferminztee und spüre, dass etwas aus den vorbewussten Tiefen meines Gehirns in mein Bewusstsein dringt, in das, was wir das Ich nennen. Dieses Ich hat plötzlich eine Idee. Ich habe einen Plan.

Nicht mit mir. No. No. No.

Am nächsten Morgen, noch bevor ich mein Frühstück aus der Stationsküche hole, schiebe ich meinen Rollator wieder zum Aufzug und fahre runter zum Empfang im Erdgeschoss. Ich möchte die Direktorin der Klinikverwaltung sprechen. Ich habe mir meine Sätze gut überlegt. Ich weiß, dass ich die Wörter motorisch und Plastizität vielleicht nicht sagen kann. Ich weiß, dass ich eine schwierige Patientin bin. Ich werde möglicherweise einen Waschmaschinenanfall haben. Dann muss ich abbrechen. Dann muss ich mich hinlegen oder hingelegt werden, ein Glas Wasser trinken und warten, bis es aufhört.

Dann werde ich wieder hingehen.

Guten Morgen. Ich bin Evelyn Roll, Zimmer 245, geclipptes Aneurysma. Ich möchte bitte, dass Sie meine Ergotherapiestunden ändern. Ich habe gesehen, dass im Mehrzweckraum ein Flügel steht. Bitte lassen Sie mich Klavier üben. Ich glaube, dass es gut sein wird für meine Heilung, wenn ich Klavier spielen darf. Klavier üben hilft gegen alle motorischen Defizite, die ich habe. Es wird die Plastizität meines Gehirns fordern und fördern.

Motorische Defizite und Plastizität, einwandfrei gesagt. Fordern und fördern. Auch nicht ohne.

Ich möchte Klavier spielen. Einmal am Tag. Da ist ja nie jemand in diesem Mehrzweckraum. Bitte.

Die Ergotherapeutin wird angerufen. Die Ergotherapeutin findet Klavierspielen eine gute Idee, gut, und interessant auch, das kann man versuchen. Die Direktorin sagt Ja. Und ich hole mir von diesem Morgen an jeden Tag den Schlüssel vom Mehrzweckraum. Ich übe Klavierspielen. *Hast du's nicht alles selbst vollendet, heilig glühend Herz?*

Es gibt ein Konzertvideo mit dem schwer parkinsonkranken Komponisten Lukas Foss. Wie ein Roboter schlurft Foss auf die Bühne zum Flügel, unsicher, zitterig, eingefroren und wackelig, als würden seine Füße am Boden festkleben und er deswegen gleich umfallen. Dann sitzt er vor den Tasten, berührt sie sanft und spielt seine Chopin-Nocturne wie nichts, ohne Zittern, ohne Kleben, sicher, makellos, schön, mit exquisiter Kontrolle und hoher Geschwindigkeit.

Bei mir geht es nicht um exquisite Kontrolle. Und um Geschwindigkeit schon gar nicht. Ich übe Zeitlupe. Erster Tag, Zeitlupe, linke Hand nur eine Stimme. Zweiter Tag, linke Hand, die zweite Stimme. Dritter Tag, linke Hand, beide Stimmen. Dann rechte Hand eine Stimme, rechte Hand beide Stimmen. Zeitlupe. Ohne Flattern. Tagelang. Mehr nicht. Mehr geht nicht.

Aber ich bin nicht mehr die soziopathische Schrulle von Zimmer 245, die nicht öffentlich essen mag und Ergotherapiestunden schwänzt. Ich bin jetzt die Klavierspielerin. Ich bin die Frau, die einmal am Tag den Schlüssel vom Mehrzweckraum holt, die Frau, die Klavier übt, die Frau, die ihren eigenen Plan hat.

Und es geht jeden Tag besser. Beide Hände. Alle vier Stimmen. Ganz langsam üben. Noch langsamer. So wie Kerstin in den letzten Jahren versucht hatte, es mir beizubringen: Du musst wirklich sehr, sehr langsam üben, wenn du dieses Arpeggio eines Tages so schnell spielen willst, wie du möchtest.

Daran hatte ich mich nie gehalten. Zu ungeduldig, zu linkshirngesteuert.

Jetzt geht es gar nicht anders als sehr, sehr langsam.

Und wie zum ersten Mal sehe ich die Fingersätze, die ich schon als Kind mit Bleistift hineingeschrieben habe, darüber die Korrekturen in Blau von Gletscher-Erna. Poco Forte hat sie über die Fuge geschrieben in ihrer wilden Schrift, mit drei fetten Ausrufezeichen.

Poco Forte. Gute Idee. Sehr gute Idee. Die Ausrufezeichen unserer Lehrer leben länger als die Lehrer selbst.

So nehme ich zum ersten Mal wirklich und ernsthaft mein Klavierspielen unter die Zeitlupe. Ich erkenne, höre und spiele staunend die vollkommene Gleichberechtigung aller vier Stimmen in dieser Bach-Fuge. Bachs überirdische, unantastbare Gesetzmäßigkeit und Schönheit beruhigt, tröstet und entängstigt mich.

Und nichts zittert. Es ist, als hätten meine Finger plötzlich ihren eigenen, starken Willen. Die Koordinationsprobleme der rechten Hand sind wie weggezaubert. Meine Heilung beginnt.

»Man konnte zusehen, wie du dich an Bachs Noten und Tönen aufgerichtet und ins Leben zurückgezogen hast wie an einer Strickleiter«, sagt der Mann, mit dem ich verheiratet bin und der jeden Abend Sushi bringt.

Im Abschlussbericht steht: *Die Patientin war über ihre Erkrankung adäquat informiert, ließ eine konstruktive Auseinandersetzung mit ihren Behinderungen erkennen und war für die stationäre Rehabilitationsbehandlung hoch motiviert.*

Leider hatten alle Experten und auch die hoch motivierte Patientin verdrängt, dass man auf dem Video mit Lukas Foss schließlich auch noch etwas anderes sehen kann. Nach seinem souveränen Spiel der Chopin-Nocturne schafft er es kaum, wieder aufzustehen vom Klavierhocker. Und dann tuspert er von der Bühne, wie ein Roboter, unsicher, eingefroren, zitternd und so wackelig, wie er gekommen ist, als würden seine Füße am Boden festkleben.

Erst viel später, in meinem Rehajahr zuhause, habe ich verstanden, dass man mit Klavierüben zwar viele Regionen im Gehirn erfreut und stimuliert, aber doch vor allem und eigentlich nur Klavierspielen trainiert. Wenn beim Klavierspielen der Arm nicht mehr wegfliegt und die Hand nicht mehr zittert, bedeutet das noch nicht, dass diese Hand auch einen Suppenlöffel halten kann oder die gefüllte Teekanne. So einfach ist es nicht. Wer wieder mit Stäbchen essen können will, muss üben, mit Stäbchen zu essen. Wer möchte, dass die Hand die gefüllte Teekanne am ausgestreckten Arm halten kann, braucht Training und eine starke Mitte. Wer Wörter nicht mehr verwechseln möchte, muss seinem Gehirn jedes einzelne vertauschte Wort neu beibringen. Wessen motorische Koordinationsfähigkeit nicht mehr ausreicht, um sich die Strickjacke zuzuknöpfen, muss genau das üben: Strickjackezuknöpfen. Wer wieder mit der Hand so schreiben möchte, dass er es wenigstens selber lesen kann, muss üben, mit der Hand zu schreiben.

Oder akzeptieren, dass das nie mehr etwas wird. Wenn Studenten mich früher gefragt haben, wie ich aus den vielen Notizen nach einer großen Recherche auswähle, was ich schließlich in eine Reportage hineinschreibe, habe ich immer mit einem Witz geantwortet: Ich nehme einfach das, was ich noch lesen kann.

Jetzt kann ich gar nichts mehr lesen von dem, was ich mit der Hand schreibe.

Als kleine Wiedergutmachung haben die Götter mir eine große Erkenntnis geschenkt: Mein Gehirn weiß mehr über Musik als ich. Zum Beispiel laufe ich wahrscheinlich immer schon mit einer Stimmgabel im Kopf herum, einer Stimmgabel, von der ich gar nichts wusste.

Vielleicht war sie aber auch noch gar nicht in mir, bevor das Aneurysma platzte.

Mit dem Kammerton A und mir ist es eine etwas wunderliche Geschichte, ein kleines Kunststück. Ich lege meinen Kopf nach links, erzeuge etwas Druck in den Ohren, kneife die Augen zusammen und höre bei jedem Augenzukneifen im inneren linken Ohr einen Ton. Weil ich mit diesem Ton immer wieder zum Klavier gelaufen bin, weiß ich, dass es immer derselbe Ton ist, Gis oder As, die schwarze Taste zwischen G und A im Diskant. Ich muss nur einen Halbton höher denken oder summen, und schon habe ich den Kammerton A. Das ist nützlich. Ich brauche zum Singen und Tonangeben keine Stimmgabel mehr.

Dann habe ich angefangen, über den Kammerton A zu lesen.

Erst 1939 haben sie auf einer internationalen Konferenz in London 440 Hertz festgelegt als Standard. Deutsche und österreichische Orchester stimmen etwas höher – 443 Hertz –, weil die Geigen dann angeblich saftiger und intensiver klingen. Es gibt auch eine ganze Wissenschaft zum sogenannten natürlichen Kammerton, der mit 432 Hertz schwingt.

Und genau das ist möglicherweise der Ton, den ich mit meiner eingebauten, natürlichen Stimmgabel höre.

Ich weiß weniger über Musik, als ich dachte. Aber mein Gehirn weiß mehr.

Sogar meine Ohrwürmer verstehen mehr von Musik als ich. An einem kalten Januarmorgen nach einem Konzert in der Philharmonie, in dem Murray Perahia Mozarts Klavierkonzert Nr. 27 hinreißenderweise nicht nur spielte, sondern auch selbst dirigierte, hatte der DJ in meinem Kopf mir »Komm, lieber Mai« aufgelegt zum Aufwachen, »Komm, lieber Mai« in einer Knabenchorversion. Engelssoprani.

Ich dachte, was für ein seltsamer Ohrwurm für Ende Januar. Das ist doch ein Frühlingslied. Und warum kenne ich keine zweite Strophe von diesem Lied? Ich behaupte doch immer, dass ich alle Strophen von deutschen Volksliedern kenne, mindestens drei.

»Komm, lieber Mai« hat fünf Strophen und passt sehr gut zu einem kalten Novembermorgen. Es ist ein Frühling-Herbeiwünsch-Lied – *... und ma-ha-che die Bäume wieder grün.* Christian Adolf Overbeck, der später Bürgermeister in Lübeck wurde, hat den Text geschrieben.

Die Melodie komponierte Mozart am 14. Januar 1791. Sie beginnt mit dem Motiv aus dem Thema des Schlusssatzes von Mozarts Klavierkonzert Nr. 27 B-Dur, das er wenige Tage zuvor erst vollendet hatte und offensichtlich noch nicht wieder loslassen konnte.

Mein Gehirn hat die Wiederaufnahme des musikalischen

Motivs aus dem Klavierkonzert, das wir gehört hatten, im Kinderlied erkannt. Und dann hat es mir den Ohrwurm geschickt, damit ich es endlich auch erkenne. Mein Gehirn versteht mehr von Musik als ich. Aber davon wusste ich noch nichts, als ich die Klavierspielerin war in der Reha am Kladower Damm.

Tagsüber trainiert die Klavierspielerin ihr Gehirn und ihren geschwächten Körper. Sie übt Balancieren, Aufstehen, Gehen, Ergometerfahren, Rechte-Körperhälfte-Wahrnehmen, Klavierspielen, Wörtermerken, Wörtersprechen, Kopfrechnen, Bällefangen und Reaktionsgeschwindigkeit. Sie will wieder gesund werden. Sie will, dass alles wieder so wird wie vorher. Sie will, dass es wieder so wird, als hätte es das Monster Pericallosa gar nicht gegeben. Also übt sie nachts weiter auf ihrem Händi: »Happy Neuron« und »DualBrain«, »Gehirntraining mit Doktor Kawashima«, »fresh minder 2«, und »Deep Green«, ein Schachprogramm. Bis die Sonne aufgeht und der Schlaf kommt. Oder die Waschmaschine.

Einmal hat der Mann, der jeden Abend Sushi bringt, das Schachbrett mitgebracht. Wir spielen. Ich gewinne. Ich habe in dreißig Jahren noch nie gegen diesen Mann im Schach gewonnen. Als er nachhause gefahren ist, liege ich glücklich im Bett, warte auf die Waschmaschine und stelle mir unsere Spielzüge noch einmal vor.

Er hat mich gewinnen lassen.

Im Internet finde ich die Geschichte von Monica Lierhaus. Kein anonymes und schon explodiertes Monster wie bei mir, kein Notfall, sondern eine geplante Aneurysmaoperation. Mit Komplikationen. Ich finde Statistiken, Fälle, Verläufe. Ich finde meinen schönen Professor. Ein Weltstar der Neurochirurgie ist der offenbar, sogar interessant für den Boulevard. Die »BUNTE« hat ein großes Portrait über ihn. Hagiografie. Warum er Gehirnchirurg geworden ist. Wie er sich auf eine schwere Operation vorbereitet. Mit Starfoto. Er sieht wirklich gut aus.

Rehabilitation heißt Wiederherstellen. In der dritten Rehawoche ist meine Schwester gekommen: »Wir gehen heute raus. Nein, nicht mit dem blöden Rollator. Nimm diese Nordic-Walking-Stöcke. Ich helfe dir.«

Klare, frische Luft. Asphalt, Steinpflaster. Waldboden. Ich spüre und höre Laub unter meinen Füßen. Ich bin atemlos vor Glück. Und mir ist übel vor Anstrengung.

»Komm weiter, da vorne ist eine Bank.«

Die Bank vor dem Wald über der Havel. Wolkenfrei-blauer Himmel. Der Blick über das Wasser zum anderen Ufer wie vom Wochenendhäuschen über die Talsperre. Christiane neben mir. Ich bin lebendig und nicht tot. Der Duft einer Mandarine. Und plötzlich fühle und verstehe ich das Lebensgefühl meines Vaters, seine Intensität, sein Nie-aufhören-Wollen, diese irrsinnige Lust zu existieren, dieses Konzept von So-jung-kommen-wir-nicht-mehr-zusammen. Drum lasst uns heute lustig sein, denn gestern waren wir tot.

Amy Winehouse bleibt tot. Sie haben sie in ihrer Londoner Wohnung gefunden, ertrunken in Alkohol, 4,16 Promille.

Back to Black.

I don't ever want to drink again – I just, ooh I just need a friend – Just try to make me go to Rehab – But I won't go, go, go!

Aufgestiegen ist sie zu den anderen Musikgöttern in den Club 27. *Brian Jones und Janis Joplin auf dem Nebelpodium. Bald gehörst auch du zu ihrem Stammpublikum.*

Das ist Udo Lindenberg. Die einzige Möglichkeit, einen Ohrwurm selbstbestimmt loszuwerden, ist ein anderer Ohrwurm.

Ich auch?

Einmal in meinem Leben habe ich LSD genommen, mit siebzehn war das, in Südfrankreich, Villefranche-sur-Mer, Rotarier-Austausch. Ich sollte mein Französisch kultivieren, damit sie mich vielleicht doch noch in die Obersekunda versetzen.

Dann war Silvester. Eine Villa auf einem Felsen am Meer mit gläsernem Aufzug hinunter zu einem kleinen Privatstrand. Kinoaussicht auf das Cap Ferrat. Das Mädchen Muriel und auch die anderen waren älter als ich, bestimmt schon zwanzig. Einige Jungs waren viel älter. Die Party dauerte drei Tage. Es war großartig.

LSD ist großartig. Die Inhaltsstoffe aktivieren einige interessante Adreno- und Dopaminsensoren, heften sich an den Serotonin-5-HT2A-Rezeptor und sorgen dafür, dass Hirnareale zusammenarbeiten, die sonst nicht einmal miteinander kommunizieren können. Also sieht man Geräusche, kann Farben hören und Wörter schmecken. Das Bewusstsein erhebt sich in einen Zustand von entrückter kosmischer Klarheit.

Ich erinnere mich, dass ich einen türkissilberfarbenen Abendanzug trug aus weich fließendem, leichtem Samt, mit Kapuze. Fiorucci. Ich fühlte mich stark, allwissend und frei wie eine Meergöttin. Ich war die leitende Fiorucci-Meerjungfrau am Hofe des Poseidon, Lucy in the Sky with Diamonds. Zeit und Grenzen existierten nicht mehr. Alles war vollkommen und wahr. Und ich war eins mit allem. Farben für jeden Ton. Girlanden für Melodien. Feuerwerke für Akkorde. Mandarinenbäume vor Marmeladenhimmel und Cellophan-Blumen in Gelb und Grün. Das pure Glück. Die ganze psychedelische Herrlichkeit.

Was um mich herum geschah in jener Silvesternacht, die bis tief in die Nacht des Neujahrstages dauerte, war ganz offensichtlich das, was sie in der »BRAVO« eine Orgie nannten und im alten Rom auch. Ich hielt es auf der Stelle für die einzig mögliche Art, ein Fest zu feiern.

Ich habe nie wieder LSD genommen.

Manches im Leben macht man nicht ein zweites Mal. Aus Sorge, dass man es dann immer und immer wieder wollen und also nie mehr aufhören wird damit. Lysergsäurediethylamid war so ein Manches in meinem Leben.

Der Mann, dessen Namen ich vergessen habe, roch nach roten Dreiecken und Orgelakkorden. Er sah aus, wie heute Hipster im Marais aussehen, gepflegter Bart, brauner, eng geschnittener Feincordanzug, Schlaghose natürlich, Journalist aus Toulouse. Seine schnellen dunklen Augen strahlten aus allen Registern in einem um einen Halbton verminderten Moll-Septim-Fünfklang, den ich nie mehr vergessen kann, obwohl ich ihn nicht wiedergefunden habe auf den Kirchenorgeln der realen Welt.

Er war älter als ich. Er war viel älter als ich. Er war bestimmt schon dreißig.

Ich war so glücklich, erregt und fasziniert von seinen Händen auf meinen Brüsten. Lecker, geradezu köstlich schmeckte seine Zunge. Er berührte meine Brustwarzen etwas fester. Ich hatte auf der Stelle einen Orgasmus.

»Tu es très sensuelle«, sagte er sanft und schob seine Hand meinen Bauch hinunter. Ich zuckte einen Moment zurück.

Das hat mich verraten.

»Dis-moi, tu es vierge?«

Ich nickte, gierig nach seinen Berührungen und aufgelöst in der Farbenwelt der Musik. Ja, ja. Jungfrau. Bin ich. Hör nicht auf. Hör bitte nicht auf.

»Sie ist also Jungfrau, diese kleine Deutsche«, flüsterte er. Dann hob er mich hoch und trug mich zu dieser exotischen

Sofalandschaft vor das Panoramafenster, wie man ein Lamm zum Opfertisch trägt.

»Unsere kleine Deutsche ist Jungfrau«, rief er mit großer Theaterstimme, als er mich auf das Polster warf.

»Und ich bin ihr Wächter. Wer es wagt, sie anzurühren, dem poliere ich die gueule.«

LSD wirkt lange, die ganze Nacht und den nächsten Tag. Der Mann, dessen Namen ich vergessen habe, folgte mir zu einer Brücke neben einem Brunnen, an dem Schaukelpferdmenschen Marshmallow-Pasteten aßen. Wir landeten schließlich sogar auf der dunklen Seite des Mondes in der Tiefebene vom Mare Tranquilitatis. Das war unten am Strand. Er war mein edler Psychonaut Edwin Aldrin. Ich war Neil Armstrong, eine seiner sechzehn vestalischen Jungfrauen, die aufgebrochen waren zur Küste des Mondes. Und obwohl meine Augen weit geöffnet waren, hätten sie genauso gut auch geschlossen sein können.

Ich habe den Namen des Mannes vergessen, der meine Jungfräulichkeit gerettet hat und die Ehre der Männer auch. Nicht einmal an seinen Vornamen erinnere ich mich, Edwin hieß er jedenfalls nicht. Ich denke seit fünfzig Jahren an ihn, sobald *A Whiter Shade of Pale* läuft.

In der letzten Zeit denke ich noch viel öfter an ihn, immer wenn noch einmal über MeToo gesprochen wird und ich wieder kein eigenes Erlebnis beizutragen habe. Alle, die nach ihm kamen, waren so wie mein namenloser Psychonaut, anständig und respektvoll. Alle Männer, die ich in mein Leben gelassen habe, sind so. Ritterlich, einfühlsam, zärtlich, überzeugte Feministen und an Sex nur interessiert, wenn die Frau auch will.

Andererseits weiß ich: Das Gehirn eines Menschen kann sich anhand ein und derselben Begebenheit einmal als autonom handelnder, glücklicher Held erinnern und später als armes, unglückliches Opfer, nur weil seine eigene Grundstimmung oder die allgemeinen gesellschaftlichen Sichtweisen sich geändert haben. Neurologen, Psychologen und Gedächtnisforscher wissen das auch.

Viele Frauen, die seit der MeToo-Debatte angefangen haben, neu auf die Männer und Eroberungen ihrer Jugend zu schauen, auf die sie früher so stolz gewesen sind, erinnern sich inzwischen sogar wieder an Begebenheiten, die sie schon perfekt verdrängt hatten hinter der Scham und dem Besser-das-wäre-nicht-passiert.

Ich auch? Bin ich auch so eine Frau?

Damals in Freiburg, der Professor, dem dieses romantische Fischerhaus gehörte nördlich von Barcelona oberhalb der Bucht von Aiguablava. Den habe doch ich rumgekriegt nach unserem lustigen Forellenessen auf dem Valentin. Ein überzeugend eleganter, anatomiekundiger Fischesser ist der gewesen. Aber verführt habe doch ich ihn mit Tausenden Listen. Die ganze spanische Affäre war meine Initiative, meine Verliebtheit und Provokation. Juristisch war das einvernehmlich, mindestens.

Trotzdem könnte ich heute sagen, dieser Professor hatte Sex mit einer Studentin, einer Abhängigen. Also war sie das Opfer. Also war ich das Opfer. Und er ist der Täter, der böse, alte, weiße Mann, der in den sozialen Medien gesteinigt und aus dem Universitätsbetrieb entfernt werden muss, werden müsste, wenn er nicht längst emeritiert wäre.

Aber ich sage das nicht. Weil es nicht stimmt. Weil er mein Opfer war. Wenn es überhaupt eine Opfererzählung braucht. Ich glaube, dass es unter den MeToo-Berichten auch einige gibt, die nur eine Angelegenheit von Kontingenz, aktuellem Zeitgeist und neuer Perspektive sind und also eine große, schlimme Ungerechtigkeit für die Männer – für die konkret beteiligten Männer sowieso und für die Mehrheit der Männer, die anständig und normal sind, auch.

Dann bin ich noch einmal zur Talsperre gefahren. Gar nicht wegen MeToo, sondern wegen Großvater Eugen. Ich wollte spüren, ob ich auf der Klamer Brücke wirklich nicht mehr friere, seitdem ich alles weiß. Ausprobieren, ob Freud auf dieser Brücke immer noch so funktioniert, wie ich mir das früher vorgestellt habe und wie Freud selber gedacht hat, dass es funktionieren könnte: Spontanheilung und Ende der Symptome gleich nach der psychoanalytisch bedeutsamen Erkenntnis.

Ich fahre also über die Klamer Brücke. Ich friere nicht. Ich fahre wieder zurück. Und friere nicht. Dann stelle ich das Auto auf den Wanderparkplatz, setze mich auf eine Bank ans Ufer der Talsperre und schaue über den blendenden, alle Geheimnisse verbergenden Spiegel des Wassers zum gegenüberliegenden Ufer und den saftig aufgebrochenen, frisch gepflügten Feldern, hinter denen unter blauem Himmel kühle Wiesen und dunkle Wälder sanft ansteigen zum Rheinischen Schiefergebirge. Azurblauer Himmel mit watteweißen Schäfchenwolken.

Ich weiß jetzt alles. Ich weiß, was gewesen ist unter der perfekten, glatten, quecksilberschwarzen Oberfläche, in der sich außer Bäumen, Himmel und Wolken auch die acht Bögen der Klamer Brücke spiegeln in den Farben des Sommers. Jeder Baum, jede Wolke und jeder Brückenbogen hat einen Spiegelzwilling im Wasser. So werden diese Bögen zu kreisrunden Öffnungen. Baden verboten.

Da unten im verschwundenen Versetal, das einmal das schönste Tal des Sauerlands gewesen ist, besaß die Familie meines Urgroßvaters Julius Schnippering ein Haus und etwas Land bei Hostadt gleich hinter dem Örtchen Klame. Das war, lange Zeit bevor es das KZ Hunswinkel gab und bevor dann alles unter 33,6 Millionen Kubikmeter Wasser vergessen worden ist.

Ein birkengesäumter Weg führte zu der Wiesenmulde, in die sich das Bauernhaus duckte, weißes Fachwerk unter zwei jahrhundertealten Buchen. Auch die schmale Scheune war aus Fachwerk und mit Reetdach geschmückt, davor sauber gestapeltes Brennholz. Dieses kleine Anwesen wurde, als sie 1929 die neue Talsperre planten, enteignet. Nein, eigentlich nicht wirklich enteignet, großzügig getauscht wurde alles gegen zwei schöne, große Ufergrundstücke an der alten Versetalsperre, die zu klein geworden war für die Trinkwasserversorgung Lüdenscheids und in Zukunft Fürwiggetalsperre heißen sollte. Auf das Grundstück am Mettgenberg hat Großvater dann in einer Nacht-und-Nebel-Aktion – ohne Baugenehmigung also, wie ich mir das inzwischen denke – ein kleines Holzhaus gebaut mit Terrasse über der Talsperre, der Zauberort der glücklichen Wochenenden und großen Sommer meiner Kindheit.

Zum Tauschdeal gehörte außerdem ein lukratives Auftragsversprechen der Chefs von Hochtief: Großvaters Firma Fritz Lieb werde, wenn es so weit ist, die Rohrleitungen bauen, die das Wasser aus der neuen Talsperre nach Lüdenscheid transportieren sollten. Und diese Rohrleitungen sind dann von Zwangsarbeitern verlegt worden.

Das hätten sie uns doch erzählen können. Das hätten sie uns erzählen müssen, als wir groß genug waren. Ach, Kinder, wisst ihr, hätten sie sagen können, in der Firma, die den Namen eures Urgroßvaters Fritz Lieb trägt, waren im Krieg Ostarbeiter beschäftigt, Zwangsarbeiter, wie man heute richtigerweise sagt. Großvater hat Zwangsarbeiter beschäftigt, in der Firma, beim Bau der Versetalsperre, im Haushalt in der Friedrichstraße und auf dem Gut Brunscheid auch. Praktisch jede Firma in Lüdenscheid, jeder Bauernhof, jeder wohlhabende Haushalt hat Ostarbeiter beschäftigt nach 1942. Unser Martin zum Beispiel, ihr wisst schon, der Pole in Brunscheid, der eine Rübe liebte, war so ein Ostarbeiter. Was sollten wir tun, die deutschen Männer waren ja alle an der Front?

Im Brunscheid-Tagebuch von Mutters Schwester steht es genau so: *Ab 1942 waren nur noch Russen und Polen zur Hilfe. Unsere Männer waren ja alle an der Front.*

Sie haben das aber nicht erzählt. Nichts haben sie erzählt. Unser Martin. Wie fürsorglich und lieb dieses »unser« immer geklungen hat, obwohl es vor allem als Possessivpronomen gemeint war im Sinne von besitzen. Und Brunscheid habe ich in den Listen der Lüdenscheider Zwangsarbeiter überhaupt erst gefunden, als ich noch einmal unter dem Mädchennamen meiner Großmutter gesucht habe: Schnippering. Kurt Schnippering, der kleine Bruder meiner Großmutter, war als Hofverwalter bei Großvater angestellt. Sie haben die »Ostarbeiter« über seinen Namen laufen lassen.

Nach dem Krieg, im Jahr 1946, hat es offenbar sogar Ermittlungen gegeben dazu. Am 12. März schreibt Mutter Ilse an ihren Cousin Heinz: *Man macht in »Untersuchung« und hat auch uns ein braunes Kleckerchen in unser vermeintlich so weißes Hemd drücken wollen.*

Ein braunes Kleckerchen. In unserem vermeintlich so weißen Hemd. Die weißen Westen und großen Lügen der Stunde Null, die selber eine Lüge gewesen ist. Persil. Persilschein. So weiß wie sie hat keine die Wäsche auf der Leine.

Seit es um Aufarbeitung und Entschädigungszahlungen für Verschleppte, Sklaven und Zwangsarbeiter geht, sagen Enkel und Firmenerben überall in Deutschland, wir würden ja wirklich auch sehr gerne aufklären und konkret entschädigen. Aber leider weiß man ja gar nicht genau, wie das bei uns mit den Zwangsarbeitern gewesen ist. Es sind bedauerlicherweise alle Unterlagen im Bombenfeuer verbrannt, verschwunden und untergegangen.

In Lüdenscheid hat das Heucheln und Leugnen noch etwas schlechter funktioniert als anderswo. Die Stadt der Knöpfe, die in Wirklichkeit eine Patronen- und Sklavenhalterstadt gewesen ist, war ja heil geblieben. Gelbe Flugblätter vernichten keine Akten. Die Einwohnermeldedaten seit 1929 liegen vollständig erhalten im Stadtarchiv. Viele Namen und Heimatorte der Verschleppten kann man hier finden zusammen mit den Namen und Adressen der Familien, Höfe und Firmen, in denen sie arbeiten mussten. Die wohlklingendsten Familien- und Firmennamen meiner Heimatstadt sind das. Nahezu jeder Betrieb, jeder Bauernhof und sehr viele Privathaushalte haben sich am Kontingent der verschleppten Sklaven bedient. Alle Gaststätten und Gemeindehäuser mussten ihre Säle für die Unterbringung räumen, außerdem gab es 113 Ostarbeiter-Baracken im ganzen Stadtgebiet. Und dann war da noch das Lager im Versetal. Leugnen nicht möglich.

Verdrängen, vergessen und unter 33,6 Millionen Kubikmeter klarem Trinkwasser verstecken, schon.

Das Spektakuläre an blinden Flecken ist, dass man das, was man nicht sieht, auch nicht vermisst oder als Fehlendes interpretiert, nicht einmal als Leerstelle. Das ist zwischen Gehirn und Auge so. Und im Leben funktioniert es ganz genauso.

Clintons Gesamtentschädigungsmaßnahme mit der Idee, dass alle Firmen ein Promille bezahlen, hat allen beim Vergessen, Verstecken und Nichtmehrhinschauen geholfen. Bezahlt ist bezahlt. Genauer wollen wir es jetzt bitte nicht mehr wissen. Und ihr solltet es auch nicht genauer wissen. Sogar ins Rathaus ist jemand eingebrochen Ostern 2001 und in den PC von Ulrich Sander, der 7500 Personalakten von Zwangsarbeitern in Lüdenscheid gesichtet, recherchiert und veröffentlicht hat: »Der Iwan kam bis Lüdenscheid.«

Es gibt das Mahnmal an der Versetalsperre. Es gibt sogar eine richtige Gedenkstätte in Lüdenscheid, ein Raum für die Erinnerung, 50 Quadratmeter groß, im Keller vom alten Rathaus, dort, wo die Nazis ihre Folterzellen hatten.

Natürlich im Keller. Schatten der Vergangenheit gehören nun einmal in den Keller zu den anderen dunklen Geheimnissen, schwarzen Löchern, blinden Flecken und braunen Kleckerchen auf ach so persilweißen Hemden, sonst kämen sie ja ans Tageslicht. Niemand weiß, dass Hugo Boss die SS-Uniformen geschneidert hat. Niemand muss wissen, was für eine Sklavenhalterfirma Hochtief gewesen ist. Niemand interessiert sich dafür, ob sein Großvater Zwangsarbeiter beschäftigt hat, auf dem Hof, in der Firma, in der Talsperre und im Haushalt an der Friedrichstraße. Niemand muss sich vorstellen, wie dieser Großvater auf den Sklavenmarkt nach Soest gefahren ist, wo sie die Frauen und Männer aus Russland und aus Polen nach tagelangen Transporten in von außen verschlossenen Viehwaggons ausgestellt haben zum Muskeln- und Zähneprüfen, wie Nutztiere.

Ich musste es wissen.

Ich weiß es jetzt. *In dieser Stadt, kenn ich mich aus. In dieser Stadt, war ich mal zuhaus.*

Es hat funktioniert, wie bei meiner Gehirnoperation: Eine Brückenvene war im Weg und musste sorgfältig abpräpariert werden, bevor das Monster Pericallosa endlich ruhiggestellt werden konnte. Die Klamer Brücke ist meine Brückenvene.

Klares, tiefes Wasser, aufgestaute 33,6 Millionen Kubikmeter über dem Versetal, das einmal das schönste Tal des Sauerlands gewesen ist. Versunkene Wahrheit. Atlantis. Vineta. Klame, die kleine Ortschaft im Versetal, deren Mauerreste manchmal, in sehr trockenen Sommern, zum Vorschein kommen. Kann jeder sehen, der sehen will.

Jeder kann denken, der denken will. Alles ist jetzt klar, nichts mehr geheim. Niemand friert. Baden verboten.

Wie viel meiner Scham, meiner Schuldgefühle und meiner Angst ist gar nicht meine Scham gewesen, meine Schuldgefühle, meine Angst, sondern eure Schuldgefühle, eure Angst und Scham im Zusammenspiel mit meinen Spiegelneuronen und transgenerativen Zellveränderungen. Traumaerben sind wir. Nicht obwohl, sondern weil die Erblasser des Schmerzes geschwiegen haben.

Erblasser.

Ich saß also auf dieser Bank an der Versetalsperre. Ich hörte das Lied, an das ich immer denke, wenn ich nach Lüdenscheid gereist bin. Dieses Lied von Hildegard Knef, das ich in meinem inneren Ohr habe, wenn ich in dieser Stadt bin, in der ich mal zuhaus war. Der Ohrwurm startet verlässlich gleich hinter dem Bahnhof Hagen bei der Fahrt durch das Volmetal.

Und wir klauten auf dem Beet vorm Bahnhof für die Mutter den Geburtstagsstrauß.

In dieser Stadt kenn' ich mich aus,

in dieser Stadt war ich mal zuhaus.

Der Bahnhof Lüdenscheid ist der Endbahnhof der eingleisigen Stichstrecke von Brügge nach Lüdenscheid. Endbahnhof. Endstation. Endstation Sehnsucht.

Sie haben das Bahnhofsgebäude abgerissen und »zurückgebaut zu einem Haltepunkt«, wie es im Bahndeutsch heißt. Die Endstation ist also jetzt ein Haltepunkt.

Haltepunkt Sehnsucht.

Zwischen zwei verdunkelten Laternen stand ne Bank, mein Erster der hießt Fritz. Ich wollt' gern von ihm das Küssen lernen, aber seine Küsse war'n … ein Witz.

Und plötzlich weiß ich. Genau hier, auf dieser Bank war das, vielleicht und sehr wahrscheinlich auf einem ihrer Vorgängermodelle. Hier habe ich tatsächlich einmal mit diesem Jungen geknutscht, in den ich sehr verliebt war. Da wusste ich noch gar nichts vom Geheimnis der Talsperre. Ich wusste auch nichts über Sex und Begehren. Ich wusste überhaupt noch nichts. Aber ich war verliebt. Ich wurde ja jedes Mal rot, wenn der Junge in den Schulbus stieg.

Was wir taten auf dieser Bank, war erst romantisch.

Dann aufregend.

Und schließlich verstörend unangenehm.

Wir haben uns geküsst. Das pechglänzende Nachtschwarz der Talsperre, in der sich Wolken spiegelten, die der Mond von hinten ausleuchtete. Ein Lied von Hildegard Knef dazu. Samtweiche Sommertemperatur. Weiche Knie und Flattern im Bauch vom Verliebtsein. Auf der Nachbarbank saß eine Möwe mit seitlich angebrachten Glasknopfaugen. Ein Auge schaute uns zu.

Möwen? Im Sauerland?

Schreiben geht immer noch einen Schritt weiter als Erinnern. Beim Schreiben erst gebe ich der Talsperre in jener Nacht ihre pechglänzende Farbe, in der sich die beleuchteten Nachtwolken spiegeln. Die Möwe mit den seitlich angebrachten Glasknopfaugen sitzt jetzt auf einer verdunkelten Laterne, das passt besser zum Lied von Hildegard Knef.

Ich trug ein enganliegendes Kleid aus roher Seide, im Rückenausschnitt gekreuzt. Fritz konnte da nicht reinfassen und meine Brüste nur über dem Stoff berühren. Er wollte seine Hand in mein Höschen schieben. Das habe ich nicht erlaubt.

Plötzlich nahm er meine Hand und drückte sie auf etwas Nacktes in seinem Schoß, etwas, das sich sehr seltsam anfühlte, warm und hart und lebendig, interessant, aufregend und ekelig. Und dann, sofort, war meine Hand nass.

Rückfahrt in seinem Auto, in meiner Erinnerung schweigend, was aber gar nicht sein kann. Irgendetwas werden wir gesprochen haben, ich voller Verwirrung und Scham. Ich fror. Und verliebt war ich auch nicht mehr. Bestimmt sollte er nicht merken, wie entsetzlich ich das alles fand, wie enttäuscht ich war. Wir fahren vielleicht also doch schweigend zurück. So ist das also, denke ich möglicherweise.

Erstaunlich, dass ich noch so genau weiß, was für ein Kleid ich anhatte. Und dass er diese Picknickdecke im Auto hatte. Er hatte es also geplant. Ich war bestimmt nicht seine Erste.

Ich also auch.

Ich hatte es nur vergessen.

Verdrängen hilft zum Vergessen. Die Unterdrückung einer Erinnerung schwächt die Erinnerungen. Erinnerung an Begebenheiten, die ein Gehirnbesitzer aktiv unterdrückt und verdrängt, werden tatsächlich gelöscht. Die Unterdrückung einer Erinnerung verringert die neurale Reaktivierung einer bestimmten Information sowohl global im Gehirn als auch lokal in den parahippocampalen Kortizes so lange, bis nichts mehr reaktiviert werden kann. Mein freundliches Gehirn hat die unfreundliche Begebenheit durch mein Nicht-mehr-daran-denken-Wollen also erst unterdrückt und verdrängt und schließlich ausradiert, beinahe vollständig.

Neulich habe ich ihn wieder getroffen nach fünfzig Jahren. Und weil er sehr gut aussah für einen bald Siebzigjährigen, stellte ich mir vor, wie erwachsener Sex mit ihm gewesen wäre. Weil er ein besonders intelligenter Junge war, kann es gut sein, dass er ein toller Liebhaber geworden ist. Wir haben Wein getrunken und geredet. Unsere Soldatenväter. Lüdenscheid. Musik.

Über die Talsperre und die Nacht auf der Bank haben wir nicht gesprochen.

Wenn er gesagt hätte, du, daran kann ich mich gar nicht erinnern, wäre sie gleich wieder da gewesen, die Scham.

Scham ist das am häufigsten unterschätzte unter den großen Gefühlen.

Also doch. Ich auch. MeToo.

Später, da war ich schon keine Jungfrau mehr, war da noch der Vater eines Mädchens, das ich aus der Schule kannte. Der kam mir im Beanery strahlend, sonnenverbrannt und belmondohaft gut aussehend entgegen mit zur Begrüßung weit ausgebreiteten Armen. Und dann hat er mir seine ekelige Zunge in den Mund gesteckt.

Dem habe ich eine gescheuert. Glaube ich.

Hoffe ich.

Erinnere ich mich? Wünsche mir, dass ich es getan habe.

Und noch viel später, da bin ich schon dreißig, betrachte ich auf der Maximilianstraße in München ein Paar Schuhe in einem

Schaufenster, absurd teuer, Prada, zwei Monatsmieten hätten die gekostet.

Ein Mann steht schon eine ganze Weile neben mir und sagt dann auf einmal: »Wenn du mit mir in mein Hotel kommst, kaufe ich dir diese Schuhe.«

Auch das hatte ich verdrängt, vergessen und vollkommen ausradiert.

Stephan hat die Geschichte nicht vergessen, die ich ihm damals offenbar gleich erzählt habe. Er hat sie mir zurückerzählt, als wir zum ersten Mal über MeToo sprachen und ich sagte, was ich immer sage: MeToo? Da habe ich nichts beizutragen. Bei mir gab es keine MeToo-Erlebnisse, vor mir hatten anscheinend alle Angst.

Wie entscheidet ein Gehirn, an was es sich erinnert? Was bleibt für immer vergessen? Wie wählt eine Erzählerin aus, worüber sie schreibt und was sie auf dem Friedhof des Unerzählten begräbt?

An die Geschichte mit den Prada-Schuhen erinnere ich mich überhaupt nicht mehr. Ich muss sie Stephan glauben. Warum sollte er sowas erfinden?

Und das war es?

Noch nicht ganz.

Warum war ich eigentlich so besorgt um mein Jungfernhäutchen? Wie kann es sein, dass die spätere Erfinderin des Fisch-und-Sex-Experiments mit siebzehn überhaupt keine Ahnung hatte? Warum gab es in meinem aufgeklärten Elternhaus keine Aufklärung? Was war mit unseren Erwachsenen los, dass sie auch das nicht fertiggebracht haben?

Auf zwei der letzten Seiten in meinem ersten Tagebuch kleben zwei offensichtlich aus einem Taschenkalender ausgeschnittene Blätter mit den Jahren 1966 und 1967. Jeden Monat vier, manchmal fünf rote Punkte. Daneben meine Zensurenstatistik und eine Tabelle mit den Schonzeiten jagbarer Tiere.

Die Schonzeiten jagbarer Tiere?

Mein Großvater, mein Vater und mein Bruder waren Jäger. Ich fand das alles abstoßend, die Gewehre, das Blut, den Schnaps, die grün gekleideten, wild gewordenen Männer.

Aber warum klebe ich dann die Schonzeiten ein?

Und die roten Punkte? Meine Tage, wie wir das damals nannten. Hat mir eigentlich jemals jemand erklärt, was genau das ist, eine Menstruation?

Von Frau Dornbracht wusste ich, eine Riesensauerei ist das, jeden Monat Blut und Bauchweh, wirst du schon sehen.

Als es dann das erste Mal geschah, sagte Mutti einen rätselhaft rüden Satz. Außerdem gab es die Damengrundausstattung und ein Buch. Ein gelbes, quadratisches Boje-Buch von Maxi Moll war das: »Wenn ich wüsste, wie …« Auf dem Cover fläzt sich ein in Fünfzigerjahre-Ästhetik gezeichnetes rothaariges Mädchen in blau-weißem Pullover und schwarzen, engen Hosen in einem gepunkteten Sessel. Die Füße in Ballerinas hat sie superlässig auf den gedeckten Kaffeetisch gelegt. Dicker, roter Zopf. Zigarette im Mund. In den Händen ein Buch. Sehr vielversprechend.

Im Buch stand kein Wort über Menstruation. Nur alles noch einmal, was ich als Tochter dieser Mutter sowieso schon wusste: dass man auf der Straße weder raucht noch isst. Warum es sich nicht gehört zu kichern. Weshalb eine Frau sich besser nicht schminkt oder nur ganz wenig. Wie man die Beine stellt, damit die Knie sich immer schön berühren.

Das lässige Mädchen auf dem vielversprechenden Cover macht also alles falsch. Das Kapitel mit der Überschrift: »Wenn sich ein junger Mann für mich interessiert« handelte nicht von Begehren, Sex oder Kindermachen, sondern davon, wer im Restaurant bezahlt, auf welcher Seite der junge Mann geht, wann man diesen jungen Mann den Eltern vorstellen soll und wie man sich benimmt, wenn man seinen Eltern vorgestellt wird. Das schlimmste Kapitel hieß: »Woran erkennt man eine Dame?«

Beim Überreichen der Ausrüstung lernte ich, dass man eine Dame offensichtlich daran erkennt, dass sie weiß, wie man den Damenbindenhalter von Rimowa trägt. Der Damenbindenhalter von Rimowa war eine fleischrosafarbene Wäschegürtelkonstruktion, an der vorne und hinten zwei himbeerrosafarbene, elastische Bänder mit metallrosafarbenen Klemmösen baumelten, in die man die Enden eines windelähnlichen Gebildes verhaken konnte, das Damenbinde hieß und kurze Zeit später aussah wie ein Stück Rinderleber vom Metzger. In Kombination mit den ebenfalls heute ganz unvorstellbaren Strumpfhalterleibchen ergab das einmal im Monat ein wirklich demütigendes, lächerliches Damengeschirr, eine unbeschreibbare Entwertung und Lästigkeit.

Fast alle meine Freundinnen haben verdrängt, dass wir so etwas getragen haben.

Tampons?

Gab es noch nicht. Und als es die dann bald doch gab, lernte ich: Damit machst du dir dein Jungfernhäutchen kaputt.

Zur Überreichung von Buch und Ausrüstung sagte Mutter Ilse diesen einen zu ihr gar nicht passenden, ordinären Satz, der die Angelegenheit von Menstruation, Sex, Begehren und Kinderkriegen ins vollendet Rätselhafte und Beängstigende verschob: »Wenn es bei dir so funktioniert wie bei mir, wirst du schon schwanger, wenn nur einmal eine Männersocke an deinem Bett hängt.«

Mittags schliefen die Eltern, oder was immer sonst sie taten. Wir kamen von der Schule und aßen alleine oder mit dem Personal. Von denen konnte man schon etwas mehr erfahren. Einmal hat der Emil, der Mann von Frau Dornbracht, sie in der Badewanne in die Schulter gebissen. Wollt ihr mal sehen, Kinder?

Dann zog sie ihre Bluse von der Schulter.

Rote Beißspuren auf bleicher Haut. Ich spüre noch heute, wie heiß mir wurde und dass plötzlich Gefühle in mir aufstiegen, für die ich keine Erklärung hatte und keine Worte. Ekel, Scham, Begehren, Nichtwissen, Nichtwissenwollen und Dochwissenwollen gleich sofort beim ersten Sehen und dann wochenlang immer wieder, wenn ich an Frau Dornbracht und ihren beißenden Mann Emil in der Badewanne dachte.

Irgendetwas war da, etwas Geheimnisvolles, Verbotenes, Interessantes, sehr Verlockendes, Abstoßendes, etwas nur für Erwachsene.

Auf der B-Seite von »Banjo Boy«, zu dem ich mein erstes Skatsolo auf dem Kamm geblasen habe, sangen Jan und Kjeld ein Lied, das weitere Rätsel aufgab. *Mach doch nicht immer so viel Wind. Das weiß doch heute jedes Kind. Dass die Großen große Kinder sind. Sie sehen sich so komisch an. Küssen auf einer Basis dann. Dass man sich nur immer wundern kann.*

Es heißt, wie ich seit eben weiß, in Wirklichkeit: Küssen auf einer Bank sich dann.

Davon wird nichts klarer.

Und dann kam auch noch Laila. Der Schlager zur Badewannenbeißerotik. *Laila, nur die eine Nacht erwähle mich, küsse mich und quäle mich. Denn ich liebe nur dich.*

Bruno Majcherek lief einen Sommer lang im Radio und verwirrte mich weiter.

Küssen? Und quälen? Sich in die Schulter beißen lassen in der Badewanne? Zungenkuss. Koitus. Diese unaussprechlichen und vollkommen undenkbaren Dinge, die Männer und Frauen offenbar miteinander tun. Dann will ich lieber doch nicht erwachsen werden. So viele Wörter gab es, die ich nicht verstand, die mir niemand erklärte, die man nirgendwo nachschlagen konnte: Wollust, Päderast, Homo.

»Dein Cliff Richard ist aber ein Homo«, sagte mein Bruder,

als ich den »BRAVO«-Starschnitt über mein Bett gehängt hatte. Cliff Richard war damals Sänger bei den Shadows.

»Nein, Michael, der ist kein Homo, auf gar keinen Fall«, sagte ich.

Ich hatte keine Ahnung, was das sein soll, ein Homo. Ich hatte am Tonfall meines Bruders nur die Verächtlichmachung und Entwertung gespürt.

Internet gab es nicht. Nur die besonderen Bücher, die in der Eichenkommode im Schlafzimmer der Eltern eingeschlossen waren. Ich fand Stellen, die mich nur noch mehr verwirrten.

Und auf dem Grund ihres Inneren teilen sich die Tiefen und wogten auseinander von dem Mittelpunkt sanften Eindringens und, als der Taucher tiefer eindrang, immer tiefer, sie immer tiefer berührte, und tiefer, tiefer, tiefer wurde sie bloßgelegt, und machtvoller rollten die Wogen ihres Seins dahin, fort von ihr, ließen sie zurück, bis jäh, in sanftem, schauerndem Erdbeben, der Kern all ihres Plasmas getroffen wurde – sich getroffen wusste – und die Vollendung über sie kam und sie verging.

Pfui Teufel. Wenn Orgasmus so geht wie bei »Lady Chatterley«, werde ich niemals in meinem Leben einen Orgasmus haben wollen. Auf überhaupt gar keinen Fall.

Als ich zwölf war, sang Manuela »Küsse unterm Regenbogen«. Beate Grah, die schon einen richtigen Busen hatte und die mit meinem Bruder ging, hatte aus Tapetenrollen einen großen Regenbogen gebastelt, unter dem Klaus-Dirk und ich dann im Partykeller ihrer Eltern auf einer Bank saßen. Und uns nicht küssten.

Andererseits war ich ständig verliebt, in John und in George und in Dozy von Dave Dee, Dozy, Beaky, Mick and Tich und vielleicht sogar in Lothar Emmerich. Auch in Klaus-Dirk, der mich nicht küssen durfte. Und in Peter, mit dem ich Hand in Hand auf der Bank saß vor der Eisdiele Croci, alle konnten uns sehen. Peter sah toll aus, spielte Gitarre und Klavier. Alle sollten sehen, dass wir Händchen hielten.

Und nachmittags sind wir Mädchen wie früher, wie immer auf Bäume geklettert und haben Staudämme gebaut im Stadtpark. Das war ein bisschen wie »Quappe ist nicht von Pappe« und gleichzeitig Simone de Beauvoir lesen. Weswegen Gele und Lufti bei Androhung von Ende der Freundschaft verboten war, mit Peter oder Friedrich oder irgendjemandem sonst aus unserem gesellschaftlichen Leben jemals darüber zu sprechen, dass wir auf Bäume kletterten und Staudämme bauten.

Auch Peter habe ich neulich wieder getroffen. Im »Diener« am Savignyplatz. Seine SMS war tatsächlich, über fünfzig Jahre später, unterschrieben mit Peterchen. Er sah auch aus wie damals, nur fünfzig Jahre älter, sehr sympathisch dieser wie aus Holz geschnitzte Kopf unter den hellen Locken, große Anziehungskraft, gute Augen, sehr attraktive Frau an seiner Seite. Mit ihm konnte ich alle Weißt-du-nochs besprechen. Ohne Scham.

Peter erzählte, dass unser Vater ihm einmal ein Taxi spendiert hat, damit er auch den letzten Bus fahren lässt, noch etwas bleibt und weiter Gitarre spielt. Ein Taxi nach Herscheid. Das sind über 15 Kilometer. Das war auch damals schon richtig teuer.

Andere Jungs, die ich mit nachhause brachte, mussten sich von Vater erst im Tennis besiegen lassen oder, wenn sie nicht Tennis spielten, im Tischtennis. Wer verliert, stirbt. Wer aber Gitarre spielt und singt, muss nicht besiegt werden und sterben. Der ist gleich Freund, dem kaufe ich ein Taxi, damit er noch etwas bei uns bleibt. Lass uns heute lustig sein, denn morgen bin ich tot.

An ein Taxi nach Herscheid kann ich mich nicht erinnern. Privilegierte halten ihre Privilegien für irrelevant. Sie sind blind für die diskriminierenden Ränder dieser Privilegien. Von denen, die das Privileg nicht haben, werden diese Ränder umso schärfer wahrgenommen. Ob das gerecht ist, dass Menschen in Wohnungen leben, die ihnen nicht gehören, dass die einen ein Taxi nach Herscheid bezahlen können und die anderen nicht?

Darüber hat das Oberschichtfräulein nicht viel nachgedacht. In der Kladde mit den Begriffen, deren Bedeutung ich mir merken wollte, kommt das Wort Privileg nicht vor. Auch nicht Dünkel, Klassen oder Sozialismus. Im Nachhinein hätte ich gerne, dass es anders gewesen wäre.

Ich war das Kind meiner Mutter. Wenn ich auf der Straße Gabi aus meiner Volksschulklasse begegnete, die nicht auf das Gymnasium ging, habe ich kaum gegrüßt. Niemals bin ich stehen geblieben, um zu plaudern und zu fragen, wie geht es dir. Dabei waren wir zusammen auf Borkum, als wir acht Jahre alt und noch auf der Knapper Schule waren.

Unsichtbar wird, wer nicht gesehen wird und nicht bei seinem Namen genannt.

Ich habe die Obere-Zehntausend-Privilegien der Kleinstadt so unreflektiert getragen wie meine teuren Klamotten. Tennisclub, Golfclub, Partys in Jagdhütten, dreimal im Jahr in die Ferien fahren. Die Arzttöchter und Fabrikantensöhne erkannten sich an der Ferienbräune. Heute treffen wir uns beim Hautkrebsscreening.

Was macht denn der Vater? Diese Frage meiner Eltern hat mich allerdings immer wütend gemacht. Aber ich habe viel später erst verstanden, warum und dass ich Recht damit hatte. Keine Ahnung von Klassentheorien, Distinktion und Ausgrenzung. Das aufgeblasene Einkaufen auf der Kö in Düsseldorf hat mich zwar lebenslang immun gemacht gegen Markendiktate. Andere Mädchen aber hatten ganz andere Probleme.

In Freiburg dann durfte ich die Ränder von Privilegien auch einmal von der anderen Seite betrachten. An der Albert-Ludwigs-Universität studierten in den Siebzigerjahren besonders viele Grafen und Prinzen, Millionärstöchter und Reeder-Söhne – Jura, Kunstgeschichte oder Forstwirtschaft. Ich war zu Festen eingeladen, die drei Tage lang dauerten, jeder Tag auf einem anderen Schloss. Und natürlich haben Marx, Gramsci und

Bourdieu außerdem geholfen, das System zu verstehen und mich selber und meine bornierte Kleinstadtherkunft neu zu verorten.

Vielleicht war ich als Schülerin in der kleinen Stadt einfach zu beschäftigt mit der Erhaltung meines Jungfernhäutchens. Wie eine Plastikfolie habe ich mir das vorgestellt, die stramm über einen Ring gespannt ist. Ein Mann muss kommen, der zerstößt mit seinem unappetitlichen Dingsbums dieses Jungfernhäutchen, das dann platzt und blutet. Durch diese grobe Aktion wird ein Mädchen zur Frau gemacht. Sie ist dann zwar eine Frau, aber auch nicht mehr so viel wert wie vorher, weil sie irgendwie gebraucht ist und schlecht geworden, wie eine geöffnete Dose. Zwar keine Raupe mehr, sondern endlich ein Schmetterling. Aber ein Flittchen, ein Schmetterlingsflittchen. Hildegard Knef, Sonja Ziemann und Brigitte Bardot sahen toll aus, waren aber nicht verheiratet, hatten auch keine Kinder, aber offensichtlich trotzdem Sex mit Männern. Flittchen eben.

Es ist unfassbar, wie lange ich diesen Jungfernhäutchen-Flittchen-Quatsch geglaubt habe. Es ist unfassbar, wie viele Mädchen und Frauen noch heute daran glauben. Man kann online Jungfernhäutchen-Fakes kaufen, komplett mit Theaterblut. Es gibt Ärzte, die bieten Hymenalrekonstruktion an. Ein Verbrechen meiner Meinung nach.

Hat sich außer mir niemand gefragt, wie denn eigentlich Menstruationsblut rauskam? Haben junge Frauen sich nie gegenseitig gefragt, hast du geblutet bei deinem ersten Mal? Fragen junge Frauen sich das heute?

Das Internet war noch nicht erfunden. Keine konnte mal eben nachsehen, dass alles nicht stimmt. Ich habe das also geglaubt. Lange. Nur deswegen war ich so froh, dass mein LSD-Trip nicht mit meiner Entjungferung bezahlt werden musste.

Heute weiß ich, es gibt nur eine Methode, herauszufinden, ob eine Frau Jungfrau ist: Fragen.

Dis-moi, tu es vierge?

Mein namenloser Ritter und Retter.

Als ich wieder zuhause war, wollte ich keine kleine deutsche Jungfrau mehr sein. Man ist nach einem LSD-Trip noch wochenlang hyperaktiv, positiv und gut gelaunt. Vor mir stand mein Girgl, sehr groß, stark und schön, weiße enge Jeans, grün-weiß gestreiftes Hemd. Und ich wollte es. Ich wollte es mit ihm, mit meiner ersten großen Liebe, der ich, ohne es selber zu wollen, treu geblieben war. Und dann hat es nicht geblutet beim ersten Mal. Und ich habe mich geschämt. Kein Blut, keine Jungfrau.

Wie stark und schambehaftet ein Mythos sein kann, wenn er mit einem machtvollen Tabu belegt ist.

Aber ich hatte ihn endlich, meinen Summer of Love. Im Jahr der Mondlandung war das. Ein kleiner Schritt für die Menschheit, ein großer Schritt für die junge Frau, die ich gewesen bin. Sehr glücklich und sehr verliebt. Sex war doch besser, als ich mir vorgestellt hatte. Viel besser. Wir machten Sachen, von denen ich glaubte, dass auf der ganzen Welt nur er und ich sowas tun. Dabei gab es, wie ich später erfahren habe, lateinische Namen und herabwürdigende Wörter für diese Sachen. Also machten offenbar alle es so.

Seltsam, was da aus den Tiefen meines Gehirns ins Bewusstsein drang, nur weil ich noch einmal auf einer Bank saß zwischen zwei verdunkelten Laternen vor einer Talsperre, deren Geheimnis kein Geheimnis mehr ist und deren Staumauer sie erst nach dem Krieg fertiggestellt haben.

Es gibt eine Filmdokumentation über den Bau der Versetalsperre, die interessanterweise ganz genauso funktioniert wie die Erzählungen in meiner Familie. Ende der Dreißigerjahre hört die Dokumentation der Baugeschichte einfach auf und fängt erst nach 1945 wieder an. Erst 1951 wurde der Staudamm verschlossen und die Versetalsperre feierlich eröffnet. Der Wasserspiegel stieg und stieg.

Und eines Tages im Sommer 1952, kurz vor meiner Geburt, stieg er nicht mehr. Wochenlang nicht. Der Sohn des Filmemachers hat später berichtet, dass sie roten Farbstoff eingefüllt haben, um zu sehen, wo genau die Talsperre ihr Wasser verlor. Etwas unterhalb von Aechtenscheid sei die rote Farbe wieder aus der Erde gekommen. Hinter der Austrittsstelle habe man eine Höhle entdeckt, eine Tropfsteinhöhle. Da, wo heute der Parkplatz ist, sei der Eingang zur Höhle gewesen. Der Eingang wurde zubetoniert. Und schon stieg der Wasserspiegel wieder.

Der Filmemacher habe die Wasser schluckende Tropfsteinhöhle gefilmt und ihre Zubetonierung auch. Dann sei er aber von der Firma, die nach dem Krieg immer noch und immer weiter Hochtief hieß, zum Rausschneiden verpflichtet worden und zum Stillschweigen auch.

Ein paar Wochen später bin ich auf die Welt gekommen ins Stillschweigen, Rausschneiden und Zubetonieren der Vergangenheit.

Tropfsteinhöhle? An der Versetalsperre?

Gab es nicht. Gibt es nicht.

Ein KZ auf dem Grund der Talsperre?

Nie was von gehört.

Ich bin doch noch richtig wütend geworden auf meiner Bank vor der Talsperre. Sämtliche Tropfsteinhöhlen haben wir auswendig lernen müssen im Heimatkundeunterricht, Attahöhle, Wiehler Tropfsteinhöhle, Bilsteinhöhle, Dechenhöhle, Reckenhöhle, Heinrichshöhle, Kluterthöhle. Stalagmiten und Stalaktiten. Von einer Aechtenscheidhöhle gab es keine Kunde in dieser Heimat. Niemand im Sauerland hat jemals davon erfahren.

Vielleicht stimmt die Geschichte vom Sohn des Filmemachers aber auch gar nicht, und sie haben nur einen der alten Silberstollen zubetoniert. Peter, mit dem ich vor einem halben Jahrhundert Händchen gehalten habe vor der Eisdiele Croci, hat das recherchiert, als ich ihm das Manuskript zu diesem Buch geschickt habe, weil er vorkommt.

Eines Morgens stand ich dann am Bahnsteig, an dem Schienenstrang zur großen Welt, und ich wusste plötzlich auf dem Bahnsteig, dass mich nichts in dieser Stadt mehr hält.

Gleich nach dem Abitur bin ich weggezogen aus der kleinen Stadt. Wie eine Flucht war dieser Aufbruch in meine erste eigene, neue Welt. Flucht ohne Abschied. Sogar die Abschlussfeier habe ich geschwänzt. Gehen ohne Abschied kann ich gut. Das habe ich von meinem Vater geerbt. Eine große Spanienreise mit Gisela. Und dann Freiburg. Freie Burg. Studium. Sex and Drugs and Rock 'n' Roll.

Die Eltern, meine Geschwister, die Talsperre, das Nichtwissen habe ich hinter mir gelassen. Eingefroren die kleine Stadt mit ihren großen Geheimnissen, tiefgefroren das Schweigen, die Scham und die blinden Flecken. Zum Wiederauftauen in einem anderen Leben. Vielleicht.

Ich sehe nichts, also ist da nichts, oder nur das Muster, das mein Gehirn mir denkt.

Lüdenscheid, meine Kindheit, das Wochenendhäuschen über der Talsperre, die Vergangenheit in der Friedrichstraße und das neue Haus in der Parkstraße kamen in meiner Erinnerung während der Studienzeit und seither nicht mehr vor, auch nicht in meinen Tagebüchern. Nur noch einmal, hier, gegen Ende des ersten Semesters, am 20. September 1972 in meiner inzwischen erwachsenen, selbstbewussten, vom vielen Mitschreiben und Exzerpieren endlich flüssigen Handschrift: *Heute ist der Tag, an dem ich einmal öfter »Satisfaction« gesungen habe, als »Müde bin ich, geh zur Ruh«.*

Wie ich diesen Tag ermittelt habe, steht da nicht. Aber ich erinnere mich, dass wir ständig eigenartige Berechnungen anstellten: Wie groß ist der Musikschatz einer Zwanzigjährigen? Warum rechnet man aus, wie groß der Wortschatz eines Deutschen mit höherer Schulbildung ist, aber nicht, wie viele Musikstücke ein zwanzigjähriges Gehirn gespeichert hat? Wie viele Jahre werde ich geschlafen haben, wenn ich einmal siebzig bin? Was weiß ich dann noch über die wundersamen 36 Monate, die ich im REM-Schlaf verbracht und also geträumt habe? Wie viele Monate hat ein Mensch, der siebzig Jahre alt wird, auf dem Klo gesessen? Wie wenige Stunden Orgasmen hat er erlebt?

Gleich als ich weg war aus der kleinen Stadt, haben die Eltern das Häuschen an der Talsperre verkauft. In einer erneuten Nacht-und-Nebel-Aktion. Ohne uns Kinder zu fragen. Heute weiß ich, dass Mutter es war, die das Wochenendhaus verkauft hat. Es gehörte ja ihr. Alles gehörte ihr. Heute weiß ich, dass Vater sich da draußen über der Talsperre mit Frauen traf, oder mit einer Frau, was noch viel schlimmer gewesen wäre. Ich musste erst beinahe sterben und dann noch ein zweites Mal nach Polen reisen mit meiner Schwester Christiane, um auch das zu erfahren.

Manchmal denke ich, es ist nach meiner Flucht einfach nicht gut weitergegangen mit meinen Eltern. Nicht weil ich nicht mehr da war. Nur zufällig. Zufällig ist es von da an nicht gut weitergegangen. Vielleicht auch nicht zufällig. Vielleicht hat das mittlere Kind den Laden auch mehr zusammengehalten, als es sich bewusst war, mehr, als es aushalten konnte.

Ich denke oft an Piroschka. Ich denke oft an das Wochenendhäuschen an der Fürwiggetalsperre. Ich stelle mir vor, sie hätten es nicht verkauft. Ich stelle mir vor, ich könnte dort leben und schreiben. In meinen Träumen gehe ich mit einem Geliebten die Waldstufen hinab zum Schwimmen. Und wir verbringen einen großen Sommer in rot-weiß karierter Bettwäsche. Im Traum sitze ich mit meinen Büchern zur Brinkmanship-Theorie und Kubakrise im Korbsessel auf der Terrasse über der Talsperre und lerne für mein Examen, dieses verflixte Examen, das ich so oft in meinen Träumen noch gar nicht bestanden habe.

Dann stehe ich mit dem Chor auf der Veranda. Wir singen hinüber zum anderen Ufer. Manchmal sind auch meine Toten wieder da. Sie sind jung und lebendig, hören zu und singen mit uns, lachen und werfen Blaubeerpfannekuchen in die Luft mit Doppelsalto.

Und plötzlich sind sie dann alle weg. Verschwunden. Ich stehe allein auf der Terrasse vor dem Wochenendhäuschen. Es ist kalt, und ich friere. Auch den Ton hat jemand ausgeschaltet. Totenstille. Also klettere ich auf das rot-weiß gestrichene Geländer, halte mein Tuch in den Wind und fliege davon, weit hinaus über die Wipfel der Bäume und das Fürwiggetal Richtung Homert-Turm zur Sonne, in die Wärme, ins Freie, ins Leben.

Und drehe mich nicht um.

Dohlen in der Birke

»Bist du wirklich wieder fit? Darfst du schon fliegen? Kannst du Harry Belafonte besuchen in New York und ein Portrait über ihn schreiben?«

Und ob ich das kann. Eine Mutprobe ist genau das, was ich jetzt brauche.

Eine Mutprobe?

Ich habe überlebt. Ich bin wieder da. Ich habe jetzt lange genug Kolumnen geschrieben und Essays, für die ich meinen Schreibplatz nicht verlassen und keinen Menschen treffen muss. Es reicht jetzt mal mit nur drei Stunden Arbeit am Tag und dieser ewigen Wiedereingliederung nach dem Hamburger Modell.

Ein Jahr und zwei Monate sind vergangen. Ein Jahr und zwei Monate lang habe ich dafür gekämpft, dass alles wieder so wird, wie es war. Ein Jahr und zwei Monate Therapeuten und Ärzte, Neurofeedback und Feldenkrais, Wörter lernen, Rumpf stärken, Klavier üben, Schreiben üben mit der Hand, Stäbchenessen üben, gehen, Fahrrad fahren, eine Stunde arbeiten am Tag, langsam steigern, vielleicht gehen bald sogar zwei oder drei Stunden.

Eine Mutprobe ist genau das, was ich jetzt brauche.

Ich habe zwar noch diese rätselhafte Schlafstörung und diesen ewig wiederkehrenden Michael-ist-tot-weil-ich-lebe-Albtraum. Auch das alte Gefühl für meine rechte Körperhälfte ist nicht wieder zurückgekommen. Die rechte Hand macht sowieso, was sie will. Wenn ich nicht konzentriert alle Tricks anwende, die die Physiotherapeutin mir gezeigt hat, zittert sie so sehr, dass die fremd gewordene Seite meines Körpers mitvibriert, und das Kinn manchmal auch. Aber das merke ich gar nicht oder nur, wenn jemand komisch guckt oder ich mich im Spiegel sehe. Ab und zu springt auch noch die Waschmaschine an. Dann muss ich mich hinlegen und ein Glas Wasser trinken.

Ist es deswegen eine Mutprobe, nach New York zu fliegen?

Flüge mit American Airlines sind immer Mutproben. Offiziere der Einwanderungsbehörde am Kennedy Airport können zu Mutproben werden, besonders die weiblichen, die leidenschaftlich gerne Leibesvisitationen veranstalten wie DDR-Grenzer, weil so ein Metallclip im Gehirn offenbar doch Alarm auslöst und obwohl ich einen Ausweis für diesen Clip besitze.

Am Union Square wohnen, im Deli um die Ecke frühstücken, die alten Wege in Manhattan gehen, Freunde in Brooklyn besuchen, abends im Village Vanguard Tain Watts erleben und Bier trinken. Das ist das Gegenteil von Mutprobe. Kein Rollator, keine Krankenpfleger, keine Medikamente, kein Gehirnfunktionstest. Die Droge New York wirkt. Ich weiß nicht, ob der verlässlich aufputschende Zauber dieser Stadt sich nur aus den Büchern, Bildern, Musiken und Filmen nährt, mit dem wir Kleinstadt-Kontinentaleuropäer uns New York, New York aufgeladen haben, davon, dass ich den Mann meines Lebens in Manhattan kennengelernt habe oder ob ganz banal und ausschließlich die günstige Jetlag-Richtung beim Hinflug jedes Gehirn um sechs Stunden überlistet und hyperaktiviert.

Harry Belafonte treffen, das ist eine Mutprobe. Dachte ich.

Unter den ganz Großen gibt es nur wenige, die die Kunst beherrschen, Befangenheit von ihren Bewunderern zu nehmen. Harry Belafonte war in dieser Disziplin Weltmeister. Ein schöner alter Mann, elegant, magnetisch klug, witzig, uneitel, politisch zornig wie ein Zwanzigjähriger. Ich denke nicht eine Sekunde an mein Gehirn, an meine wackelige Hälfte oder daran, dass ich seit einem Jahr und drei Monaten niemanden mehr interviewt habe.

Und als wir schließlich in seiner Kindheit auf Jamaika angekommen sind, geschieht etwas berührend Unerwartetes im 14. Stock des New Yorker Gewerkschaftsgebäudes, in dem er sich sein Arbeitsloft eingerichtet hat mit atemnehmendem Blick über dem Hudson River. Harry Belafonte, der schon lange nicht mehr auftritt, fängt an zu singen. Er singt. Einfach so singt er in das kleine, schwarze Tascam-MP3-Digitalgerät der Reporterin aus Deutschland mit diesem heiseren Bruch in der Stimme, der die Töne in zwei Oktaven gleichzeitig anklingen lässt: *Guava Jelly, Guava, Guava Jelly, Cheeeeeese – come and get as much as you please …*

Als ich zwei Tage später die Lehne senkrecht stellen und den Sitzgurt wieder fest schließen soll zum Landeanflug auf Berlin, ist die Rohfassung meiner Reportage über Harry Belafonte längst im Rechner. Und meinen Beruf habe ich auch zurück. Es geht wieder. Alles ist wie vorher. Ich kann es noch.

Also schreibe ich, veröffentliche Reportagen, Essays, Buchbeiträge, Bücher. Ich unterrichte an der Universität der Künste und an der FU, fliege für meine Zeitung nach Ghana, Mosambik und Südafrika, begleite die Bundeskanzlerin nach Chile, sammle Mutproben, Reisen, Begegnungen, Akkreditierungen und Bestätigungen wie eine Anfängerin. Abends gehen wir aus. Theater, Konzerte, Freunde. Wir feiern, reisen, geben große Feste, alles dick und laut und honigsüß. Und das Leben ist wieder, wie es vorher war: okay und schön.

Es dauert Monate, bis ich verstehe, dass okay und schön nicht reicht für ein zweites Leben, wenn man nur ein Leben hat; und dick und laut und honigsüß schon gar nicht. Meine Träume wussten es schon länger. Michael, den ich Mogli nenne und den ich jede und jede Nacht treffe in meinem Mogli-musste-sterben-weil-ich-überlebt-habe-Albtraum, wusste es zuerst. Meistens sitzen wir auf einem hölzernen Balkon vor einer Fachwerkvilla über dem Chiemsee, trinken Whisky und Espresso und schauen dem Mond zu bei seiner Wanderung vom Hochfelln über das Kaisergebirge zum Hochgern. Und dann sagt er es wieder, in seinem leichten Oberbayerisch und einem Jesus-am-Kreuz-Leidenston, den er im Leben nie hatte: Du weißt schon, dass du nur lebst, weil ich für dich gestorben bin. Vergiss das nicht. Vergiss das doch nicht einfach.

Jedes Mal wache ich mit Schuldgefühlblei ausgegossen auf und brauche eine Weile, bis ich mir wieder glaube, dass das nun wirklich kompletter Quatsch ist. Es war doch alles Zufall. Michael ist zufällig genau in der Zeit gestorben, in der ich zufällig überlebt habe.

Und dann träume ich das doch jede und jede Nacht wieder.

Wiederholungsalbträume funktionieren wie Ohrwürmer. Die Ratgeber schreiben, dass man aufhören muss, sich für die Interpretation des Trauminhalts zu interessieren. Stattdessen soll man sich vor jedem Schlafengehen das Traumszenario vorstellen und aktiv positiv gestalten.

Funktioniert nicht.

Ich versuche es mit der MILD-Technik, Mnemonic Induction of Lucid Dreams nach LaBerge. Das ist eigentlich eine Anleitung zum luziden Träumen. Vor dem Einschlafen sage ich zwanzig Mal: Ich werde im Traum erkennen, dass ich träume. Ich werde träumen, dass es nur ein Traum ist.

So soll sich mein Gehirn in diesem leider erstaunlich unerforschten Zustand des Schlafes daran erinnern, ein Geschehen im Traum bewusst als Traum wahrzunehmen. Weil Träume vor allem während REM-Phasen auftreten, stelle ich in der ersten Nacht sogar noch zweimal den Wecker, sage meine Sätze und versuche weiterzuschlafen.

Ich habe nie im Traum erkannt, dass ich träume. Luzides Träumen ist nichts für mich. Aber gleich in der ersten MILD-Nacht kam endlich ein anderer, ein neuer Traum: Mit einem kleinen, offenen Militärkübelwagen fahre ich über eine Wüstenpiste. Riesensandstaubwolke hinter mir. Gleich am Eingang unserer neuen Wohnung in einem weißen Strandhaus am Meer gibt es mein eigenes Zimmer, an dem ich aber vorbeigehe. Mitten im Wohnzimmer steht ein weißer Jägerhochsitz. Da stelle ich meinen Schreibtisch hin.

Aha.

Wer siebzig Jahre lebt, wird ungefähr 36 Monate im REM-Schlaf verbracht haben. Drei Jahre sind das. Drei Jahre, die in keinem Lebenslauf vorkommen und auch in keiner Erinnerung, spektakuläre und phantastische 26 280 Stunden. Ein großer, kostbarer Traumschatz, ein bei fast allen Menschen für immer unergründeter und ungenutzter Vorrat für Geschichten, Drehbücher, Rätsel, Schlagertexte, Gedichte und Märchenszenen.

Kafka hat es richtig gemacht, als er wenigstens einige seiner Träume aufgeschrieben hat.

Warum träumt Kafka? Was genau geschieht in einem Gehirn, während ein Mensch träumt? Welchen Sinn haben diese Träume? Welchen evolutionsbiologischen Vorteil verschaffen sie uns?

Sie wissen es nicht. Sie wissen es immer noch nicht.

Die neueste Theorie ist, dass der Mensch nur träumt, um seinen visuellen Kortex zu beschützen. Ohne Träume könnten andere Gehirnregionen den in der Dunkelheit der Nacht und des Schlafes ungenutzten visuellen Kortex sonst für andere Gehirnfunktionen kapern und schwächen.

Den ungenutzten visuellen Kortex kapern.

Plötzlich, während ich diese Sätze schreibe, verstehe ich doch noch etwas: Im Traum sehe ich alles. Ich träume in Bildern. In Farbe. Mein Gehirn kann also visualisieren. Ich habe keine Aphantasie, wenn ich träume. Was genau mag da geschehen in einem träumenden Gehirn, dass eine massive Aphantasie ganz ausgeschaltet wird? Oder ist es wieder andersherum, und die Frage müsste sein, warum kann mein Gehirn tagsüber etwas nicht mehr, was im Traum ganz normal funktioniert. Noch ein Thema für eine Doktorarbeit.

Wahrscheinlich war Kafka Aphantast wie ich. Seine Zeichnungen sehen so aus. Und natürlich interessiert sich ein aphantastisches Gehirn sehr viel mehr für Träume als alle anderen. Weil wir in unseren Träumen etwas können, was wir im Leben nicht können. Vielleicht sollte mal jemand alle bedeutenden Traumforscher der Welt interviewen, ihre Ergebnisse und Theorien zusammentragen und vergleichen. Vielleicht muss ich das machen. Jetzt, mit meinem zweiten Leben.

In meinem ersten Leben habe ich solche Extrawünsche, Projekte, Begehrlichkeiten, Talente und alternativen Existenzphantasien immer abgewehrt und auf alle Zeiten aufgeschoben mit flauen Sprüchen: Im nächsten Leben spiele ich Orgel. Beim nächsten Mal komme ich als Jazzsängerin auf die Welt. Eigentlich sollte ich mal die Traumforscher der Welt besuchen.

Eigentlich.

Langsam verstehe ich, mein nächstes Leben, das ist jetzt. Also finde ich Dennis, meinen Orgellehrer. Also frage ich den Pfarrer, ob ich den Schlüssel haben darf zur Trinitatis-Kirche zum Üben auf der schönen Wacker-Orgel. Also suche ich eine Jazzlehrerin und eine Band. Also gründe ich einen Chor, kaufe eine Telecaster von Fender, weil E-Gitarren eben doch was für Mädchen sind. Wer weiß, was mit der Gehirnforschung und mir geschieht, wenn ich dieses Buch erst einmal fertig geschrieben habe?

Mit dem Malen fing es an: Eines Tages habe ich, ohne Vorwarnung, ohne Recherche, ohne Kenntnis oder Lehrer und ohne es weiter ins nächste Leben zu verschieben, große Keilrahmen bestellt und Leinwände aus rohem Baumwollgewebe, Riesenformate. Etwas in mir wusste genau, wie groß ich das haben wollte: 2 mal 3 Meter, dazu zwei Staffeleien und Acrylfarben, Rot, Gelb, Grün, Blau, Schwarz und Weiß, nein, keine Tuben,

Fünflitereimer bitte. Ich bin hingefahren zu Boesner, weil ich nicht warten wollte, bis die liefern konnten. Dann habe ich meine Schreibstube mit Folie ausgelegt, als hätte ich so etwas schon einmal gemacht in meinem Leben. Es gab keine Sekunde Zweifel, kein Innehalten, kein Ich-habe-sowas-doch-gar-nicht-gelernt, kein Ich-kann-das-doch-gar-nicht oder Für-sowas-habe-ich-doch-eigentlich-keine-Zeit.

Ich tauche den dicken Pinsel ins Rote und den flachen, breiten ins Schwarze, hantiere mit Verdünner, Retarder, Farbenleim, Firnis, als wüsste ich etwas darüber, verschwende Liter von Gelb und Grün, lasse alles etwas antrocknen, schabe und kratze mit kleinen und großen Rakeln, das größte ist ein Meter lang, das habe ich mir bauen lassen. Dann wieder die Pinsel, die Hände sogar.

Dazu höre ich Bach. Immer nur Bach. Und wenn ich denke, jetzt sollte ich vielleicht mal eine Pause machen und frühstücken, dann ist es fünf Uhr nachmittags. Es entstehen immer zwei Riesenformate gleichzeitig. Immer wie in Trance.

Deine Bilder sehen aus wie Trostpreis-Gewinner im Gerhard-Richter-Lookalike-Wettbewerb, sagen die Freunde, oder sie denken es. Das ist mir egal. Es ist mir nicht egal, wie meine Bilder aussehen. Ich finde sie perfekt. Mich interessiert nicht, was andere darüber sagen oder denken. Was mich am Malen interessiert, ist der Zustand, in dem ich bin, wenn ich male. Das Herstellen von Sinn und Entängstigung. Es funktioniert wie eine Reinigung, eine Klärung, eine Selbstverführung ins Unbewusste, eine Kontaktaufnahme mit bisher vor mir verborgenen Gewissheiten und Vorgängen in meinem Gehirn. Wenn ich male, bin ich wie ein Kind im Sandkasten. Ich vergesse Zeit und Raum, vergesse, dass ich zittere und dass ich eigentlich schreiben sollte. Ich vergesse alles. Ich spüre den Unterschied zwischen intrinsischer und extrinsischer Motivation wie im Rausch. Ich finde heraus, wer ich bin. Ich bin glücklich.

Die ersten beiden Bilder nenne ich »ÜberLeben Präludium« und »ÜberLeben Fuge«. Dann »Das Geschenk«, Präludium und Fuge, »Entängstigung«, Präludium und Fuge. Das Namengeben ist schon wieder eine Intellektualisierung, ein dummes Zugeständnis an meine linke Gehirnhälfte, an mein erstes Leben.

Die neurologische Literatur erzählt viele Geschichten über Künstler, deren Malerei nach linkshemisphärischen Schlaganfällen oder Verletzungen plötzlich weniger streng und emotional freier wurde. Es gibt auch Berichte von Menschen, die nach Linkshirnverletzungen überhaupt zum ersten Mal bemerkenswertes Maltalent oder auch nur Malfreude entwickelt haben. Oliver Sacks würde mir wahrscheinlich diagnostizieren: Die Blutung 3. Grades nach Hunt und der kleine Schlaganfall haben in Ihrer linken Gehirnhälfte offenbar etwas zerstört, das Ihr Maltalent bisher gehemmt hat. Da ist nichts Neues gewachsen. Im Gegenteil, Altes ist freigelegt worden. Freisetzung durch Beschädigung der Hemmfaktoren.

Oliver Sacks lebt nicht mehr. Und meine enthemmte rechte Gehirnhälfte will malen, Orgel spielen, Jazz singen, Neuro studieren. Eine kleine Beschädigung des Frontalhirns kann ein großer Gewinn sein.

Mein wahres, zweites Leben aber begann erst an jenem Frühlingsabend, an dem wir entschieden hatten, zuhause zu bleiben und auf der Leinwand im Schlafzimmer Tim Fehlbaums »Hell« anzusehen, einen dystopischen und in jeder Hinsicht überbelichteten Film mit Hannah Herzsprung und Lars Eidinger. Der Titel »Hell« ist nicht englisch gemeint, sondern deutsch. Oder beides: Die Sonnenstrahlung hat lebensvernichtend zugenommen. Wer rausgeht, stirbt. Nur wenige Menschen leben noch, ein paar Gute, das sind die Helden des Films, und die anderen, die Bösen, die Kannibalen, die sich von den Guten ernähren. Interessant bis vorhersehbar die ganze Geschichte, aber ausgereift erzählt in sepiaähnlichen Brauntönen und übertrieben aggressiver, stroboskopischer Helligkeit, sobald durch eine Unachtsamkeit der Protagonisten oder einen Ritz in der Fensterverhängung das tödliche Licht der Außenwelt in den Film gelangt.

Als das mit den Kannibalen langsam klar wird, spüre ich das nervöse Kribbeln auf der Haut, das ich manchmal bei Filmen habe, die mir zu gruselig, zu brutal oder zu spannungsaufgeladen sind, ich nenne das mein Shining-Kribbeln. Der Mann wird den Film also alleine zu Ende sehen müssen. Ich gehe hoch auf die Terrasse, setze mich in einen Liegestuhl in die schon angenehm laue Frühlingsluft. Ich lehne mich zurück. Ich atme ein und wieder aus.

Das Kribbeln wird stärker.

Und plötzlich ist alles um mich herum hell, höllisch hell. Schmerzhaft-aggressiv hell, unerträglich, tödlich hell. Ich kann nichts dagegen tun. Weil ich mich nicht bewegen kann. Die Hände sind gefesselt. Mein Kopf ist leicht nach links geneigt aufgespießt und festgenagelt, vollkommen festgenagelt. Und das alles vernichtende Hell ist in mir. Es bleibt, auch wenn ich die Augen schließe.

Dann läuft heiße Flüssigkeit aus meinem linken Ohr.

Blut.

Nein! Nicht! Nicht weitermachen! Ich bin noch wach! Das tut weh! Die Narkose wirkt nicht! Macht mich los!

Nein!

Der Mann, mit dem ich verheiratet bin, sitzt vor mir. Er streichelt mein Gesicht. Er streichelt und küsst Tränen aus meinem Gesicht. Ich bin gar nicht in einem Operationssaal. Ich liege in einem Deckchair auf der Terrasse.

»Schrecklich war das«, sage ich. »Furchtbar. Für einen Moment hatte ich die entsetzliche Vision, wieder im OP zu sein. Und sie haben mich nicht richtig narkotisiert. Ganz kurz war es so, als hätten sie mich durch meinen Kopf und mein Gehirn aufgespießt und festgenagelt an beiden Seiten. Blut ist aus meinem Ohr gelaufen und …«

»Für einen Moment? Ganz kurz?«, sagt der Mann. »Ich sitze jetzt hier seit einer Dreiviertelstunde und warte, dass du in die Realität zurückkommst.«

Dieses Mal hat er niemanden alarmiert, keine Freundin, keine Feuerwehr, nicht das Restaurant im Haus, keinen Hausarzt, schon gar nicht den Notarzt.

»Dann wärst du jetzt in der Psychiatrie. Ich habe gespürt, das geht wieder vorbei. Ich muss einfach nur da sein und warten.«

Der Hausarzt sagt: »Mach so etwas nicht wieder. Du musst offenbar von jetzt an extreme Lichtexposition, flackernde Helle, Stratoskop und Blitzlichtgewitter vermeiden. Es gibt auch photosensitive Epilepsie.«

Doktor Kress sagt: »Man nennt so etwas einen Flashback. Auch unter Narkose hat Ihr Körper erlebt, was er erlebt hat.«

Im OP-Bericht steht: *Lagerung der Patientin auf dem Rücken mit leichter Kopfinklination. Fixierung des Kopfes in der Mayfield-Halterung.* Diese Stelle kenne ich schon. Aber erst jetzt schlage ich das Wort nach: Mayfield-Halterung.

Sie heißt eigentlich Mayfield-Klemme und ist eine grobe, metallische Kopf-Festhalte-Apparatur wie aus der Folterkammer. Drei spitze Metallstifte, die sie Schädeldorne nennen, müssen in einem Winkel von 90 Grad durch die Kopfhaut in den Schädelknochen eindringen, rechts einer, links zwei. Dann wird das fest zugeschraubt, damit die Dornen tief genug im Knochen sitzen. *Das Anbringen der Mayfield-Klemme verursacht einen starken Schmerzreiz, es ist daher auf eine ausreichende Analgesie, eventuell durch vorherige Remifentanil-Bolusgabe, zu achten.*

Vielleicht war ich nicht genug analgesiert. Vielleicht hat die Remifentanil-Bolusgabe nicht ausgereicht, und ich habe das Anlegen der Mayfield-Klemme also noch mitbekommen. Und natürlich hat das geblutet. Nicht aus dem Ohr. Über das Ohr.

Vielleicht hat aber auch Doktor Kress recht, und mein Körper hat erlebt, was er erlebt hat, egal aus wie viel Anästhetika, Opioiden und Muskelrelaxanzien sie meinen kombinierten Narkosecocktail gemixt hatten. Chirurgische Eingriffe legen Spuren in unser Gehirn, selbst wenn sie unter Narkose geschehen.

Flashback. Ein Gehirnexperte würde das Phänomen wahrscheinlich so erklären: Erinnerungen an sehr schöne oder sehr schlimme Ereignisse werden nicht nur im Hippocampus, sondern zusätzlich und unabhängig davon in der Amygdala abgelegt. Die Amygdala speichert die Gefühle zu dem Erlebnis. Der Hippocampus ordnet diese Gefühle zeitlich und geografisch ein und bewertet die dazugehörenden Emotionen. Bei einem traumatischen Ereignis aber kann das Gehirn so mit Stresshormonen überflutet sein, dass Amygdala und Hippocampus nicht mehr richtig zusammenarbeiten. Die Amygdala speichert dann zwar die starken Emotionen, der Hippocampus kann das Erlebte aber nicht mehr richtig einordnen nach Ort, Zeit und Kontext des Geschehens. Also werden die unterschiedlichen Eindrücke in losen Fragmenten abgespeichert und nicht als zusammengehöriges Geschehen. Wenn dann später ein äußerer Reiz, ein Geräusch, ein Geruch oder eine übertrieben aggressiv stroboskopische Filmhelligkeit die Erinnerung in der Amygdala reaktiviert und der Hippocampus das weder zeitlich noch örtlich zuordnen oder in einen Zusammenhang bringen kann, ist es für den Gehirnbesitzer so, als würde das traumatische Ereignis in diesem Augenblick konkret noch einmal geschehen.

Manchmal reicht die Alarmsirene eines Feuerwehrautos, das harte Zuschlagen einer Tür oder ein besonders aggressives Licht, und Menschen, die sich gar nicht mehr im Kriegsgebiet aufhalten oder ihre Gehirnoperation seit über einem Jahr überlebt haben, werfen sich schreiend auf den Boden, zitternd, schreckensgrün im Gesicht vor Todesangst. Weil alles noch einmal geschieht.

In Berliner Kitas sind Luftballons ganz verboten. Weil die platzen können. Kein Erzieher möchte ein zweites Mal erleben, wie ukrainische und syrische Kleinkinder sich schreiend auf den Boden werfen und überhaupt nicht wieder zu beruhigen sind.

Am Morgen nach meinem Hell-Flashback sitzen drei fette Dohlen in der Trauerbirke auf unserer Terrasse und zerhacken den Frühling. Hässliche, gedrungene, blauschwarze Riesenviecher sind das, kurze Beine, weiße Augen und kräftige, schwarze Schnäbel, mit denen sie die frischen, zartgrünen Äste der Birke abbeißen.

Ein Gemetzel.

Ich laufe raus, fuchtele wild mit den Armen: Weg, weg, weg, ksch, ksch! Oder ich hole die Schrotflinte.

Lachend fliegen die drei davon mit albern schnellen, ruckartigen Flügelschlägen und hoher Geschwindigkeit. Kja, kjä, kjä. Tschack, tschak, hol doch deine blöde Schrotflinte.

Wir haben gar keine Schrotflinte. Aber ich bin erstaunlich wütend. Ich bleibe unbeherrschbar wütend. Was für ein tiefer Zorn in mir aufgestiegen ist. Diese üblen Hupfdohlen sitzen tatsächlich im zarten, frischen Birkengrün meines Frühlings und hacken sich Zweige heraus. Warum tun die das? Warum machen die alles kaputt, obwohl sie doch bestimmt nur etwas Reisig brauchen für ihre dämlichen Nester. Auf dem Boden liegen doch genug Äste. Die hacken hier die Zukunft kaputt. Und ich habe meinen Talsperren-Schwur vergessen. Warum nur? Wie konnte das passieren? Ich habe meinen Schwur vergessen.

Der Mann sieht meine Not, versteht, dass mir dieses Gemetzel an den jungen Birken zur Metapher geworden ist für das Gemetzel in meinem Gehirn, zur Metapher für alles, was Godzilla Aneurysma mir angetan und geschenkt hat. Er geht in die Küche, holt Alufolie, schneidet sie in Streifen. Wir hängen sie zusammen in die Bäume. Die Viecher werden nicht wiederkommen.

Und ich mache endlich Ernst.

Eineinhalb Jahre habe ich dafür gekämpft, dass alles wieder so wird wie vorher. Meine große und einzige Sorge war, ob sich durch die Gehirnverletzung etwas verändert.

Jetzt verstehe ich endlich: Es darf gar nicht alles wieder so werden wie vorher. Alles muss anders werden. Das muss meine große und einzige Sorge sein. Ich kann nicht einfach so weitermachen. Es geht jetzt nicht darum, immer mehr und immer länger von dem haben zu wollen, was ich vorher schon hatte, nur weil ich so glücklich bin, dass alles wieder funktioniert wie vorher.

Es geht jetzt um das Gegenteil: Nichts darf wieder so werden, wie es vorher war. Ich kann nicht einfach weitermachen. Ich darf meinen Talsperren-Schwur nicht vergessen. Pericallosa! Ich muss meinen Halbbruder suchen. Ich werde die Sache mit den Zwangsarbeitern aufklären. Ich will nach Polen. Ich möchte in die Geburtsstadt meines Vaters, zu den Dörfern seiner Vorfahren und auch nach Guben, in die neue Heimat, aus der sie dann noch einmal geflohen sind 1945.

Ich muss dieser doppelten Vertreibung nachreisen.

Offenbar gewinne ich nicht nur, was bei linkshemisphärischen Gehirnschäden gelegentlich vorkommt, den Zugang zu Begabung und Talenten, die mir bisher versperrt waren. Ich habe auch endlich die Begabung und das Talent verloren, die Lebenslügen, Familiengeheimnisse und blinden Flecken meiner Familie weiter zu ignorieren: der verleugnete Bruder, die Nazivergangenheit der Großväter, Vaters Krieg, die großen, nie betrauerten Lieben meiner Eltern, ihre Herkunftsgeschichten, die nicht zueinander passen wollten. Vaters Herkunft. Seine Verwandten, die doch bestimmt noch leben im Osten. Polen. Meine Herkunft. Der Krieg. Die Verluste. Die Schmerzen. Die Vertreibung. Die Gewalt. Die Entgrenzung.

Wer einmal verstanden hat, wie blinde Flecken funktionieren, der will sie aufsuchen, will sie alle finden, identifizieren und sehen, endlich das ganze Bild sehen. Ich will das jetzt alles wissen. Das ist der Preis für mein Überleben. Der Preis, den ich zahlen muss.

Es sollte in Wirklichkeit der Preis werden, den ich gewann.

Ich muss mich bei den Dohlen bedanken, bei Lars Eidinger und bei den Mayfield-Klemmen auch. Danke vor allem dir, Godzilla Aneurysma Pericallosa, geliebtes Monster.

Vaters Wehrmachtsunterlagen hatte ich gleich nach meiner Entlassung aus der Reha bestellt. Mit der Post waren sechs Blätter und eine Stellenbeschreibungsliste gekommen voller Akronyme, Kürzel, unlesbarer handschriftlicher Einträge und Zahlen, die ich nicht verstand oder einordnen konnte.

Jetzt schaue ich mir diese Blätter noch einmal richtig an, entschlüssle die Akronyme, Kürzel und Zahlen, finde Menschen im Forum der Wehrmacht, die schon länger recherchieren und sich auskennen. Ich telefoniere mit dem Bundesarchiv in Freiburg, die weitere zwanzig Blatt Aktenkopien schicken. Ich finde einen Militärhistoriker, der in Freiburg lebt und im Bundesarchiv für mich weitersuchen und forschen wird. Im Internet lese ich alles über Vaters Geburtsort Jarocin bei Posen und gerate so auch auf die Seiten vom »Poznań Project«, einer Gruppe von engagierten Ahnenforschern, die für Menschen auf der ganzen Welt die großpolnischen Archive und Kirchenbücher durchforsten und digitalisieren. Der Mann, der sich bei mir meldet, heißt Łukasz Bielecki. Ich telefoniere mit den Stadtarchiven in Lüdenscheid und Weimar. Ich schreibe dem Ruhrtalsperrenverband. Ich recherchiere, lese und telefoniere den ganzen Tag, die Nacht, den nächsten Tag und auch die restlichen Tage dieser Woche. Ich will jetzt alles wissen, alles sehen, alles, was zu finden ist, alles, was aus der beschwiegenen Dunkelheit des Nichterzählten ans Licht geholt werden kann.

Wie gut sich das anfühlt! Wie früher, als das Reportersein

noch jung war, als ich nicht immer schon vorher wusste, wie ich es nachher schreiben werde, früher, als die ganze Frau noch jung war und bei Recherchen nicht aufhören konnte, egal ob Tag oder Nacht, Hunger oder Durst. Ich bin im Reporterflow, im Fieber, in Trance, wie eine Marionette, die gar nicht selber versteht, wer oder was da an den Fäden zieht und sie in Bewegung setzt. Adrenalin, Noradrenalin, Endorphin, Enkephalin und alle möglichen mir namentlich nicht bekannten, aber lange entbehrten neuroplastischen Botenstoffe fluten mein Gehirn.

Was kostet die billigste Dachkammer im besten Hotel in Poznań? Wie lange fährt der Zug? Wo kann man schnell Polnisch lernen?

Mein zweites Leben beginnt also mit einer Reise. Es ist die Reise zum verborgenen Teil meiner Herkunft. Die Reise zu meinem Vater. Es wird die längste Reise, die ich je unternommen habe, obwohl Szypłów, Sulęcinek und Radlin, die Dörfer meiner Vorfahren, und auch die kleine Stadt Jarocin, in der mein Vater geboren wurde, nur 350 Kilometer entfernt liegen von meinem sicheren Schreibplatz in Charlottenburg.

Granica

Es ist kurz vor Mitternacht. Auf der Brücke im sternklaren Niemandsland zwischen Polen und Deutschland steht eine Frau und weint. Die Frau trägt einen hellen Trenchcoat. Ihre Hände hat sie links und rechts von sich so auf dem Geländer abgestützt, als wolle sie gleich in den Fluss springen, der hier, hinter dem Wehr der Stadtbrücke, wild geworden ist. Die Frau schaut hinab in den hellsprudelnd-schwarzen Sog. Sie springt nicht. Sie spricht. Es sieht so aus, als spreche die Frau mit sich selbst oder mit dem wild gewordenen Fluss. Sie spricht deutsch. Sie spricht mit ihrem Vater, einem Vater, der offenbar schon tot ist und den sie Väterchen nennt und mein kleiner Vater.

Ich hatte nur einen Abend mit dir, mein kleiner Vater. Du hast dich nie richtig verabschiedet. Du hast dich von dieser Stadt nicht verabschiedet. Du hast dich von der Mutter deines Sohnes nicht verabschiedet und von diesem Sohn nicht, meinem verlorenen und verleugneten Bruder. Du hast dich auch von uns nicht verabschiedet. Weil du einfach gestorben bist, Väterchen, in England, in einem Alter, in dem man doch nicht sterben muss.

Gehen ohne Abschied, das konntest du wirklich gut.

Ich hatte nur einen Abend mit dir. Es klingt irre, aber bis auf diesen einen Abend in München sind wir nie zu zweit allein gewesen. Immer waren die anderen dabei, mindestens Mutter Ilse.

Ich war dir so nah damals an diesem Abend in München. Und jetzt, hier auf der Brücke in deiner Stadt, in der Stadt, in der du aufgewachsen bist nach der ersten Vertreibung, bin ich dir plötzlich wieder ganz nah, mein kleiner Vater. Es sind deine Tränen, die ich weine.

Den ganzen Tag bin ich deine Wege abgelaufen, zur Schule, zur Kirche, zum Ruderclub, immer über das alte Kopfsteinpflaster, über das du auch schon gelaufen sein musst. Euer Haus in der Wilkestraße steht noch. Geliftet haben sie es, auf neu gemacht wie die anderen Häuser der kleinen Reichsbahn-Siedlung an der Egelneiße auch. Balkone haben sie vor die Fenster geklebt und die Backsteinwände hell verputzt. Am Haussockel und an den Kellerfenstern erkennt man aber noch gut, dass es das alte Haus ist, und auch, dass es schöner gewesen wäre, sie hätten es in Würde alt sein lassen. Ich habe mir vorgestellt, mein kleiner Vater, wie du morgens über die Wiese durch Großvaters Gemüsegarten zum Tor im Weidezaun gelaufen bist und dann immer an der Egelneiße entlang bis zum Poetensteig und zur Schule.

Die Frau auf der Brücke bin also ich. Hinter mir Polen. Vor mir Deutschland. Unter mir im Niemandsland zwischen Guben und Gubin, Vergangenheit und Zukunft, heute und gestern, Wahrheit und Lüge: die Neiße.

Zum Glück ist kein Mensch mehr unterwegs kurz vor Mitternacht in Gubin, wo ich herkomme, weil ich im alten Ratskeller noch einmal Ente mit Hefeklößen gegessen habe, Vater zu Ehren schon zum vierten Mal in dieser Woche. In Guben auf der deutschen Seite ist auch keiner mehr wach. Niemand sieht mich. Niemand hört, was ich mit meinem Vater spreche.

Ich hatte nur einen Abend mit meinem Vater. Wir waren auf dem Weg nach Bad Gastein mit den Skiern auf dem Autodach und dem Gepäck für die ganze Familie im Kofferraum und auf dem Rücksitz. Die anderen würden mit der Bahn kommen. Kurz vor München war die Lichtmaschine abgeschmiert. Werkstatt. Das wird einen Tag dauern. Hotel.

Und dann saßen wir im Hahnhof an der Leopoldstraße. Vater erzählte von der Firma, von seinen Baustellen und den Plänen für das neue Hochhaus. Er erzählte vom Krieg. Davon, dass er bis auf die Krim gekommen ist mit seiner kleinen Luftnachrichteneinheit. Vom Geigespielen in Budapest hat er erzählt. Die Geldscheine, die sie ihm auf die vom Spielen schweißnasse Stirn geklebt hatten, mussten erst runterfallen, bevor er aufhören durfte. Aber vielleicht verwechsle ich das auch mit seinem Lieblingsfilm.

Wie eine große, schöne Abenteuerreise hatte Vaters Krieg geklungen. Bis er von dem Kameraden erzählte, dem Freund, der mit Bauchschuss neben ihm im Schnee lag, blutete, schrie und verreckte. Weißer Schnee. Rotes Blut. Und dann auch davon, dass sie gefangene Partisanen und Juden vor sich ins Gelände geschickt haben, als Minensuchgerät. Minensuchgerät 42.

Ich erinnere mich, wie Vater versuchte, mir zu erklären, dass die Hemmung, andere zu töten, um selber nicht zu sterben, nach wenigen Tagen an der Front verschwindet. Gefühle wie Schmerz, Trauer, Mitleid oder Erschütterung hat er gar nicht mehr gespürt. Weil er sich selber nicht mehr spürte. Weil er es sonst nicht ausgehalten hätte. Man muss als Soldat lernen zu schlafen, wann immer es geht, im Sitzen und im Stehen sogar, damit man auf Zack ist, wenn es darauf ankommt. Damit man nicht verliert und stirbt.

Als der Blumenverkäufer kam, hat Vater mir eine rote Rose gekauft. Ich spürte, dass die Gäste an den Nachbartischen dachten, das ist aber wirklich eine sehr junge Geliebte. Ich mochte das. Er mochte das auch. Wir haben geredet. Ich weiß nicht mehr, was. Wir haben gelacht. Wir haben getrunken. Als wir rauskamen aus dem Hahnhof und auf der Leopoldstraße ein Taxi angehalten hatten, wussten wir beide nicht mehr den Namen unseres Hotels. Das fanden wir lustig. Ich vermisse meinen Vater. Es war schön mit ihm an diesem Abend in München, dem einzigen Abend, den wir zusammen hatten. Nur er und ich.

Ich war dir so nah. Alles hätte ich dich fragen können an diesem Abend. Nach deiner Familie hätte ich fragen können, nach unseren Verwandten in der DDR, deiner Kindheit in Jarocin, der Vertreibung und auch nach deinem Leben hier in Guben. Vielleicht hättest du sogar von der Frau erzählt, mit der du schon ein Kind hattest.

Aber ich habe nicht gefragt.

Wenn man jung ist, interessiert man sich nicht genug für die Geschichte und die Geschichten der Eltern. Weil man sich vor allem für sich selber interessiert.

Und jetzt stehe ich auf dieser Brücke, starre auf die Insel, auf der das Stadttheater gestanden hat, und weiß nichts. Wie schön deine Stadt gewesen sein muss, bevor sie sie verheert haben. Bevor sie sie erst verheert und dann aufgeteilt haben zwischen Polen und Deutschland. Die Villen und Gärten, die Altstadt, die Ausflugslokale in den Weinbergen über der Neiße, alles da drüben gehört heute zu Polen, Rzeczpospolita Polska. Auch die Haupt- und Stadtkirche, in der deine Schwester Hedwig ihren Walter geheiratet hat. Das alte Rathaus mit dem Ratskeller, der immer noch das beste Restaurant der Stadt ist. Dein Ruderclub. Und Foto-Schütz in der Straße, an der du deine Banklehre gemacht hast.

Bei Foto-Schütz hat die Kleene aus der Salzmannstraße deine Filme entwickelt, Rita Schuldt. Sie hat später bei Feinkost Kohella und Schuh-Rausch gearbeitet und ist tatsächlich Schauspielerin geworden. Sie hat ein Buch geschrieben, aus dem ich vieles über dein Guben weiß. Rita Buts heißt sie heute. Sie wird bald hundert. Sie lebt in Augsburg. Ich habe mit ihr telefoniert. Ich werde sie besuchen.

Dein Schulhaus drüben auf der deutschen Seite gibt es nicht mehr. Kirchstraße 4 ist jetzt ein Parkplatz. Aber gleich neben der Schule die Klosterkirche, die Kirche, in der du konfirmiert worden bist am 3. März 1929 vom Pfarrer Lucas, die steht noch. Schwer beschädigt war sie nach dem Krieg wie alles in dieser Stadt und nur provisorisch gesichert in der DDR-Zeit. Erst 1990 hat das Dach die neue Kupferblechverkleidung bekommen. Jetzt ist alles wie früher, wie ich mir vorstelle, dass es damals gewesen ist.

Im Krieg hatten sie die zerschossenen Kirchenfenster durch aufeinanderliegende und miteinander verfugte Weinflaschen ersetzt. So ein Weinflaschenfenster ist heute noch im Kirchenraum ausgestellt, aufgehängt an der Wand wie ein kleiner Nebenaltar. Sieht sensationell aus.

Sogar im Gottesdienst bin ich gewesen und habe für dich mitgesungen, 110, »Die ganze Welt, Herr Jesu Christ«. War gut besucht, der Gottesdienst, für einen Sonntag nach Ostern im Osten. Quasimodogeniti.

Die neueste Nachfolgerin von deinem Pfarrer Lucas hat sehr schön gesprochen. Zwillinge unterhalten sich im Bauch der Mutter. Der eine glaubt ganz fest an ein Leben nach der Geburt. Der andere lacht darüber und zweifelt mit schlauen, guten Argumenten. Bis der erste schließlich sagt: Ich aber weiß es. Weil ich glaube. Nach der Geburt ist nichts vorbei, sondern es fängt etwas an. Eine Mutter wird da sein. Und wenn du mal für einen Moment ganz still wärst, könntest du diese Mutter jetzt schon singen hören. Manchmal streichelt sie auch unsere Welt.

Auf dem Rückweg zur Wilkestraße habe ich gebummelt, wie du wahrscheinlich auch oft, Väterchen, mit deinen Geschwistern und Schulkameraden, immer schön an der Neiße entlang. Da ist heute ein asphaltierter Weg, den sie Neißepromenade nennen. Und stell dir vor, kurz vor dem Egelneißedamm hab ich die Stelle gefunden, an der ihr noch einmal zusammen fotografiert worden seid, ihr vier Geschwister. 1941 ist das gewesen. Die Mädchen mit lustigen Pelzhüten, Erich und du in Uniform, du in diesem Ledermantel, den du auch 1945 trägst in Brunscheid auf den ersten Fotos mit Mutter Ilse.

Die Tuchfabrik Wolf gegenüber am anderen Ufer der Neiße steht noch da, als Kriegsruine, und verfällt spektakulär. Der Schornstein ist noch heile. Ich habe mich gewundert, wie aufgeregt begeistert ich war, an diesem Schornstein die genaue Perspektive des Fotografen wiederzuerkennen.

Strahlend gut gelaunt siehst du aus auf diesem Foto. Sehr jung. Schlank. Feriengesicht. Das war im Winter nach dem Balkanfeldzug. Die Fotos, die wir in deinem Wehrmachtsrucksack gefunden haben, erzählen davon, als sei das ein großer Abenteuerurlaub gewesen für deinen kleinen Fernmeldelehrtrupp, eine lustige Herrenpartie in ferne Länder. Badeurlaub mit Militärfahrzeugen, Party mit Panamahüten, Freundschaften und Liebschaften mit Einheimischen und natürlich immer wieder Leitungen legen über Masten und Hopfenstangen.

Da hattest du Kreta noch nicht erlebt, die Krim und Simferopol nicht und auch nicht die blutige Weihnacht von Tazi. Habt ihr eigentlich 1942 noch Pervitin bekommen vor solchen Kämpfen?

Nach 42 waren die Beurteilungen deiner Vorgesetzten gar nicht mehr so enthusiastisch. Gleich nach dem Balkanfeldzug hatte Major Engelke, der Alte, wie ihr ihn genannt habt, noch einmal geschrieben: *Tadelloser Vorgesetzter, der es durch ruhige Fürsorge und gerechtes Denken versteht, das Herz seiner Männer zu gewinnen. Setzt sich durch und ist ein vorzüglicher Organisator. Etwas leichtlebig. Für Beförderung uneingeschränkt geeignet.*

Anfang 1943 schreibt ein Regimentskommandeur, dessen Unterschrift ich nicht entziffern kann, Oberstleutnant Hundt vielleicht, oder Kundt: *Starker Hang zur Leichtlebigkeit, wenig Selbstbeherrschung. Wenig offiziersmäßig. Ermahnungen und Belehrungen helfen bei ihm nicht lange. In seiner Haltung schwan-*

kend, aber nicht immer verlässlich. Nicht zur Beförderung geeignet.

Hat mir gefallen, das zu lesen. Mein Tochtergehirn macht daraus: Hat offenbar nicht alle Befehle befolgt. Wäre ja schön. Und starker Hang zur Leichtlebigkeit? Pah! Großartig. Hauptsache lebend. Aber was weiß ich schon.

Dein kleiner Fernmeldetrupp war offenbar immer schon wieder weg, wenn die schlimmsten Kriegsverbrechen der deutschen Wehrmacht geschehen sind. Oder ihr seid erst gekommen, als es schon vorbei war. Aber natürlich hast du verstanden, was auf Kreta geschehen war, oder? Und später, die sogenannte Säuberung der Krim, Simferopol, Unternehmen Trappenjagd. Das musst du doch mitbekommen haben.

Wie hast du das ausgehalten? Hast du es bis zu deinem Tod so gründlich verdrängt, dass es tatsächlich ausradiert war in deinem Gehirn? Und dann ist es doch immer in dir gewesen, jederzeit antriggerbar, allzeit bereit für Flashbacks, Resilienzzerstörung, Panikschübe und Weinenmüssen im Konzert? Wie unglücklich warst du vor deinem Herzinfarkt? Hätte ich dir helfen können? Hättest du noch über dreißig Jahre leben können, wenn dich jemand verstanden und dir geholfen hätte?

Ich stelle mir vor, dass du von dieser Brücke aus die Villen betrachtet hast, die die reichen Leute sich neben die Schornsteine ihrer Fabriken gebaut haben. Da wolltest du hin, mein kleiner Vater, auf die andere Seite der Neiße, raus aus der Eisenbahnersiedlung, dahin, wo die schönen Mädchen wohnen mit ihren wohlhabenden Vätern, den Tuchfabrikanten, Bankiers und Hutmachern.

Abitur machen und Banklehre auf der anderen Seite der Stadt war schon ein richtiger, erster Schritt. Der vornehme Ruderclub auch. Du sahst gut aus, sie mochten dich, alle mochten dich auf der guten Seite, die heute Polen ist. Aber Ilse zu heiraten nach dem Krieg, war natürlich der Joker.

Sind die Generäle im Zweiten Weltkrieg eigentlich alle immer nur zum Soldatendekorieren herumgeflogen wie Walter Surén mit seinem Fieseler Storch, den du jedes Mal fotografiert hast, wenn er wieder aus dem Flottenhauptquartier in Nikolajew bei euch gelandet war, um denen, die überlebt hatten, Orden umzuhängen? Und wusstest du, dass dein Kriegsverdienstkreuz zweiter Klasse mit Schwertern und auch das Erdkampfabzeichen der Luftwaffe bei Steinhauer & Lück in Lüdenscheid hergestellt worden sind, in der Stadt also, in der du nach dem Krieg dein zweites Leben gelebt hast als wohlhabender Firmenchef mit drei Kindern? Du hattest bestimmt noch nie den Namen Lüdenscheid gehört, bis ihr dann in den Ruhrkessel und nach Brunscheid geraten seid.

Heute machen Steinhauer & Lück Karnevalsorden.

Heute ist genau hier auf dieser Brücke die Landesgrenze. Granica Państwa. Granica heißt Grenze, aber das wusstest du ja wahrscheinlich. Der Kalte Krieg ist längst vorbei. Aber deine Stadt bleibt geteilt. Die Frankfurter Straße heißt jetzt wieder Frankfurter Straße. Als du weg bist von hier, um in den Krieg zu ziehen, hieß sie ja Adolf-Hitler-Straße, und dann, die langen DDR-Jahre hindurch, Straße der Freundschaft. Obwohl genau hier, an der Neiße, der Grenze zum sozialistischen Bruderland Polen, es auch schon wieder vorbei war mit der Freundschaft. Nix drużba! Granica! Als die DDR dann international anerkannt wurde, 1975, in dem Jahr, in dem du gestorben bist, haben sie die Grenze aufgemacht für ein paar Jahre. Dann fing Solidarność an in Polen, und Honecker hatte Schiss vor Ansteckung. Da war sie wieder zu, die Grenze zum Bruderland.

Wahrscheinlich hast du jedes Mal, wenn in den Nachrichten Oder-Neiße-Grenze gesagt wurde, an deine Neiße hier in Guben gedacht, an den Fluss, in dem du Schwimmen gelernt hast in einer der Badeanstalten, die es nicht mehr gibt auf der Seite, die heute polnisch ist. An deine Familie wirst du gedacht haben, den Garten an der Egelneiße, die Freunde, die schöne Stadt mit ihren Weinbergen und Ausflugslokalen. An die Frau, in die du verliebt warst. An deine Jugend und an deine Pläne vor dem Krieg.

Warum hast du nie etwas gesagt, Himmel-Arsch-und-Zwirn?

Hat Urgroßvater Gustav eigentlich Orgel gespielt in der Klosterkirche? Gestern habe ich ihn besucht, bin mit dem Fahrrad nach Groß Drenzig gefahren. Das ist heute auch in Polen und heißt Drzeńsk Wielki. Der Wonde-Hof steht noch, auch die Schule, in die deine Mutter gegangen ist. Sogar Gepperts Gasthof, in dem der Gustav zum Tanz gespielt hat, gibt es noch. Der Name Wonde stammt aus dem Slawischen und bedeutet »jemand, der am Wasser wohnt«. Wusstest du das? Passt so gut zu uns.

Woher ich die plötzlich alle kenne, deine Großeltern Gustav und Emilia, deine Geschwister, deine Eltern, den Pfarrer Lucas, die Klosterschule, die Egelneiße, deine Commerzbank, den Gubener Ruderclub 1905 e. V. und den General Surén? Woher ich weiß, dass ihr »der Alte« gesagt habt zu euerm Major Engelke und »Tazi« zu dem furchtbaren Ort in Russland, um dessen Flughafen ihr so blutig gekämpft habt Weihnachten 1942?

Ich habe recherchiert. Das ist mein Beruf, Vater. Ich bin Journalistin geworden. Hast du nicht mehr miterlebt, weil du schon tot warst. Ich hatte es dem Reporter von den »Lüdenscheider Nachrichten« aber gesagt, stand auch so in der Zeitung in dem Artikel über unseren Abijahrgang. Berufswunsch: Journalistin. Habt ihr nur nicht ernst genommen. Du nicht. Und Mutter Ilse noch viel weniger.

Ich habe euch alle in Archiven, Melderegistern, Fotoalben, Briefen und Kirchenbüchern gefunden. Deine Wehrmachtsunterlagen habe ich beantragt und bekommen. Ein Militärhistoriker hat für mich im Bundesarchiv Freiburg weiter recherchiert und gefunden, was zu finden war. Ich habe drei ziegelsteinschwere Bände Hoffmann »Geschichte der Luftnachrichtentruppe« gelesen. 1620 Seiten. Zweimal steht dein Name in diesem Buch. Und Fotos sind drin von Major Engelke und vom General Surén, die ich begrüße wie alte Bekannte. Weil ich sie von deinen Fotos kenne, die natürlich viel lustiger sind. Engelke mit seinem kleinen Hund, der offenbar mit euch in den Balkan gezogen ist. Engelke in Wehrmachtsunterhose auf dem Rücken schwimmend im Hafen von Eleusis. Mit einer Hand hält er sich am Tampen eines Schlauchbootes fest, mit der anderen Hand hält er sich den Hörer vom Feldtelefon ans Ohr, lachend.

Ich weiß auch, dass du dich im internationalen Gefangenenlager Ghencea als Pole ausgegeben hast, um nicht nach Russland deportiert zu werden. Wusstest du, dass die Mutter von deinem Budapester Freund, Graf Hohenlohe, eine Spionin Hitlers gewesen ist?

Freunde machen, das konntest du gut. Das muss man ja können als lachender Vagabund und Experte für Gehen-ohne-Abschied. Überall auf der Welt kanntest du sofort die richtigen Leute. Einer kam sogar aus dem Fernseher zu uns nach Lüdenscheid. Vico Torriani. Ich fand den total peinlich natürlich, vor allem, dass er Mutter Ilse auf den Mund küsste. Aber als ich mit ihm in seinem bonbonrosafarbenen Mercedes-Cabrio durch die Stadt gefahren bin und die Hupe drücken durfte, die das Muhen einer Kuh war, das war dann doch etwas.

Ich weiß noch viel mehr: Einmal, im März 1942, hat der General Surén euch mit seinem Fieseler Storch sogar geholfen. Eure Fernmeldeachsen von Uman und Odessa nach Nikolajew und von dort nach Cherson musste nördlich von Nikolajew über das Überschwemmungsdelta am Zusammenfluss von Bug und Ingul gelegt werden, was offenbar kompliziert und zeitaufwendig war mit der Pontonfähre. Und dann sind sämtliche Stangen mit den Leitungen im Hochwasser abgesoffen. Also kam der General Surén mit einer speziellen Einrichtung am Fahrgestell seines Storchs, mit der man Feldfernkabel und Draht vom Flugzeug aus abspulen und verlegen konnte. So hat er euch an einem Nachmittag die Leitung mal eben über das sumpfige Gelände geflogen. Waren offenbar doch manchmal zu was gut, diese Generäle.

Wusstest du, dass Hermann Göring, als ihr Weihnachten den Flughafen von Tazinskaja aufgeben musstet und das Schicksal der Soldaten in Stalingrad damit entschieden war, seinen Kopf auf die Tischplatte geknallt und geheult hat wie ein Wolf? Ein amerikanischer Militärhistoriker hat ein ganzes Buch geschrieben über eure Kämpfe um Tazi, »Red Christmas« heißt es. »The Tatsinskaya Airfield Raid 1942«.

Ich glaube inzwischen auch zu wissen, warum du dich nach dem Krieg Rudolf genannt hast. Rudolf war der geheime, wehrmachtsinterne Deckname für euer wichtigstes Gerät, diesen großen Richtverbindungkasten von Telefunken, der für neun Telefonkanäle und einen zusätzlichen Dienstkanal ausgelegt und auch für motorisierte Anlagen geeignet war.

Deckname Rudolf. Keine Freunde, keine Verwandten, keine Papiere, keine Behörde, nichts und niemand konnte dich 1945 in Brunscheid auf dein altes Leben hier in Guben, auf deine Herkunft, deine Ausbildung und Identität festlegen. Otto Adolf Roll, im Krieg Otto Roll, Stunde-Null-Deckname Rudolf, in Lüdenscheid Rolf genannt. Neuer Name. Neue Handschrift. Neuer Dienstgrad. Neuer Beruf des Vaters.

Neuer Mann. Neues Glück. Stunde Null. Hurra wir leben noch. Deckname Rudolf.

Das Nachfolgemodell von Telefunken hatte den Decknamen Michael. Hast du deswegen Ilses und dein erstes Kind Michael genannt? Das würde gut zu dir passen.

Und Evelyn? Beliebt war 1952 eigentlich Jutta, Monika, Angelika, Karin, Brigitte, Renate, Ursula, Barbara und Gabriele.

Winke, Winke – Sing Nachtigall, sing – Haben Sie schon mal im Dunkeln geküsst?

Evelyn King, oder? Stimmt's? Die beste Stepptänzerin Europas. Die Nazis haben sie dann gezwungen, ihren deutschen Nachnamen wieder anzunehmen. Evelyn Künneke. Eigentlich hieß sie Eva-Susanna Künneke. Du hast sie bei einem ihrer Besuche an der Ostfront erlebt. Ilse kannte sie als beste Swing-Sängerin ihres Berliner Nachtlebens. *Ach, Egon, Egon, Egon, Eeeegon.*

Bei Christiane habt ihr euch dann besonnen. In den Sechzigerjahren konnte man wieder aufhören damit, zu verleugnen, dass es überhaupt irgendetwas gegeben hatte vor der Stunde Null, Eltern zum Beispiel, Familie, Großmütter mit schönen Namen. Christiane.

Monatelang habe ich nicht aufhören können damit, dein Leben und deinen Krieg zu recherchieren, die weit zerfallenen Puzzleteile einzusammeln und zusammenzusetzen zu etwas Ganzem, zu einer Art Geschichte. Jeder neue Fund hat das Belohnungszentrum meines Gehirns getriggert wie Zucker und Sex. So ein Menschengehirn hat ein großes Bedürfnis, Ordnung zu schaffen, Muster zu erkennen und blinde Stellen aufzufüllen.

Das Puzzle ist nicht vollständig. Es fehlen die wichtigsten Teile. Alles, was ich wirklich klar erkennen kann, ist: Ich habe dich überhaupt nicht gekannt, Vater.

Kurz vor meiner Abreise nach Polen war ich noch einmal eine Stunde bei Dorothee Kress, das ist die Ärztin für Psychosomatische Medizin, Psychotherapie und Psychoanalyse, die mir schon in meinem ersten Leben und jetzt in mein zweites Leben geholfen hat.

Sie fragte: »Warum machen Sie das?«

Weil ich neugierig bin. Weil ich das jetzt alles wissen will. Weil ich die blinden Flecken sehen möchte und die Wahrheit. Weil ich vielleicht meinen Halbbruder finde.

»Ja, gut. Aber woher kommt diese Energie?«

Na ja. Es sind die blinden Flecken meiner Generation. Man kann die Boomer doch gar nicht verstehen, wenn man ausblendet, welche Traumata ihre Eltern und Großeltern an sie durchgereicht haben. Das muss doch erzählt werden.

»Klingt alles wunderbar und intellektualisiert. Ich frage noch mal: Warum machen Sie das?«

Vatersehnsucht?

Und als ich mich dieses Wort sagen hörte: Vatersehnsucht, ja, es ist Sehnsucht nach meinem Vater, da sind mir die Tränen gekommen, was in den Stunden bei Doktor Kress sehr selten geschehen ist, gemessen daran, was meine Freunde erzählen, die ihre Therapiestunden offenbar durchheulen. Ich bin übrigens davon überzeugt, Vater, dass die Neuroforscher uns bald mit schönen Bildern zeigen und belegen werden, wie und wo gelungene Psychotherapien Gehirne messbar verändern.

Weißt du, dass vor mir schon einmal jemand deine Wehrmachtsunterlagen bestellt hat?

Klar weißt du das. Du bist das gewesen, 1971, vier Jahre vor deinem Tod, ein Jahr, bevor ich weggegangen bin.

Warum?

Hätte es nur noch einmal so einen Abend gegeben wie den in München. Dann müsste ich jetzt nicht diesen Grenzfluss befragen, der die Antworten auch nicht kennt. Dann müsste ich keine Sütterlin-Buchstaben auf gelbem Papier entziffern in schweren Melderegistern und Kirchenfolianten aus dem Archiv in Posen. Dann müsste ich nicht Menschen, die ich nicht kenne, mit der Lupe betrachten auf winzigen randgezackten Fotos.

Ich wohne drüben in Deutschland, in der Radfahrerpension Neiße, im kleinsten Zimmer, in dem ich je übernachtet habe, mit einem Fenster hinaus über Brachland zu deiner Konfirmationskirche, die nachts angestrahlt wird.

Und weißt du, was passiert ist in der ersten Nacht vor diesem

Fenster? Ich habe noch einmal das Foto von Hedwigs Hochzeit betrachtet und die schöne Unbekannte, die neben dir steht. Dieses Mal mit der Lupe, die es im Bildbearbeitungsprogramm von Apple gibt. Und dann erst habe ich entdeckt: Du hältst ihren Arm. Du hältst ihren linken Arm ganz genau so, wie du meinen Arm gehalten hast. Ihr nackter linker Unterarm liegt auf deinem Uniform-Unterarm, ihre Hand mit ausgestrecktem Zeigefinger in deiner Hand, die diesen Zeigefinger umschließt.

Ich wusste auf einmal wieder ganz genau, wie sich das anfühlt.

Und dass du ihren Arm so hältst, betrachte ich als letzten Beleg dafür, dass ihr ein Paar seid und verlobt. Sonst steht man doch nicht so Ärmchen haltend nebeneinander für das Hochzeitsfoto der großen Schwester. Die Frau ist die Mutter deines Erstgeborenen, der mein Halbbruder ist. Oder? Warum haben wir nie darüber gesprochen? Auch nicht an jenem Abend in München?

Nur noch einmal so ein Abend. Oder zwei.

Andererseits hatte ich mit Mutter Ilse Zeit genug. Viele lange Abende haben wir zusammengesessen nach deinem Tod. Und ich habe auch sie nicht alles gefragt, obwohl ich schließlich alt genug war.

Vielleicht fragen wir unsere Eltern die großen Fragen nicht, weil wir ihren Schmerz nicht berühren wollen, weil wir Angst davor haben, ihnen wehzutun, weil wir warten, was sie von sich aus erzählen. Weil wir gespürt haben, da wollt ihr nicht hin. Da konntet ihr nicht hin, ohne auszuflippen oder zu zerbrechen, in eure schwarzen Löcher zu implodieren und zu verschwinden für immer.

Möglicherweise ging es dabei aber gar nicht darum, euch zu schonen, sondern vor allem uns selber. Manchmal denke ich, ob die These der Achtundsechziger über das Schweigen der Eltern auch ein bisschen vorgeschoben war. Vielleicht haben auch sie gar nicht wirklich gefragt und es sich gemütlich gemacht mit der Idee, die Alten haben ja so böse geschwiegen. Vielleicht wollten die meisten von ihnen es lieber gar nicht so ganz genau wissen.

Weißt du, als die ersten Pegidas durch Berlin marschiert sind, ausgerechnet durch die Kantstraße, ausgerechnet an dem Haus vorbei, in dem die Redaktion von Ossietzkys Weltbühne gearbeitet hat, da ist der Mann, den ich liebe, zum Kühlschrank gelaufen, Eier holen. Er wollte diese Eier von unserem Balkon aus auf die grölende und auch noch polizeieskortierte Horde werfen. Wir hatten dann noch einmal und im Schnelldurchgang die Debatte zum Gewaltmonopol des Staates und seither die Frage: Aber was können wir tun?

Langsam verstehe ich immer mehr, was ihr uns eigentlich sagen wolltet, wenn wir gefragt haben: Warum habt ihr Adolf Hitler nicht aufgehalten? Habt ihr nicht verstanden, was passiert?

Ihr wolltet sagen: Wir haben sehr genau gesehen, was passiert. Aber wir wussten nicht, was wir dagegen tun können. So wie wir jetzt. Wir wussten nicht, wie wir die widerwärtige AfD verhindern könnten. Wir mussten zuschauen, als Trump sich Amerika nahm. Wir konnten den Brexit nicht verhindern und auch nicht, dass sich vor unseren Augen eine stabil scheinende europäische Demokratie nach der anderen in eine Autokratie verwandelt. Von wegen Ende der Geschichte.

Ich bin gestern aus Drzeńsk Wielki noch lange weiter geradelt, weil ich rausfinden wollte, wo man Kanus mieten kann. Kiki und ich wollen nächstes Jahr auf der Neiße paddeln. Dir zu Ehren. Kiki, die wir heute alle Christiane nennen, hat mir so sehr geholfen. Sie hat die 484 Fotos, die wir in deinem Wehrmachtsrucksack gefunden haben, digitalisieren lassen. Sie hat sie katalogisiert und alle Orte, an denen du fotografiert hast, in Google-Maps markiert. Eigentlich wollten wir damit deinen Balkanfeldzug nachreisen. Und deinen Russlandfeldzug auch.

Das geht jetzt aber nicht mehr, weil Putin, dieser Gopnik, die Ukraine überfallen hat. Ja. In der Ukraine bringen sie jetzt wieder Menschen um, Soldaten, die Söhne, Ehemänner und Väter sind, auch Zivilisten wieder, Kinder, sogar Babys, alles Nachkommen der wenigen, die damals überlebt haben.

Etwas weiter oberhalb von der Stelle, an der ihr an deinem 27. Geburtstag angefangen habt, das Flusskabel mit der Pontonfähre von Beryslaw nach Kachowka über den Dnjepr zu legen, haben sie 1955 eine Staumauer gebaut. Der Stausee geht bis Saporischschja und ist viermal so groß wie der Bodensee. Niemand will sich vorstellen, was passiert, wenn Putin diesen Staudamm sprengen lässt. Eine Welle so hoch wie ein zehnstöckiges Gebäude wird alle Städte und Dörfer links und rechts mit sich reißen. Auch Cherson wird überflutet werden.

Cherson. Nikolajew. Saporischschja. Uman. Odessa. Donezk. Mariupol. Die Namen der Orte haben in Deutschland alles wieder angetriggert, auch bei den Menschen, die glauben, diese Namen zum ersten Mal zu hören. Etwas in ihnen weiß, dass es die Namen der Orte sind, an denen ihre Väter, Großväter oder Urgroßväter gewütet haben. Oder gestorben sind. Oder beides. Orte, an denen den ersten Ehemännern ihrer Mütter vielleicht der Kopf weggeschossen worden ist.

Ein kollektiver Flashback.

Ich habe eine Kanu- und Kajakstation gefunden an der Pleiske, die heute Pliszka heißt. Das wollte ich eigentlich erzählen. Vor der Ruine der Fachwerkvilla, die dem Fabrikanten Paul Steinbock gehört hat, vermieten sie Boote. Der Ort heißt Gut Koziczyn.

Und auf einmal wusste ich: Koziczyn! Natürlich!

Du bist mit dem Rad oder mit der Weststernberger Kreiskleinbahn, die es heute nicht mehr gibt, aus Groß Drenzig nach Koziczyn gefahren. Vielleicht hattest du einen Ferienjob in der Papierfabrik.

Etwas Schönes muss dort passiert sein. Es hat dir gefallen in Koziczyn.

Und darum hast du mich immer und immer wieder Giselas Nachnamen aufsagen lassen.

Koziczinski. Dieses Wort aus dem Mund deiner ältesten Tochter zu hören, muss für dich gewesen sein wie ein magischer Gruß aus der verlorenen Heimat. Wie Hefeklöße essen mit Blaubeeren. Oder Pellkartoffeln mit Quark und Leinöl, das habe ich heute auch gegessen mit Evelin Richter vom Gubener Stadtarchiv, die mir sehr geholfen hat.

Gisela hatte dem Reporter damals übrigens gesagt, sie wolle Bundespräsidentin werden. Dazu ist es nicht mehr gekommen. Sie hat Jura studiert und war erst mal Anwältin und Gründungsmitglied des Darmstädter Kreises. Dann ist sie mit einem Flugzeug abgestürzt in der Nähe von Koblenz auf dem Rückflug von einem Gerichtstermin. Pilot, Mandant, Gisela: tot.

Ich hatte sie lange nicht mehr gesehen, aus den Augen verloren, wie man so sagt. Gehen ohne Abschied, das kann ich auch sehr gut. Andere sammeln Menschen und bauen ein Leben lang an einem schließlich dichten Freundschaftsgewebe. Netzwerken nennt man das heute. Ich mache es wie du. Ich gehe, wenn eine Zeit abgelebt ist. Am liebsten gehe ich schon vorher. *Sei allem Abschied voran.* Rilke. Ich finde neue Aufgaben und neue Menschen. Ich schlucke das Heimweh und den Schmerz. Vergangen, vergessen, verloren, vorüber.

Treulose Tomate. Ich habe unterwegs viele Menschen gekränkt und verärgert. Ich will gar nicht so sein. Wirklich nicht. Es ist in meine Gene einprogrammiert. Es ist wie eine Krankheit. Es ist die Vertriebenenkrankheit, glaube ich. Kennst du ja.

Wahrscheinlich haben die Großeltern schon bei der ersten Vertreibung ihren Entheimatungs-Schmerz vor euch Kindern heruntergespielt und geheim gehalten. Vielleicht haben sie beim Abschied aus Jarocin nicht einmal gesagt, dass ihr nie wieder zurückkommen werdet, dass ihr vertrieben seid, dass ihr polnisch werden müsst oder abhauen. Dass da schon Schilder in Jarocins Schaufenstern hingen: Schlagt Deutsche und Juden tot.

Vielleicht haben sie dir gesagt, es ist nur eine Reise, wir fahren zu Großvater Gustav nach Groß Drenzig. Du warst ja erst acht Jahre alt.

Aber natürlich hast du gespürt, dass es nicht stimmt. Deine Schwestern wussten wahrscheinlich Bescheid. Kinder haben ein gutes Gefühl für vernähte Lippen. Sie spüren den Schmerz der anderen. Du warst ja schon acht Jahre alt.

Vielleicht funktioniert amnesierte, verdrängte und verleugnete Fluchterfahrung so wie eine schwere Gehirnoperation unter Vollnarkose. Kein Schmerz, keine Erinnerung. Aber der Körper hat doch erlebt, was er erlebt hat.

Und dann hast du dich einfach immer wieder neu erfunden. Hast dir immer neue Decknamen gegeben. Otto Adolf. Otto. Rudolf Otto. Rolf. Neuer Name, neue Zeiten, neuer Mann. Als ginge es bei Flucht, Vertreibung, Ausweisung oder Zwangsumsiedlung nur um Integration, Anpassen, Neuanfang und Chancen-Greifen. Dabei muss es doch vor allem der plötzliche und vollständige Verlust von Sicherheit, Zuhause, Vertrautem und Heimat gewesen sein, von Gemeinschaft, Landschaft, Verlässlichkeit, Routinen und Freunden.

So perfekt verdrängt hast du diese furchtbare Erfahrung, dass ich nie das Gefühl hatte, ich könnte aus einer Vertriebenenfamilie stammen. Vertriebene, dachte ich, das sind doch die anderen. Das ist dieser reaktionäre Verein. Tanzen in irgendwelchen sudetendeutschen Dirndln. Erika Steinbach.

Hier auf deiner Brücke im Grenzland zwischen Polen und Guben verstehe ich es erst wirklich. Aus dieser Stadt ist deine Familie dann ja noch einmal geflüchtet. Hier in Guben sind die Vertriebenen von Vertriebenen vertrieben worden. Flüchtlinge sind vor Flüchtlingen geflüchtet.

In Deutschland leben die Nachkommen von über vierzehn Millionen Heimatvertriebenen. Das müssen mit der dritten Generation jetzt mehr als vierzig Millionen Menschen sein, vierzig Millionen Kinder, Enkel und Urenkel von Vertriebenen. Jeder zweite. Im Osten sind es noch mehr. Und in der DDR wurde über Vertreibung noch weniger gesprochen als bei uns.

Neulich war ich auf einem Frauenabend in Kreuzberg. Ich kannte nur die Gastgeberin. Eine der Frauen fragte: »Und was beschäftigt dich gerade so?«

Beruflich sitze ich seit Wochen im Bundestag und beobachte die Abgeordneten der AfD, oft dauert das bis in die Nacht. Privat beschäftige ich mich mit der Herkunftsgeschichte meines Vaters. Ich werde bald in seine Geburtsstadt reisen, Jarocin bei Poznań. Ich war seltsamerweise noch nie in Polen. Doch, zweimal, im Journalistentross von Staatsbesuchen, einmal in Warschau und Auschwitz mit Johannes Rau und später mit Horst Köhler in Danzig und auf der Westerplatte.

Staatsbesuche zählen nicht, finde ich. Ich war also noch nie in Polen. Dabei sind es von meinem Schreibtisch in Charlottenburg nur 96,9 Kilometer bis zur polnischen Grenze. Ja, Luftlinie.

Warum fahren wir da nie hin? Warum ist Polen so ein weißer Fleck? Ist die kognitive Dissonanz zwischen deutscher Schuld und Herkunftsschmerz zu groß?

Die Frau sagte: »Ich mag Polen nicht. Ich mag auch Polnisch nicht. Mir wird immer ein bisschen übel, wenn ich Polnisch höre. Ich will aber gar nicht wissen, warum.«

Du willst nicht wissen, warum?

»Meine Mutter ist aus Warschau. Wenn sie polnisch spricht, finde ich es warm und gemütlich, aber sonst …«

Und wieso?

»Das ist das Rätselhafte. Es gibt keinen Grund.«

Und willst du den Grund nicht finden?

»Nein.«

Ich erzählte an jenem Abend von Epigenetik und transgenerationalen Traumata, davon, dass ich panisch werde bei Sirenenalarm, obwohl ich nie einen Krieg erlebt habe. Ich erzählte von unserer Talsperre. Vom Frieren auf der Klamer Brücke. Davon, dass es in meiner Kindheit noch einen Ort gab, an dem wir nicht vorbeifahren konnten, ohne dass mir unbehaglich und kalt wurde auf dem Rücksitz im Auto. Den Gasometer. Ich habe bis heute nicht herausgefunden, warum und was wem am Gasometer in Lüdenscheids Altenaer Straße geschehen sein könnte. Vielleicht war es nur die Beklommenheit meiner Erwachsenen beim Wort Gas.

»Das ist interessant«, sagt die Frau. »Aber: Ich will von Polen nichts wissen. Ich will das jetzt nicht wissen. Jetzt noch nicht.«

Wie soll man erkennen, wohin man gehen will, wenn man nicht weiß, woher man kommt?

Eine andere der Frauen hatte zugehört und sagte: »Mein Vater ist aus Schlesien. Nie hat er darüber gesprochen. Als er älter und schließlich alt wurde, hat er immer sofort geweint, wenn es um Polen ging. Dann ist er gestorben. Jetzt weint meine Mutter um Polen. Und dein Vater?«

Ist gestorben, bevor er weinen konnte. Herzinfarkt mit sechzig.

Die erste sagt: »Es gibt übrigens noch ein Land, das ich nicht mag, ohne einen Grund dafür zu haben: Israel.«

Nur die Gastgeberin hat keine polnische Herkunftsgeschichte. Dafür hatte ihr Vater heimlich noch einmal eine zweite Familie in einer anderen deutschen Stadt. Das hat sie auch nur durch Zufall erfahren.

Wir sind eine seltsame Generation: falsche Väter, polnische Phantomschmerzen, geheim gehaltene Halbgeschwister, ausgeblendete Prügeleltern, vergessene Schuld, verdrängte Entheimatung, verdecktes Traumaerbe. Schwarze Löcher und blinde Flecken, wohin man sieht.

Wohin man nicht sieht vor allem.

Ich glaube, dass sich mit den verdrängten Vertriebenengeschichten ein Scheinparadoxon erklären lässt: die große Fremdenphobie ausgerechnet in Gegenden, in denen es gar keine Fremden gibt. Wieso ist die Angst vor Flüchtlingen da am größten, wo gar keine Flüchtlinge sind? Das redet und schreibt man so dahin und wundert sich. Und wundert sich über das Falsche. Weil fast alle Menschen in den europäischen Regionen, in denen die Migrantenfeindlichkeit besonders groß ist, selber Flüchtlinge sind. Man kann die Karten, Zahlen und Umfragen übereinanderlegen. Es sind Nachkommen von Vertriebenen und Flüchtlingen, heimatlos gebliebene Nachkommen der heimatlos Gemachten, die so besonders phobisch auf Asylsuchende und Geflüchtete reagieren. Sie haben die Vertriebenenkrankheit und wissen oft selber nicht, was das ist. Das Trauma wurde an sie durchgereicht.

Die Flüchtlinge aus Syrien und der Ukraine haben das verdrängte Trauma angetriggert. Noch ein kollektiver Flashback. Darum haben die einen so hysterisch fröhlich Flüchtlinge eingesammelt am Hauptbahnhof. Und sind dann reihenweise in den Burnout gegangen von ein bisschen Pullover- und Schuhe-Sortieren im Flüchtlingsheim. Schuld-Helfersyndrom samt Blitzerschöpfung. Darum sind die anderen mit ihrer panischen Flüchtlingsangst zur AfD gelaufen. Fast alle im Führungspersonal der AfD sind Nachkommen von Vertriebenen.

Gerade die perfekt verdrängten Traumata werden transgenerational durchgereicht von einer Generation an die nächste und die übernächste vor allem, die dann gar nicht mehr weiß, was mit ihnen geschieht und warum. Das ist eines der Topthemen der Epigenetik. Das erklärt so viel von dem, was in Europa los ist. Eigentlich erklärt es fast alles. Drüben in Guben kann man das sehr gut studieren, Vater, und auf der anderen Seite in Gubin auch.

Aber hier auf der Grenze zwischen den beiden Seiten deiner Stadt bin ich dir so nah. Niemals in meinem Leben seit deinem Tod bin ich dir so nahe gewesen wie jetzt auf dieser Brücke und in der Stadt, in der du aufgewachsen bist. *There is a land of the living and a land of the dead and the bridge is love, the only survival, the only meaning.* Das ist Thornton Wilder, Vater.

Es wird kalt. Es ist spät geworden.

Was für ein unglaublicher Zufall die Existenz von Menschen ist. Dass du diese ganze Kriegsscheiße überlebt hast. Dass du nicht bei der Mutter deines ersten Kindes geblieben bist. Dass Mutter als 22-Jährige ihren Mann schon verloren hatte. Dass du im April 1945 ausgerechnet in Brunscheid Quartier genommen hast. Dass ihr euch zusammengetan habt. Ohne Adolf Hitler wäre ich …, aber ich will dich nicht ärgern, Väterchen.

Hännes hat mir neulich erzählt, das schönste Silvester seiner gesamten Kindheit sei bei uns in der Friedrichstraße gewesen. Er wusste noch das Lied, das wir gesungen haben in jener Nacht. »Es wollt ein Schneider wandern«. Ich erinnere mich, da müssen sich bei der letzten Strophe alle Teufel die Nase zuhalten beim Singen, weil der Schneider ihnen die Nasen zugenäht hat.

Es sei immer lustig und richtig was los gewesen, wenn Ilse und du dabei wart, sagt Hännes. Und ich verstehe immer weniger, warum ihr nicht einfach beschlossen habt, glücklich zu sein.

Wahrscheinlich hattet ihr genau das vor. Dann habt ihr euch jeweils etwas anderes vorgestellt unter glücklich sein. Je enger und kontrollierter Ilse wurde, desto leichtlebiger und existenzgieriger hast du reagiert. Je aufrechter sie im Sessel saß, desto tiefer bist du im Sessel runtergerutscht, manchmal sogar bis auf den Boden. Ihr hättet euch perfekt ergänzen können wie kommunizierende Röhren.

Habt ihr aber nicht.

Dein Lebensgefühl war: überlebt haben und Aufstieg. Ilses: überlebt haben und Abstieg. Außerdem konntet ihr beide nicht vergessen, je mehr ihr es versucht habt. So habt ihr euch gegenseitig eingefroren. Und eure Ängste und Geheimnisse auf uns übertragen.

Und dann bist du gestorben. In England. 1939 hast du noch die Fernsprechleitungen gelegt gegen die Engländer für den durchgeknallten, pervitinabhängigen Rommel. 36 Jahre später versucht ein britischer Arzt, der vielleicht der Sohn oder Enkel eines britischen Soldaten ist, dir das Leben zu retten.

We have lost him.

Wir müssen ihn obduzieren. Die Leiche muss obduziert werden, bevor wir sie nach Deutschland freigeben.

Ich stehe auf einer Brücke zwischen Polen und Deutschland in der Stadt, in der mein Vater nach der Vertreibung aus Jarocin aufgewachsen ist. Und zum ersten Mal seit 1975 denke ich daran, dass sie ihn obduziert haben.

Engländer haben seinen Körper aufgebrochen, seine Organe in die Hand genommen und begutachtet, das Herz, den Magen, die Leber. Dann haben sie die Zwischenräume mit Zellstoff gefüllt, ihn wieder zugenäht und freigegeben für die Reise nach Deutschland.

Ich habe das nie wissen wollen. Ich habe nie darüber nachgedacht. Aber das ist es, was sie mit dem Körper meines Vaters getan haben.

Der Körper meines Vaters.

Sehr spät geworden ist es jetzt. Mitternacht ist schon vorbei. Ich friere. Wieder eine Brücke, auf der ich friere. Und müde bin ich auch. Ich muss rüber nach Deutschland und in mein Bett. Morgen reise ich noch weiter zurück zu dir, kleiner Vater, nach Jarocin, in die Stadt, in der du geboren bist. Und die Dörfer unserer Ahnen werde ich auch besuchen.

Ja, natürlich mit der Bahn. Großvater zu Ehren.

Nein, mach dir keine Sorgen, ich bin nicht allein. Ich habe einen Helfer. Er heißt Łukasz Bielecki. Er wird mein Übersetzer,

Reiseführer und Beschützer sein. Łukasz hat euch alle gefunden in den großpolnischen Archiven und Kirchenbüchern von Posen und Kalisch. Ich habe die Dokumente im Rechner. Geburten, Taufen, Hochzeiten, Tod, Grundstücksüberschreibungen, Umzüge ins Nachbardorf und in die nächste Kleinstadt. Auswandern. Nicht polnisch werden. Deine Eltern, die Eltern deiner Eltern und deren Eltern. Bis in das Jahr 1735 ist er schon vorgedrungen in die Vergangenheit zu Urururgroßvater Samuel Roll, von dem du wahrscheinlich nie etwas gehört hast.

Vordringen in die Vergangenheit.

Samuel ist, ich weiß nicht ob vor oder nach der Heirat mit Urururgroßmutter Anna Elisabeth Goldsen, evangelisch geworden. Zum Beweis, wie ernst ihm das war, hat er seinen Sohn am 10. August 1786 in Santomischel Hauland auf den Namen Samuel Gottlieb getauft, der dann seinen Erstgeborenen Johann Gottlieb nannte. Damit war es aus mit den Schmuels in unserer Familie.

Johann Gottlieb heiratete eine achtzehn Jahre jüngere Frau, Christiane Dorothea Sachweh, deren Großmutter Anna Rosina Schönfeld einen Bauernhof besaß in Sulencin. Die Roll-Männer haben also schon in anderen Jahrhunderten nach oben geheiratet. Und es gab in unserer Familie schon einmal eine Frau, die mit einem sehr viel älteren Mann verheiratet war. Łukasz weiß, wo sie alle gelebt haben. Er wird mir alles zeigen. Er spricht Deutsch. Er nennt unsere Unternehmung meine Heimatreise.

Was für ein Łukasz?

Du willst es tatsächlich noch einmal hören? Das ist gut. Ich muss die Aussprache sowieso noch ein wenig üben. Łukasz Bielecki.

Die Kinder vom Bahnwärterhaus

Er ist auch zu früh gekommen. Verabredet war neun Uhr am Denkmal des Dichters Klemens Janicki, Kreuzung Kramarska und Masztalarska in der Altstadt von Posen. Łukasz Bielecki ist zwanzig Jahre jünger als ich. Ein großer, kräftiger Mann mit gutmütigen Augen. Sehr katholisch, PiS-Wähler wahrscheinlich, national jedenfalls. Ich weiß das, weil ich ihm auf Twitter folge. Er wird mich für eine dieser irregeleiteten westeuropäischen Linksgrünen halten. Weil er mich gegoogelt und meine Artikel gelesen hat, er weiß die Titel meiner Bücher. Wir kennen uns seit über einem Jahr, aber nur aus E-Mails.

Jetzt stehen wir leicht verlegen voreinander. Gleich soll das losgehen, was er in den Mails an mich meine Heimatreise genannt hat. Wir werden also fünf Tage zusammenbleiben, Archive besuchen, Kirchen und Rathäuser, Friedhöfe und Gastwirtschaften. Wir werden in seinem Auto zu den Dörfern fahren, in denen meine Vorfahren gelebt haben seit 1735. Und auch nach Jarocin wollen wir, in die kleine Stadt, in der mein Vater geboren wurde.

Dzień dobry. Jestem Evelyn Roll. Jak miło cię poznać.

Hundert Mal habe ich mir das vorgesprochen auf dem Crosstrainer zu »Polnisch lernen mit The Grooves«.

Er nimmt meine Hand mit festem, trockenem Händedruck, der Mutter Ilse gefallen hätte, und sagt in perfektem Deutsch: »Sehr angenehm. Und schon sind Sie keine Deutsche mehr.«

Was bin ich nicht mehr?

Łukasz Bielecki produziert tanzende Grübchen über seinen Mundwinkeln. In den nächsten Tagen werde ich lernen, dass dieser Mann das immer macht, wenn er sich auf eine Pointe freut, die er gleich anbringen wird, oder auf ein verblüffendes Argument.

»Niemiec leitet sich vom Wortstamm niemy ab, das heißt stumm. Wenn also ein Deutscher auch nur ein Wort polnisch spricht, ist er nicht mehr stumm, kein Niemiec, kein Deutscher mehr.«

Und wer war Klemens Janicki?, sage ich, erfreut über diese intelligente Eröffnung.

Wir blicken hoch zu dem Denkmal, vor dem wir stehen, in das schöne Sandsteingesicht des jungen Dichters: sinnliche Lippen. Halblang romantische Haare. Beffchen. In der linken Hand hält er eine Tafel, in der rechten einen Gänsekiel. »Zapomnianym Poetom Klemens Janicki, Poeta Laureatus Wychowanek 1516–1543« steht auf dem Denkmalsockel.

»Klemens Janicki war der große Dichter der polnischen Renaissance. Er wurde verehrt wie einen Popstar. Und das wird er immer noch.«

Alt ist er ja nicht geworden.

»Ja, nur 27 Jahre. Wie Jim Morrison«, sagt Łukasz Bielecki.

Und Jimi Hendrix, sage ich.

»Kurt Cobain«, sagt er.

Janis Joplin.

»Brian Jones.«

Amy Winehouse.

Zwei eben noch Fremde, ein Pole und eine Deutsche, zwanzig Jahre Altersunterschied, er offen und herzlich, sie von deutscher Schuld an Polen bedrückt und verunsichert von der Tatsache, in einem Land unterwegs zu sein, dessen Sprache sie nicht spricht, stehen vor dem Denkmal des großen polnischen Renaissance-Dichters Klemens Janicki in der Altstadt von Poznań. Und dann sagen sie sich die Mitglieder vom Club 27 auf. Das ist Globalisierung der angenehmen Art. Musik öffnet Grenzen. Sogar das gemeinsame Kennen der Namen von Musikern öffnet Grenzen.

Darf ich Łukasz sagen und Du?

Ich versuche Łukasz so polnisch wie möglich auszusprechen. Das klingt bei mir wie LAOUKASCH.

»Sehr gerne, aber sag bitte einfach deutsch Lukas oder richtig Łukasz, nicht halb deutsch und halb polnisch. Das geht gar nicht.«

Ich mag ihn also sofort.

Łukasz ist eigentlich Chemiker. Wegen einer deutschen Episode im Leben seiner Großmutter hat er angefangen, sich für Ahnenforschung zu interessieren. Aus dem Hobby hat er in dem Augenblick einen Beruf gemacht, als sein Chemieprofessor sagte, Sie müssen sich entscheiden: entweder die Chemie oder die Ahnenforschung.

Er macht das jetzt seit zwanzig Jahren. Er hat Hunderte von Menschen aus der ganzen Welt mit ihren Ahnen bekannt gemacht. Jeder vierte will dann auch die Heimatreise machen und die Orte seiner Vorfahren besuchen. Amerikaner sind das meistens. Einmal hat er eine ursprünglich jüdische Familie, die evangelisch geworden war und in Wuppertal ihre jüdische Herkunft vergessen hat, mit ihren engen Verwandten zusammengebracht, die heute in Israel leben.

In den nächsten Tagen gewöhne ich mich daran, dass dieser Mann plötzlich neben mir verschwindet, wenn wir eine Kirche betreten. Er hat dann ins Weihwasser gegriffen, rutscht weg auf die Knie und bekreuzigt sich. Die ganze Nummer.

Wie katholisch dieses Land ist! Jeder vierte neu geweihte Priester in Europa ist Pole.

In der kleinen Bäckerei beim Dichter kaufen wir zwei Martinshörnchen, weil man nicht in Poznań gewesen ist, wenn man die nicht gegessen hat: zuckerglasierter, mit Nüssen bestreuter Plunderteig, Füllung aus Weißmohn, Vanille, Datteln und Rosinen. Kalorien für einen ganzen Tag. Und los geht meine Heimatreise.

Dann geschieht etwas Erstaunliches.

Nichts.

Wir fahren durch den preußischen Teil Posens, der aussieht wie Berlin-Charlottenburg. Wir fahren an Hitlers Schloss vorbei, das Kaiser Wilhelm gebaut hat. Wir fahren über die Warthe, raus aus der Stadt durch die flachsandige Landschaft Großpolens, durch Kiefern- und Birkenwälder, an Seen entlang, vorbei am Schloss Kórnik, durch triste Streudörfer und frisch bestellte Aprilfelder.

Die Landschaft meiner Vorfahren.

Was habe ich erwartet? Gefühle. Heimkommen. Wiedererkennen. Irgendwelche Gefühle. Was ich spüre, ist Reiselust und konzentrierte Neugier.

Łukasz fotografiert mich am grünen graffitoverzierten Ortseingangsschild von Sulęcinek, dem Ort, in dem sie alle gelebt haben und Bauern waren seit 1735, bis der Bahnhof gebaut wurde in Sulęcinek und Großvater erst Hilfsschienenwärter wurde für die preußische Reichsbahn und 1906 dann Schrankenwärter ein paar Dörfer weiter in Szypłów. Noch Ende des 19. Jahrhunderts muss das hier ein schmuckes Dorf aus ziegelgemauerten Höfen gewesen sein, mit Postamt, Schule, Getreidehandelsbüro, zwei Windmühlen, einem Kolonialgeschäft, einer modernen Molkerei, der Kirche und einer Gastwirtschaft, in der sich die Theatergruppe und der Chor »Stimme der Warthe« traf.

Und heute?

Ich werde nie verstehen, warum ehemals schöne Dörfer überall in Europa so traurig aussehen, ästhetisch unentschieden bis kitschig, verlassen und amorph. Sulęcinek hat inzwischen nur noch 430 Einwohner.

Kein Wunder. Hier würde ich auch wegwollen so schnell wie möglich, als junger Mensch.

Wir steigen aus vor einem unbebauten Grundstück, das früher einmal den Sachwehs gehört hat und nach seiner Heirat mit Christiane meinem Urgroßvater Martin. Vielleicht ist das untere Mauerwerk des kleinen Hauses, zu dem wir durch die matschige Wiese gestapft sind, noch ein Teil des alten Hofes.

Jetzt müsste ich aber doch etwas spüren. Zugehörigkeit. Wurzeln. Heimweh. Irgendetwas.

Die Schönfelds und die Sachwehs waren Hauländer. Einwanderer oder Ansiedler durften sich hier im Großpolnischen südlich von Posen so viel Land aus dem Urwaldbesitz eines Adeligen hauen, wie sie bewirtschaften konnten und wollten. Das Land gehörte dann ihnen. Sulencin Hauland hieß der so entstehende neue Ort. Weil in einigen polnischen Karten bald Holland stand statt Hauland, wurden die Ansiedler später für Holländer gehalten. Es waren aber Einwanderer aus Sachsen, Pommern, Nordschlesien und Mecklenburg.

In der unseligen Bismarck-Zeit mit ihrem kompromisslosen Kulturkampf gegen alles Katholische und der aggressiven Zwangseindeutschung der Polen, die in der Provinz Posen immerhin ein Drittel der Bevölkerung ausmachten, wurde der Ort zu Warberg umbenannt. Nach 1918 hieß er wieder Sulęcin und die Hauländereien wurden Sulencinek genannt, kleines Sulęcin, obwohl es inzwischen der größere Ortsteil war. Nach dem deutschen Angriffskrieg gegen Polen wurde Sulęcinek unter der Nazibesetzung noch einmal zu Warberg. Seit 1945 heißt es wieder Sulęcinek. Sulencin Hauland, Warberg, Sulencinek, Warberg, Sulęcinek. An den Namen fast jeder Ortschaft in Großpolen kann man den Irrsinn der europäischen Geschichte des letzten Jahrhunderts nacherzählen. Aber das wusste ich alles schon vorher.

Wir sprechen eine Frau an, die in ihrem kleinen, gepflegten

Vorgarten arbeitet. Wir fragen nach den Deutschen. Sie sagt: »Wenn meine Mutter noch leben würde. Die wusste alles über die Krügers und die Kluges.«

Ich sage nicht, dass Urgroßmutter Wonde eine geborene Krüger war und Großvaters Bruder Otto der Ehemann von Karolin Kluge. Ich weiß nicht, warum ich es nicht sage. Wenn die Mutter der Frau im Garten noch leben würde, vielleicht.

Die Frau erzählt, dass vor drei Jahren schon einmal jemand da gewesen ist, der nach den Deutschen gefragt hat. Sie beschreibt uns den Weg zu den evangelischen Gräbern, über die längst der Wald gewachsen ist. »Aber ihr findet das trotzdem. Mitten im Urwald stehen plötzlich fünf alte Eichen. Da müsst ihr hin.«

Es ist eine kleine Lichtung direkt an der Bahnlinie. Hier unter den fünf deutschen Eichen im polnischen Birken- und Kiefernwald werden sie alle begraben sein, die Krügers, die Kluges, die Schönfelds, die Sachwehs und auch mein Urgroßvater Martin Roll. Die Grabsteine sind verwittert. Wir können nur noch wenige Inschriften entziffern. Offenbar gab es auch ein kleines Mausoleum. Weil es ganz zugewachsen ist, sieht es aus wie der Eingang zu einer Höhle.

Einige der Grabsteine sind gar nicht überwachsen und ganz ohne Moos, wie frisch geputzt. Sogar ausgebrannte Grablichter stehen auf ihnen. Die können nicht von damals sein. Der Bürgermeister wird uns später vom Schulprojekt des Pfarrers erzählen. Die Kinder gehen raus in den Wald, kümmern sich um die Gräber der Deutschen und lernen Geschichte.

Wir fahren weiter. Wir besuchen zwei Häuser an der Bahntrasse in Radlin, die Großvaters letztes Bahnwärterhaus gewesen sein könnten, bevor die preußische Reichsbahn ihn nach Jarocin versetzt hat. Etwas näher am Ortskern, an einer anderen Bahnkreuzung, besuchen wir noch ein Haus. Hier könnte es auch gewesen sein. Wir sehen Störche, die auf einem Elektromast ihr Nest gebaut haben. Wir gehen in die Kirche, in der sie alle getauft, konfirmiert, getraut und betrauert worden sind.

Und ich? Ich fühle nichts. Sachliches Interesse ohne Beteiligung der Amygdala. Keine Heimat auf dieser Heimatreise. Keine Ausschüttung von neuroplastischen Botenstoffen. Die Dörfer meiner Ahnen lassen mich kalt.

Nicht das Storchenpaar, nicht der Pfarrer und nicht die Kinder, die sich um deutsche Gräber kümmern, auch nicht der Bürgermeister, schon gar nicht Polen an sich lassen mich kalt. Ganz im Gegenteil. Die Gespräche im Auto und beim Mittagessen mit Łukasz über sein Land, unsere gemeinsame Geschichte, die PiS-Partei, Europa und die vielen deutschen Fehlurteile und übergriffigen Bewertungen interessieren mich mehr als Kirchen, Grundstücke, Friedhöfe im Wald, alte Häuser und jedes Hier-war-das-vielleicht.

Łukasz ist, wie alle Männer, denen ich auf dieser ersten Reise und seither immer in Polen begegnet bin, ausgesucht höflich, zuvorkommend, nahezu old-fashioned-galant. Aber niemals würde er aus Höflichkeit zustimmen oder etwas sagen, was er nicht denkt. Lieber schweigt er. Das macht die Gespräche mit ihm so interessant.

»Wollen wir mal wieder Tacheles reden?«, sagt er manchmal und fragt, ob die Intendanten der großen Sender in Deutschland nicht auch nach Parteiproporz ernannt werden wie in Polen. Und wenn eine Partei wie die CSU früher in Bayern die absolute Mehrheit hat? Ist es dann bei euch nicht ganz genauso wie bei uns? Warum müssen wir uns da von Deutschland belehren und erziehen lassen? Wie ist es bei euch mit den Richtern?

Abends vor meinem Hotel auf dem Stary Rynek genieße ich den Blick über die gut erhaltene und perfekt restaurierte Renaissance-Kulisse der Altstadt von Posen. Unwirklich schön ist es hier, wie gemalt schön. Und auch so bunt. Die energiegeladene Stadtgeschäftigkeit aus Vor-den-Restaurants-Sitzen, Studentenleben, Straßenmusikern, Marktständen und Touristen erinnert mich an den Freiburger Münsterplatz. Posen ist eine hinreißend attraktive, junge und lebenswerte Universitätsstadt. Ich glaube, ich mag polnische Männer. Ich glaube auch, dass ich Alleinreisen mag. Interessiert mich die Gegenwart mehr als die Vergangenheit? Und was genau habe ich eigentlich erwartet von dieser Reise?

Gestern in Hitlers Preußen-Protzschloss war es ganz ähnlich. Nirgendwo in Europa gibt es so viel bedrückend intakte Naziinnenausstattung zu besichtigen wie in der Posener »Führerresidenz«. Aber dann war da dieser große Kulturkongress mit vielen jungen Menschen des 21. Jahrhunderts: Gegenwart, Hitler besiegt und gute Laune im Führerspeisezimmer. Lachen, Palaver und Schäkern in den langen Nazigängen und hohen Hallen, im Führerarbeitszimmer und auf dem Führerbalkon. Gespräche über Europa und polnisches Theater auf Greisers Gauleitertreppe. Weiches Polnisch unter im Original erhaltenen Nazikronleuchtern und Supraporten mit Darstellungen von arischen Übermenschen. Was für eine wunderbare, weiche und süße Sprache Polnisch ist, so weich und süß wie die Hefeklöße, die ich in jedem Restaurant bestelle, weil Vater sie so geliebt hat.

Dann, in einem etwas stilleren Moment, hat mein Gehirn das hefekloßsüße Polnisch zum Verstummen gebracht und mir einen zur Architektur passenden, unangenehmen Marschrhythmus serviert von Stiefeln im Gleichschritt. Herrische Stimmen, die in hartem Deutsch abgehackte Befehle bellen. Jawoll, Heil Hitler, Obersturmbannführer Höppner.

Natürlich habe ich an jenem Tag auch die Mord- und Folterstätten vom Fort VII besichtigt, diesem grausamen, bürokratisch kalten Ort, an dem die deutschen Besatzer gleich 1939 ausprobiert haben, ob man behinderte Kinder besser in unterirdischen Kammern mit Gas umbringen sollte oder doch in den abgedichteten Lastwagen, auf denen zur Tarnung »Kaisers Kaffee« stand.

Die Sprache. Die Bürokratie. Dieses Unvorstellbare, was Menschen mit Menschen machen können.

Bis ich dreißig Jahre alt wurde, habe ich gedacht, man muss darüber nachdenken, welche Umstände und Bedingungen Menschen dazu gebracht haben, so etwas tun. Inzwischen weiß ich, das Nachdenken muss davon handeln, unter welchen Umständen und Bedingungen Menschen dazu gebracht werden können, so etwas nicht zu tun. Nie wieder.

Ob Vater und die Großeltern sich im September 1939 nach dem Einmarsch der deutschen Truppen in Posen gefreut haben? Wie wunderbar, dieser etwas unangenehme Herr Hitler holt uns unsere Heimat zurück?

Was für entsetzliche Nachbarn wir Deutschen den Polen immer wieder gewesen sind! Vielleicht müssen Reisen nach Polen deswegen immer auch eine Art Buß-Fahrt sein. Eine Heimatreise im Sinn von Nachhausegehen, Heimkommen, Wiederfinden ist das jedenfalls nicht. Also habe ich wieder Hefeklöße bestellt. Einmal Kaczka z kluskami für meinen Vater, bitte, polnische Ente mit Hefeklößchen. Weil ich ihn sonst gar nicht spüre hier, wo er doch herkommt, wo wir alle herkommen. Das ist doch meine Heimatreise.

Nach dem zweiten Brovaria dunkel musste ich lachen über mich.

Pose in Posen.

Am nächsten Tag auf der Fahrt nach Jarocin erzählt Łukasz, dass er der Ahnenforscher gewesen ist, der die polnischen Journalisten mit Dokumenten und Details über Angela Merkels Posener Großvater versorgt hat.

Was für ein Zufall.

Also erzähle ich, wie ich ihr einmal erzählt habe, dass mein Vater auch aus der Nähe von Posen stammt.

Sie hatte dann gefragt: »Wie hieß Ihr Vater denn?«

Roll. Und Ihrer?

»Kazmierczak hieß mein Großvater. Auf der zweiten Silbe wird das betont, das hat Tusk mir vor einigen Wochen erklärt.«

Und schon sind Łukasz und ich wieder bei Tusk, Kaczyński und den EU-Sanktionen. Schon reden wir wieder Tacheles, obwohl wir längst in der Stadt angekommen sind, in der mein Vater geboren wurde. Wir stehen auch schon eine Weile auf dem Parkplatz vor dem Jarociner Bahnhof, an dem Großvater gearbeitet hat.

Der Bahnhof sieht noch ganz genauso aus wie auf meinen Postkarten aus dem Jahr 1916. Auch Vaters Schule steht noch an der Kaiser Friedrichstraße, die heute Tadeusza Kościuszki heißt. Das ist ein in Polen hochverehrter General, der auch in Amerika bekannt ist.

Der Stadtplatz von Jarocin, schön, gut erhalten und bunt wie eine gemalte Theaterkulisse, eine architektonische Allegorie auf städtisch-tolerantes, friedliches Zusammenleben vor Bismarck und auf alles, was seither geschehen ist: Sehr gut erhalten und restauriert stehen in zwei der Ecken des Platzes die katholische Kirche und die evangelische Kirche, die heute natürlich auch katholisch ist, etwas zurückgesetzt die Synagoge, die überhaupt nicht restauriert oder erhalten und eine vernachlässigte, traurige Ruine ist. Neben den Kirchen die Wirtshäuser. Im Haus »Zur Goldenen Kugel«, in dem die Deutschen sich trafen, residiert heute die Bank Polski.

Der Aberglaub', in dem wir aufgewachsen, – Verliert, auch wenn wir ihn erkennen, darum – Doch seine Macht nicht über uns. – Es sind nicht alle frey, die ihrer Ketten spotten. Auf diesen Platz könnte man wunderbar einen jungen Tempelherrn hinstellen und den weisen Nathan.

Aber es ist ja leider nicht wunderbar weitergegangen. Weil sie aufgehört haben, Lessings Dramen zu spielen, und lieber die

Tragödie von Nationalismus und Deutschtum gegeben und den Apokalypso getanzt haben in zwei Weltkriegen. Bismarck ist schuld daran. Das ist, was man in Großpolen besser verstehen kann als anderswo.

Und dann, als ich schon gar nicht mehr über Gefühle nachdenke, gibt es im Rathaus von Jarocin doch noch den großen Gänsehautmoment. Die junge Frau, die uns schon die Geburtsurkunde von Vaters kleinem Bruder Erich gezeigt hat, legt einen ledergebundenen Folianten mit den Sterbeurkunden von 1887 bis 1917 vor uns auf den ikeahellen Tresen ihres Büros. Dann schlägt sie die Seite 79 auf.

Mieschkow, am 27. September 1909. Vor dem unterzeichneten Standesbeamten erschien heute, der Persönlichkeit nach bekannt, der Hilfsweichensteller Adolf Roll, wohnhaft in Szyplow, und zeigte an, daß das Kind Wilhelm Gustav Emil Roll, 2 Jahre 4 Monate 13 Tage alt, evangelischer Religion, wohnhaft in Szyplow, geboren zu Szyplow, Kreis Jarocin, Sohn des Anzeigenden und dessen Ehefrau Helene, geborene Wonde, zu Szyplow, in der Wohnung des Anzeigenden, am sechsundzwanzigsten September des Jahres tausend neunhundertundneun, nachmittags um vier Uhr verstorben sei. Vorgelesen, genehmigt und unterschrieben: Adolf Roll.

Von Wilhelm habe ich noch nie etwas gehört.

Es gab in dieser Familie also schon einmal einen Erstgeborenen, über den nicht gesprochen wurde. Vater selber hatte auch einen verleugneten Bruder.

Vorgelesen, genehmigt und unterschrieben: Adolf Roll. Hundertzehn Jahre und zwei Weltkriege später stehe ich, eine Enkelin von Adolf Roll, im Jarociner Rathaus und zeichne mit dem Zeigefinger die Unterschrift meines Großvaters nach. Ich habe dieses *Adolf Roll* mit seinem aufwendig schnörkeligen R in den letzten Monaten oft gesehen. Klar, breit und fest, die Feder kräftig aufgedrückt. Wie einer schreibt, der mit den Händen arbeitet und an die Zukunft glaubt.

Die Unterschrift unter diesem Dokument aber ist ganz anders, zart, klein wackelig und dünn. So zart, klein, wackelig und dünn, als hätte der junge Mann, der mein Großvater gewesen ist, Sorge gehabt, mit einer kräftigeren Unterschrift den Tod seines Erstgeborenen wirklich zu besiegeln, wahr zu machen und ihn so erst endgültig zu töten.

Ich wollte ja Gefühle. Und jetzt trauere ich über den Tod eines Kindes, von dessen Existenz ich bis eben gar nichts wusste. Ich berühre die Unterschrift mit den Fingerspitzen. Ich berühre dich, Großvater. Du berührst mich. Ich zeichne die Unterschrift noch einmal nach. Die junge Stadtangestellte hat aufgehört, in ihren Computerbildschirm zu starren. Sie schaut mich an, freundlich-besorgt.

Es war ein Badeunfall. Vielleicht hatten Großvaters jüngere Schwestern den kleinen Wilhelm mitgenommen zum Schwimmen im Dorfteich oder in der Warthe. Bestimmt hatten sie versprochen, sehr gut auf ihn aufzupassen. Was denn sonst?

Vielleicht ist es auch beim Baden in einem kleinen Zinkbottich passiert. Was weiß ich. Irgendjemand ist immer schuld, wenn ein Zweijähriger bei einem Badeunfall ums Leben kommt. Irgendjemand fühlt sich schuldig. Irgendjemandem wird immer die Schuld gegeben.

Am nächsten Tag auf der wenig befahrenen, schmalen Landstraße, die von Nowe Miasto nad Wartą über Aleksandrów nach Szypłów führt, an der Stelle, an der die beiden Gleise der Strecke von Jarocin nach Poznań unsere Straße kreuzen, sehen wir es dann endlich: Großvaters Bahnwärterhäuschen.

Es steht noch da an den Gleisen wie früher. Aus rotem Ziegel gemauert mit eingezäuntem Garten vor dem Birkenwald, ziegelrot gestrichen das Holz des Zauns. Erdgeschoss, Dachgeschoss mit Fenster im Giebel zu den Gleisen. Auf der Wiese neben dem Haus ist eine Wäscheleine gespannt zwischen drei alten, mächtigen Ahornbäumen. Weiße, schwarze und dunkelblaue Hosen und Hemden sind mit bunten Plastikklammern an die Leine gehängt. Sie bewegen sich leicht im Wind. Keine Nachbarhäuser. Ein Bahnwärterhäuschen am Waldrand ganz einsam und allein in der großpolnischen Landschaft, wie von Märklin an die Bahngleise gestellt, wie im Märchen, wie …

… wie der kleine Bahnhof in Hódmezővásárhelykutasipuszta. Mein Gehirn liefert sofort die Piroschka-Suite dazu. Ich muss aufpassen, dass ich nicht Gustav Knuth und Liselotte Pulver vor das Haus meines Großvaters an die Bahngleise stelle.

Also denke ich neu, denke mir Großvater und Großmutter vor das Haus, so, wie ich sie aus dem Familienalbum kenne. Urgroßmutter Christiane, von der es keine Fotos gibt, denke ich mir im Inneren des Bahnwärterhäuschens dazu. So breit wie hoch sei sie gewesen, hat Vater erzählt. Und dass sie immerzu Dostojewski gelesen hat, während sie auf die Kochtöpfe aufpasste.

Ein Zug der Majkol Trans donnert vorbei und macht mir noch einmal einen Strich durch meine Vorstellung. Widerspruch steigt auf aus den Tiefen meines Gehirns in mein Frontalhirn und Bewusstsein. Stimmt ja auch nicht. Das waren doch nicht so alte Leute wie auf den Fotos. Die waren ja jung. Sehr jung. Und es sind auch ziemlich viele Menschen gewesen für dieses kleine Häuschen, zehn, wenn ich richtig gezählt habe. Was ein Gehirn so arbeitet, wenn ein Zug vorbeifährt, Widerspruch ins Bewusstsein vordrängt und einen Gedanken korrigiert.

Im November 1906 sind sie hier eingezogen. Der Urgroßvater war gerade gestorben. Großvaters großer Bruder Otto hatte mit seiner Frau und den ersten drei seiner später sieben Kindern den Hof übernommen. Großvater ist jetzt 24 Jahre alt. Bei der preußischen Reichsbahn ist er soeben aufgestiegen vom Hilfsweichensteller zum Schrankenwärter mit Wohnrecht in diesem Bahnwärterhäuschen für ihn und seine große Familie.

Mit ihm leben in dem kleinen Bahnwärterhaus seine Frau, die 25-jährige tapfere Schneiderin Helene aus Groß Drenzig, seine Mutter Christiane, dazu Großvaters kleine Schwestern, die elfjährige Martha und Anna, die schon dreizehn ist, und die ersten beiden Kinder meiner Großeltern, das Baby Ella mit dem zweifarbigen Auge, das morgen ein Jahr alt wird. Und Wilhelm, der schon zwei ist. Zwei Jahre, vier Monate und dreizehn Tage – fast auf den Tag so alt, wie unser jüngster Enkel ist, während ich das hier schreibe 120 Jahre später.

Und dann ist Wilhelm gestorben.

Es ist also der 26. September 1909, noch einmal ein heißer, trockener Septembersonntag. Vielleicht hängt Lene gerade die Wäsche an eine Leine, die sie um die drei jungen Ahornbäume gebunden haben. Mit einem Tuch unter ihrer Brust festgebunden lächelt die kleine Ella im Schlaf, wacht auf und strahlt ihre Mutter an, ein Auge braun und blau. Morgen soll ihr erster Geburtstag gefeiert werden.

Großvater steht schon an der Schrankenkurbel, weil bald der Nachmittagszug aus Posen durchfahren wird. Martha und Anna sitzen auf der Wiese im Garten im Schatten der Birke. Eine Laute, eine Gitarre und Großvaters Okarina liegen zwischen ihnen im Gras. Die Mädchen kichern und quatschen, obwohl eigentlich der Plan war, die Lieder zu üben, die morgen zu Ellas Geburtstag gesungen werden sollen. »Kukułeczka kuka« vielleicht, in C-Dur.

Es ist gleich vier Uhr. Alle im Bahnwärterhäuschen sind geschäftig, behaglich heiter und gut gelaunt.

Noch.

In der Küche am Herd vor einem kesselgroßen Topf steht eine 52-jährige freundlich-dicke Frau und liest. Das ist Großvaters So-breit-wie-hoch-Mutter Christiane. Das Buch hält sie in der linken Hand. »Die Brüder Karamasow«. Mit der Rechten rührt sie ab und zu im Kessel. Rüben-Kartoffel-Eintopf für zehn, mit Fleisch sogar, weil Sonntag ist und Baby Ella morgen ein Jahr alt wird. Der kleine Wilhelm sitzt fröhlich brabbelnd in einer Zinkwanne neben dem großen Topf am Herd. Mit großer Forscherbegeisterung füllt er immer wieder seinen Becher mit Wasser und gießt das Wasser zurück in sein Sonntagnachmittag-Bad.

Ich habe mich wohl schon tausendmal über diese Fähigkeit des Menschen gewundert, das höchste Ideal neben der niedrigsten Gemeinheit in seiner Seele hegen zu können, und beides mit vollkommener Aufrichtigkeit.

»Hör dir das bloß mal an, Wilhelm«, sagt Urgroßmutter Christiane und liest diesen einen Satz, der sie so fasziniert, dass sie ihn schon zweimal gelesen hat, jetzt zum dritten Mal, und diesmal laut. Der kleine Wilhelm steht auf in seiner Blechbadewanne, weil er auch mal in das Buch schauen will.

Diese Wanne steht allerdings etwas heikel auf dem Tisch, finde ich, und auch viel zu nah an dem großen Kochtopf. Seht ihr das denn nicht?

Es könnte … Der Junge würde dann. Er ist doch gerade erst genauso alt, wie …

Nein! Bitte nicht!

»Kommen Sie herein. Darf ich Kaffee machen?«

Es ist doch jemand da im Bahnwärterhaus. Janina Chlebowska. Ihr Mann war der Sohn des letzten Schienenwärters vor der Umstellung auf das elektrische Signal. Heute gibt es die Schranke über die Landstraße nach Szypłów ja gar nicht mehr, nur ein rotes, computergesteuertes Warnlicht. Es gibt auch keinen Schrankenwärter. Aber Janinas älteste Tochter arbeitet bei der polnischen Bahn. Sie kann an den Fahrgeräuschen der Züge hören, ob die Räder rundlaufen. Janina lebt im Bahnwärterhaus mit ihrer jüngsten Tochter und deren Sohn, der schon 25 Jahre alt ist und sich immer noch gerne die Pausenbrote von der Großmutter schmieren lässt. Bald wird das Haus ihr gehören.

Es ist schon fast vollständig abbezahlt. Aber jetzt muss sie erst einmal in die Küche. Kaffee kochen.

Gastfreundschaft.

In Deutschland gibt es das nur noch als Wort. Wenn Fremde an eine Tür klopfen und erzählen, dass ihr Großvater einmal in diesem Haus gelebt hat, sagt man in Polen: Kommen Sie herein. Bitte. Ich mache Kaffee.

Obwohl die Stube ein modern eingerichtetes Wohnzimmer ist, muss ich an Lene denken, meine Großmutter, die ich nie erlebt habe. Die mich nie erlebt hat. Ich versuche mir in dieser Stube eine Szene vorzustellen, die einzige Geschichte, die ich von ihr weiß. Großvater meckert. Er mag Suppe nicht mit so einem winzigen Löffel essen. Sie steht auf ohne Worte, nimmt seinen Löffel und legt ihm die Suppenkelle neben seinen Teller. Ich hätte diese Großmutter also gemocht.

Janina kommt zurück. Polnischer Kaffee und Schokolade. Der Vater ihres Mannes ist der Nachfolger gewesen vom letzten deutschen Schienenwärter Eduard Baumgart. Den kenne ich aus unseren Unterlagen. Das war der, mit dem Großvater 1910 die Stelle und dieses Bahnwärterhäuschen getauscht hat gegen ein größeres Bahnwärterhaus in Radlin.

Im Krieg haben deutsche Soldaten Janinas Schwiegervater aus diesem Bahnwärterhaus gezerrt und nach Deutschland verschleppt. Er musste arbeiten auf einem deutschen Bauernhof.

Wie hieß der Schwiegervater denn?

Na. Chlebowski. Marcin Chlebowski.

Es ist einen Moment still in der Stube vom Bahnwärterhaus, weil ich an Martin denke, den einzigen Zwangsarbeiter meines anderen Großvaters, den ich bisher mit Namen kenne, wenn auch nur mit Vornamen, der Pole Martin, unser Martin in Brunscheid, der eine Rübe liebte. Was immer das heißen soll.

Aber weil das hier kein Roman ist und kein Film und weil es Tausende Martins oder Marcins gegeben haben wird unter den fast drei Millionen polnischen Zivilisten und Kriegsgefangenen, die als Arbeitssklaven nach Deutschland verschleppt worden sind, unterbricht Janina den stillen Moment und sagt: »Er ist von den Deutschen gut behandelt worden auf diesem Hof in Bayern.«

Auf einem Hof in Bayern.

Er ist von den Deutschen gut behandelt worden. Das sagt sie so, als müsse sie mich trösten, mich, eine Enkelin der Mörder und Sklavenhalter.

Ach, der Krieg. Dieser verdammte Krieg.

Nachts liege ich lange wach in meinem Bett über den Dächern des Marktplatzes von Poznań. Ich höre das Gelächter, die Straßenmusiker und die Gespräche unter meinem Fenster, polnisch, italienisch, deutsch.

Also denke ich an Europa. Daran, wie wir Deutschen mit unserer polnischen Schuld klarkommen müssen und sie zugleich niemals vergessen dürfen. Ich glaube, dass es wichtig für die Zukunft der Europäischen Union ist, sorgfältig zu überlegen, wo man gegenüber Polen, Ungarn und demnächst wahrscheinlich Italien die roten Linien zieht und ob ausgerechnet eine deutsche Regierung oder eine deutsche Kommissionspräsidentin den Polen erklären sollte, wie Gewaltenteilung geht, oder gleich ganz abwinken und sagen, ach, Polen, Kaczykistan, Polen ist ja leider keine Demokratie mehr.

Noch darf in Polen jeder seine Meinung sagen. Noch ist Polen nicht verloren. Die Universitäten sind frei. Die Medien irgendwie auch. Eine gefährdete Demokratie mit kaltgestellten Institutionen, eine instabile Vorform, der mögliche Beginn einer Autokratie, das ist Polen vielleicht. Etikettierungen, Belehrungen und Zensuren aus Deutschland helfen in dieser Situation nur den falschen Leuten und in die falsche Richtung.

Dann muss ich an den jungen Mann denken, der am ersten Geburtstag seiner Tochter Ella zu Fuß über die Landstraße von

Szypłów nach Mieschkow geht. Er ist 25 Jahre alt, groß, hager, schlank und zornig. Oder traurig. Bestimmt beides. Der erste Geburtstag des neuen Babys mit dem zweifarbigen Auge wird heute nicht gefeiert. Der Mann, der jetzt gleich hinter der Schlossmauer der Taczanowskis links abbiegen wird in den Wald, weil der Weg über die Bahngleise nur eineinhalb Stunden dauert, muss ins Rathaus nach Mieschkow, um den Tod seines Erstgeborenen anzuzeigen.

Zurück wird Großvater langsam gegangen sein. Sehr langsam. Geballte Fäuste in den Hosentaschen. Tränen vielleicht. Und dann muss er entschieden haben, nie wieder über Wilhelm zu sprechen und auch nicht über Schuld. Er verschließt den Zorn und den Schmerz für immer in seinem Herzen. Durch Nicht-mehr-daran-Denken und Nie-wieder-drüber-Sprechen gelingt es ihm, den Zorn und den Schmerz zu vergessen. Und die Trauer auch.

Vor hundertzehn Jahren gab es noch keine Gehirnforscher, die wussten, wie die aktive Unterdrückung der Erinnerung an ein Unglück und an einen verlorenen Sohn diese Erinnerung tatsächlich fast vollständig löscht. Aber funktioniert hat es auch damals schon.

Und natürlich hat etwas in Großvater Adolf und in Großmutter Helene jedes Jahr am Geburtstag ihrer Tochter Ella daran gedacht, dass einen Tag vorher Wilhelm gestorben ist. Erst recht, als dann nach zwei Kriegen und zwei Vertreibungen auch noch der zweitgeborene Erstgeborene einfach im Westen geblieben und reich geworden ist.

Die Bahnfahrt von Poznań nach Berlin dauert nur zwei Stunden und vierzig Minuten. Viel zu kurz ist das für die Rückfahrt der längsten Reise, die ich je unternommen habe.

Meine Heimatreise.

Dass ich das endlich gemacht habe. Dass ich ein Leben dafür gebraucht habe, es zu tun – ein Leben und ein großes Stück von meinem zweiten Leben. Raaktacktack. Raaktacktack. Raaktacktack. Piroschka, Piroschka, Piroschka. Wenn ich auf Reisen so vor mich hin träume, dann ist mir oft, als hörte ich im Rollen der Räder den Namen Piroschka.

Und dann denke ich an alle meine Toten.

Eine Frau spürt den Geheimnissen ihrer Familie nach. Sie rekonstruiert das Leben ihrer Eltern und Großeltern, löst das Rätsel einer Talsperre und sucht ihren verleugneten Halbbruder. Den Bruder findet sie nicht.

Das ist keine Geschichte.

Das menschliche Gehirn will Erzählungen mit Anfang und Ende.

Das Leben erzählt seine Geschichten manchmal nicht zu Ende.

Das Gehirn ist also noch nicht zufrieden. Es wird sich noch einmal an die Arbeit machen müssen, eine neue Erzählung finden. Die eigentliche Geschichte. Vielleicht sogar die Wahrheit.

Was ist Wahrheit? Kann man Wahrheit herstellen durch Denken? So wie man Erinnerung herbeischreiben kann?

Wie entscheidet ein Gehirn, an was es sich erinnert? Was bleibt für immer vergessen? Wie wählt eine Erzählerin aus, worüber sie schreibt und was sie auf dem Friedhof des Unerzählten begräbt?

Brüder und Schwestern

Schon einmal hat sich eine Frau aus Berlin aufgemacht, die kleine Stadt Jarocin zu besuchen und auch das Dorf Radlin, den Geburtsort ihrer Großmutter. Drei Jahre vor meiner Reise nach Polen ist das gewesen. Die Frau, sie heißt Agnes Sioda, ist aus Versehen erst mal nach Auschwitz gefahren, weil es sechzig Kilometer westlich von Auschwitz auf der schlesischen Hochebene noch ein anderes Radlin gibt, eine kleine Bergbaustadt mit sehenswert-erhaltenem barocken Zentrum. Es war das falsche Radlin.

Niemand fährt aus Versehen nach Auschwitz.

Agnes Sioda ist Künstlerin. In der Galerie Berlin an der Auguststraße kann man ihre Bilder sehen, große und kleine Formate in Öl und Acryl, abstrakt, geheimnisvoll-wild, explosivbunt, und doch mehr tastend als behauptend.

Wer diese Bilder anschaut, kann vorher nie wissen, wie tief es ihn hineinzieht ins magisch Eruptive und ob er ganz verloren geht oder doch wieder ausgespuckt wird an einer unerwarteten Stelle mit unerwarteten Gefühlen und Verwirrungen. Ich mag das große, namenlose Grüne am liebsten, »ohne Titel I. 2018«.

Von allen Bildern, die sie in den verschiedenen Phasen ihres Schaffens gemalt hat, ist eines nicht vollkommen abstrakt: Eine Lokomotive auf Schienen durchbricht den Nebel der Abstraktion. Vielleicht ist es aber auch eine Lokomotive, die sich hinter dem Nebel der Abstraktion versteckt.

In Polen war Agnes Sioda wegen ihres Urgroßvaters. Immer

und immer wieder hatte sie diesen Urgroßvater in ihren Träumen gesehen, immer und immer wieder Schienen und Züge im Nebel. Sie glaubt, dass die Traurigkeit, die sie manchmal anfällt, die Einsamkeit und die Angst vor den eigenen Abgründen mit diesem Urgroßvater zu tun hat. In einer Familienaufstellung hatte er ihr gesagt, dass die Einsamkeit gar nicht zu ihr, sondern zu ihm gehört.

In Polen sortiert sie ihre Gefühle. Sie stellt sich vor, dass das große, grüne Haus mit Garten an der Radliner Bahnkreuzung das Haus gewesen ist, in dem ihre Großmutter Hedwig geboren wurde. Sie überprüft, ob sie so etwas wie Heimat spürt und Nachhausegehen in den Dörfern und Birkenwäldern der großpolnischen Landschaft. Aber wirklich weiter kommt sie durch ihre Reise nicht.

Dann, eines Tages, sieht sie bei ihrer Mutter ein Buch über Angela Merkel. Die Tochter von Onkel Otto hat es geschrieben. Onkel Otto, das war doch der Onkel, der im Westen geblieben und reich geworden ist, der Bruder von Großmutter Hedwig. Onkel Otto, der immer mit seinen dicken Schlitten in Altenburg vorgefahren kam.

Sie liest das Buch und denkt, wenn die Autorin aus dem Westen ist und trotzdem so schreibt und solche Fragen stellt, dann muss ich sie kennenlernen. Ich werde Onkel Ottos Tochter einen Brief schreiben.

»Das kannst du auch gleich bleiben lassen«, sagt ihre Mutter. »Die antwortet dir nicht. Die interessiert sich nicht für uns.«

Und tatsächlich. Nie ist eine Antwort auf den Brief gekommen.

Eines Tages aber hat sich die Tochter von Onkel Otto dann plötzlich doch noch gemeldet auf Facebook mit der Frage, ob man nicht mal telefonieren könne. Sie hatte irgendetwas Schlimmes überlebt und war nun selber auf der Suche nach den polnischen Vorfahren.

Offenbar hatten die Leipziger ihr gesagt, du musst Agnes fragen, Agnes interessiert sich auch für Ahnenforschung, die war deswegen sogar schon in Polen.

Es war Freundschaft auf den ersten Blick. Schon vorher, beim ersten Sprechen am Telefon, haben wir uns verstanden, als würden wir uns immer schon kennen, länger als immer schon. Ich weiß noch, wie Agnes irgendwann in diesem ersten Gespräch »Himmel, Arsch und Zwirn« sagte und wie ich dachte, oh, schön, das habe ich seit Vaters Tod nicht mehr gehört. Und erst nach einer Dreiviertelstunde Gespräch hat Agnes gefragt: »Sag mal, du rufst aber gar nicht an wegen dem Brief, den ich dir geschrieben habe?«

Der Brief war nie angekommen. Der alte Vermieter aus der Preußenallee hatte die Post einfach nicht nachgeschickt.

Wir haben uns trotzdem gefunden. Wir verabreden uns. Wir lernen uns kennen.

Agnes sieht aus, als wäre sie eine Schwester meiner blonden Schwester Christiane. Sie ist witzig und schlau. Alte Seele, tief und offen. In New York und Paris hat sie gelebt. Sie malt diese sensationellen Bilder, hat zwei Kinder und drei Enkel. Und obwohl Agnes 1965 in Jena geboren wurde und bis zur Wende Bürgerin der DDR blieb, ist sie zwei Jahre in New York zur Schule gegangen. Als sich die DDR 1975 nach der Unterzeichnung der KSZE-Schlussakte von Helsinki international anerkannt fühlte, haben sie ihren besten Geophysiker und Erdbebenforscher Peter Bormann ins UN-Sekretariat nach New York geschickt. Der nahm seine Frau und zwei seiner damals drei Kinder mit, Agnes und Alexander. Katharina, die Älteste, musste zuhause bleiben als Pfand.

Jeden Mittag hat ein Chauffeur die kleine Agnes von der Schule der sowjetischen Mission in Riverdale zum DDR-Kindergarten nach Manhattan gebracht, in dem ihre Mutter arbeitete. Jeden Mittag folgte ihnen eine dunkle Limousine des FBI.

In Agnes' Erinnerung fuhr noch eine dunkle Limousine hinter dem FBI-Auto her. Die war vom KGB.

Viel hat sie in den zwei Jahren nicht gesehen vom Leben in Manhattan, immer nur die kapitalistische Architektur von außen. Und die Obdachlosen der Stadt. Das DDR-Kind Agnes war bestürzt von dem Elend und konnte nicht begreifen, dass sie nun also zu den Leuten dazugehören sollte, die an diesen hungernden und frierenden Menschen vorbeigehen und nicht wenigstens einem richtig helfen, anstatt immer nur Almosen zu geben. In der russischen Schule waren sie und ein anderes Mädchen die einzigen Deutschen. Nazi also.

Eines Tages, da war Agnes schon elf Jahre alt, haben sie das MET besucht. Lange hat sie vor Renoirs Mädchen-Bildnis gestanden, in dem sie sich selbst als Möglichkeit wiedergesehen hat. Klar, voller Träume, stark und zart zugleich. Und als alle wieder draußen waren, wusste Agnes wie betäubt atemlos vor Erkenntnis: Das ist es. Das ist Freiheit. Das will ich sein und machen.

Erst mal aber ist sie Baggerfahrerin geworden. Kinder von Akademikern konnten im real existierenden Sozialismus des deutschen Arbeiter- und Bauernstaates ja nicht einfach so auf die Kunsthochschule spazieren und wurden auch nicht gerade bevorzugt aufs Gymnasium befördert. Was ihr Glück gewesen ist. In ihrer zum Abitur begleitenden Berufsausbildung zur Meliorationstechnikerin hat sie nicht nur alles über Bewässerungssysteme gelernt, sondern auch das Fahren von Bulldozern und das Arbeiten mit der Schaufel. Himmel, Arsch und Zwirn.

Seit unserer ersten Begegnung suchen wir gemeinsam: unsere Ahnen. Die blinden Flecken. Die Wahrheit. Den Sinn. Ihr Urgroßvater ist mein Großvater. Ich lerne ihre Mutter kennen, die meine Cousine ist. Wir fahren zu Tante Inge nach Schwerin, noch eine meiner unbekannten Cousinen. Wir tauschen aus, was wir wissen. Zufällig leben wir in der gleichen Stadt. Die eine im Osten. Die andere im Westen. Und jetzt singen wir im gleichen Chor. Sie kommt mit nach Sardinien. Ich miete das Haus in Caputh, weil sie dort am Caputher See ihre Datsche hat. Agnes ist der kostbarste Beifang meiner Polenreise. Sie nennt mich »das schönste Geschenk der Wiedervereinigung«. Es versöhnt sich etwas in uns. Keine von uns beiden weiß wirklich genau, was dieses Etwas ist.

Man kann auch Wahlverwandtschaft eingehen mit Menschen, mit denen man immer schon verwandt gewesen ist.

Also erzähle ich Agnes alles; alles, was ich weiß und vermute. Vaters Kriegsreise. Die Ehen meiner Mutter. Großvaters Wissen um die Verbrechen der Wehrmacht im Osten. Seine Beteiligung und Verstrickung. Die doppelte und doppelt verdrängte Vertreibung unserer Familie. Mein verleugneter Bruder. Wie Mutter Ilse angeboten hat, dass der bei uns leben und aufwachsen soll. Dass es dazu aber offensichtlich nicht gekommen ist. Aber Alimente sind bezahlt worden, wahrscheinlich bis zu Vaters Tod.

Die Dokumente aus Guben sagen, dass am 7. Mai 1944 das dritte Kind deiner Großmutter Hedwig in der Stadt- und Hauptkirche zu Guben getauft worden ist. Die Paten waren Hedwigs Geschwister, Ella mit dem zweifarbigen Auge und Otto, mein Vater Oberleutnant Otto Roll, wie er damals noch hieß. Also ist Vater Anfang Mai 1944 noch ein letztes Mal in Guben gewesen. Und falls er seinen Sohn jetzt erst gezeugt hat, ist der Ende Dezember 1944 oder Anfang Januar 1945 geboren. Dann könnte er noch leben. Dann finde ich ihn.

Die Frau auf dem Foto von Hedwigs Hochzeit, diese schöne Frau, mit der mein Vater Ärmchen hält, das wird die Mutter meines verleugneten Bruders sein. Wenn ich herausfinde, wer sie ist oder wer sie war, finde ich auch meinen Bruder.

Agnes fragt alle in der Familie. Niemand weiß, ob der Onkel Rolf aus dem Westen schon einmal verlobt oder verheiratet war im Krieg oder vor dem Krieg, als er noch Otto hieß. Keiner weiß, ob er ein Kind hatte, an das Alimente bezahlt worden sind.

Niemand kennt die Frau auf dem Foto.

Agnes sagt: Es ist das Unaussprechliche, Unausgesprochene, das so einsam macht. Und das wir geerbt haben.

Agnes sagt: Du musst Jürgen treffen, Ellas Sohn, deinen Cousin, der ist ja praktisch beim Großvater aufgewachsen. Lass uns mal telefonieren, wie wir am besten vorgehen.

Lieber Jürgen,
wir haben uns nur einmal getroffen, als wir beide noch Kinder waren. Ich weiß das nur von einem Familienfilm, der an der Fürwiggetalsperre gemacht wurde, da bist Du auf dem Schoß unseres Großvaters zu sehen und bist vielleicht sechs Jahre alt. Ich bin Deine Cousine aus Lüdenscheid.
Ich schreibe Dir, weil ich Dich gerne besuchen und Dich kennenlernen möchte. In den letzten Monaten habe ich mich intensiv mit unserer Familie und mit meinem Vater beschäftigt. Ich bin nach Guben gereist und nach Polen (Szypłów, Radlin, Jarocin und Poznań), war in Archiven, habe Bücher gelesen, Fotos aus der Wehrmachtszeit meines Vaters ausgewertet, die Familie Roll bis 1735 rückwärts recherchiert und die Wondes (bisher nur) zwei Generationen zurück. Vieles verstehe ich langsam, andere Fragen und Rätsel werden immer größer, mein Interesse an unserer Familie auch.
Um es kurz zu machen: Darf ich Dich besuchen, Dich kennenlernen? Darf ich Dich in Altenburg in die schöne Hofgärtnerei zum Essen einladen? Vielleicht schon in diesem August?
Ich hoffe, dass Du Ja sagst und einen Terminvorschlag

machst. Ich bin in den nächsten Wochen bis Ende August relativ frei, auch im Oktober wieder.
Sehr herzliche Grüße
Von Deiner Cousine
Evelyn

»Fünfzig Jahre habe ich auf diesen Brief von Dir gewartet.« Das ist der Satz, mit dem Jürgens Antwort beginnt.

Und dann sitzen wir eine erste lange, laue Sommernacht unter sternklarem Himmel in Altenburgs Hofgärtnerei, mein neuer Cousin und ich. Mit einem Blumenstrauß hat er mich vom Bahnhof abgeholt. Der Herr der Häuser ist ein gut aussehender Mann um die siebzig, sportlich, schlank.

Der Herr der Häuser. So ist ein ganzseitiges Portrait in der »Osterländer Volkszeitung« überschrieben. Offenbar hat mein neuer Cousin in seinen zwanzig Jahren als Chef der Städtischen Wohnungsgesellschaft Altenburgs, die der Autor des Artikels die »Ära Roll« nennt, außerordentlich segensreich gewirkt und außerdem geholfen, die in der DDR-Zeit verwahrloste Altstadt Altenburgs zu retten, auch das unter Denkmalschutz stehende Bauhausensemble im Dichterviertel.

Ära Roll. Das berührt mich. Und zugleich ist es mir peinlich vor mir selber, dass es mich berührt.

Ein kleines Taschenmesser hat Jürgen mitgebracht, ein Taschenmesser im Lederetui mit Gravur: »Fritz Lieb, Lüdenscheid«. Das ist der Name meines Wuppertaler Urgroßvaters und der Firma, die er gegründet hat. Mein Vater hat Jürgen das Messer geschenkt.

Warum besitze ich so etwas nicht?

Wie kostbar banale Alltagsgegenstände werden können, wenn man sie lange genug aufbewahrt. Sogar Werbegeschenke.

Weil wir uns so spät im Leben erst begegnen, vergeuden wir keine Minute mit Small Talk oder Renommiergeschwafel, mein neuer Cousin und ich. Gleich Klartext mit offenem Visier und weit geöffneten Herzen. Jürgen ist ohne Vater bei seiner Mutter Ella aufgewachsen, der Schwester meines Vaters. Ella mit dem zweifarbigen Auge. Seinen Vater hat er nie kennengelernt. Der ist auch im Westen geblieben nach dem Krieg. Unser gemeinsamer Großvater war dann sein Ersatzvater.

»Ja, klar hat der Polnisch gesprochen. Und wie. Großvater konnte wunderschön fluchen auf Polnisch. Und Gitarre hat er gespielt, auch Klavier, Geige und Okarina, alles immer ohne Noten. Ich habe auch erst Geige gelernt. Aber dann habe ich Schlagzeug gespielt in der Sinus-Combo. Nur Westmusik natürlich, außer wenn die Stasi kam.«

Okarina.

Großmutter durfte die Schranke bedienen, wenn der Großvater unterwegs war. Das ist, was er aus der Zeit in Polen vor der ersten Vertreibung weiß. Und dann sagt dieser eben noch fremde Mann: »Du kennst wahrscheinlich den Film ›Piroschka‹. Manchmal kommen mir die Tränen, wenn ich den sehe. Komisch, dass ich dir sowas erzähle, wir haben uns doch vor zwei Stunden erst kennengelernt.«

Ich sage: Wenn ich auf Reisen so vor mich hin träume, dann ist mir oft, als hörte ich im Rollen der Räder den Namen Piroschka. Und dann denke ich an sie, und: Das ist so superinteressant. Ich habe »Piroschka« vor ein paar Wochen noch einmal angesehen und praktisch durchgeheult.

Ich erzähle dem Cousin, den ich eben erst kennengelernt habe, also, was ich nicht einmal meinem Bruder erzählen konnte.

Aus den Gubener Jahren weiß Jürgen nicht viel, und alles nur aus Erzählungen. Er war noch ein Baby bei der Flucht. Großvater habe als Eisenbahner schon ein paar Tage vorher gewusst, dass Guben evakuiert werden sollte. Also konnte er noch Möbel aus der Wilkestraße in einen Waggon bringen, der an den

Fluchtzug angehängt wurde. Im Flur von Jürgens neuem Haus steht noch der Unterschrank eines Spiegels, der in diesem Waggon von Guben nach Altenburg transportiert worden ist, den will er mir morgen zeigen.

»Gerade als unser Zug mit den vielen Flüchtlingen aus dem Bahnhof Dresden herausgefahren war, begann der große Luftangriff. Alle mussten raus und links und rechts vom Gleis in Deckung gehen.«

In Altenburg haben sie dann zuerst bei Tante Hulda gewohnt, zwölf Menschen in einem Zimmer. Später ist er mit seiner Mutter und den Großeltern in eine der Holzbaracken gezogen, die die Bahn vor der Eisenbahnersiedlung an die Altenburger Gleise gebaut hatte für ihre geflüchteten Angestellten, auch die Stelle wird er mir morgen zeigen.

»Und in diese Baracke ist eines Tages dein Vater gekommen, 1948 oder 1949 muss das gewesen sein. Ein schwarzes Spielzeugauto hat er mir mitgebracht, ein SiKu-Auto, Stoßstangen reinschiebbar zum Richtungswechsel.«

SiKu, Kurt Sieper, das war unser Nachbar an der Fürwiggetalsperre.

»Und fortan hat dein Vater, mein Onkel Rolf, immer geholfen. Er hat mir die wichtigsten Ratschläge meines Lebens gegeben und großzügige Geschenke gemacht, mal 500 Mark, mal diese Westlederjacke, die mein Sohn Carsten von mir geerbt hat.«

Wie Jürgens Augen leuchten, wenn er von seinem Onkel Rolf spricht, der mein Vater ist.

»Als ich bei euch war in Lüdenscheid und du noch zu klein warst, um dich zu erinnern – du warst ja gerade erst geboren –, da sind wir in seinem Opel Kapitän herumgefahren, und er hat mir seine Baustellen gezeigt. Da hat er mir auch die Sätze gesagt, die mir später im Leben am meisten geholfen haben, besonders, als ich nicht in die Partei eintreten wollte und deswegen viel Ärger hatte in der DDR und Einstellungsverbot auch:

Du musst tun und werden, was du willst, hat er gesagt. Brav und schüchtern sein bringt dich nicht weiter. Und wenn du dich doch mal vor jemandem fürchtest oder zu viel Respekt hast, musst du ihn dir …«

… einfach auf dem Klo vorstellen, mit heruntergelassenen Hosen.

Ich spreche längst mit. Und wir lachen, mein neuer Cousin und ich.

Wie warm die Nacht ist. Wie unfassbar schön, in diesem Garten unter den Sternen mit einem eben noch fremden Mann zu sitzen, einem Mann, der bei »Piroschka« weinen muss und Sätze sagt, die ich auswendig kenne seit meiner Kindheit.

Ich habe noch nie jemanden so liebevoll über meinen Vater sprechen hören. Außer mich selber vielleicht.

»Du warst auch sein Lieblingskind«, sagt Jürgen. »Als er das letzte Mal hier in Altenburg war und ich seinen Diplomat fahren durfte, hat er mir erzählt, die einzige seiner Kinder, die das Zeug habe, die Firma zu übernehmen, sei Evelyn.«

Warum weiß ich davon nichts? Mir hätte er das sagen sollen. Oder Michael. Dann hätte der das ungeliebte Erbe nicht antreten müssen.

Und wie war das so für dich als Kind zu Besuch beim Onkel im Westen, bei uns?

»Als Großvater und ich in Lüdenscheid waren, wäre ich so sehr gerne in der Stadt geblieben, um alles zu sehen, Kinos, Westgeschäfte. Aber deine Mutter wollte unbedingt in das Wochenendhaus an der Talsperre. Da war auf der anderen Seite der Talsperre so ein Hotel mit Terrasse.«

Ein Restaurant, ja, Glockenbusch, Vater sagte immer Klingelstrauch.

»Auf dieser Terrasse war jeden Abend Lachen und Musik. Da habe ich mich oft rübergesehnt.«

Als Jürgen dann in der Schule in Altenburg den obligatorischen Ferienaufsatz schreiben musste, hat er alles genauso beschrieben: das Wochenendhaus, die Talsperre, den Wald. Weil er aber eine Eins wollte, hat er seine Sehnsucht nach der Stadt, den Westgeschäften, dem Lachen und der Musik vom anderen Ufer der Talsperre weggelassen und dafür Amerikaner erfunden. Am anderen Ufer der Talsperre auf der Terrasse vom Klingelstrauch feierten also Abend für Abend Amerikaner, rauchten und tranken, machten schrecklichen Lärm und störten die Natur.

Er kann so schön erzählen, der neue Cousin. Er ist mir so vertraut. Als würden wir uns immer schon kennen.

Blutsbande.

»Es war dann später fest vereinbart, dass ich mit meiner Mutter Ella zu euch nach Lüdenscheid komme, dass wir dort leben, damit ich in Westdeutschland zur Schule gehen kann. In Altenburg habe ich mich deswegen freiwillig für eine neue Schulform gemeldet, bei der man Maurer lernen und Abitur machen konnte. Da wollte sonst keiner hin. Ich ja auch nicht. Aber ich wusste doch, wir bleiben nach den nächsten Sommerferien bei Onkel Rolf und Tante Ilse im Westen.«

Und dann?

Dann war Sommer. Sommer 1961. Die Mauer wurde gebaut. Niemand konnte mehr in den Westen reisen zum Ferienmachen und Bleiben, um bei Onkel Rolf und Tante Ilse zur Schule zu gehen.

»Also bin ich in der DDR geblieben und auf diese Maurerschule gegangen. Dein Vater, mein Onkel Rolf im Westen, ist mir trotzdem Vaterersatz geblieben. Er hat mir immer geholfen, solange er gelebt hat. Ich verdanke ihm viel. Auch die Alimente meines Vaters sind über deinen Vater gelaufen.«

Jürgens Vater hat Alimente über meinen Vater bezahlt?, denke ich und höre mich fragen: »Wann bist du eigentlich geboren?«

Als er antwortet: »Am 31. Dezember 1944«, schweige ich, streiche mit der Fingerkuppe über den Rand meines Weinglases und spüre, wie plötzlich an die Oberfläche meines Bewusstseins gelangt, worüber die Neuronen und Synapsen in den vorbewussten Regionen meines Gehirns sich offenbar schon die ganze Zeit verständigt haben und was nun endlich aufsteigen will in mein Frontalhirn: Alimente sind über meinen Vater bezahlt worden. Jürgen sollte bei uns im Westen leben. Zum Jahreswechsel 1944 ist er geboren. Im Mai 44 war Vater noch einmal in Guben. Ich muss nachdenken.

Einmal mit der Fingerkuppe über den Rand eines Weinglases streichen und schweigen ist offenbar lange genug für das Gehirn meines Gegenübers. Hätten Jürgen und ich nebeneinander gesessen und auf einen See geschaut oder in ein Feuer, wäre diese Fünf-Sekunden-Pause ganz selbstverständlich und unauffällig gewesen. Sitzt man einander gegenüber, sind fünf Sekunden ein lautes Schweigen.

Ich weiß nicht, ob es Jürgens Bewusstsein oder sein Unterbewusstsein war, das nun antwortet, als habe es meinem Gehirn sehr genau zugehört beim Denken in diesen fünf Schweigesekunden. Er sagt: »Mein Vater hat in Hamburg gelebt. Die Alimente sind über deinen Vater bezahlt worden, damit sie nicht eins zu eins in DDR-Mark umgetauscht werden. Dann wären sie nicht mehr viel wert gewesen. Dein Vater hat mit dem Westgeld dann im Genex-Katalog aus der Schweiz Sachen für uns bestellt und gekauft, die wir brauchten oder gerne haben wollten.«

Menschengehirne können direkt miteinander kommunizieren, glaube ich. Und ich glaube auch, dass sie das immer schon konnten, in ganz alten Zeiten wahrscheinlich noch besser als heute. Musik muss etwas gewesen sein, womit die Evolution diese Begabung hätte weiterentwickeln und ausbauen können. Aber dann ist die Sprache dazwischengekommen.

Ein Mann und eine Frau. Er war der Geschäftsführer der Städtischen Wohnungsbaugesellschaft in Altenburg, der Herr der Häuser. Sie ist Journalistin in Berlin. Sie kennen sich erst seit drei Stunden. Beide müssen weinen, wenn sie den Film »Piroschka« sehen. Sie haben den gleichen Großvater. Und dann antwortet er auf etwas, was sie nur gedacht hat.

Das Leben erzählt seine Geschichten manchmal nicht zu Ende.

Aber etwas heilt, während Jürgen und ich uns endlich kennen und eine Nacht lang über seinen Onkel sprechen, der mein Vater ist. Es findet eine Art Versöhnung statt, ohne dass einer von uns weiß oder aussprechen kann, was versöhnt werden müsste.

Und seltsamerweise spüre ich in dieser Nacht, dass sich auch in meinem Vater etwas versöhnt. Es heilt etwas in Otto Adolf Roll aus Jarocin in Großpolen, in Otto, wie er in Guben, in seinen Wehrmachtspapieren und in Agnes' Familie bis heute heißt, und auch in Rudolf, wie er sich in seinem westdeutschen Wir-sind-wieder-wer-Leben nach dem Krieg nannte und von allen Rolf genannt wurde.

Morgen zeigt der Herr der Häuser mir die Stadt, das Grab der Großeltern, den Markt, auf dem er mit dem Großvater Lindenblüten verkauft hat in selbst gebastelten Tüten. Ich werde Jürgens Frau kennenlernen und zum ersten Mal in meinem Leben Fotos sehen von meinem Vater als Kind. Auf dem Gruppenfoto mit der Großfamilie zum 25. Hochzeitstag der Großeltern in Guben ist er vierzehn Jahre alt und hält eine Gitarre in den Armen. D-Moll.

Was für ein hübscher Junge.

Jürgen besitzt eine Kiste mit Briefen, die mein Vater an seine Schwester, Jürgens Mutter Ella mit dem zweifarbigen Auge, und an seinen Vater, unseren Großvater, geschrieben hat. Getippt sind diese Briefe mit der Schreibmaschine, einige auf privatem

Briefpapier, andere auf den Briefbögen der Firma Fritz Lieb, Lüdenscheid. Warmherzige, fürsorgliche Briefe an die Schwester sind das. Selbstbewusste, zärtliche Briefe an den Vater.

Mein Vater in seiner Rolle als Bruder und als Sohn.

Der letzte Brief meines Vaters an seinen Vater, meinen Eisenbahnergroßvater, ist unterschrieben mit: *Danke für Deine Liebe.*

Danke für deine Liebe.

Das Fest

Sie nennen es Kuhsinentreffen. Im großen Garten vor einem Haus am Waldrand oberhalb der Altstadt von Freiberg sind etwas mehr als dreißig Menschen aus vier Generationen für drei Tage zusammengekommen. Essen, Trinken, Singen, Musikmachen, Feiern, Stadtbummel, Wandern, Reden, Tanzen. Kuhsinentreffen. Jedes Jahr wird dazu eingeladen.

In diesem Jahr ist zum ersten Mal eine Tante aus Westdeutschland dabei, Evelyn. Sie ist die Cousine von Inge, Renate, Rolf und Elke. Und von Jürgen natürlich. Gerade tanzt sie Walzer mit Elke auf der Wiese.

Seit dem Frühstück sind allerlei Sportgerätschaften aus dem Haus in den Garten gebracht worden und Musikinstrumente, ein elektrisches Klavier, eine Gitarre, eine Geige. Das Publikum sitzt auf der Wiese oder auf Biergartenbänken und Gartenstühlen an den langen Tischen, die noch vom Abendessen mit Kerzenleuchtern geschmückt sind.

Ein junges, attraktives Paar tritt auf. Beide blond. Er Jazzpianist. Sie Sängerin, große Stimme, kleine, sexy Bewegungen, sehr cool, ganz eigene Interpretation. Der Jazzpianist ist ein Sohn meiner Cousine Elke. Die Sängerin ist nicht seine Frau oder Freundin, sondern seine Tochter, eine von Elkes vielen Enkeln, eine Ururenkelin also von unseren Großeltern Helene und Adolf.

Weiter hinten, vor den Zelten am Waldrand, spielen vier junge Menschen Federball über ein Netz. Die anderen Kinder und Jugendlichen sitzen auf dem Rasen um eine großkarierte Wolldecke herum, auf der ein Baby liegt. Sie palavern, lachen, gestikulieren. Sie berühren und streicheln das neue Kind. Von Weitem sieht es aus, als wollten sie es gleich aufessen.

Das Baby ist die zweite Tochter von Susanne Bormann, einer Schauspielerin, die ich sehr mag. Schon lange mag ich die, eigentlich seit sie die Patty gespielt hat in Andreas Dresens »Nachtgestalten«, 1999 muss das gewesen sein, da lebte Mutter Ilse noch. Was ich nicht wusste, ist, dass ich mit Susanne Bormann verwandt bin, dass meine Großeltern Adolf und Helene Roll ihre Urgroßeltern sind. Was ich auch nicht wusste, Susanne Bormann hatte als Kind ein zweifarbiges Auge, blau und braun wie Ella, wie die Schwester meines Vaters.

Alle Menschen auf dieser Wiese im Garten von Freiberg, die mich erstaunlich deutlich an die Wiese in Polen neben dem Bahnwärterhäuschen von Szypłów erinnert, sind mit mir verwandt. Sie sind Nachkommen oder Ehepartner von Nachkommen meiner Ururururgroßeltern Georg und Anna Rosina Schönfeld, an die ich für die Enkel von Agnes noch dreimal ein Ur anhängen müsste. Allesamt Enkel, Urenkel und Ururenkel von Adolf Emil Roll aus Sulencin Hauland und seiner Frau Helene Wonde aus Groß Drenzig bei Guben, die zusammen die beiden Weltkriege überlebt haben, den Tod ihres Erstgeborenen, die große Pandemie, die später Spanische Grippe genannt wurde, zwei Vertreibungen, die Teilung Deutschlands und auch noch den Tod ihrer Tochter Hedwig, die mit 46 Jahren schon gestorben ist. In Altenburg liegen sie alle begraben.

Aber sie sind auch hier bei uns.

Gerade nimmt Hedwigs Sohn Rolf die Gitarre. Und weil in diesem Augenblick die tief stehende Sonne des Spätnachmittags durch die Ränder einer gespenstergrauen Gewitterwolke bricht, fällt ein Lichtband als rotgoldener Scheinwerfer genau auf diesen Cousin, der die Gitarre so hält wie mein Vater.

Als junger Mann war Rolf erst Trompeter im Posaunenchor und dann 27 Jahre lang Sänger und Leadgitarrist der in Altenburg weltberühmten »Casino-Combo«. Noch heute geht Rolf manchmal als Unterhaltungskünstler in Krankenhäuser und Altenheime mit seiner Gitarre und der Anlage.

»Weißt du«, sagt er, »es geschieht durch die Musik so berührend viel mit den Menschen. Musik dringt sogar noch zu Gehirnen durch, die sonst nur noch schwer zu erreichen sind oder gar nicht mehr.«

Rolf ahnt nicht, wie gut ich das weiß. Und weil wir uns gerade erst kennenlernen, kann er auch nicht wissen, dass er jetzt meinen Text spricht, als er mir Zusammenhänge erklärt, die sonst immer ich den anderen erkläre: »Musik ist fast immer eine Möglichkeit, Kontakt aufzunehmen, Musik bringt so oft Trost, Linderung und Heilung.«

»Dein Vater hat mich und meine Band im Casino gehört, als er 1975 zum letzten Mal in Altenburg gewesen ist. Dann hat er sich ein Lied gewünscht. Wir haben es gespielt. Und nie in meinem Leben bin ich so fest und dankbar umarmt worden von einem Mann, nur weil ich ihm ein Lied gespielt habe.«

Lass mich raten, sage ich, es war »Spanish Eyes«. Er hat sich »Spanish Eyes« gewünscht, oder?

»Nein. Falsch geraten. Es war ›Rot ist der Wein‹.«

Sing mal!

Und dann singt der neu gefundene Vetter mit Freddy-Quinn-Stimme: *Rot ist der Wein. Blau ist das Meer. Und strahlend der Sonnenschein.*

Und das ist die deutsche Fassung von »Spanish Eyes«.

Natürlich.

Dieser neue Cousin ist von meinem Vater also noch einmal fest umarmt worden, nachdem ich meinen Vater schon zum letzten Mal erlebt hatte, ohne zu wissen, dass es das letzte Mal sein sollte. Haben wir uns umarmt?

Rolf prostet mir zu. Rot ist der Wein. Er hält sein Glas in der Hand wie Vater. Wie ich. Wie unser Großvater. In dem kleinen

Stück Film, den sie auf der Terrasse vom Wochenendhäuschen über der Talsperre aufgenommen haben, hält der hagere, alte Mann, der unser Großvater ist, das Glas genauso, ein wenig angestrengt, etwas zu fest, fast spastisch, mit abgespreiztem kleinen Finger.

Interessant, dass ich mich in den Männern dieser Familie wiederfinde.

Susanne Bormann sieht aus, wie meine Schwester Christiane ausgesehen hat, als sie jung war. Agnes auch. Eigentlich sehen die neuen Cousinen und Großcousinen und die Töchter der Großcousinen alle so aus, als wären sie Christianes Schwestern. Blond, blitzblaue Augen, freche Nase. Nicht dunkelhaarig wie Michael und ich.

Viel später, auf unserer ersten gemeinsamen Reise nach Polen, wird Christiane im Geburtsort unseres Vaters bei Ente und Hefeklößen erzählen, was sie vorher nie erzählt hat. Dass sie sich immer fremd und falsch gefühlt hat in unserer Familie, weil sie so anders aussieht als wir alle, so blond und nordseeblauäugig. Heißes Glück habe sie gespürt, als sie an einem Nachmittag im Sommer bei mir auf der Terrasse ihre Cousinen und die Töchter ihrer Cousinen zum ersten Mal gesehen hat, alle blond, alle blaue Augen, alle aus demselben Förmchen wie sie. Da wusste sie, dass sie doch zur Familie gehört und immer wirklich Vaters Tochter gewesen ist. Christiane hatte Tränen in den Augen an diesem Abend in Jarocin.

Beim Kuhsinentreffen in Freiberg ist es inzwischen dunkel geworden.

Wir sitzen vor dem Lagerfeuer unter hohem, sternklarem Himmel an festlich gedeckten Biergartentischen und singen die alten Lieder. Und neue Lieder singen wir auch: die Vertonung eines Sappho-Gedichtes als Kanon, mit untergelegter durchgehender Contralto-Stimme. Friederike, die von Beruf Sopranistin ist, hat die Noten mitgebracht und nimmt ihre große Stimme so zurück, dass sie wunderschön zu den anderen Stimmen im Garten passt.

Untergegangen mit den Plejaden ist der Mond im Dunklen der Nacht. Es rinnt die Zeit aus der Schale tief in der Nacht. Und ich schlaf alleine.

Windstill ist es. Die Kerzen in ihren schwersilbernen Kandelabern flackern kaum.

Das ist Glück, denke ich. Familie ist vielleicht doch keine Illusion. Der ganze Tag hat sich so angefühlt, als löse sich ein ewig vorgehaltener Moll-Septim-Akkord nach dem anderen endlich auf für die Schlusskadenz zum strahlenden G-Dur.

Angekommen. Das hier ist mein zweites Leben. Und es soll nun bitte möglichst oft genau so sein. Tagsüber tun, was zu tun ist. Abends nach dem Essen zusammen am Feuer sitzen mit Familie und Freunden, erzählen, singen, Musik machen.

Ich spüre, dass Uli, der neben mir sitzt, dasselbe denkt. Uli, Ulrich Urban, der Dirigent und Pianist, Klavierprofessor an der Musikhochschule Leipzig, Reger- und Pfitzner-Spezialist, dessen Einspielung von Fanny Mendelssohns Klavierzyklus »Das Jahr« ich so oft höre.

Und jetzt sagt dieser Mann: »Du schnabulierst mit deinem satten Alt die Noten ja nur so vom Blatt weg, als wärst du aus meiner Familie.«

Bin ich auch, Uli. Deine Frau Elke ist meine Cousine. Mein Großvater ist auch ihr Großvater. Ich musste erst beinahe sterben und dann nach Polen zu unseren Ahnen reisen, um euch zu finden, um endlich wahrzunehmen, dass es euch gibt und dass ich zu euch gehöre.

Wahrnehmen. Was für ein schönes Wort. Wahr nehmen.

Ihr habt mir gefehlt. Ohne dass ich wusste oder auch nur ahnen konnte, dass mir etwas fehlt. Jetzt heilt etwas, von dem ich gar nicht dachte, dass es verletzt oder krank gewesen sein könnte. Es kommt etwas zurück zu mir, bevor ich bemerkt habe, dass ich es verloren hatte. Und das fühlt sich gut an, vertraut, ganz, geborgen.

Noch viel später in der Nacht fragen die Jungen nach meinem Leben im Westen und meiner Recherche in Polen. Auch diese Kinder haben ein feines Gespür für zugenähte Lippen, für Leerstellen, für alles, was nicht gesagt worden ist, weil es nicht gesagt werden sollte, weil es noch nicht gesagt werden konnte. Und ohne dass jemand die große Frage ausspricht, fühle ich sie, wir spüren sie alle: Warum erst jetzt?

Warum hast du uns nicht früher gefunden? Wieso haben wir uns nicht immer schon getroffen, gleich nach der Wende wenigstens?

Ich kann das nicht beantworten. Ich weiß es selber nicht. Ich verstehe es nicht. Ich verstehe ja gerade erst, dass ihr immer da wart, dass Vaters Familie real existierend in der DDR gelebt und mich nicht interessiert hat. Ihr wart immer da, aber entfernt.

Die ganze DDR war in meinem Leben ein einziger großer blinder Fleck. Terra incognita. Tabu. Ausgeblendet. Wer dieses DDR bei uns im Westen in Anführungszeichen schrieb, um Nichtanerkennung und Hoffnung auf Wiedervereinigung auszudrücken, war ein revanchistischer Idiot in meinen Augen und hatte die Geschichte nicht verstanden.

Sogar der Stempelabdruck »Karl-Marx-Oberschule Altenburg« in meinem leinengebundenen, blauen Liederbüchlein, das ich nie weggeworfen habe, war immer da. Ich habe auch diesen Stempel nicht wahrgenommen. Nach jedem Umzug hat das Liederbuch wieder seinen Platz gefunden bei den Noten neben der schweinchenpinken, in abwaschbarem Plastik gebundenen »Mundorgel«. Und niemals habe ich darüber nachgedacht, wo der Stempel herkommt und was er für dieses Liederbuch bedeutet oder für mich.

Das Heimtückische an blinden Flecken ist, dass man sie nicht nur nicht sieht. Man weiß nicht einmal, dass sie da sind. Man glaubt, was man sieht und immer gesehen hat, ist schon das ganze Bild.

Ihr dagegen wusstet immer alles über die Bundesrepublik Deutschland. Jeden und jeden Abend seid ihr kollektiv ausgewandert zu uns mit den Fernsehnachrichten. Ihr habt uns immer mitgedacht, die Familie vom Onkel Otto, der nach dem Krieg im Westen geblieben ist und jetzt Onkel Rolf heißt. Ihr wisst so viel über mich, über meine Eltern, über Lüdenscheid, über das Häuschen an der Fürwigge sogar. Ich bin in euren Erzählungen und Familiendeutungen immer vorgekommen. Die junge Frau, die sich gerade so intensiv mit der Schwester des neuen Babys beschäftigt und eine Enkelin von Rolf ist, heißt Evelyn.

Und ich? Ich weiß nichts. Ich fühle mich wie neu angekommen, ein Maverick, die Außenseiterin.

Ob es auch selbstgewählte blinde Flecken gibt?

Jedenfalls gibt es den unsichtbaren Gorilla. In einem Experiment, das zu Recht berühmt geworden ist, haben Christopher Chabris und Daniel Simons ihren Versuchsteilnehmern einen kleinen Film gezeigt, in dem zwei Mannschaften sich Basketbälle zuspielen. Ein Team trägt weiße und das andere Team schwarze Hemden. Die Probanden sollten die Zahl der Ballwechsel der weißen Mannschaft zählen und die schwarzen Spieler ignorieren. Eine Aufgabe, die volle Konzentration verlangt. Ungefähr in der Mitte des Videos läuft eine als Gorilla verkleidete Frau über das Spielfeld. Volle neun Sekunden lang ist sie im Bild.

Tausende von Menschen haben dieses Video angeschaut, ohne den Gorilla zu bemerken. Die Konzentration auf die Zählaufgabe mit der Zusatzanweisung, eines der Teams zu ignorieren, hat ihre Gehirne blind gemacht, blind gegenüber dem Offensichtlichen und blind für ihre eigene Blindheit.

Kein Mensch, der das Video ohne eine Zusatzaufgabe betrachtet, würde den Gorilla übersehen. Er ist das zentrale, singuläre Ereignis. Die meisten Versuchspersonen waren deswegen vollkommen verblüfft und ärgerlich, als man ihnen das Video noch einmal gezeigt hat mit der Information: Da ist aber noch dieser Gorilla.

Die DDR und damit auch ihr, meine große Familie im Osten, muss so etwas wie dieser Gorilla gewesen sein, der immer wieder über mein Spielfeld gelaufen ist, während ich angestrengt mit anderen Aufgaben beschäftigt war und also blind. Und blind für meine Blindheit.

Ihr wart nicht entfernt. Ich habe euch entfernt. Die Geschichtenerzählerin in meinem Gehirn hat euch gelöscht und auf den Friedhof des Unerzählten, Ungesehenen geschoben.

Oder ist das zu einfach?

Warum bin ich blind geblieben, als die Mauer fiel und sogar meine Aufgaben sich in eure Richtung veränderten? Als Korrespondentin in Frankfurt war ich plötzlich auch für Thüringen zuständig und für Wiedervereinigungsfragen. Mit Leidenschaft habe ich mich da reingestürzt, bin aufgebrochen in einem Wohnmobil, um den anderen Teil Deutschlands zu erkunden wie einen eben erst entdeckten, neuen Kontinent. Und wusste aber doch, dass ich da Verwandte habe, Eingeborene also, Experten, die mir authentisch hätten Auskunft geben können. Ihr wäret meine Joker gewesen: die Cousine, die eine Privatschule nach der anderen gründet und Direktorin des Schulmuseums in Leipzig ist. Ihr Mann, der Pianist und Musikprofessor, der 1968 verhaftet worden ist, als er gegen die Sprengung der Leipziger Universitätskirche St. Pauli protestierte und auch noch die Frechheit besaß, Fotos zu machen. Die DDR-Familie des Erdbebenforschers, die zwei Jahre in Manhattan gelebt hat. Der Herr der Häuser in Altenburg. Was für Geschichten hätte ich in die Zeitung schaufeln können.

Habe ich aber nicht.

Vielleicht habe ich mich geschämt.

Ich hatte mich vorher nie um euch gekümmert. Jetzt aber, gleich nach der Wende, als ihr mir hättet nützlich sein können, wollte ich nicht plötzlich anklopfen wie die anderen Glücksritter, Versicherungsvertreter und Seelenverkäufer aus dem Westen.

War es so? War es Scham, dieses stärkste aller unterschätzten Gefühle?

Vielleicht war ich auch stellvertretend erstarrt vor Vaters Schuld und Schmerz und Trauer, die ich nicht verstehen oder einordnen, aber sehen und fühlen konnte.

Und es gibt noch eine Geschichte. Es gibt immer noch eine Geschichte, Jürgen hat sie erzählt: Ilse in Weimar.

Mutter Ilse ist vor dem Bau der Mauer offenbar ein- oder zweimal mitgereist zu Vaters Familie im Osten. Und dann eines Tages nie wieder.

Beim letzten Mal sind sie mit ihr in Weimar gewesen, der Stadt, in der sie 1939 im Institut Weiß Abitur gemacht und die schöne nazifreie Abschlussrede gehalten hat, die ich im Stadtarchiv Weimar finden musste, weil sie nie davon erzählt hat. Alle Festreden drum herum voller völkischem Quatsch und Heil-Hitler-Gemache. Und sie klar und jung und sicher, nie wieder in ihrem Leben eine so schöne Gemeinschaft finden zu können. Kein Nazigeschwurbel. Aber, ja, Haltung versprechen und ihren Mann stehen wollen, das schon.

Jürgen erzählt, dass man bei diesem Besuch im »Elefant« zu Abend essen wollte. Da musste man aber Monate vorher reservieren. »Dein Vater ist dann mit dem Restaurantchef einen Moment rausgegangen. Und plötzlich war doch ein schöner Tisch frei.«

Auf der Rückreise in den Westen hat Ilse an der Grenze offenbar flaue politische Bemerkungen gemacht. Und dann haben sie ein Exempel statuiert an dieser feinen, arroganten Dame aus dem Westen. Leibesvisitation. Die harte Nummer.

Danach muss Ilse geschworen haben: »Nie, nie, nie wieder werde ich dieses furchtbare Land betreten.« Erzählt hat sie das nicht. Sie hat überhaupt nicht mehr von Weimar oder von der DDR gesprochen. Ausradiert. Das kennen wir ja. Sie ist einfach nicht mehr hingefahren. Und vielleicht hat sie auch diesen geheimen Nie-nie-wieder-Schwur auf mich übertragen wie so viele ihrer anderen Ängste, Selbstverbote und Tabus.

Andererseits sollte ich die Verantwortung für mein seltsames Verhalten nicht bei meinen Eltern abladen. Mein seltsames Nicht-Verhalten. Es bleibt ein Rätsel. Mit der DDR und Vaters Familie war es wie mit dem Aneurysma in meinem Gehirn. Ich habe es nicht gespürt. Ich habe nichts von ihm gewusst. Und doch war es immer da und wäre auch zu sehen gewesen auf jedem Kopf-MRT. Godzilla Pericallosa aber blieb unsichtbar, wuchs und füllte sich mit Blut. Und dann, eines Tages, ist es geplatzt, hat großen Schmerz gebracht und Lebensgefahr, konnte nur mit einer gefährlichen Operation verschlossen und beruhigt werden.

Agnes sagt, dass es gar nicht vor allem darum gehen kann, alle Fakten zu bekommen und herauszufinden, was genau passiert ist und warum. Es gehe vielmehr darum, das Gefühl von Abgetrenntheit von unseren Wurzeln und damit von uns selbst nicht weiterzutragen und auch nicht weiter zu tragen. Sie freut sich, dass ihr Urgroßvater, der mein Großvater ist, uns beiden so viel menschlicher geworden und immer nähergekommen ist mit allem Sanften, Musischen, Zugewandten, seinen Abgründen, seiner Unerreichbarkeit und Einsamkeit.

Danke für deine Liebe, Großvater. Ohne euch Großeltern gäbe es keinen der Menschen hier in diesem Garten. Und danke, Aneurysma Pericallosa. Ohne dich hätte ich sie alle nicht gefunden.

Eine Frau spürt den Geheimnissen ihrer Familie nach. Sie rekonstruiert das Leben ihrer Eltern und Großeltern, löst das Rätsel einer Talsperre und sucht ihren verleugneten Halbbruder, den sie aber nicht findet. Was sie findet, ist die Familie ihres Vaters. Vielleicht ist das die Geschichte. Vielleicht waren die Ahnen und der halbe Bruder die Leitsterne, die mich in diesen Garten geführt haben zu euch und in die Zukunft.

Das ist eine Geschichte.

Das ist meine Geschichte. Mit dieser Erzählung kann mein Gehirn ruhig werden und mit der Produktion von feinstem Dopamin beginnen. *Jeder erfindet sich eine Geschichte, die er am Ende für sein Leben hält. Oder eine Reihe von Geschichten.* Max Frisch.

Ich habe etwas ins Gleichgewicht gebracht. Ich hatte nicht die Wahl, es zu tun oder zu lassen. Ich musste die blinden Flecken und weißen Stellen meiner Familiengeschichte suchen. Ich konnte nicht anders. Und ich hätte niemals gedacht, was das Wissen um die Familiengeschichte für einen Unterschied macht. Wissen ist Versöhnen. Versöhnen ist Befreiung.

Die Sehnsucht nach meinem Vater hat sich in den Kindern und Enkeln seiner Geschwister erfüllt. Die Freundschaft mit meinen neuen Verwandten hat gerade erst angefangen.

Manchmal betrachte ich unseren Stammbaum in meinem Laptop. Dann bin ich stolz und fühle mich verbunden. Und befreit. Ab und zu kommen E-Mails von »Ancestry«: *Possible record matches in Roll-Familienstammbaum* oder *You have a vital records hint*. Dann ist irgendwo in Deutschland, Polen oder Amerika wieder ein Dokument aufgetaucht über einen der Schönfelds und Rolls aus Sulencin Hauland, der Liebs aus Elberfeld oder der Schnipperings aus dem schönen Versetal, das heute ein Stausee ist mit finsterer Vergangenheit.

Ich trage alles nach in den Familienstammbaum, lade die Fotos, Geburtsscheine oder Sterbedokumente und freue mich, wie der Stammbaum wächst, gedeiht und sich verzweigt. Es ist eine Art Buchhalter-Genugtuung. Aber es bedeutet nichts.

Manchmal schreibt jemand: *Ich habe Dich über meine DNA-Analyse gefunden. Wir haben einen gemeinsamen Ururgroßvater, Johann Gottlieb Roll. Schau doch bitte mal in meinen Stammbaum.*

Das interessiert mich schon mehr.

Je näher, desto interessanter. Das ist der älteste Lehrsatz des Nachrichtengeschäfts.

Ich hatte eines Tages tatsächlich etwas Spucke verschickt und eine DNA-Analyse machen lassen, mit Abstammungswolke: Mutter Ilses Gene stammen fast ausschließlich aus Regionen, die heute Deutschland heißen, 5 Prozent kommen aus Schweden und Dänemark. Die Vater-Gene sind zum überwiegenden Teil aus Osteuropa und Russland, 2 Prozent sind aus dem Baltikum. Und 12 Prozent stammen aus Südengland, weswegen es vielleicht doch seine Ordnung hat, dass Vater in Cornwall gestorben ist.

Und jetzt?

Jetzt beginnt mein zweites Leben.

Also lasse ich alles wieder los, was das Monster in meinem Kopf mit seiner Explosion freigelegt und zum Vorschein gebracht hat: meine Toten, die Eltern, die Großeltern, die Ahnen, die Schuld, den Schmerz, die Verdrängung, das Vertriebensein, vielleicht sogar die polnisch-deutsche Geschichte. Ich lasse los, fliege davon und wende mich dem Leben zu und den Lebenden. Wenn mein Halbbruder aber noch zu den Lebenden gehört, wird dieses Buch ihn vielleicht finden.

Es war nicht falsch oder schlecht, mit meinem ersten Leben die ungelebten Träume meiner Mutter zu erfüllen. Möglicherweise ist genau das der Sinn von Evolution. Und wenn ihr Auftrag war, Haltung zu haben, zu schreiben, schöne Cabrios zu fahren, in Berlin zu leben, Karriere zu machen und keine Kinder, was wäre dann der Auftrag meines Vaters?

Glücklich sein. Leben. Himmel, Arsch und Zwirn.

Jetzt bin ich mal eine Weile der lachende Vagabund und lebe und hake die Vorhaben meiner Löffelliste ab. Auf dieser Liste steht alles, was ich noch tun, erleben, sehen und lernen will, bevor ich den Löffel abgebe. Mit der Jazzband auftreten. Neuro studieren. Einmal ein ganzes Jahr am Meer leben durch alle Jahreszeiten. So oft wie möglich abends mit lieben Menschen zusammensitzen, essen, reden, singen. Die Enkel umsorgen, mich um die Frauen in meiner Familie kümmern und um die Familien-Titanic. Die Geschichten der Großmütter retten vor dem Untergang auf dem Friedhof des Unerzählten. Lang ist sie nicht mehr, meine Löffelliste.

Einmal Orgel in einer Kirche spielen. Das war eines der Vorhaben auf dieser Liste, das mich noch einmal in Konflikt gebracht hat mit meinen Überzeugungen zum Thema Zufall. Aus dem einmal Orgel spielen ist etwas mehr geworden. Ich spiele. Ich übe. Ich habe Unterricht genommen. Zum Üben habe ich eine Kirche in der Nähe gefunden, Trinitatis auf dem Karl-August-Platz. Sie haben mir wunderbarerweise den Schlüssel anvertraut. Es ist eine besonders schöne Kirche, finde ich, mit einer Walker-Orgel.

Ich habe nicht erkannt, warum ich diese Kirche und ihre Orgel so besonders schön finde.

Carolin hatte sogar gefragt, ob mein Orgelspielen möglicherweise auch mit dem Ort zu tun hat. Orgel spielt man nun einmal in der Kirche.

»Immerhin hast du ja mit Gott gesprochen auf der Intensivstation. Vielleicht suchst du da noch etwas.«

Ach Quatsch, habe ich gesagt, alles Zufall. Zufall plus die Geschichte, die dein Gehirn sich aus zwei Ereignissen erfindet, die keinen kausalen Zusammenhang haben. Der Sinn zufällig miteinander verketteter Ereignisse entsteht nur in unseren Gehirnen, die süchtig sind nach Mustern.

Aber dann suchte ich auf der Bahnfahrt zu meinem Bruder

Michael im Internet Informationen über die Lüdenscheider Christuskirche, die Kirche meiner Kindheit, und lese: *Das neugotische Gotteshaus ist an Bauformen der Hochgotik orientiert und hatte die Trinitatiskirche in Berlin-Charlottenburg als unmittelbares Vorbild.*

Ich spiele also Orgel in der Kirche, die der Prototyp für die Kirche meiner Kindheit gewesen ist. Und merke es gar nicht. Weil ich Aphantastiker bin. Etwas in mir muss es gespürt haben natürlich, aber es ist aus dem visuellen Kortex und den tieferen Schichten meines Gehirns einfach nicht bis in mein Frontalhirn und mein Bewusstsein gelangt.

Von allen Kirchen auf der Welt habe ich mir die eine ausgesucht, die außen und innen ganz genauso aussieht wie die Kirche, in der ich getauft wurde, in der ich so innig gebetet, gesungen und geglaubt habe als Kind, die Kirche, in der ich konfirmiert worden bin, als ich schon große Zweifel hatte.

Was für ein Zufall.

Ich habe Thornton Wilder noch einmal gelesen.

Der Mann, mit dem ich verheiratet bin, denkt manchmal plötzlich sehr intensiv an jemanden. Dann geht er raus auf die Straße, in ein Restaurant oder ins Konzert; und genau dieser Mensch begegnet ihm.

Eberhard Lott, der Hausarzt, der mir das Leben gerettet hat, fühlt sich an besonderen Tagen wie von einem Magneten zu dem Schrank gezogen, in dem die Patientenakten abgelegt sind. Dann nimmt er eine der Akten in die Hand. Und mit dem Menschen, zu dem diese Akte gehört, ist dann gerade etwas passiert. Jedenfalls braucht der seinen Arzt.

Im Flur vor dem Zimmer, das mein Bruder Michael nicht mehr verlassen konnte, hängt eine große, gerahmte Farbfotografie. Es ist der Blick vom Wanderparkplatz über die Versetalsperre zur Klamer Brücke, deren sechs sonnenbeschienene Bögen sich im Wasser spiegeln.

Es gibt so unendlich viele Möglichkeiten, die Flurwände in einem Hospiz zu dekorieren, auch in Lüdenscheid.

Vielleicht will ich nur mein Gehirn glücklich machen und das Bild an der Wand im Flur des Hospizes mit einer Kausalität aufladen, mit Sinn. Damit irgendetwas Sinn hat. Es gibt aber doch keine geheime Verkettung der Ereignisse, keinen Determinismus, keinen Zusammenhang, keine Fügung, keinen Plan der Götter. Und keinen Sinn. Nur Trauer.

Oder?

Was wäre, wenn es doch eine noch gar nicht erforschte Verkettung von Ereignissen gäbe, einen Determinismus, einen Zusammenhang, etwas, was wir nur noch nicht verstehen können und deswegen Fügung, Zufall oder den Plan der Götter nennen?

Die jüngste Chaosforschung beschäftigt sich mit deterministisch-chaotischen Systemen. Das sind Systeme, die sich aufgrund ihrer großen Komplexität momentan und scheinbar nicht vorhersagbar verhalten und doch determiniert sind. Vielleicht haben wir uns zu sehr gemütlich gemacht mit der Idee, dass jeder Erkenntnisfortschritt die Unwissenheit der Menschheit verringert. Die Gehirnforschung ist ein gutes Beispiel dafür, dass das Gegenteil wahr ist und jede neue Erkenntnis viele weitere Fragen aufwirft und so vor allem zeigt, wie wenig wir wissen, wie viel wir nicht wissen. Ein Paradoxon, das ein Possibilist auch leichter aushält als ein Atheist: Zunehmendes Wissen steigert unsere Unwissenheit.

Also könnte man Zusammenhänge für möglich halten, die wir nur deswegen nicht erklären können, weil wir sie möglicherweise nur noch nicht erklären können. So wie wir uns Epigenetik und transgenerational durchgereichte Traumata vor wenigen Jahren noch nicht vorstellen oder erklären konnten. Wie die Menschheit nicht glauben wollte, dass die Erdscheibe eine Kugel sein soll. Bis die Wissenschaft es dann nicht nur beweisen, sondern auch so erklären konnte, dass Menschengehirne anfingen, sich die neue Geschichte über die wahre Form der Erde vorzustellen und zu erzählen.

Ich bin längst Possibilistin. Ich bin es geworden. Das passiert ja oft, dass man erst und eine Weile etwas über sich selber nur behauptet oder wünscht zu sein und dann spürt, ich bin das jetzt wirklich. Possibilist sein bedeutet, für möglich zu halten, dass Zusammenhänge, über die wir noch nichts wissen und die wir uns noch nicht erklären können, trotzdem existieren könnten.

Das wäre ein sanfter Ausweg aus meinem ewigen Dilemma mit dem Göttlichen und dem Zufall.

Wenn sie den Mann, den ich liebe, fragen, wie geht es ihr inzwischen, ist seine Antwort immer: Alles ist wieder wie vorher, nur Klavier spielt sie viel besser. Alles ist wieder so geworden, wie es war, bevor Aneurysma Pericallosa geplatzt ist. Und alles ist ganz anders geworden.

Vor ein paar Wochen brauchte ich das Passwort für seinen Laptop. Es hieß tatsächlich: Aneurysma.

Ich bin empathischer geworden. Und egoistischer. Ich kann mich besser um mich selber kümmern. Ich spüre, ob Situationen, Menschen und Dinge gut für mich sind. Ich kannte diese Unterscheidung früher nicht. Menschen, Situationen und Gegenstände, die ich eigentlich mag, die ich eigentlich mochte, fühle ich jetzt als große, dunkle Löcher, die wie Vampire meine Energie für sich nutzen, ohne etwas zurückzugeben. Früher habe ich das gar nicht gemerkt.

Die Energiegeber sind seltener und kostbar.

Manchmal erinnere ich mich an meine Euphorie über den Duft einer Mandarine, an die nicht zu bändigende Lebensgier und Energie, als ich gestern schon tot war und dann doch zum ersten Mal wieder in der Natur unter blauem Himmel. *Dass das immer so bleibt, mit Ewigkeitsgarantie, das war meine feste Meinung.*

Man kann dieses starke Gefühl aber nicht konservieren. Also erinnere ich mich bewusst daran, wenn ich eine Entscheidung fällen oder verhindern muss, dass Menschen und Situationen mir Zeit stehlen.

Ein bisschen überempfindlich und ungeduldig bin ich, wenn Leute mich langweilen oder Unnützes sprechen. Ich gehe dann oder lege den Hörer auf. Wenn Menschen nicht sorgfältig denken, redundant sprechen oder Sprache verhunzen, strengt mich das an. Ich spüre, wenn Menschen mit ihrer rechten Gehirnhälfte gar keinen Kontakt mehr haben. Dieses ewige Plappern, Bewerten, Beurteilen, Vergleichen, andere Herabsetzen und auf ihre Einzelmerkmale Reduzieren: der Dicke, die Rothaarige, die Lesbe, die Schwarze, der Flüchtling, der Bonze, der Muslim, die Gehirnoperierte, der Pole, der Jude.

Wie viel Unheil daher kommt.

Manchmal fällt sie mich noch an, die Waschmaschine, ohne Vorwarnung, ohne Anlass. Dann wütet sie ein bisschen in meinem Kopf und erinnert mich an alles. Ich trinke dann ein Glas Wasser und lege mich hin. Es geht wieder vorbei. Wenn ich müde bin, sage ich falsche Wörter. Hotel, wenn ich Büro meine. Auch beim Lesen verwechsle ich Wörter. Hinrichtung steht da. Ich lese Hirnchirurg.

Wenn Freunde damit kokettieren oder hadern, dass sie sechzig werden, sage ich: Sechzig werden ist viel besser als nicht sechzig werden.

Ich nehme die Dinge nicht mehr tödlich ernst. Wer verliert, stirbt gar nicht.

Alle sterben.

Noch ein kollektiver blinder Fleck.

Von diesem sicheren Ende her denken heißt in letzter Konsequenz, jede Entscheidung so zu treffen, als würde man von seinem Sterbebett auf diese Entscheidung schauen. Also werden Familie und Freundschaften und die Im-nächsten-Leben-Löffelpläne wichtiger als noch eine tolle Reportage und noch ein Gschaftlhuber-Job.

Beim Musikmachen sage ich manchmal, lasst uns das jetzt bitte noch einmal so singen und spielen, als wäre es das letzte Mal, als wären wir danach tot. Es funktioniert immer. Den Qualitätssprung kann jeder hören. Gänsehaut.

Schallwellen sind schwingende Luftmoleküle. Sie werden erst im Gehirn zu Tonhöhen. Lichtwellen sind farblos und werden erst im Gehirn zu Farben. Was ist, wenn der Regen auf das Dach über meinem Schreibplatz in Charlottenburg trommelt, wenn zugleich die Sonne scheint und einen Regenbogen zaubert über meine Welt, und kein Gehirn ist da, das den Klang hört und die Farben sieht? Gibt es dann überhaupt Farben und Geräusche? Ist die weiße Wand in meinem Zimmer nicht mehr weiß, sobald ich dieses Zimmer verlasse?

Eine luzide Träumerin bin ich nicht geworden. Ich träume viel. Ich träume noch mehr, seitdem ich meine Träume aufschreibe. Meine Toten leben in meinen Träumen. Auch meinen Freund Michael treffe ich immer wieder. Er macht mir keine Vorwürfe mehr. Meistens sitzen wir auf einem hölzernen Balkon vor einer Fachwerkvilla auf einem Hügel über dem Chiemsee. Wir trinken Whisky und Espresso, schauen in den Mond über dem Kaisergebirge, und er erklärt mir die Filme, über die er nicht mehr schreibt, seitdem er tot ist. Die Szene in »Don't Look Up«, in der 22 740 Jahre nach der Kollision des Kometen mit der Erde Meryl Streep nackt und bestens gelaunt aus dem Raumschiff steigt und der Kamera ihr Arschgeweihtattoo zeigt, kurz bevor sie von einem dinosaurierähnlichen Paradiesvogel zerhackt wird, ist eine seiner Lieblingsszenen. Seiner Meinung nach einer der größten Momente des amerikanischen Kinos, gerade weil sehr viele Menschen diese Szene, die erst nach dem Abspann kommt, gar nicht gesehen haben.

Wenn ich in meinem ersten Leben allein schwimmen war,

bin ich immer am Ufer entlanggeschwommen in Nähe der Stehhöhe und nicht zu weit raus. Ich will aber weit raus. Weiter als vorher. Ich habe mir eine Boje gekauft. Jetzt schwimme ich so weit raus, wie ich möchte. Ich schwimme immer zum anderen Ufer.

Bald werden wir Mutters Akkordeon aus dem Mausoleum befreien. Ich werde es aufarbeiten lassen. Ich werde Akkordeonspielen lernen. Ich habe mir eine Okarina gekauft, so eine, wie Großvater Adolf sie hatte. Es war immer schon falsch, dass wir das Solo von »Wild Thing« auf der Blockflöte gespielt haben.

Und noch etwas: Kalbsbries werde ich nie wieder essen. Das mochte ich schon in meinem ersten Leben nicht wirklich.

Und jetzt?

Jetzt beginnt mein zweites Leben.

Neulich am Telefon sagte die Vorzimmerdame einer Politikerin, mit der ich für ein Gespräch verabredet war: »Danke, dass Sie gewartet haben. Jetzt kann ich Sie durchstellen. Sie waren die Frau Roll?«

Nein, habe ich gesagt. Und dieses Nein geriet deutlich schärfer, als ich es eigentlich sagen wollte: Nein! Ich war nicht die Frau Roll. Ich bin es.

Als der traurige Rest der deutschen Wehrmacht im Frühling 1945 endlich aus Polen fliehen musste, haben sie an den letzten Waggon jedes Zuges, der die Überlebenden zurück in ihre bombenzertrümmerte Heimat bringen sollte, einen gewaltigen Reißhaken montiert, der die Bahnschwellen zerfetzt hat eine nach der anderen, um die Gleise zu zerstören. Das ist meine Metapher für den vollkommenen Irrsinn der Kriege.

Es sind dieselben Schienenwege, die gleiche Gleisführung, die ewig ähnlich dumpf beruhigenden Bahngeräusche. Raaktacktack. Raaktacktack. Raaktacktack. Ich stehe wieder am Rückfenster, diesem besonderen Rückfenster, das es nur noch in den alten Eurocityzügen gibt, die sie auf der Strecke Warschau–Berlin einsetzen. Meine Schwester Christiane steht neben mir. Wir schauen den Parallelen der Schienen dabei zu, wie sie sich im Unendlichen schneiden. Im Unendlichen der Vergangenheit.

Wir kommen aus Polen.

In Jarocin haben wir Ania gefunden. Wir haben jetzt eine Vertraute in der Geburtsstadt unseres Vaters. Bei unseren Ahnen haben wir uns gefunden, haben verstanden, dass ihr Vater und ihre Mutter nicht mein Vater und meine Mutter waren, obwohl es dieselben Personen gewesen sind. Christiane ist acht Jahre jünger als ich. Sie hat nie erlebt, dass unsere Eltern zusammen Musik gemacht haben. Sie kann sich nicht an die Friedrichstraße erinnern, nur an das neue Haus, in dem die Musik schon gestorben war. Ich habe nie erlebt, dass Vater nachts nicht nachhause gekommen ist und Ilse in ihrem Bett lag und weinte.

Losgefahren sind wir als Schwestern. Zurück reisen wir als Freundinnen.

Wir könnten uns jetzt auch einfach mal umsetzen und in die Zukunft schauen.

Dank

Ich bedanke mich bei allen, die mir bei der Recherche und beim Schreiben dieses Buches wichtige Hilfestellungen, Anregungen und Impulse gegeben haben: Łukasz Bielecki, Saskia Bruns, Carolin Emcke, David Hermann, Susanne Kill, Dorothee Kress, Helge Malchow, Anja Pape, Andreas Peter, Sebastian Remus, Evelin Richter, Jürgen Roll, Hans-Georg Schmalenbach, Agnes Sioda, Peter Vajkoczy, Stephan Wolf, Beate Wonde und Dominik Zastrow.

Für intensive Begleitung und kritische Lektüre des Manuskripts danke ich besonders: Birthe Blechschmidt, Alfio Furnari, Gisi von Klot, Carolin Schreiber sowie meiner Lektorin Anna Süs. Bei Stephan Lebert bedanke ich mich außerdem für Kriseninterventionen und bei Christiane Roll für ihre Recherche zu den Wehrmachtsfotos unseres Vaters.

Meiner Verlegerin Margit Ketterle danke ich für befeuernde Begeisterung, Anregungen, Geduld und Unterstützung, meinem Agenten Matthias Landwehr für kritisches Mitlesen, Enthusiasmus und humorvolle Professionalität, Ingo Hermann danke ich für Mitdenken, Lesen, Redigieren und sowieso für alles.

Nachweise

Günter Grass: Katz und Maus, Neue Göttinger Ausgabe, Band 5, S. 5.
© Steidl Verlag, Göttingen 2020
© Günter und Ute Grass Stiftung, Lübeck
SAG MIR WO DIE BLUMEN SIND (Pete Seeger/Max Colpet)
© Sanga Music Inc
IN DIESER STADT
Musik und Text: Charly Niessen
© 1965 by MELODIE DER WELT GmbH & Co. KG, Musikverlag, Frankfurt/Main
Abdruck erfolgt mit freundlicher Genehmigung
Evelyn King, Egon
© 1943 by Musik-Edition Europaton/Peter Schaeffers
Sappho-Zitat aus: Griechische Lyrik in einem Band. Hrsg., und aus d. Griech. übertr. von Dietrich Ebener
© Aufbau Verlage GmbH & Co. KG, Berlin 1976, 2008
Max Frisch, Mein Name sei Gantenbein.
© Suhrkamp Verlag Frankfurt am Main 1964. Alle Rechte bei und vorbehalten durch Suhrkamp Verlag Berlin.

Marietta Slomka

Nachts im Kanzleramt

Alles, was man schon immer über Politik wissen wollte

Lohnt es sich überhaupt, wählen oder demonstrieren zu gehen? Wer sind die wirklich Einflussreichen im Berliner Politikbetrieb? Und warum wird um politische Entscheidungen so oft bis in die frühen Morgenstunden gerungen?

Politik zu erklären, ist Marietta Slomkas Beruf: Die bekannte Journalistin moderiert im ZDF das *heute journal* und weiß, wie es hinter den Kulissen zugeht. In *Nachts im Kanzleramt* erklärt sie locker und verständlich, mit Anekdoten und praktischen Beispielen, wie Politik tatsächlich funktioniert und welche Insiderbegriffe man kennen sollte. Wer dieses Buch gelesen hat, hat nicht nur den Durchblick, sondern ist auch fit für jede politische Debatte. Ein junges Buch für die Themen von heute!

> »Politik zu beobachten, kann sehr viel Spaß machen, aber es ist wie beim Fußball: Je mehr man weiß, desto interessanter wird es.«
>
> Marietta Slomka

DROEMER